BASTEI
LÜBBE

Über den Autor:

Bernd Späth, 1950 in Fürstenfeld geboren und aufgewachsen, weiß, wovon er schreibt. Der gelernte Jurist leitet seit 1982 eine Werbeagentur. Als Autor und Theaterschriftsteller hatte Späth seinen Druchbruch mit der Romankomödie *Seitenstechen*, die auch verfilmt wurde.

Bernd Späth

Trümmerkind

Roman

BASTEI LÜBBE

BASTEI LÜBBE TASCHENBUCH
Band 15100

1. Auflage: Februar 2004

Vollständige Taschenbuchausgabe
der im Gustav Lübbe Verlag erschienenen Hardcoverausgabe

Bastei Lübbe Taschenbücher und Gustav Lübbe Verlag
sind Imprints der Verlagsgruppe Lübbe

Textredaktion: Tania Schlie
Einbandgestaltung: Guido Klütsch, Köln
Titelbild: Raymond Kleboe /getty-images
Satz: Bosbach Kommunikation & Design GmbH, Köln
Druck und Verarbeitung: Ebner & Spiegel, Ulm
Printed in Germany
ISBN 3-404-15100-3

FÜR KEVIN – MEINEN SCHLAWUZI

1. MATUSOWICZ, DER JUD'

Über den Jud' an sich, net wahr, also da hatten sie mich ja frühzeitig informiert. Schon als Kleinkind hatte ich gelernt, dass der Jud' (A) schon wieder überall drinsitzt und (B) schon wieder frech wird. Außerdem sagten manche, es graust ihnen schon, wenn sie einen Jud' nur sehen, aber heute dürfe man da leider nichts mehr machen. Andere sagten, der Jud' würde schon wieder genauso gegen Deutschland arbeiten wie vor dem Adolf, nur dass es heute leider den Adolf nicht mehr gäbe. Und der Amerikaner habe uns sowieso den ganzen Spaß dran verdorben, sonst wären wir mit ihnen schon fertig geworden. Und was am ärgerlichsten sei, das sei, dass sie jetzt auch wieder schächten dürfen – auch bloß wegen dem Amerikaner.

Vorschulische Bildung ist von Wert, wenn einer ein anständiger Mensch werden will. Ich war zwar schon im Kindergarten, aber noch nicht in der Schule, doch ich hatte schon kapiert, um »was für welcherne« es sich bei dem Jud' handelte. Mit so einem wollte ich nichts zu tun haben, und schon als Kind ärgerte es mich, dass sie überall drinsaßen und herumwühlten und versuchten, uns anständige Leute um unser ehrlich erarbeitetes Hab und Gut zu bringen. Und außerdem sei »seinerzeit damals vorm Adolf« auch noch einiges gelaufen mit deutschen Dienstmädchen, worunter ich Knirps mir zwar noch nichts vorstellen konnte, was aber trotzdem eine besondere Sauerei gewesen sei. Mit dem Jud' also war nicht zu spaßen. Auch als Kind – das hatte ich sofort begriffen – musste man sich von ihm fern halten wie von einer Infektionskrankheit. Allerdings irritierte mich bisweilen, dass es nirgends einen Jud' zu sehen gab.

Es waren die frühen fünfziger Jahre, der Krieg war gerade dabei, zur Erinnerung zu werden. Um den Starnberger Bahnhof in München standen noch die Bombenruinen. In der Arnulfstraße klaffte ein großer, zusammengebombter Kuppelbau in den Himmel wie eine verschorfte Wunde. Ganz oben, wo der Rest einer Lichtkuppel sich ins Firmament hinaufreckte wie der letzte, zerschundene Kriegsheimkehrer, wuchs eine Birke aus dem roten Ziegelgemäuer. Ihre Blätter wedelten im Wind und ihre Unterseiten blinkten zu mir herab. Und ich stand aufgeregt und glücklich und war verzaubert von diesem kleinen Wunder der Natur, das mich mehr beseelte, als all die Zerstörung rings umher mich erschrecken konnte.

Jedes Mal wenn wir von Fürstenfeldbruck »in d' Stadt« fuhren, um einzukaufen, kamen wir an der Ruine vorbei. Und jedes Mal erzählte meine Stiefmutter Traudi mir, wie sie nach einem schweren Bombardement Münchens zur Arbeit geeilt sei. Auf einem großen Schutthaufen – tags zuvor noch ein Bürohaus – hätten Leute herumgewühlt, und plötzlich sei ein menschlicher Kopf das Geröll herabgepurzelt wie ein Lederball mit zu wenig Luft drin. Das beeindruckte mich sehr, und ich fand es aufregend, so ein Erlebnis in der Familie zu haben. Doch zu meiner Überraschung wurde mir erklärt, an diesen Zerstörungen sei nicht der Jud' schuld gewesen – was eigentlich nahe gelegen hätte –, sondern der Amerikaner. Aber hinter dem Amerikaner stecke schon seit jeher der Jud', deshalb sei es letztlich egal. Und wenn der Jud' nicht ständig in den Amerikaner hineingehetzt hätte, er solle Deutschland ja bloß kaputtmachen, dann hätte man dem Jud' ja nichts tun müssen. Der Adolf habe ja bloß keinen Ausweg mehr gesehen, weil der Jud' ums Verrecken nicht zu hetzen aufgehört habe.

Die Schlüssigkeit einer bestimmten Art von Logik hat mich immer fasziniert, weil ihr einfach nicht beizukommen ist. Dieser Argumentation ist man wehrlos ausgesetzt, denn Verstand und Analyse greifen nicht. Darum hat Henryk M. Broder in seinem Buch »Der ewige Antisemit« auch Recht, wenn er den Antisemitismus in erster Linie als Gefühlszustand beschreibt. Es ist ja offensichtlich, dass man auf die Leistungen seines Intellekts willig verzichten muss, um zu Beweisführungen wie der obigen zu gelangen. Die hermetische Abschottung des Hirns gegen die Wirklichkeit, verbunden mit all ihren Verschwörungstheorien, ihrem Misstrauen und ihrer Unbelehrbarkeit, trägt durchaus Merkmale der so genannten »wahnhaften Störung«, einer international definierten psychiatrischen Diagnose.

Aber das wusste ich damals noch nicht. Deshalb hatte ich die Juden ziemlich dick, wie man bei uns im Bayrischen sagt. Trotzdem: *gesehen* hätte ich schon mal gerne einen. Was meine Neugier noch steigerte, war die Mitteilung meiner Tante Karli bei einer der sonntäglichen Kaffeerunden im Kreise unserer Familie, jetzt der Goldbrom, der alte Jud', der sei jetzt auch wieder in der Stadt und wolle in der Pucher Straße ein Kino aufmachen – das »Metropol«.

»Werden schon wieder mehrer und mehrer!«, seufzte mein Vater. Und meine Stiefmutter ergänzte giftig, da könne man ja genau sehen, dass sie während dem Krieg alle stiften gegangen seien, und jetzt kämerten sie alle wieder einer nach dem anderen daher und würden wieder frech. Und keiner mehr da, der was sagt.

Ein Jud' war also schon wieder da. Richtig frech wurde er noch nicht, das ließ sich vorerst noch nicht sagen. Außerdem trank er gelegentlich ein Glas Wein mit meiner Tante Karli, die ihn irgendwie zu mögen schien. Aber von der wusste ja jeder in der Familie, dass sie aus Koblenz war und damit eine, die sowieso jeden dran ließ. Weil, sie war, wie man mir sagte, im Gegensatz zu uns Bayern eine Temperamentvolle, und das sehe man schon an ihren stahlschwarzen Haaren.

Irgendwie wurde die ganze Geschichte immer verwirrender für mich: Einerseits hetzt der Jud' so lange in den Amerikaner hinein, bis dieser ganz München bombardiert und bis ein ganzer Kopf den Bombenschutt herunterrollt. Andererseits kommt er dann wieder daher und baut ein Kino auf und greift der Tante Karli freundlich ans geschichtsbeladene Koblenzer Dreieck. Obwohl er eigentlich – genau genommen – *gegen* sie hätte sein müssen, weil sonst bräucht er vorher ja gar nicht erst bombardieren.

Ob er uns bombardiert hat, damit er leichter an sein Kino kommt, ging mir noch durch meinen kleinen Kopf. Aber die Frage musste ich offen lassen, weil ich zu wenig davon verstand. Jedenfalls, neugierig war ich geworden und wollte ihn endlich sehen, den Jud'.

Den Autoverkehr in Fürstenfeldbruck konnte man damals noch

vergessen. Auf der Landsberger Straße, wo ich wohnte, gab es keine einzige Ampel und nur eine verschwollene, pappige Teerdecke. Die Hackinger Renate und unser Bäckergeselle, der Eisenberger Rudi, spielten jeden Abend quer über die Straße Federball, und einmal mussten sie zwei Mark zahlen, weil die Brucker Stadtpolizei sie erwischte.

Eines Nachmittags also stiefelte ich einfach los und war nach einer guten Viertelstunde Fußmarsch in der Pucher Straße, wo der Goldbrom angeblich wohnte, und wollte ihn mir ansehen. Es gab aber nichts, was aufgefallen wäre: Beim Erlbeck verkauften sie ihre zwiefach genähten Haferlschuhe und beim Hackl die Bügeleisen und Tauchsieder – Waschmaschinen kamen gerade erst auf. Die Straßenjungen, deren Revier ich vorwitzig betreten hatte, musterten mich halb herablassend, halb feindselig. Für einen ernsten Konflikt war ich wohl noch zu klein. Ich schaute auf ein paar Klingelschilder, aber ich konnte noch nicht lesen. Insgesamt, fand ich, sah es schon so aus, als wohnten dort Leute – ähnlich wie bei uns in der Landsberger Straße –, aber nicht unbedingt so, als ob der Jud' da wohnte. Für einen Moment wuchs meine Gewissheit: Als ich Amerikanisch hörte, jene breit geknödelte Sprache, die wir immer nachäfften, ohne sie zu verstehen. Wo der Amerikaner war, da war sofort der Jud', das hatte ich gelernt.

Dass der Amerikaner allerdings genauso wenig taugte, das war mir in frühester Kindheit beigebracht worden. Mein Vater hasste ihn wie die Pest. Das hatte damit zu tun, dass er sich nach dem Krieg auf einem Kohlenzug liegend von Schleswig nach Hause durchgeschlagen hatte, geschwächt von einer frischen, noch verheilenden Beinverwundung. In Augsburg hatten ihn einige GIs erwischt, ihn vom Zug gezerrt und ihn so lange mit Gewehrkolben misshandelt, bis er bewusstlos auf dem Bahnsteig liegen blieb. Damit war der Amerikaner natürlich für ihn gestorben.

Außerdem, so berichtete er, habe es im Anschluss an die Kapitulation viele Übergriffe des Amerikaners gegen die Zivilbevölkerung gegeben. CIC-Leute hätten in Bruck sogar schwangere Frauen zu falschen Geständnissen geprügelt. Und im Emmeringer Gefangenenlager hätten sie sich einen Spaß daraus gemacht, mit dem MG jede Nacht einmal über das Lager zu mähen, wo die Gefangenen im Schlamm schliefen. Die Toten hätte am nächsten Tag immer der Bichler mit seiner Spedition abgeholt.

Mein Vater fuhr damals einen großen DKW-Kastenwagen, mit dem er das Brot aus unserer Bäckerei an seine Kunden auslieferte. Einmal fuhren wir die Feldstraße in Richtung Fliegerhorst entlang, als uns ein amerikanischer Armeelastwagen entgegenkam. Auf der Ladefläche saßen ein paar gut aufgelegte GIs, darunter zwei Schwarze. Sie waren so gut aufgelegt, dass sie uns auf der falschen Fahrbahn entgegenkamen und mein Vater auf die Gegenspur ausweichen musste. Verbittert zischte er, der Amerikaner dürfe sich bei uns heute ja alles erlauben. Da ich bereits wusste, was ich von ihnen zu halten hatte, streckte ich meinen Kopf aus dem Wagenfenster und zeigte ihnen die Zunge. Prompt zog einer der Schwarzen seine Pistole und zielte auf mich.

Da sah man genau, wie er war, der Amerikaner.

Jetzt also, in der Pucher Straße, hörte ich ihn wieder, den damals viel gehassten und einschüchternden Kauderwelsch. Argwöhnisch blickte ich die vier GIs an, die in Zivilkleidung vor dem Elektro-Hackl standen und sich angeregt unterhielten. Das war auch so etwas, was viele damals ärgerte: Dass sie nicht nur den Krieg gewonnen hatten, sondern auch noch unentwegt gut aufgelegt waren. »Weil, *mir* haben ja verlorn! Da hamma freilich nix zum Lachen!«

Sicher hätten die vier Amerikaner mir sagen können, wo ich den Jud' jetzt finde, denn warum wären sie sonst hier gewesen. Nur beherrschte ich ihre Sprache nicht, und mein Kinderbayerisch hätten sie gewiss nicht verstanden. So schob ich mich an ihnen vorbei, bemüht, nicht bemerkt zu werden, weil man ja nie wusste, was sie mit einem taten. Obwohl, wenn man den Berichten verschiedener meiner Altersgenossen glauben konnte, schenkten sie Kindern Schokolade und mengenweise Kaugummi. Einer aus unserer Kinderbande hatte sogar einen kleinen Ami zum Freund und sagte, seine Eltern seien sehr nett und gäben ihm immer Benedikt-Eier. – Da hatte er uns was voraus. Von uns bekam keiner Benedikt-Eier, denn so was kannte man hier nicht. Außerdem erklärte meine Oma mir, dass wir so was auch nicht bräuchten von denen, weil wir jetzt selber wieder Eier hätten. Stimmte allerdings: Opa hatte im Holzschuppen zwei zerrupfte Hühner gehalten, deren Eier er täglich roh austrank. Später ersetzte er das Federtier durch zwei Karnickel, deren blutige Felle ich irgendwann in der Aschetonne hinter der Backstube fand.

So viel also zum Amerikaner. Ohne Zweifel schien er eine ziemlich üble Kreatur zu sein. Andererseits, in unserer ganzen Straße war bekannt, dass bei unserer Nachbarin, der Bächtlin, einer lauten und hässlichen Schwäbin, abends immer der Amerikaner kam, besonders die Schwarzen. Der alte Bächtle, ein schlichter und wortkarger Hilfsarbeiter, zündete sich dann sein Pfeifchen an und ging für eine halbe Stunde hinters Haus in seinen Holzschuppen. Oft kamen mehrere Amerikaner, dann ging einer von ihnen ins Haus hinein, und die anderen unterhielten sich gut aufgelegt vor der Haustür und lachten, bis er wieder rauskam. Dann ging der Nächste hinein. Und der Bächtle saß einfach etwas länger in seinem Holzschuppen, wo er ungestört rauchen konnte. Es schien mir so, dass der Amerikaner zwar ein übler Bursche war, andererseits aber auch recht sympathische und großzügige Seiten haben musste, denn sonst hätten die Bächtles ja nicht so viel Besuch von ihm bekommen.

Und wenn das möglich war, dachte ich mir, inzwischen vier- oder fünfjährig, dann war nicht auszuschließen, dass das beim Jud' auch so sein konnte. Der Jud' auf einmal mit angenehmen Seiten! Es wurde immer unübersichtlicher. Wenn man halt nur einmal einen zu sehen bekäme.

Ohne etwas erreicht zu haben, trollte ich mich nach Hause. Unterwegs warf mir ein Junge einen Stein an den Kopf. Ich fragte ihn weinend nach dem Grund, und er antwortete mir feindselig, weil ich aus der Landsberger Straße sei.

Kurze Zeit nach meinem Ausflug parkte mein Vater seinen DKW wieder einmal vor dem Sparkassengebäude auf der Hauptstraße, wo jetzt der große Supermarkt ist. Oft hatte ich beobachtet, dass er zitterte, wenn er zur Sparkasse fuhr. Er wirkte dann angespannt und deprimiert auf mich, auch voller Wut. Bisweilen nahm er mich mit in den Kassensaal, und einer seiner Freunde dort schenkte mir ein Spielzeugauto oder ein Cowboybild. Dieses Mal aber war der Vater sehr angespannt und befahl mir im Wagen zu warten. Erst als ich älter war, begriff ich, dass er auf einem existenzbedrohenden Schuldenberg aus seiner ersten Ehe saß. Und es gab den Herrn Geitner in der Sparkasse, der die Zwangsvollstreckung gegen ihn einleiten wollte, und nur der Herr Höflmaier, damals Sparkassendirektor, half ihm aus der Klemme.

So saß ich auf dem Beifahrersitz, spielte mit den kleinen Schalthebeln und war – ahnungslos, aber durch den frühen Verlust meiner Mutter nachdenklich geworden – davongeglitten in meine Fantasien. Mitten in meine Träume hinein, von einer dunkelhaarigen Frau in einem eleganten grünen Kostüm, die mich auf ihren Knien hielt, erhob sich von ferne ein gefährliches Grollen in der Luft, wurde lauter und immer lauter. Die Erde begann zu vibrieren, das Auto mit ihr, und meine innerste Seele mit beiden. Überall um mich herum war plötzlich dieser Lärm, dieses Dröhnen und diese Bedrohung, die ich nicht verstand, die aber meinen Herzschlag zum Stocken brachten.

Ich war alleine. Ich hatte Angst.

Voller Panik wechselte ich auf den Sitz meines Vaters hinüber und klammerte mich an die Rückenlehne. Dann schob der erste amerikanische Panzer sich um die Ecke. Vom Kaufhaus Otto Müller her, vorbei am gelben Zwerchhaus, dem damaligen Landratsamt, die lange Hauptstraße hinunter. Er stoppte auf meiner Höhe, das Geschützrohr drohend stadteinwärts weisend. Zwei Soldaten saßen auf seiner Außenflanke, einer von ihnen sprang ab. Sie schrien sich etwas zu, dann wälzte das Gefährt sich weiter. Panzer um Panzer um Panzer quollen sie nun aus der Dachauer Straße hervor wie Hornissen aus einem Nest, an das man Feuer gesetzt hatte. Jeder ein riesiges, noch nie gesehenes Ungetüm, rollten sie in endloser Reihe an unserem zitternden kleinen Auto vorbei. Eine Riesenschlange Gefahr bringender Todesmaschinen im schmutzig grünen Tarnanstrich. Die Ruinen in München fielen mir ein. Schossen sie jetzt meine Stadt kaputt? War meine Mutter deshalb rechtzeitig abgehauen? Warum hatte sie mich zurückgelassen? Schwarze ragten halb aus den Gucklöchern, dunkle Mützen mit Ohrenklappen auf den Köpfen. Metallisch schillernde Qualmwolken stoben aus den Auspuffrohren und hängten ein blaues Tuch aus Gestank über die Straße. Alles um mich erzitterte, ich erzitterte, und es gab keine Leute mehr auf der Straße, sondern nur noch mich und diesen furchtbaren Lärm, und jetzt würden sie mich gleich kaputtschießen, und mit letzter Verzweiflung kroch ich unter den Fahrersitz, damit sie mich wenigstens nicht sahen, und vielleicht kam ich ja auf diese Weise noch davon.

Minutenlang dröhnte der Konvoi vorbei, für mich eine lähmende Ewigkeit. Zwischendurch schob ich vorsichtig den Kopf in die Höhe und spähte durch ein Seitenfenster. Alles was ich sah, waren Panzer, der Amerikaner und der schillernde Qualm. Schnell wieder unter den Sitz!

Irgendwann hatte selbst dieser Konvoi ein Ende. Das Dröhnen wurde schwächer und verschwand grollend in der Ferne. Die Leute, die Schutz in Hauseingängen oder Läden gesucht hatten, krochen steif wie morgendliche Käfer aus ihren Verstecken hervor. Und auch ich krabbelte zurück auf den Fahrersitz.

Mein Vater kam zurück, er war bleich, sah müde aus, und seine Finger zitterten, als er den Zündschlüssel einführte. Aufgeregt versuchte ich ihm zu erzählen, was mir widerfahren war, doch hatte er kein Ohr dafür und war mit seinen Gedanken weit entfernt. Wenige Minuten später rollten wir in unsere Hofeinfahrt.

Klar, dass von jenem Tag an der Amerikaner für mich endgültig erledigt war. Ich hatte nur noch Angst vor ihm und schlich mich davon, wenn ich ihn irgendwo sah. Doch glücklicherweise ist ein Jahr eine endlose Zeitspanne in einer Kinderwelt, und die Panik, die mich wochenlang verfolgt hatte, verflüchtigte sich. Dann zogen die amerikanischen Besatzungstruppen ab. Frau Bächtle mit ihrer lauten Stimme war wieder eine normale, einfältige Nachbarin. Ihr Mann schaufelte wieder unbeirrt auf seinen Baustellen, denn gebaut wurde überall in Fürstenfeldbruck. Nicht zuletzt wegen der Flüchtlinge, über die sich viele Leute aufregten, weil sie Wohnungen mit Wasserklo und Bad bekamen. Die Wände in den neuen Bädern waren blau oder grün gefliest und nicht bloß mit grauer Ölfarbe gestrichen wie auf unserem Trockenlokus. Eigentlich, so sagten viele Leute in unserem Bäckergeschäft, sei es ja überhaupt nicht einzusehen, dass »die da« jetzt alles bekämen, und noch dazu alles umsonst, während sie in Wirklichkeit doch nur Polacken seien, und wir selber kriegen nichts. Das alles kümmerte den Herrn Bächtle nicht. Er war einer, der ziemlich wenig verstand von den Dingen und der zufrieden war, wenn er in der Hand eine Schaufel und zwischen den Zähnen sein Pfeifchen halten konnte. Ich spielte mit dem Bächtle Roserl, das ein paar Jahre älter war als ich, und fand, sie käme aus einer ganz normalen Nachbarsfamilie. Mit der Zeit wurde auch das Getuschel über die Bächtlin weniger. Stattdessen nahmen die Andeutungen zu, dass sie in der Straße nicht die Einzige gewesen sei, die der Amerikaner besucht habe, und dass es *einige* gäberte, die heute die feine Dame spielten, wo man aber ganz genau weiß, wo sie ihre Nylonstrümpfe her haben.

Unser Haus wurde umgebaut. Erstmalig besaßen wir jetzt ein Wasserklosett, sogar zwei davon: Eines im Treppenhaus für uns und meine Großeltern, darin gab es sogar eine Badewanne. Das andere war unten im Hof, hinter einer groben Holztüre, die man mit einem Häkchen von innen zuhalten konnte, für die Bäckergesellen. Unser Bad war ein gewaltiger Fortschritt, es hatte auch Fliesen an den Wänden und keine Ölfarbe. Nur im Winter war es dort saukalt, weil es keine Heizung gab, sondern nur zwei Elektrostrahler an den Wänden mit einer Vorhangkordel. So heizte man das Bad am Samstag nachmittag immer eine Stunde vor. Warm machte das nicht richtig, denn zwar erwärmte sich die Luft, die Wände jedoch blieben eiskalt, und man musste warten, bis der aufsteigende Wasserdampf aus der Badewanne die Atmosphäre erträglich machte. In der Badewanne konnte Traudi jetzt die dicken weißen »Schiaß-Tücher« einweichen, mit denen man die langen »Schiaßbretter« bedeckte: Auf diese legte man die frisch gefertigten Semmel- und Brezenteiglinge, bevor man sie auf ein langes, löffelartiges Brett mit einem langen Stiel setzte, die sogenannte »Schiaß'l«, mittels derer man sie in den Backofen hinein-»schoss«. Die Tücher waren hinterher voller Mehl und Teigklumpen und nur mit größter Mühe sauber zu kriegen.

Es tat sich also was bei uns. Die Leute, die diskutierend vor unserem Haus stehen geblieben waren, als sich herumsprach, dass wir nicht nur ein Wasserklo, sondern auch eine richtige Badewanne bekämen, verliefen sich und arbeiteten jetzt an der Hebung ihres eigenen Lebensstandards. Schon ging das Gerücht, bei einer Familie etwas weiter die Landsberger Straße aufwärts bauten sie das Haus um und setzten sogar *zwei* Bäder ein. Das führte erst zu Verständnislosigkeit und dann zu giftigen Fragen: Ob man in diesem Haus vielleicht gar so dreckig sei, dass ein einzelnes Bad nicht mehr reichen würde, ha? Die Flüchtlingssiedlungen waren zwischenzeitlich auch fertig gestellt, und die Flüchtlingskinder, die wir ohnehin nur als »Grattler« bezeichneten, waren unsere natürlichen Feinde, mit denen wir uns häufig prügelten. Ich kam zur Schule, und mein Klassenlehrer Hering hielt uns eine eindringliche Ansprache, dass alle Kinder gleich seien und es keine Unterschiede zwischen ihnen gebe und dass man deshalb schon gar nicht »Flüchtlingssau« zu ihnen sagen darf. Das ging klar gegen mich und den Eberl Maxi, denn wir hatten auf dem Nachhauseweg immer gerne den Piontek verdroschen und ihm gesagt, dass *wir* unser Bad selber zahlen müssten. Dass seine Mutter sich über uns beschwert hatte, bestätigte nur, was mittlerweile alle sagten: Die Flüchtlinge saßen (A) schon überall drin und wurden (B) ganz schön frech. Während die Bayern, so hieß es, von allen leitenden Stellungen ausgeschlossen würden, weil sie zu blöde dazu seien. Selbst die Oberärzte im Krankenhaus waren keine Bayern mehr. Und generell fand man, dass die Flüchtlinge zusammenhielten wie Pech und Schwefel, und dass wir die Juden zwar losgeworden seien durch den Adolf, dass wir jetzt aber mit den Flüchtlingen eine ähnliche Plage am Hals hätten. Und dass leider keiner mehr da war, der da endlich einmal was sagt.

Die Männer redeten sich schnell in Wut an den rohen Wirtshaustischen im benachbarten »Bräu-Roserl«. Oft aßen sie ein paar Wiener dazu, denn der Wirt, der Schullerer Beni, war berühmt für seine guten Wiener.

In der Regel begann es damit, dass sie sich die Einsatzorte ihrer Kriegszeit berichteten.

»Wo warst nachert du?«

»Mei, erst war i beim Franzos, Cherbourg, net...«

»Cherbourg, beim Franzos, aha.«

»Nachert, wie mir zum Russen nüber sind, war i erst am Donezk, nachert Kursk, net wahr...«

»An sich, der Russ, net wahr, also i sag amal, er is net von vornherein a *Asiate*, net. Da muss ma' sehr an Unterschied machen, net ...«

Et cetera. Et cetera.

Nachdem sie sich auf diese Weise aneinander herangetastet hatten, einigten sie sich bald darauf, »dass mir den Krieg schon gewonnen hätten, wenn uns der Jud' nicht verraten und verkauft hätt«. Und schließlich verständigte man sich darauf, dass unsereiner die Flüchtlinge heute nicht am Hals hätte, wenn der Hitler nicht so blöde gewesen wäre, mit Russland einen Krieg anzufangen. »Gerade der Russ, der dem Deutschen an sich doch viel näher steht als der Amerikaner!« Das sei ein Blödsinn gewesen, die Autobahnen gingen ja in Ordnung, aber das mit den Flüchtlingswohnungen jetzt, das sei eine Sauerei, die man nicht verdient habe. *Der* Krieg hätt wirklich nichts gebracht. »Aber was hätten mir selber damals denn schon machen sollen, net? Zum Machen war gar nix. Wenn der Krieg kimmt, dann machst du als Einzelner gar nix.«

Das Gerede über die Juden wurde weniger. In einer Schublade bewahrte mein Vater eine alte Schellackplatte auf mit dem Horst-Wessel-Lied auf der einen und dem Badenweiler Marsch auf der anderen Seite. Beides spielte ich gerne ab, weil es so schön schneidig war. Doch mein Vater machte jedesmal hektisch das Wohnzimmerfenster zu, weil man das jetzt nicht mehr spielen dürfe, und das ärgerte ihn sehr. Überhaupt waren der Adolf und der Jud' und der Amerikaner keine Themen mehr, über die man sich offen unterhielt. Vielmehr tastete man sich im kleinen Kreis an sein Gegenüber heran, um zu sehen, ob er mitzog. Tat er das, was meistens der Fall war, dann tauschte man seine Meinungen aus und seufzte bedauernd, dass man das heute ja leider alles nicht mehr sagen dürfe, sonst werde man abgeholt, und im Prinzip sei es heute ja auch nicht anders als bei den Nazis. Letztlich habe man das alles dem Amerikaner zu verdanken mit seiner Scheißdemokratie, die er einem eh nur aufgezwungen habe. Dabei sei doch jedem klar, dass der Deutsche nicht taugt zur Demokratie: »Der Deutsche muss geführt werden, weil, er braucht einen, der wo anschafft!« Zustimmendes Nicken allseits.

Irgendeiner fragte mit giftigem Schmelz in der Stimme: »Ja, und wer steckt eigentlich *hinterm* Amerikaner?« Verständnisinniges Nicken überall: »Sehr richtig. Das wissen mir ja, wer dahinter steckt. Wissen täten mir's schon genau, aber mit der Scheißdemokratie da darf ma' so was ja nicht mehr sagen, heutzutag. Und machen kann ma' erst recht nichts. Gar nichts!«

Aus der unverfrorenen Offenheit der frühen fünfziger Jahre war selbstmitleidige Verschlagenheit geworden. Und ich, inzwischen sieben oder acht Jahre alt, bemerkte es. Jedoch, da ich in dieser Welt aufgewachsen war, vermochte ich ihr nicht zu entrinnen.

Andererseits, den Opa, das wusste ich, hatten sie zur Kreisleitung zitiert. Da der Vater meiner geflohenen Mutter gerne und viel trank, verlor er immer schnell die Kontrolle über sein Mundwerk und hatte seinerzeit einmal im »Pullacher Hof« rauflustig geschrien: »Der Saubär, der g'hört aufg'hängt!« Ob es ihm tatsächlich um den Adolf ging oder nur um eine schöne Rauferei, war unklar. Wer hingegen gemeint gewesen war, das wusste damals jeder. Und der Heißfelder, der alte Nazi, hatte ihn sofort hingehängt. Sie erklärten dem Opa also auf der Kreisleitung, sage er so etwas noch einmal, dann käme er nach Dachau und würde erschossen. Er sagte ihnen, dass er sich überhaupt nix drum scheißt, »obts ihr mich daschiaßts oder nicht«, aber von da an war er doch vorsichtiger. Trotzdem war seiner Meinung nach nicht der Hitler daran schuld, sondern der Heißfelder, mit dem er fortan nicht mehr redete. Ohne den Hitler und seine Autobahnen, sagte er immer wieder, hätte es damals schlecht gestanden um den deutschen Arbeiter, das sei schon nicht falsch gewesen. Nur, dass er diesen saudummen Krieg mit dem Russ angefangen habe …

Inzwischen redete man vom Wirtschaftswunder. Nur bei uns gab es keines. Mein Vater zahlte weiterhin verzweifelt seine Schulden ab, die ihn zusammen mit seinen Kriegserinnerungen so sehr bedrückten, dass er Herzbeschwerden und Asthmaanfälle bekam. Mit meinen Großeltern, immerhin die Eltern meiner leiblichen Mutter, die nach wie vor im selben Haus mit uns lebten, gab es fortwährend Streit, und bisweilen kam es zu Gewalttätigkeiten mit Opa, weil er von meinem Vater Geld wollte, und der hatte keines. Opa brachte mir manchmal eine Hose mit oder eine Joppe oder auch ein paar Schuhe, die ihm die Leute auf seinen Baustellen geschenkt hatten. Er arbeitete als Dachdeckergehilfe, was ihm einen Haufen Spaß machte, weil er vom Gerüst herab den Weibern morgens beim Anziehen zusehen konnte. Ich trug die mitgebrachten Sachen gerne auf, denn verwöhnt war man damals nicht. Mein Vater musterte sie mit einem eigenen Gesichtsausdruck, und erst später begriff ich, wie sehr es ihm zu schaffen machte, dass er dem eigenen Sohn keine Kleidung kaufen konnte. Ich selber dachte mir weniger dabei und erzählte jedem voller Stolz, wo ich die Stücke herhatte. Einmal war ein Paar Schuhe des Stadtpfarrers von München darunter, an die ich mich heute noch mit Wohlgefallen erinnere: Sie waren lang und hatten dolchartig zulaufende Spitzen, die mit zunehmendem Alter nach oben wegknickten, bis die Schuhe irgendwann aussahen wie chinesische Schnabelschuhe. Der Anblick führte zu verschiedenen Bemerkungen meiner Freunde. Reiner Neid.

Dennoch: Einmal im Jahr, meist während seiner Tasse Kaffee nach dem Mittagessen, musterte mein Vater mich missmutig und sah, mit sich ringend, an mir herab: »So«, kam es halb grollend, halb wohlwollend: »I mein allweil, heut kaufen mir dir a neue Hosen!« Kaum gesagt, verfinsterten sich seine Züge weiter. Aber, im jährlich sich wiederholenden Ritual, erhielt ich dann meine neue Hose, damit ich in der Schule »g'scheit anzogen« sei. Das klang gut, war aber praktisch wertlos, da meine Stiefmutter mir kurz nach dem Erwerb des Kleidungsstückes barsch zu erklären pflegte, so ein gutes Stück sei für die Schule zu schade, und ohnehin hätte ich keinerlei Anlass, den feinen Herrn zu spielen, während man immer noch die Schulden meiner feinen Frau Mutter abbezahle. So steckte ich weiter in meinen geflickten Blue Jeans, und die Hose blieb im Schrank. Nur an den Sonntagen, an denen wir essen gingen in der Wirtschaft der Frau Kesselmeier, der wir die Woche über Semmeln und Brezen lieferten, durfte ich meine Hose anziehen. Nach einem Jahr war sie mir zu klein und wurde jemandem aus der Verwandtschaft geschenkt. Immer noch war sie wie neu, und das kränkte mich oft.

Heute war es also wieder so weit: Mit nachdenklichem Blick prüfte mein Vater den Inhalt seiner Brieftasche, winkte mir, ihm zu folgen, und ging treppab in den Laden. Dort nahm er zur Sicherheit noch zwanzig Mark aus der Kasse und stritt mit Traudi, wie die Entnahme zu verbuchen sei. Schließlich unterschrieb er leise meuternd einen Eigenbeleg, der statt des Geldscheins ins Fach gelegt wurde.

Damit war ihm die Stimmung schon verdorben. Grantig schob er mich in unseren Kastenwagen und startete die spotzende Zweitaktermaschine, die unseren Hof augenblicklich in eine Gestankwolke hüllte. Wir knatterten die Landsberger Straße hinab, vorbei an der kleinen Anlage mit dem Stadterhebungsdenkmal. Die Stiefoma hatte mir oft erzählt, welch schöne Feier die Nazis 1936 anlässlich der Stadterhebung veranstaltet hatten. Und dass so was heute ja auch keiner mehr macht, was ebenfalls stark gegen die Demokratie spreche.

Es ging die Schöngeisinger Straße entlang, vorbei am Haus der Stiefoma bis zur Kreuzung am Hauptplatz. Dort stand nicht etwa eine Ampel, sondern ein leeres Holzpodest in der Mitte, auf dem nur selten ein Schutzmann Dienst tat. Rechts ab also und über die Amperbrücke. Irgendwo bei der Leonhardi-Kirche parkten wir. Das Ladenschild über der gläsernen Eingangstür prangte in schönstem Sütterlin:

Joszef Matusowicz
Herren- und Knabenbekleidung

Der war anders, das merkte ich schon beim Eintreten. Er stand verloren zwischen seinen Ständern mit den Hosen, und eine seltsame Traurigkeit, eine Art entschwebter Verlassenheit ging von ihm aus.

So jung ich war, an diese erste Wahrnehmung erinnere ich mich heute noch. Ein stattlicher Mann Ende der fünfzig. Ein mächtiger Kopf mit einer fleischigen Nase im Gesicht und kräftigen Tränensäcken unter den wachen und doch in die Ferne gerichteten Augen. Irgendwie sah er total *anders* aus, und er redete auch anders. Als er mir die Hand schüttelte, ging Güte von ihm aus. Wenn er redete, klang es so ähnlich wie bei den Flüchtlingen und doch wieder anders: Weniger hektisch, weniger eifrig, mit einer für mich kaum verständlichen Gelassenheit.

Polack, dachte ich mir. Und wir zahlen ihm sein Bad. Er schenkte mir ein Papierfähnchen und ich beschloss augenblicklich, dass ich ihn mochte.

Fürstenfeldbruck war klein, damals. Jeder begegnete jedem auf der Straße, und das ziemlich häufig. Und auch dem Herrn Matusowicz begegnete ich später oft, und jedesmal grüßte ich ihn mit einem respektvollen »'s Gott, Herr Matusowicz!«, das nickend erwidert wurde. Oft stand ich auch vor seinem Laden und guckte mir die Joppen und Hosen an. Wenn er mich dann erkannte, hellte sein trauriges Gesicht sich für einen Moment auf, er nickte freundlich und versank sofort wieder in seine melancholischen Gedanken, die immer um ihn waren wie ein Nebelschleier, egal wo man ihn traf.

Jetzt aber kauften wir erst einmal meine Hose. Sie war marineblau und elegant und man konntc sic darauf legte Traudi Wert – in der inzwischen erworbenen Waschmaschine waschen, einem Ungetüm Marke Zanker. Mein Vater bezahlte die Rechnung, erhielt seine gekritzelte Quittung, und Matusowicz verabschiedete uns beide mit einem freundlichen Handschlag.

Auf der Heimfahrt stoppten wir am Haus der Großeltern. Schließlich musste der Neuerwerb präsentiert und bewundert werden, eine neue Hose gab es nicht jeden Tag. So einen Zugewinn allerdings zog man nicht einfach aus der Tüte und reichte ihn herum, das wäre angesichts der Bedeutung des Ereignisses zu flach gewesen. Vielmehr gab es erst einmal ein großes Willkommensgeschrei auf dem Korridor vom Windfang zum Wohnbereich. Jahre später las ich bei Konrad Lorenz über das Triumphgeschrei von Graugänsen – es kam mir sehr bekannt vor.

»Heut hat er a Hosn kriegt!«, berichtete mein Vater gnädig.

»Ja, um Gottes willen, a Hosn, a Hosn!«, schrie Oma aufgeregt. Die Abeles, die mit ihren beiden Töchtern für achtundzwanzig Mark Monatsmiete im Obergeschoss wohnten, wussten es damit auch bereits.

»Ja, eine Hos, eine Hos, der feine junge Herr!«, rief der Opa, ein preußischer Postobersekretär aus Magdeburg, wohlwollend aus der Küche. (Er selber sagte allerdings immer: Machde-burrch.)

Nun strahlte auch ich voller Stolz.

»Ja, um Gottes Himmels willen, a neue Hosn, a neue Hosn, ja, was is denn dös!«, steigerte Oma sich in eine frühe Form heutigen Konsumrausches hinein.

»Eine blaue!«, schrie nun auch ich begeistert. »Eine blaue Hosn!«

»Ein richticher feiner junger Herr! Mit blauer Hose!«, sagte der Opa freundlich-zackig. »So was hat man nicht jeden Tach!«

Als der Begeisterungssturm sich gelegt hatte, gab es Kaffee und Rohrnudeln. Die Hose blieb immer noch eingepackt. Man redete über das Geschäft, über die Verwandtschaft und dass es Gott sei Dank wieder aufwärts gehe mit dem Land.

»Den Krieg ham mir zwar verlorn, aber jetzt zeigen mir's ihnen!«, brummte mein Vater grimmig. »Und wenn mir keine so guten Soldaten g'wesen wären, dann hätten mir eh nicht vorher die halbe Welt erobert.«

»Richtich!«, sagte der Opa. »Den Deutschen krichst du nicht kaputt! Wenn man dem Deutschen eine Arbeit gibt, dann macht er sie auch. Deshalb geht es wieder aufwärts bei uns!«

»Und der Engländer mit seinem Weltreich, mit seinem saubernen, mit seinem Empire, net, der schaugert inzwischen sauber aus!«, triumphierte mein Vater. Den Engländer mochte er nämlich auch nicht, weil der ihn in der Gefangenschaft schwer misshandelt hatte.

»Ja mei, England«, sagte die Oma.

»Das haben s' jetzt von ihrem Scheißkrieg«, freute sich mein Vater. »Sie haben ihn ja unbedingt wollen.«

Opa, der seine Weichselpfeife mit ungarischem Landtabak gefüllt und sie jetzt glimmend im Mundwinkel hängen hatte, nickte zufrieden. Er trug einen ganz kurzen grauen Bürstenhaarschnitt und einen kleinen Schnauzer auf der Oberlippe. Seine Augen blitzten schelmisch: »Das hat Hitler schon gesacht: Wenn England in diesen Krich eintritt, dann wird es sein Weltreich verlieren. Hat Hitler schon vor dem Krich gesacht. Und Recht hatte er.«

Ich saß unruhig auf dem klobigen Sofa, in dessen Sprungfedernpolster man so wunderschön versinken konnte. Auf einem nussfarbenen Brett über meinem Kopf stand der alte Volksempfänger mit dem Hakenkreuz auf der schwarzen Frontseite. Der Zucker auf den Rohrnudeln verklebte mir Mundwinkel und Finger, so sehr schmeckte es.

»So, jetzt waschst dir schön deine Händ und dein Mund, und dann zeigst uns deine Hosn!«, wandte Oma sich erwartungsfroh an mich. Folgsam ging ich zu dem gusseisernen Waschbecken an der Wand. Es war die einzige Wasserquelle in der Wohnung, Kaltwasser selbstverständlich. Darüber befand sich ein Spiegel mit Glasablage, auf der die beiden Zahnputzbecher, die Zahnbürsten und eine irdene Schale für Omas Gebiss standen. Daneben hing ein kleines schwarzes Weihwasserbecken. Mit Wasser und Kernseife wusch ich mir Mund und Hände und trocknete mich an dem Gemeinschaftshandtuch ab, das an einem Bakelithaken neben dem Becken hing und wöchentlich gewechselt wurde. Zitternd vor Begeisterung holte ich die Hose aus der Papiertüte, entfaltete sie vor meinem Körper und erntete einen Aufschrei der Verzückung. Das Ritual begann von vorne: »Ja, um Gottes Himmels willen, so eine schöne neue Hosn! Und blau auch noch! Eine richtige blaue Hosn!«

Es ging eine ganze Zeit lang so weiter. Schließlich wurde mir befohlen sie anzuziehen, das tat ich natürlich gerne. Die üblichen Kommentare wurden geschmettert, wie gut dem Buben die Hos doch stehe und dass man so eine schöne Hosn bisher selten gesehen habe. Abwechselnd schlugen Oma und Opa die Hände vor der Brust zusammen.

»Jetzt ziehst aber deine Schuh schon auch noch an!«, bestand Oma auf der korrekten Durchführung der Modenschau. Während ich den blechernen Schuhlöffel ergriff, klopfte es leise an der Küchentür. Frau Abele war von oben heruntergekommen, da sie den Lärm gehört hatte: Die Holzbohlendecke, notdürftig verputzt mit

Strohmatten und Mörtel, war nicht gerade schallisolierend. Ohne Verzögerung wurde Frau Abele, die verhuscht schwäbelnd im Türrahmen stand, um ihre Bewertung gebeten. Auch sie stieß kreischende Verzückungsschreie über »A so a scheens Hosla!« aus und zog sich so verhuscht zurück, wie sie eingetreten war.

Ich war glücklich. Schließlich braucht der Mensch soziale Akzeptanz in jeder Phase seines Lebens. Und ich stellte mir vor, wie ich ab jetzt diese marineblaue Hose tragen würde. Und dass ich mich diesmal gegen Traudi durchsetzen würde. Nein, diese Hose würde nicht im Schrank verschwinden. Und endlich würde auch ich stolz in meiner Bank sitzen und müsste nicht mehr den Niethammer Peter beneiden, der immer die schönsten Pullover der Klasse trug. Und den Zakosek Nicki, der ein Fahrrad besaß mit VDO-Tachometer und Uhr. Schnell und heimlich würde ich die geflickte alte Nietenhose in die blecherne Aschetonne hinter unserer Backstube werfen und aus dem kalten Backofen eine Schaufel Asche holen, um sie darüber zu werfen, sodass man meine abgeworfene Haut nicht mehr finden würde.

Vielleicht würde ab jetzt einiges anders werden.

»Ja, wo habts jetzt die kauft?«, fragte Oma.

»Beim Matusowicz«, sagte mein Vater beiläufig.

Opa schwieg und saugte an seiner Pfeife. Er hatte den Gummiring eines Bierflaschenverschlusses über das Mundstück gezogen, weil ihm vorne zwei Zähne fehlten.

»Ja, beim Matusowicz!«, bestätigte ich stolz.

»Matusowicz«, sagte Oma gedehnt. »Matusowicz, Matusowicz … – is jetzt des a Jud'?«

»Jaja, des is a Jud'«, sagte Paps schnell.

Man schwieg.

Ich begriff nicht ganz, was geschehen war, es war mir einfach zu schnell gegangen. Dann, plötzlich, kapierte ich.

Jesusmarjandjosef, das war er also, der Jud'.

Verwirrt schaute ich an dem marineblauen Tuch hinab. Die schwarzen Schuhe hatte ich mir längst gebunden.

»Das is ein Jud'?«, fragte ich ungläubig. »Ein richtiger Jud'?«

Mein Vater nickte verhalten.

»Ein richtiger Jud'? Einer von denen, wo du sonst immer so redst?«, fragte ich verwirrt.

»Ah jaa, *der* net«, brummte mein Vater unwirsch. »Der Matusowicz grad weniger.«

»Nicht?«, piepste ich kleinlaut. Ich verstand nichts mehr. Dass man sich so in einem täuschen konnte!

»Aber der war doch so nett«, sagte ich hilflos. »Richtig nett!«

»Ja mei«, sagte die Oma nachdenklich. »Der Jud' halt!«

Opa zog unbeteiligt an seiner Pfeife. Mein Vater nickte düster. Der Raum hatte sich gefüllt mit dem süßlich-würzigen Duft von ungarischem Landtabak, der in einer langen Weichselpfeife mit Porzellankopf geraucht wurde, auf dem das Herzjesulein abgebildet war, obwohl Opa ein Protestant war, aber Oma hatte ihm den neuen Pfeifenkopf geschenkt.

Ich stand sprachlos, und in meinem Gehirn ging es durcheinander. Wenn *das* der Jud' gewesen war, also wenn der Jud' jetzt so … also wenn ein derartiger Jud' mitten bei uns … Unmerklich wuchs eine Distanz zwischen mir und den anderen. Viel verstand ich noch nicht vom Leben, aber dass der traurige Herr Matusowicz nur für seine Hosen lebte und keine Amerikaner aufhetzte, damit sie Bomben auf uns schmissen und wir keine Hosen mehr kaufen konnten, das musste auch dem größten Einfaltspinsel klar sein.

Ich fühlte mich vorgeführt.

»Ja, macht das jetzt nichts, wenn mir die Hosn bei einem Jud' kaufen?«, fragte ich, nach Halt suchend.

»Mei«, sagte mein Vater knapp. »Sind eh schon wieder überall drin.«

»Für mich war's mein erster«, sagte ich. »Für mich war's mein erster richtiger Jud'.«

Mehr und mehr beschäftigte mich, warum er so traurig gewesen war. Wieso dieser Schleier von Melancholie um ihn gelegen hatte und warum keiner der anderen davon zu wissen schien.

»Ja, kann ich die Hosn jetzt also tragen?«, fragte ich.

»Jaja, freilich«, sagten Oma, Opa und mein Vater fast gleichzeitig.

»Schöne Sachen hat er ja«, sagte Opa anerkennend. »Sacht jeder hier.«

»Ein sehr reelles Geschäft.«

Ich zog die Hose vorsichtshalber aus und schlüpfte in meine Blue Jeans zurück. Auch so was, was der Amerikaner uns aufgezwungen hatte! Dann aß ich noch eine Rohrnudel, trank noch eine Tasse Caro-Kaffee und schwieg.

»Matusowicz, Matusowicz …«, überlegte die Oma. »Das is jetzt aber nicht der Matusowicz von drüben, vom ›Pullacher Hof‹, der Viehhändler?«

Schräg über die Straße lag die Wirtschaft. Vor dem Krieg war auch ein Bauernhof dabei gewesen, jetzt waren die Stallungen leer.

»Naa, naa«, sagte mein Vater schnell. »Der ist das nicht.«

Allmählich verstand ich gar nichts mehr. »Ja, war da auch einer? Noch ein Matusowicz?«

»Jaaa«, sagte mein Vater gedehnt, »das war aber ein anderer.«

»Aber auch Matusowicz?«, beharrte ich.

»Ja mei«, sagte die Oma. »Juden hamma damals ja auch g'habt.«

Opa blinzelte wohlwollend durch seine Qualmwolken.

»Jaaa … und wo ist der jetzt? Wo ist der jetzt, der andere Matusowicz?«

»Ja mei«, sagte die Oma freundlich und seltsam unbeteiligt. »Den haben s' damals auch abg'holt. Da weiß ma' nix!«

Meine Verwirrung nahm zu.

»Abg'holt«, sagte ich. »Abg'holt. Wer hat ihn denn abg'holt?«

»Ja weißt«, sagte die Oma, »den haben s' halt damals abg'holt, die Nazi. Des haben s' halt damals so g'macht.«

Ich kam immer noch nicht damit zurecht.

»Ja, schon …«, entgegnete ich zaghaft. »Aber wo ist er jetzt?«

Opa zog an seiner Pfeife. Mein Vater schwieg mit zusammengekniffenen Lippen.

»Ja mei«, sagte Oma immer noch freundlich-beiläufig, »den werden d' Nazi auch umbracht haben. Da hat ma' dann nix mehr g'hört. Des war damals so die Zeit. Mir haben da nichts davon g'hört. Mei, uns hat da keiner was g'sagt.«

»Umbracht?«, fragte ich entsetzt.

»Stiften sind s' gangen! Alle samtene sind s' stiften gangen. Und mir sind in der Scheiße g'legen!«, brüllte mein Vater los.

Ich wusste, es war besser, jetzt keine Fragen mehr zu stellen. Aber ich wusste auch, dass sie den Matusowicz, den Viehhändler, umgebracht hatten. Und keiner wusste richtig, warum. Das hatte man damals einfach so gemacht.

Fast zwanzig Jahre später lernte ich Raija kennen. Ich war Student in Bonn, mir war einiges schief gelaufen, und vorübergehend war ich bedrohlich nahe an den Rand der Obdachlosigkeit geraten. In den letzten beiden Jahren hatte meine Situation sich gebessert, doch immer noch schlug ich mich mehr schlecht als recht durch. Ich hasste die Stadt, denn ich war von Anfang an nie mit ihr zurechtgekommen. Meine Gesundheit war ziemlich angeschlagen, meine Finanzen im Arsch, mein Studium hing in den Seilen. Raija war Sekretärin an der Israelischen Botschaft. Sie war ein schönes, gescheites und sehr charmantes Mädchen voller Tiefgang, das in einem kleinen, möblierten Zimmer in einer der Godesberger Villenstraßen lebte. Wir mochten uns sofort, doch erstaunlicherweise hatte ich bei ihr eine starke Beißhemmung, und so ergab sich keines der üblichen Abenteuer, sondern schon nach kurzer Zeit eine tiefe gegenseitige Freundschaft. Sie war mir schlichtweg zu schade, um etwas mit ihr anzufangen. Wir trafen uns wöchentlich, gingen miteinander zum Chinesen und saßen dann bis weit nach Mitternacht in ihrem kleinen Zimmer unter der Dachschräge. Sie machte Tee, und wir redeten und redeten, wie nur junge Leute es können, die dem Leben noch voller unerfüllter Erwartungen gegenüberstehen. Eines Abends erzählte ich ihr die Geschichte der beiden Matusowicz' und dass ich niemals herausgefunden hatte, ob sie tatsächlich miteinander verwandt gewesen waren.

Man begegnet vielen Menschen im Laufe des Lebens, doch sind es nur wenige, die man für sich persönlich als wertvoll empfindet. Raija war so ein Fund.

Ich merkte, dass ich in den Gesprächen mit ihr eine gewisse Befangenheit nicht loswurde. Und manchmal, wenn wir in tiefer Nacht so saßen und uns gegenseitig unsere Welten öffneten, stellte ich es mir vor: Die Stiefel im Treppenhaus, das Gebrüll, die Grobheit, mit der die Tür eingetreten wurde, obwohl man sie ohne weiteres hätte öffnen können; die zynische Gelassenheit der Übermenschen; der derbe Griff in ihr wunderschönes, langes, dunkles Haar. Wie sie sie daran durch das Treppenhaus zerrten. Wie sie sie schlugen. Wie sie sie auf den Lastwagen warfen.

Wie sie sie zu Matusowicz brachten.

»Wenn dir jemals einer von denen etwas will, bringe ich ihn um«, sagte ich ihr eines Abends.

Sie lächelte. »Diese Zeiten sind vorbei.« Sie schenkte mir Tee nach. »Du bist jung. Warum hängst du an der Vergangenheit?«

Als ihre Zeit vorüber war, wurde sie nach Israel zurückversetzt. Bald schon schrieb sie mir in einem langen, gefühlvollen Brief, wie sehr sie meine Freundschaft und unsere nächtlichen Gespräche vermisste. Ich schob die Beantwortung immer länger vor mir her und unterließ sie schließlich ganz. Einerseits ging die Trennung mir zu nahe und ich wusste nicht, was ich schreiben sollte, andererseits hatte ich mittlerweile eine nepalesische Freundin, die sich schon ziemlich weitgehend bei mir eingenistet hatte und die bis zur Blindwütigkeit eifersüchtig war.

Als ich eines Abends alleine an meinem Schreibtisch saß, klingelte das Telefon.

»Hier ist Raija.« Sie war für acht Tage in Bonn.

Meine Ankündigung, dass ich sie treffen wollte, um mit ihr essen zu gehen, löste eine einwöchige Terrorkampagne meiner Freundin aus. Am Ende der Woche – es war passenderweise der Karfreitag – warf ich sie hochkant hinaus.

Raija war bereits wieder abgereist.

Ein Jahr später meldete sie sich erneut und wir trafen uns. Ein Jahr darauf trafen wir uns ebenfalls. Stets war es so, als sei die Zeit stehen geblieben. Wir saßen und redeten, und das Wort Freundschaft hatte einen ganz eigenen Zauber bekommen.

Zwei Jahre später lud Naphtali Springer mich zu einer Pressereise nach Israel ein. Ich war gerade einigermaßen herausgekommen aus meiner Malaise und betrieb ein ganz gut gehendes Pressebüro. Springer war ein kleiner, rundlicher polnischer Jude mit dicken buschigen Augenbrauen und einem Paar recht wissender Augen darunter, einem quirligen Temperament und mit einer der tiefsten Seelen, die ich in meinem Leben vorgefunden habe. Er importierte Salz aus dem Toten Meer und vertrieb es an deutsche Apotheken, denn die Salzbäder halfen hervorragend gegen Schuppenflechte und andere Hautkrankheiten. Ich sah mir den Reiseplan an: Wir würden in Tel Aviv landen, die übliche Heilige-Land-Tour absolvieren und zwei bis drei Tage am Toten Meer verbringen, bevor wir nach Tel Aviv zurückkehrten. Gleich neben Tel Aviv lag Holon. Und in Holon wohnte Raija. Ich schrieb ihr einen begeisterten Brief, in dem ich ihr das Datum meiner Ankunft ankündigte.

Die Reise wurde der Beginn einer interessanten und geistvollen Freundschaft mit dem jüdischen Salzhändler. »Als ich war in Polen, war ich e gliehender Nationalist. Dann sind wir abgehauen vor die Deitschen nach Russland, und der Stalin hat uns erst einmal ins Lager gesperrt. No, nachm Krieg geh ich zurick nach Polen und wieder bin ich e gliehender Nationalist. Und wissen Se was? Das Erste, was passiert, is e Pogrom!«

Später schleppte er mich oft zu einem kleinen Kölner Fleischer, weil es dort die besten Schweinekoteletts weit und breit gab. Er sprach fließend Englisch, Russisch und Polnisch, die Bratensoße troff uns von den Mundwinkeln, und trotz seiner Lebensgeschichte hatte er seinen prustenden, überquellenden Humor voller Hintersinn behalten.

Ich mochte ihn wie selten einen. Die Pressereise mit ihm wurde mir allerdings zur Begegnung mit einer spezifischen Form deutscher Selbstverstümmelung: Spätestens in Israel musste auch dem Letzten klar werden, dass wir damals nicht »Juden« umgebracht haben, sondern eigene Leute. Da war Jakob, der Fremdenführer, der so breit schwäbelte, als vertrete er die Stuttgarter Stadtverwaltung. Sein Dorf, erzählte er, sehe aus wie das schwäbische Dorf, dem seine Eltern 1937 entflohen seien. Da war der unvergleichliche Professor Drori, dessen Utopie es schon damals war, gemeinsam mit den Palästinensern den Jordan aufzustauen und beide Völker mit Wasser und Energie zu versorgen. Selbstverständlich beschrieb er seine Pläne in fließendem Deutsch. Und es gab das alte Ehepaar im Aufzug des Morijah-Hotels am Toten Meer, dessen Augen zu leuchten begannen, als ich mit meinem Begleiter deutsch redete. – Das Heimweh dürfte bei den Vertriebenen aller Welt in etwa gleich groß sein. Aber es scheint auch Naturgesetz zu sein, dass am Ende der Abschaum siegt und nicht der Mensch.

Das Taxiunternehmen, das ich in Tel Aviv betrat, hieß Landauer. »No, wo mächten Se hin?«, fragte mich der alte Mann am Tresen, bevor ich auch nur ein Wort gesagt hatte. Der Fahrer brachte mich nach Holon. Es war acht Uhr abends, und die Nacht war verdammt schwül. Gesichtslose Wohnblocks standen nebeneinander. Der Fahrer suchte eine Viertelstunde herum. Ich betrat das weiß gestrichene enge Treppenhaus und eilte die Stiegen hinauf. Mein Herz pochte in meinem Hals. Im Augenblick, als ich klingelte, ging die Tür auf. Sie hatte das Getrampel im Treppenhaus gehört.

»Shalom!«, strahlte sie.

»Ey!«, lächelte ich, denn ich war verlegen. Etwas linkisch nahm ich sie in meine Arme. Sie lag an meiner Schulter und zog sich an mich. Es war ein heißer Tag gewesen, und ich hatte mir das Hemd weit aufgeknöpft. Ihr Atem strich über meine Brust. Ihr Haar duftete, als ich es küsste. Ihre Finger fühlten sich warm an in meinem Nacken.

2. MAMMA MIA

Berücksichtigt man, dass eine Reihe meiner Vorfahren wegen gefährlicher Körperverletzung vorbestraft waren, dann habe ich mich bisher ganz ordentlich gehalten. Mein Großvater August Achinger, um nur ein Beispiel zu nennen, war ein gefürchteter Wirtshausschläger, der in den dreißiger Jahren so einiges an Pasinger Gaststätten leer geprügelt haben muss. Außerdem hatte er großen Gefallen daran, meine Großmutter Anna Achinger zu vermöbeln, besonders, wenn er wieder einmal sternhagelvoll war, und das war er ziemlich häufig. Es gibt Berichte von Geschwistern meines Vaters, wie Opa August seine hochschwangere Gattin grölend zu Boden schlug, unvermindert auf die Liegende einprügelte, und wie die Unglückliche sich irgendwann, schreiend und blutverschmiert, auf allen vieren aus der Wohnung rettete. Sie schleppte sich den dunklen Korridor des mehrstöckigen Münchner Arme-Leute Hauses entlang, hin zum einzigen Wasserhahn auf der Etage. Dort wusch sie sich das Gesicht im kalten Rinnsal, während der Gatte ihr unverdrossen seine Flüche und Verwünschungen hinterherbrüllte. Mein Vater, der sich damals noch in ihrem Bauch befand, fragte sich zeitlebens, wieso der August so gewalttätig gewesen war. Als einzige Erklärung fiel ihm ein, Anna sei eine hundsmiserable Köchin gewesen, die es fertig brachte, selbst einfachste Speisen noch bis zur Ungenießbarkeit zu ruinieren. In der ganzen Verwandtschaft sei ihre gnadenlose Kochkunst gefürchtet gewesen. Eine Begründung, die mich selbst nie ganz überzeugte. Jedenfalls besaß mein Vater Erinnerungen an die insgesamt ein oder zwei Besuche bei seinen Eltern, wo es fast augenblicklich zu gebrüllten Auseinandersetzungen gekommen war, sobald Anna Achinger ihrem Gatten einen Teller vorgesetzt hatte. Die Tätlichkeiten folgten dann umgehend, und mein Vater, ein Zweijähriger damals, stand alleine, zitternd und heulend in einer Zimmerecke und beobachtete die Misshandlung seiner Mutter, sodass er froh war, die Kampfstätte wieder verlassen zu können. Ab da mied er Besuche seines Elternhauses erfolgreich.

Wie viele Proletarier der damaligen Zeit war August Achinger aktives Mitglied der Kommunistischen Partei. Auch dort war er gefürchtet für seine Aggressivität und für seine unzähmbare Rauflust. Kein Wunder also, dass die Nazis ihn schon kurz nach der Machtergreifung griffen. Sie nahmen ihn fest und droschen ihn, zusammen mit anderen Gesinnungs- und Leidensgenossen, zu Brei. Als Häftling Nummer 2315 kam er am 30. Juni 1933 ins Konzentrationslager Dachau. Eingewiesen durch die Bayerische Politische Polizei, freundlicherweise tituliert als Schutzhäftling. Müßig zu erwähnen, dass er dort die Hölle durchzumachen hatte und nach einem Jahr als veränderter Mann zurückkehrte. Zurück zu seiner neuen Lebensgefährtin und den drei Kindern, die er inzwischen mit ihr gezeugt hatte. Denn Anna Achinger war ihrer Ehe längst überdrüssig geworden und hatte die Scheidung eingereicht, und August hatte ziemlich schnell Ersatz gefunden. In den Familienunterlagen, die mein Vater akribisch zusammengetragen hat, findet sich ein mehrseitiger flehentlicher Brief von August Achinger an seine Anna, in dem er sie beschwört, es noch einmal mit ihm zu versuchen.

Was mich beim Lesen des alten Briefes beeindruckte, war die urtümliche Sprachgewalt, die sich in den Zeilen dieses einfachen Eisenbiegers fand und zu seinem sonstigen Bild nicht passte. Es lag etwas Archaisches in ihnen, eine fast biblische Wortmacht, und ich fragte mich, ob das schriftstellerische Potenzial schon Generationen lang ungenutzt in unserer Familie geschlummert hatte. Immer wieder hatte ich überlegt, ob Opa August sich eines der damals nicht so seltenen professionellen Briefeschreibers bedient hatte oder eines Lehrers oder Geistlichen. Aber ich denke letztlich, dass die Menschen und ihre Gedanken sich seit Jahrtausenden ähnlich sind und dass ich meinem verzweifelten Vorfahren Unrecht tun würde, wollte ich ihm die eigene Wortmacht absprechen.

Großmutter Anna jedenfalls, die ich aus meiner Kinderzeit nur noch als verkalkte, wirres Zeug faselnde und die Wohnung meiner

Tante Hanna mit Kot verwüstende Greisin in Erinnerung habe, blieb damals standhaft. Sie war eine überaus einfache Frau, der Ausdruck primitiv wäre durchaus passend, wäre er nicht zugleich so abwertend. Trotz ihrer geringen geistigen Mittel, die sie durch ein erstaunliches Maß an Zähigkeit kompensierte, zog sie die Scheidung durch. Fünf ihrer insgesamt sechs Kinder brachte sie in christlichen Waisenhäusern unter, wo sie ein übles Martyrium durchlebten. Meinen Vater hatte sie ohnehin zwei Wochen nach seiner Geburt zu Pflegeeltern gegeben, wo er in erbärmlichsten Umständen aufwuchs und sich später oft nur durch Betteln ernähren konnte.

Der eigentliche Verlierer in der ganzen Affäre allerdings war August Achinger. Trotz seines gewalttätigen Naturells schien er unter dem Scheitern seiner Ehe und dem Schicksal seiner Kinder wie ein Hund zu leiden und immer wieder Anläufe zu unternehmen, den Kontakt zu halten. Jedenfalls besuchte er meinen Vater einmal und nahm ihn mit nach München. Mein Vater erinnerte sich an ein stierhaftes, düster dreinblickendes Mannsbild, mit dem schon auf den ersten Blick nicht zu spaßen gewesen sei. Doch riss der Kontakt nach August Achingers KZ-Aufenthalt offenbar endgültig ab. In unserer Familie hielt sich nur mündlich der Bericht von seinem elenden Ende: Danach hatte er seine illegale KP-Tätigkeit auch nach dem Aufenthalt im KZ Dachau wieder aufgenommen, erhielt jedoch bald schon einen geheimen Hinweis aus Parteikreisen, die Gestapo plane für die kommende Nacht seine erneute Verhaftung und seine – vermutlich endgültige – Verbringung nach Dachau.

August Achinger galt als hervorragender Pilzkenner. Als seine Schlächter eintrafen, fanden sie vier bereits fertige Kadaver vor: August hatte sein speziellstes Pilzgericht zubereitet, mit welchem er sich selbst, seine Lebensgefährtin und zwei der gemeinsamen Kinder ins Jenseits befördert hatte. Nur sein jüngstes Kind aus dieser Verbindung, eine Tochter namens Eva, lag noch im Koma und wurde so ausgerechnet von denen gerettet, die zum Morden ins Haus gekommen waren. Sie galt zeit ihres Lebens als die von legendärer Tragik umwobene Symbolfigur unserer Familie, deren Namensnennung genügte, um die Mienen schwer werden zu lassen. Andererseits hatten wir so gut wie keinen Kontakt zu ihr. Ich vermute, es bestand eine Art gegenseitiger Berührungsscheu. Kurz vor seinem Tod berichtete mein Vater mir, er habe Eva zwei, drei Jahre zuvor nochmals aufgesucht – immerhin sei sie seine Halbschwester –, doch habe sie sich uninteressiert und abweisend verhalten und ihn schließlich hinauskomplimentiert. Die lebenslange Suche nach »der Familie«, dem festen und unerschütterlichen Heimathafen, war ein nahezu manischer Zug meines Vaters gewesen. Er verteidigte sein Ziel mit solcher Verbissenheit, dass er darüber unsere Familie ruinierte.

Wo August Achinger und die drei anderen Getöteten begraben wurden, ist dem Vergessen anheim gefallen. Auch wurde nie geklärt, ob es ein von den Eltern organisierter gemeinsamer Selbstmord war oder ob August seine ahnungslose Familie heimtückisch in den Tod hineingefüttert hatte. Die Nazis jedenfalls hatte er erzürnt mit seiner eigenmächtigen Verabschiedung, und in konsequenter Anwendung ihres Prinzips der Sippenhaftung rächten sie sich an Karl Achinger, einem Bruder Augusts, den sie schon kurz vor dem so hinterhältig Dahingeschiedenen nach Dachau verschleppt hatten. Über ihn lässt sich nichts mehr finden, nicht einmal seinen Todestag kennen wir. Doch soweit die mündliche Überlieferung in unserer Familie den Tatsachen entspricht, ließen seine Häscher ihn bei den berüchtigten Dachauer Kaltwasserversuchen krepieren: Man legte einen Gefangenen nackt und bei Frost ins Eiswasser und observierte unter emsiger Abnahme medizinischer Daten, wie lange er es aushielt. Das Verfahren wurde drapiert mit dem Leichentuch deutscher Wissenschaftlichkeit. Augusts Bruder muss noch ein junger Kerl gewesen sein, als er sein erbärmliches Ende fand.

Großmutter Anna indes zog mit den Steilwandfahrern über Land und lebte das bunte Leben des fahrenden Volkes, das ihr, so die übereinstimmenden Berichte unserer Sippe, sehr gefiel. Natürlich raste sie nicht selbst auf dem Motorrad im Steilwandkessel herum, sondern verdingte sich als eine Art Marketenderin. Regelmäßig sandte sie den Kleinen gefühlvolle Postkarten ins Heim, die eine seltsam verträumte und in ihre Kinder verliebte Mutter erkennen ließen. Und doch verbrachte sie auch ihre Schaustellerjahre in bitterster Armut. Und irgendwann scheint auch sie sich bei den Nazis mit ihrem einfältigen Mundwerk verplappert zu haben: Wenn einer so mit den einfachen Leuten umgehe, gehöre *der* erschossen und nicht die einfachen Leute, sagte sie im Kollegenkreis. »Wenn den Hitler zuallererscht a Kugel treffert, nachert wär der Krieg gleich vorbei!« Da sie sich auch noch recht ungeschminkt zur Judenverfolgung äußerte, wurde sie am 5. Oktober 1939 von der Gestapo verhört. Man drohte ihr mit fünf Jahren Gefängnis und anschließendem KZ, was sie nur mit der Hilfe eines couragierten Münchner Staatsanwalts, der den Fall niederschlug, dem Hinweis auf die sechs Kinder, die sie dem Führer geschenkt hatte, und auf das in Bälde zu erwartende Mutterkreuz abzuwenden vermochte. Sie wurde streng verwarnt. Aus dem Mutterkreuz wurde nichts mehr, nach diesem Vorfall. Unsere Familie blieb ungeschmückt.

In all diesen Jahren schien mein Vater in einem seltsamen Widerspruch aufzuwachsen: auf der einen Seite die Einsamkeit des Grattlerkindes, das unter ärmsten Bedingungen bei Pflegeeltern aufwuchs. Auf der anderen Seite die schroffe Geborgenheit eines Arme-Leute-Haushalts, in dem es so etwas wie Zusammenhalt gab, wenngleich man nicht übersehen sollte, dass diese Art von Gemeinschaft eine durchaus gefährliche Komponente beinhaltete: Je ausgestoßener und mittelloser die Betroffenen nämlich, desto unbedingter und unkritischer der Schulterschluss untereinander, bis am Ende alle zur klebrigen Masse verkommen. Wer nichts zu verlieren hat, dem bleibt oft nur noch sein Rudelinstinkt – eine elementare menschliche Eigenschaft, die man nur noch als »Treue« zu propagieren braucht, um aus den so Zusammengeschweißten das Letzte herauszuholen.

Solche Menschen sind anfällig für die autoritären Botschaften eines Gangsterstaates. Viel mehr noch: Keines dieser Regime würde ohne diesen Bodensatz funktionieren, der sich willig mit Uniformen verkleiden lässt und gegen alles zu Felde geschickt werden kann, was schwächer ist. In seinen eigenen Erinnerungen schwärmt mein Vater verklärerisch von seiner Zeit bei der »Scharnhorst-Jugend«, als sei es dort ein einziges großes Indianerspiel gewesen, während in Wirklichkeit Kinder darauf vorbereitet wurden, sich heimlich an andere heranzuschleichen, sie zu überwältigen und zu töten. Kein Wunder also, dass er sich willig als Kanonenfutter hergab. Zum April 1940 erhielt er seinen Stellungsbefehl, verpflichtete sich prompt freiwillig und zog voll erwartungsfroher Begeisterung in den Krieg.

Ende August 1945 kehrte er zurück: verwundet, misshandelt, traumatisiert, in seiner Seele gebrochen, doch ohne Gefühl für individuelle Schuld. Ein früh zerstörter Fünfundzwanzigjähriger. Einige Jahre lang schlug er sich als Polizist durch. Dann schaffte er sich, was er sich sein Leben lang verzweifelt gewünscht hatte – eine Familie. Der Achinger Bazi heiratete meine Mutter Sofie, eine Friseuse aus einfachem Elternhaus, die seinetwegen ihren damaligen Verlobten verließ, ebenfalls ein Friseur, der sich in seinem Schmerz darüber zu Tode soff. Eine Frau, deren ebenso grenzenloser wie verkrampfter gesellschaftlicher Ehrgeiz das Ergebnis ihrer kargen Kindheit war und die sich schon früh in ihre Wunschfantasien verstrickt hatte. Die Bruchlinien waren vorgegeben, und sie zeigten sich schon bald und immer häufiger. Ich selbst war das Ergebnis eines halbherzigen Versöhnungsversuches, der außer der Begründung meiner familiären Existenz keine nennenswerten Ergebnisse mehr zeigte.

An meine Mutter erinnere ich mich bloß spärlich, was diese Spanne meiner frühen Kindheit betrifft. Ich entsinne mich einer Zeit unbeschwerten Kindseins ebenso wie der vielen Gerüche in der Bäckerei, die mein Vater inzwischen eröffnet hatte. Der Duft von Semmeln, Brezen, frischen Bauernlaiben, knusprigen Wecken, von denen die frischen Rindensplitter fielen, die so gut schmeckten. Nach Nussecken, Bienenstich, Apfelkuchen und Erdbeertorte. Nach dem Schweiß der einkaufenden Arbeiter in ihren verschmierten Hosen und den schwitzenden Köpfen unter den braunen Schiebermützen. Nach dem Grimm der deutschen Hausfrauen, die sich in Kittelschürzen gesteckt und ein Kopftuch zum Turban gebunden hatten und nun sauber machten, was immer sich sauber machen ließ, damit niemand mehr den Dreck der Niederlage und den Faulschlamm der Vergangenheit erspähte. Nach den Duftwolken der »Ami-Weiber«, der Frauen von US-Soldaten, die ihren Männern ins besetzte Land gefolgt waren und die um so vieles eleganter und wohlriechender waren als unsere Nachbarinnen, die wiederum neiderfüllt über die »Ang'schmierten« herzogen, sobald diese unseren Laden wieder verlassen hatten: »Ja, hast jetzt *sie* g'sehen, ha? Mit ihre roten Fingernägel, ha? Ja, wo hätterten nachert *mir* die Zeit und des Geld her, dass mir uns a so herrichterten, ha? Ja, also i sag Ihnen, Frau Hartmann, wenn der Meine, also net wahr, wenn der Meine mi' net a so mag, wie i bin – ohne die ganze Farb halt, net! –, ja, also, i sag's Ihnen, wie's is, dann *verdient* er mich net. Des sag i Ihnen gradraus, jawoll!«

Mit den verständnislosen Augen des Kleinkindes betrachtete ich die heraufziehenden Gewitterwolken, die sich in Form wiederholter und immer heftigerer elterlicher Auseinandersetzungen am Firmament meiner kleinen Welt zusammenschoben. Nicht nur meine Eltern schoben sie dort zusammen, sondern auch meine Großeltern, die Eltern meiner Mutter. Gebrüll im Treppenhaus, keifende Stimmen, Türenschlagen, gegeiferte Wortfetzen, die sich um Weiber drehten, um verschwundenes Brot und verschwundene Briketts, die damals kostbar waren, um den Backofen zu heizen. Erst viel später kam ich dahinter, dass Opa, der sich an sein Motorrad eine Anhängerkupplung gebaut hatte, mit seiner »Zugmaschine« damals Vaters Kunden belieferte – und nicht nur die: Auch einige seiner Freundinnen, von denen er stets reichlich hatte, bedachte er großzügig zu Lasten seines Schwiegersohns. Prompt beschwerten sich Kunden über unvollständige Lieferungen und drohten mit der Kündigung aller weiteren Bestellungen. Und da Opa es gerne warm hatte, wenn er zu seinen Damen stieg, lieferte er dort vorher immer einen Anhänger Briketts an, was ihm wiederum den Einstieg erheblich erleichterte. Man darf nicht vergessen: Es waren die frühen fünfziger Jahre. Nachkriegszeit. Mangelwirtschaft. Zerstörte Häuser und zerstörte Leben noch überall. Und jeder versuchte, auf seine Art auf seine Kosten zu kommen. Dass diese Art von Familienunternehmen für meinen Vater niemals gut gehen konnte, war keine Frage. Aber dennoch, aus kindlicher Sicht stimmten die Koordinaten erst einmal: Es gab Eltern und Großeltern im selben Haus, dazu zwei Bäckergesellen und ein Hausmädchen namens Hilde, mit der ich gerne schmuste. Sie war schwarzhaarig und hatte einen vollen roten Mund und große, schwere Brüste, und einmal, als meine Mutter für einige Tage verreist war, trug Hilde ein Kleid von ihr, was zu einer furchtbaren Szene führte, als Mama nach ihrer Rückkehr ein fremdes Parfüm in ihrem Kleid erschnupperte. Der spontane Konflikt brachte einen hilflos brüllenden Vater hervor, der sich alle Verdächtigungen nach Atem ringend in breitestem Bayrisch verbat, und es gab eine heulende Mamma, die sich demonstrativ im hinteren Teil unserer Hofeinfahrt aufgebaut hatte und laut in einen Zipfel ihrer weißen Ladenschürze weinte. So laut, dass Amalie aus dem Giebelfenster des Nachbarhauses linste und erwartungshungrig fragte, was los sei. Amalie war kurzwüchsig und hässlich, und sie hielt sich über Wasser, indem sie auf die Nachbarkinder aufpasste. Auch einige Kundinnen unseres Bäckereigeschäftes blieben interessiert stehen und äugten mit brennender Anteilnahme auf unsere Hofeinfahrt. Mamma wusste sich stets wirkungsvoll in Szene zu setzen. Schon dreißig Minuten später war es die ganze Straße hinauf und hinunter bekannt, dass mein Vater ein Verhältnis mit unserer Dienstmagd habe und meiner Mutter eine gelangt habe, als sie ihm dahinter gekommen sei, und dann sei die Arme ganz al-lein im Hof g'standen und habe bit-ter-lich geweint, ja, jetzt so was, also auch bei die G'schäftsleut, da stimmt's auch nicht immer, gell?

Ich bin überzeugt, kein Wort an der Geschichte hat gestimmt. Schließlich wandelte Mamma selbst schon seit geraumer Zeit auf verbotenen Pfaden, und die Art, wie sie meinen zusehends Argwohn schöpfenden Vater mittels ihres raffinierten Gegenangriffs in Schach zu halten verstand, verdient Bewunderung. Hilde, die sich das Kleid einfach mal »ausgeliehen« hatte, musste auf der Stelle gehen, selbstredend.

Man war schon sehr deutsch, damals. Das heißt, vor der konstruktiven Konfliktlösung kam stets die Schneidigkeit. Die schnelle Bereitschaft, einen anderen je nach dem Abweichungsgrad seiner Ansichten als Deppen oder als Sau zu titulieren, war groß. Gesprächsbereitschaft war Schwäche, Vernunft war ausschließlich die eigene, und die war meist rotköpfig. »Mit a bissl a Vernumpft, net …!« wurden die absurdesten Anschuldigungen und nicht zuletzt der triefende Widerstand gegen jeden Ansatz einer kritischen Frage nach dem Geschehenen begründet.

Die Teerdecke auf der Landsberger Straße vor unserem Haus wölbte sich wie der Rücken eines alten Ochsen, und sie war genauso fleckig. Die wenigen Geschäfte in unserer Nachbarschaft waren klein, schlecht beleuchtet und voller dunkelholzigem Mobiliar: Hedwig Hillmair nebenan verkaufte Kurzwaren und reparierte Laufmaschen in Damenstrümpfen, die damals alle noch eine dunkelbraune Naht über die rückwärtige Beinseite ihrer Trägerinnen zogen. Der Eberl Toni mit seiner Franziska stand im grauen Kaufmannskittel hinter dem Holztresen mit den vielen Schubladen seines Kolonialwarenladens, wischte stündlich das Linoleum des Ladenbodens, malte mit weißer Farbe geschnörkelte Angebote auf schwarze Tafeln am Ladeneingang und bestätigte jedem, der danach fragte, dass man schließlich von nichts gewusst habe und deswegen heute wie ein Verbrecher behandelt werde. Nebenan der Maschke Erwin eröffnete seinen Elektro- und Radioladen und legte die ersten Schallplatten in die Auslage, die nicht mehr auf achtundsiebzig, sondern nur noch auf fünfundvierzig Umdrehungen abgespielt zu werden brauchten. Anfangs lagen auch zwei, drei Platten mit der neuartigen »Negermusik« dabei, wurden aber nach Protesten aus der Nachbarschaft eilig entfernt. Dennoch, die kleinen Wunderdinge voller Musik wurden andächtig bestaunt. Sie zeigten mehr als alles andere, dass eine neue Zeit angebrochen war. Und sie machten den Erwerb neuer Plattenspieler erforderlich, um auf der Höhe der Zeit und der neuen Umdrehungszahlen zu bleiben. Wer es sich leisten konnte, schaffte sich eine Musiktruhe an. Unsere hatte sechs Lautsprecher, die man mittels dreier großer, krachender Knöpfe paarweise zuschalten konnte. Auf der Empfangsskala des Radioteils waren Sender wie AFN, BBC oder Beromünster verzeichnet, statt der früheren deutschen Militärsender. Der Plattenspieler war ein Riesengerät mit einem Abspielarm, der sich ruckartig unter lauten Schaltgeräuschen in Position brachte. Er hatte drei Geschwindigkeiten: dreiunddreißig Umdrehungen für die neu aufkommenden Langspielplatten, auf denen man Stimmwunder wie Mario Lanza oder den

Jodlerfranzl hören konnte; fünfundvierzig Umdrehungen für die damals noch nicht so bezeichneten Singles; und achtundsiebzig Umdrehungen für die noch reichlich vorhandenen Schellackplatten mit den braunen Etiketten und den braunen Märschen und Kampfgesängen. Unter dem Plattenspieler war eine Schublade für die Tonträger. Die sehr zerbrechlichen Schellackplatten musste man immer obenauf legen, obwohl das nicht mehr ganz unproblematisch war.

Im Haus gegenüber bauten sie um, und der Schall Oskar richtete seinen kleinen, blitzblanken Milch- und Käseladen ein. In gewisser Weise war die Straße damit autark geworden, denn der Schullerer Gusti mit seiner Metzgerei und sein Bruder, der Beni mit seiner Gastwirtschaft »Bräu-Roserl«, gehörten ohnehin seit Jahrzehnten zum festen Grundbestand unseres Straßenzugs. Der Schullerer Gusti war ein gemütlicher, hochasthmatischer und völlig verfetteter Metzgermeister, der kurzbeinig hinter dem Tresen stand und beim Ausatmen pfiff. Sein Kopf mit der ungeheuren Fettwamme unterm Kinn und den hängenden Speckbacken ähnelte in erstaunlicher Weise dem stilisierten roten Schweinekopf auf dem Schild, mit dem er sein Schaufenster dekoriert hatte. Die Dekoration änderte er nie. Erst als der Gusti gestorben war, nahmen sie seinen Kopf aus dem Fenster. Aber er war immer nett zu mir. Wir Kinder beurteilten die Leute in der Straße ohnehin nur danach, ob sie freundlich mit uns waren oder ob sie uns schimpften. Zu den wenigen freundlichen gingen wir besonders gern hin. Gustis Bruder Beni war das glatte Gegenteil von ihm: Agil, stiernackig, kraftstrotzend, kraushaarig und mit lauter Stimme ausgestattet, herrschte er über seine beiden Gasträume und das Fasslager im Keller. Im Gegensatz zu dem phlegmatisch-friedfertigen Gusti stritt er sich sofort mit jedem und beschimpfte ihn aufs Übelste, sobald er seine Ansichten zu den Themen »Vaterland« und »Kollektivschuld« nicht teilte. Seine Frau stand mit breiten Hüften und dicken Waden in Gummistrümpfen und weißem Kittel am Ausschank und stimmte dem Beni immer lauthals zu, sobald er wieder einen erwischt hatte, den er mit schriller Stimme als »Nesdbeschmutza, net wahr, und Vadalandsvarräda« brandmarken konnte, bevor er ihn am G'nack packte und aus der Wirtschaft schmiss. Zum Zeichen seiner Anerkennung für die Standhaftigkeit seines deutschen Weibes trieb der Beni es gänzlich unverhohlen mit dem Faktotum der Wirtschaft, einer häßlichen Küchenhilfe namens Burgl, die dürr, spinnenhaxig, krampfädrig, schweißig, wulstlippig und voller Selbstbewusstsein durch das auf diese Weise gedrittelte Imperium stakste. Ein paar Jahre später wurde der Beni für die FDP in den Stadtrat gewählt, verblieb dort aber nur ganz kurz: Auf dem gemeinsamen Stadtratsausflug nach Kufstein, gleich zu Beginn der Amtsperiode, besoff er sich so bärenmäßig, dass er auf der Rückfahrt mitten im Bus die Hosen umdrehte und unter Absingen des alten deutschen Volksliedes »Die Fahne hoch!« in den Mittelgang schiss, was den restlichen Amtsbrüdern unabhängig von der Fraktionszugehörigkeit beträchtlich stank. Die anschließende Empörung füllte für stattliche Zeit die Seiten des Fürstenfeldbrucker Tagblattes. Zwar versuchte der als Pfaffenlackel verachtete Vertreter der Bayernpartei noch eine verkrampfte Ehrenrettung, doch sie verfing nicht mehr: Schon kurz nach Amtsantritt wurde der nur noch fassungslos daherstotternde Beni unter Schimpf und Schande aus dem Stadtrat geworfen, und aus der FDP gleich hinterher. Er segelte später noch jahrelang erfolglos unter dem Banner der NPD, deren Versammlungen meist mit lautstarken, dem Beni freudig vertrauten Gesängen endeten und so wenigstens für die Stabilität seiner Getränkeumsätze sorgten. Seine Frau machte das Ganze noch zehn Jahre mit und starb dann entschlossen. Der hinterbleibenden Burgl blieb der Beni bis zu seinem Lebensende treu und vermachte ihr was, bevor er sich – letztmalig und dauerhaft – neben seine Gattin legte.

Es gab Ärger im Haus. Mein Großvater mütterlicherseits, der Früchtl Sepp, der sich um so gut wie nix etwas schiss, hatte mich Zweijährigen allein in den Motorrad-Anhänger gesetzt und war das Landsberger Bergerl hinauf zu einer seiner Freundinnen geknattert. Sie ignorierte mich, aber sie gab mir ein Radl Fleischwurst, damit ich Ruhe gab. Opa, damals ein um die Erhaltung seiner Art bemühter Endvierziger, packte zwei frische Wecken Brot aus und eine Tafel Blockschokolade und griff der erfreuten Angebeteten an den Bauch. Diese schob zweimal seine Hand davon und machte eine abwehrende Handbewegung in meine Richtung. Opa lachte zufrieden und sagte ihr etwas. Sicher verabredete er sich mit ihr. Im Anhänger ging es zurück, und schon bei der Annäherung an das Hoftor hagelte es wütende Verwünschungen meines Vaters: »Ja Kruzefix, muasst jetzt du den Kloana scho' zum Vögeln mitnehma, ha? G'langt's vielleicht jetzt nimmer, dass d' mei' Brot mitnimmst und mein Schokalaad, du Kreizkruzefix, du verreckter! Der Bua bleibt mir dahoam, verstehst? Und im Anhänger scho' gar net! Ja Kruzefix, Sakrament, Sakrament, ja Kreizkruzement!« Opa Sepp pfiff vergnügt und stellte sein Motorrad ab, hob mich liebevoll aus dem Anhänger und klopfte sich vorfreudig auf die lederbehosten Schenkel. Voller Zuneigung stiefelte ich meinem Papa entgegen. Der ignorierte mich und brüllte dem mit sich und der Welt zufriedenen Großvater hinterher. »Setzt der ein Zwoajährigen in den Anhänger nei! Ja Kreizkruzefix-kruzefix!« Ich klammerte mich Aufmerksamkeit heischend an ein väterliches Bein. »Könnt sonst noch was passieren mit dem Buam! – Schau, dass d' einikimmst!«, herrschte er mich an, und ich trollte mich betroffen in den Laden.

»Plärrt er wieder rum?«, fragte Mamma kühl, als ich ihr entgegenging. Ich warf mich in ihre Rockschöße, doch sie fing mich mit der Linken ab und wandte sich ihrer Illustrierten zu, die sie auf dem Ladentisch studierte. So klein ich war, hatte ich doch mitbekommen, wie oft meine Eltern sich um die gesellschaftlichen Aufstiegsträume meiner Frau Mama stritten. Die Welt der Fürsten, Grafen und Barone hatte sie in ihren Bann gezogen. Die Hilfsarbeitertochter wollte jemand sein, mehr sein jedenfalls als bloß eine Bäckersgattin, und Jahre später würde mein Vater mir tief getroffen berichten, sie habe schon kurz nach meiner Geburt über die Verkaufstheke hinweg bekannt gegeben, »der Achinger« sei für sie bloß ein Sprungbrett.

Erst kurz vor seinem Tod verriet er mir, ich sei die ersten drei Monate meines Lebens gar nicht im Haus gewesen, sondern im privaten Säuglingsheim der alten Frau Daubinger in der Aumillerstraße, weil meine Mamma, der ich in ihren Absprungsvorbereitungen quasi als Missgeschick zwischen die Beine gekommen war, dies so gewünscht habe. Meine Unterbringung habe ihn nicht nur »achtz'g Markl im Monat« gekostet, sondern auch seine Vorstellung, dass diese Ehe jemals noch in seinem Sinne funktionieren würde. Und so sei schließlich, am Ende meines dritten Heimmonats, er es gewesen, der vor dem Spiegel seiner eigenen Vergangenheit auf meiner überfälligen Eingliederung in den angerosteten Familienverband bestanden habe.

Mamma schenkte mir keine weitere Aufmerksamkeit, und ich trollte mich zurück in den Hof. Mein Vater stand dort mit gesenktem Kopf. Es ging, wie meist, etwas Beängstigendes von ihm aus. Etwas, das nach Gewalt roch. Nicht nach Wirtshausrauferei, sondern nach einer anderen, endgültigeren Art des Zuschlagens: lange beherrscht, ewig aufgestaut, aber falls losgetreten, dann routiniert, kompromisslos und von unzähmbarer Zerstörungskraft.

»Papa?«, fragte ich leise. Opa war nirgends zu sehen.

»Geh nei zur Mamma!«,befahl er mir barsch und wandte sich ab, um zurückzukehren in seine Backstube. Ich blickte versonnen auf seinen Rücken. Diesen breiten Rücken voller Kraft, auf dem ich manchmal herumklettern durfte, sodass er mir diesen Menschen in gewisser Weise zugänglicher machte als seine Frontseite.

Dann trollte ich mich erneut in den Laden. Auf der anderen Seite der Theke stand barsch, blass und rauchend die Waffler Emmi, der meine Mutter in kollegialer Freundlichkeit gerade zwei Brezen eintütete. Kolleginnen nämlich waren sie einmal gewesen, denn auch die Emmi war eine Friseuse. Sie hatte einen kleinen Damensalon in einer kleinen Querstraße, nicht weit von uns. Sie war eine Lesbische, wie unsere Bäckergesellen mir bereits berichtet hatten, obwohl ich mir darunter nichts vorstellen konnte. Mir war nur aufgefallen, dass sie fast immer unfreundlich war. Sie trug einen männlichen Kurzhaarschnitt, dazu Herrenanzüge in dunklen, rostigen Brauntönen und verzichtete auf jeden Schmuck. Ihre Gesichtshaut besaß eine ungesunde, leicht gelbgrüne Blässe, und die Bäckergesellen witzelten, das käme daher, dass sie mit dem Gesicht ständig im Feuchten läge, haha. Am meisten fielen mir ihre Augen auf: wach, hart, kalt, unheimlich distanziert und stets aus feindlicher Ferne beobachtend.

Seltsamerweise nahm man ihr nicht übel, dass sie eine Lesbische war. Es war, als hätte sie einfach eine offene Rolle übernommen: Es gab den Grattler im Viertel, den Säufer, den Schläger, dazu den depperten Ludwig, der am Downsyndrom litt und ebenso schwachsinnig wie freundlich war und von jedem gehänselt wurde, weil man die Depperten eben hänselte, das gehörte sich so. Und es gab die Emmi im Viertel, die eine Lesbische war, was damals vermutlich die wenigsten genau verstanden. Es war eher so etwas wie eine ausgefallene Berufsbezeichnung: Humanethologin. Systemanalytikerin. Therapeutin. Homöopathin. Lesbische. Man nahm es hin. Psychologin zum Beispiel wäre viel schlimmer gewesen. Die Emmi anderenteils schien Erfolg zu haben: Beruflich ging es unübersehbar aufwärts mit ihrem Salon, und lesbisch ging es ebenso gut vorwärts bei ihr, wenn man dem respektvollen Geraune der Nachbarschaft glauben durfte. Obwohl, die Frau Leitenthaler meinte, unterm Hitler hätte man so einer keinen Salon erlaubt, »und wahrscheinlich hätten s' ihr seinerzeit in Dachau schon beibracht, wie ma's *richtig* macht, net. Des is jedenfalls meine Meinung«.

Die Frau Leitenthaler stand, als sie ihre Meinung kundtat, im kurzen Unterrock im Wohnzimmer meiner Oma, die eine gelernte Schneiderin war und der Leitenthalerin gerade einen Rock änderte. Ich blickte versonnen auf die äußerst stämmigen Oberschenkel, die aus einer unerwartet feinen Spitzenbordüre ragten. Oma steckte den Rockbund mit einigen Nadeln ab. Die Leitenthalerin redete weiter: »Möchtert nur wissen, wie s' es macht mit dene. Des tät mich dann *doch* schon interessieren!«, grübelte sie. »*Ich* hab scho' immer g'nug Last an meinem Schorsch g'habt. Da brauchert ich grad noch lesbisch werden!«, sagte sie. »Des war mir auch *so* schon z'wider genug!«

Der Leitenthaler Schorsch war ein Mittsechziger mit geschneckelten Haaren, und er war aus dem Krieg mit einem Holzbein zurückgekommen, was er dem Russ bis zu seinem Lebensende verargte. Stets trug er eine qualmende kleine Pfeife im linken Mundwinkel, und wenn wir Kinder ihn ärgerten, konnte er sehr geschickt mit seinen Krücken zuschlagen. – Bei ihm sagte keiner was dazu, weil er ein Kriegsversehrter war. Die anderen, die als Unversehrte heimgekommen waren, beschwerten sich oft, dass man sich heute alles gefallen lassen müsste, weil sie einem das Zuhauen jetzt verboten hätten. Früher hätte man dem Jud' eins auf die Schnauze hauen dürfen und ja auch müssen, und den anderen sowieso. Und heute sei der Jud' zwar weg, wie vom Erdboden verschwunden, was bisweilen mit einem augenzwinkernden »Hamma *doch* g'scheit aufg'räumt, gell, hahaha?« kommentiert wurde. Aber der Kommunist sei nach wie vor da und sei als »Vadalandsvarräda« heutzutage quasi durch die Regierung geschützt: Seinerzeit, net wahr, als alles noch in Ordnung war und ein jeder sein Fahrradl über Nacht unverschlossen vorm Haus hat stehen lassen können, da hast du einen jeden Kommunist' z'sammhauen können, wie's dir g'fallen hat, da haben s' dich noch belobigt auf der Kreisleitung – aber damals hat's ja auch noch eine *Leitung* geben und nicht den Verhau wie heutzutag in der Demokratie, net – aber heut hau du einmal einen Kommunist z'samm, und dann schau, was dir passiert, wennst es so nicht glaubst!« Also, wie gesagt, der Leitenthaler war kriegsversehrt.

Und da er auch Rentner war und seine Frau putzen ging, brachte er seine Rente zum Beni ins »Bräu-Roserl« und erzählte von Kusnezk und von der Krim, und bald schon redeten sich alle in Wut, und die Frau vom Beni kam mit dem Nachschenken gar nicht mehr nach, und da die Brezen meines Vaters schön salzig waren, kam sie immer weniger damit nach. Nicht selten kam der Leitenthaler erst um ein Uhr nachts aus der Wirtschaft, was in gewisser Weise die Stoßseufzer der Leitenthalerin erklärte, sie sei rechtschaffen müde vom Putzen, »und der Saubär kimmt hoam und waar überhaupt nicht mehr zum Dabremsen«.

Eines Novembernachts hielt er auf dem Rückweg allerdings an unserem Hoftor, um wie gewohnt sein überschüssiges Bier an dessen Holzfront herablaufen zu lassen, was unserer Einfahrt einen in gewisser Weise typischen Geruch verlieh, der die Leitenthalerin jedes Mal verlegen machte, wenn sie zum Putzen kam. Ein feindseliges Knurren aus dem Hof ließ den Alten erstarren, und ein kurzer, wenngleich besoffener Blick über das brusthohe Holztor verriet ihm, dass Britta ihn ins Visier gefaßt hatte. Britta war der Diensthund meines Vaters gewesen, als er sich nach Kriegsende bei der Stadtpolizei verdingt hatte. Er hatte sie selber abgerichtet, und jetzt, nach Jahren dienstlicher Enthaltsamkeit, brillierte sie glücklich mit dem einst Erlernten, indem sie den stumpf vor sich hin bieselnden Invaliden mit speichelnden Lefzen stellte und ihm nicht die leiseste Bewegung mehr erlaubte. Wie gesagt, es war eine Novembernacht, und als morgens um viertel nach fünf mein Vater das Haus verließ, um in die rückwärtig gelegene Backstube zu hasten, da fand er den kältestarren Leitenthaler noch immer reglos vor unserem Hoftor stehend, auf seine Krücken gestützt, das inzwischen blau gefrorene Gemächte noch immer aus der Hose hängend und ansonsten übermüdet, wenngleich stark ausgenüchtert und halblaute Flüche zwischen den zusammengepressten Zähnen hervorstoßend. Britta, die bis zu diesem Augenblick sprungbereit auf dem Boden gekauert hatte, bellte stolz und wurde lobend getätschelt von ihrem Herrn, der zu seinem Hund sehr gefühlvoll sein konnte. Der Leitenthaler, der diesem Moment der Erlösung stundenlang in wohlweislicher Reglosigkeit entgegengeschmachtet hatte, war so steif gefroren, dass er es nicht mehr fertig kriegte, mit den Fingern sein »Sach« in die Hose zurückzuschieben, und mein Vater schickte ihm einen unserer Bäcker mit, damit es ihn nicht unterwegs doch noch auf die Schnauze haute. Selbstverständlich war ab da Schluss mit der nachbarlichen Hofeinfahrt-Bieselei.

»Aber interessiern tät's mi' schon, wie so eine so was macht!«, beharrte die Leitenthalerin.

»Ja mei«, sagte die Oma. »Davon verstehen mir nix, mir sind einfache Leut.« Mit einem kleinen Taschenmesser trennte sie einen Saum auf und wutzelte die Fadenreste mit den Fingern zusammen. »Also, die Frau Ballauf, die hat mir g'sagt, also da macht s' mit einer erscht was aus, und dann treffen s' ihnen, dann setzen s' ihnen nieder, net, ja no, dann trinken s' was und rauchen tun s' dazu, und dann g'langen s' ihnen ans Wisi hin. Mehr soll an sich nicht passieren, sagt die Frau Ballauf.«

»Schlimmer als der Meine kann des an sich nicht sein«, sagte die Frau Leitenthaler versonnen und gedachte offenbar ihres eigenen, stark beanspruchten Wisis. »Waar wahrscheinlich a echte Erholung. Aber woher sollerten's mir wissen?«

»Die Frau Ballauf hat's mir genau so g'sagt«, beharrte Oma. »Wo sin' jetzt grad wieder meine Augenglaseln?« Sie fingerte suchend über die geblümte Tischdecke. »Und die Frau Ballauf weiß es, weil die Riemenschneider Hedi, die Tochter von der Frau Riemenschneider, die war ja vorübergehend auch eine Lesbische, nur kurz, an sich, jetzt is sie ja mit dem Schachtschnabel Benewitz verheirat. Aber die Tochter von der Frau Riemenschneider, die war amal drüben bei ihr, und dann hat ihr die Emmi erscht ans Wisi g'langt, und später hat die Hedi aber der Frau Riemenschneider dann alles erzählt. Und die hat sich dann bei der Frau Ballauf ausg'sprochen.«

»Ja so«, sagte die Frau Leitenthaler, und irgendwie wirkte sie enttäuscht. Weiß der Heiland, sie hatte es nicht einfach. In unserer Straße wussten alle, dass der alte Leitenthaler furchtbar jähzornig war und jedes Mal seinen Holzfuß aus dem offenen Fenster schmiss, wenn sie ihn abwies. Ich hatte gehofft, es einmal sehen zu können, weil die Eberl-Kinder mir wiederholt feixend davon erzählt hatten. Aber tagsüber schmiss er seinen Holzfuß nicht aus dem Fenster, und abends, wenn er es tat, war ich schon im Bett. Am nächsten Morgen erzählten es die Eberl-Buben herum. Es lag so etwas wie Besitzerstolz in ihren Berichten. So einen Nachbarn hatte nicht jeder.

»Mamma?«, sagte ich leise. »Babba simpft.«

»Ja mei« sagte die Emmi mit ihrer verrauchten Stimme, während sie ihre Brezentüte in einem Einkaufsnetz verstaute, »schimpft er wieder, der Bazi, ha? Hast ihn wieder g'ärgert, den Babba, ha?«

»Nein«, sagte ich leise. »Mamma, Sokolad!«

Unwirsch wurde ich abgeschoben in die Backstube. Emmi verließ kehlig lachend den Laden.

Die Auseinandersetzungen nahmen zu. Der eher vorgeschobene Grund dafür hieß Wasti. Sie war vor einiger Zeit als Bedienung in Benis »Bräu-Roserl« aufgetaucht, ein kurzwüchsiges Weiberwesen mit flinken Bewegungen und einem noch flinkeren Mundwerk. Besonders um letzteres ging der Streit, der gewohnheitsmäßig im

Treppenhaus ausgetragen wurde, denn Mama und Opa schrien hysterisch, die Wasti habe meinem Herrn Papa »oan blasen, ja du Sauhund, ja du ganz varreckta!« – Ohne Schuld zu sein, war schon immer das Prinzip meines Vaters gewesen. Jetzt lebte er es zornbebend aus und erlitt einen Asthmaanfall. Nach Atem japsend griff er nach dem rostfarbenen Gummiballon mit dem langen schwarzen Mundstück und inhalierte, während Mama, eine begnadete Hysterikerin, umgehend in Ohnmacht fiel. Der Ballon machte »Fipp-fipp!«, während er seinen scharf duftenden medizinischen Inhalt in den Schlund meines Vaters ejakulierte. Papa machte »Rrch-rrch!«, während er auf die bronchospasmolytische Wohltat seines Ballongesauges wartete. Mama machte »Arrrf-arrf!«, während sie sich am Boden konvulsivisch wand. Einmal hatte ich Papas Ballon im Nachttischchen gefunden und zu ihm in die Küche gebracht. Seine meist finstere Miene hatte sich aufgehellt, und er hatte ihn freundlich entgegengenommen. Ein andermal hatte ich auch einen Ballon im Nachttisch meiner Mama gefunden und ihn ihr gleich gebracht, während sie im Wohnzimmer gerade ein befreundetes Architektenehepaar und einen Kriminalpolizeidirektor mit seiner magersüchtigen Gattin bewirtete. Sie hatte aufgekreischt, mich aus dem Zimmer gezerrt, mir Erwartungsfrohem den Ballon entrissen und mir den Hintern versohlt, bis ich einnässte. – Erst viel später begriff ich, dass es ein anderer Ballon war als der meines Vaters und dass sie ihn dazu benützte, nach dem Ungeliebten aber Unvermeidlichen ihre Intimspülungen durchzuführen.

»Warum Wasti blasen, Babba?«, hatte ich wissen wollen, aber nur schroffe Nichtachtung geerntet. »Du Dreckhammi lasst des Weib in Ruh!«, hatte Opa zornentflammt geschrien und um den Hinweis ergänzt: »Steig auf mei' Tochter nauf, wennst es brauchst, zu was hat s' dich denn g'heirat, die blöde Kuh!« Papa saß bleich und grau auf dem Küchenstuhl und versuchte, wie so oft, sich wieder zu fangen. Opa beruhigte sich nur schwer, denn er hatte doppelten Anlass zum Zorn: nicht nur hatte sein Schwiegersohn ihn angeblich betrogen, sondern auch seine Wasti. Erst zwei Wochen zuvor nämlich hatte er sie um Mitternacht in die Backstube gezerrt und verarztet, was vermutlich nicht weiter aufgefallen wäre, wenn mein

Vater nicht morgens in einer der großen Teigschüsseln eine gebrauchte Camelia gefunden hätte. Er hatte Opa zur Rede gestellt, und dieser hatte hoch zufrieden mit der Zunge geschnalzt und so lange von Wastis feuchtwarmen Vorzügen berichtet, bis es selbst Oma zu bunt wurde und sie den gemeinsamen Mittagstisch verließ. Verständlich also, dass er sich von meinem Papa jetzt doppelt getroffen fühlte.

Was an Wastis Zungenfertigkeiten dran war oder nicht, blieb mir verborgen. Unübersehbar hingegen war, dass die Luft im Hause immer dicker wurde und die wärmende Decke ehelicher Gemeinsamkeiten zwischen meinen Eltern immer dünner. Mama hatte immer weniger Lust im Laden zu stehen. Es schadete, so versicherte sie meinem bis zur Weißglut gereizten Vater, ihren Fingernägeln. Papa war immer öfter in Benis »Bräu-Roserl« zu finden, wo er meist meinen Großvater vorfand, der einen Teil der Tagesumsätze verjubelte und damit sein Ansehen bei den Damen des Distrikts so nachhaltig steigerte, dass ich mir bis heute Gedanken mache über die tatsächliche Ausdehnung unseres Familiengewebes.

Und ich beobachtete schweigend und verständnislos, wie die Distanz zwischen meinen Eltern immer größer wurde, die Berührungen unterblieben, die Gespräche zusehends auf das Notwendigste schrumpften und Mamma immer seltener in den weißen Verkäuferinnenkittel schlüpfte und immer öfter in eines ihrer eleganten Kostüme und so gekleidet schon am frühen Nachmittag das Haus verließ. Ich hörte die vibrierenden Zwischentöne in der Stimme meines Vaters, wenn er sie abends zur Rede stellte, ohne dass ich der Unterhaltung genauer folgen konnte. Ich sah Mamma aufkreischend aus der Küche rennen, hörte die tierhaft hervorgestoßenen Klagelaute, unter denen sie die steile hölzerne Stiege zu ihren Eltern hinaufjagte, dem angetrauten Elend kurzfristig entfliehend. Ja. Doch. Es war eine feine Familie.

Der Bacher Simmerl nebenan verstarb. Er war ein schweigsamer, klobiger Mann gewesen, der stets nur finster geblickt und mich niemals zur Kenntnis genommen hatte. Seine drei riesigen Bernhardiner schlichen mit gesenkten Schädeln über den sandigen Hof. Ich hatte, wie so oft, wenn ich nachdenken wollte, von unserem Küchenfenster aus den Weg auf das flache Backstubendach genommen und war auf das sich anschließende Dach des Autounterstandes hinabgeklettert, von wo aus man über eine Brüstung den Nachbarhof einsehen konnte. Es war ein Julitag. Die heiße Dachpappe brannte unter meinen nackten Fußsohlen, das Dach stank von den Katzen der gesamten Nachbarschaft, die sich entweder darauf paarten oder es voll schissen. – Ich setzte mich gerne auf unser Dach, es war ein wundersamer Rückzugsraum meiner Kinderzeit. Geschützt in einer Mauerecke, konnte man auf die Menschen spähen, ohne selbst gesehen zu werden. Die Düfte der Backstube paarten sich mit dem Geruch der Katzen und dem Gestank nach altem Schweiß und ungewaschenen Füßen, der aus den offenen Fenstern des Rückgebäudes drang, wo die Bäckergesellen schliefen.

Simmerls Bernhardiner hatten mir immer Angst gemacht, so auch jetzt. Ihre gewaltigen Leiber, die mein Kindergewicht um ein schier Vielfaches übertrafen, ihre schwarzen, hängenden Lefzenlappen, von denen unentwegt der Speichel troff, die bärenhaften braun-weißen Pranken und nicht zuletzt ihr drohendes Bellen, das sich hölzern dröhnend über die Nachbargrundstücke breitete. Ich lugte versonnen über die Dachbrüstung nach nebenan. Irgendwie, hatte ich das Gefühl, hatte das Schicksal mir kein sehr glattes Dasein zurechtgelegt.

Wo die Dachbrüstung an unser Rückgebäude stieß, ergab sich eine schattige Ecke, in die ich mich grübelnd lehnte. Aus meiner Perspektive heraus hatte sich ein Gefühl von Hoffnungslosigkeit über mich gelegt: Ich wusste nicht, wie ein intaktes Elternhaus auszusehen hatte. Aber ich hatte in anderen Häusern intuitiv beobachtet, dass es Eltern gab, die einander mit warmer Freundlichkeit begegneten. Die sich freuten, wenn ihre Kinder eintraten, und mit offenen Armen warteten, um sie aufzufangen. Die sich einem zuwandten, wenn man etwas zu sagen versuchte. Die sich Mühe gaben, Fragen zu beantworten, anstatt sich abzuwenden.

Der Sommer warf Blasen. Die Teerdecke auf der Landsberger Straße war weich geworden und wir saßen gerne und bohrten mit den Fingern in der schwarzen breiigen Masse, die einem so zäh an den Fingern und in der Kleidung klebte. Es war mein dritter Sommer und ich genoss seine Tage. Die Temperaturen hatten den Vorteil, dass man mir die handgestrickten hüftlangen Wollstrümpfe ersparte und das widerliche »Leiberl« mit vier Strapsen, das man mir um den Bauch gurtete, um die Strümpfe festzuhalten. – Wer auch immer heute als Kind aufwächst, weiß nicht, was ihm erspart bleibt. Omas Wurzelbürste schrubbte die Teerklumpen ab, die mir am ganzen Körper hingen. Die Haut rötete sich unter ihren vorsichtigen Bewegungen, während sie murmelnd liebevolle Missbilligungen von sich gab.

»Mamma«, sagte ich.

»Mamma is in Urlaub«, antwortete Oma etwas zu heftig. »Sollt beim Kind bleiben. G'scheiter waar's!«

»Urlaub«, echote ich verständnislos. »Mamma Urlaub?«

Mamma hatte den Gatten und seine Vorhaltungen geflohen und war allein an den Bodensee gefahren.

»I hab g'arbeit, und die Dreckmatz hat rumg'vögelt«, geiferte er später. »Für mich war's ja a Hur!« Oma, Opa und das Dienstmädchen kümmerten sich um mich.

Mamma kam zurück. Sie wirkte erholt, ausgeglichen, auf irritierende Weise heiter und war von gesteigerter Unnahbarkeit. Ihre Begrüßung für mich war eher flüchtig und vermittelte mir das Gefühl, dass sie sich jeder aufkommenden Nähe entschlossen entzog. Wenige Tage nach ihrer Rückkehr, es musste ein Sonntag gewesen sein, verbrachten wir den Nachmittag in Benis »Bräu-Roserl«. Mein Vater hatte mir Wiener Würstchen spendiert, ich hatte sie brüderlich mit Britta geteilt, und Opa hatte seine vierte Halbe Bier gekippt und dann den nörgelnden Ermahnungen seiner Gattin nachgegeben. – Vermutlich nicht, weil er sie ernst nahm, sondern weil er für den Abend noch etwas vorhatte und in Form bleiben wollte. Wir verließen den Gastraum, durchquerten den geräumigen Wirtsgarten mit den grünen Tischen und Stühlen mit der Aufschrift »Spatenbräu«, die zwischen den mächtigen Kastanien auf dem grauen Kiesel standen und traten auf den Gehweg hinaus. Von der Gehsteigkante bis zur Straße hinab war es vor Benis Wirtschaft gut ein halber Meter, und manchmal fiel ein Betrunkener hinunter und schlug sich das

Gesicht auf. Das freute dann die ganze Straße, dass es einen der Taugenichtse erwischt hatte, und es sorgte tagelang für Gesprächsstoff. Wir Kinder sprangen gerne und oft auf die Straße hinab. Es war nicht weiter gefährlich, denn Verkehr war eher die Ausnahme: Meist bestand er aus der alten, hüftkranken Frau Hals, die mit einer dunkelbraunen Baskenmütze auf dem Kopf die Landsberger Straße gemächlich und vor Fett schwer atmend hinaufradelte. Sie fuhr kein Fahrrad, sondern ein ausladendes schwarzes Dreirad mit einem eisernen Schalensitz, das aussah wie ein überdimensioniertes Kinderspielzeug. Manchmal auch kam der Faatz Adi auf seinem Rennrad daher, dann war er unterwegs, um Rock-and-Roll-Schallplatten zu hören, und trug eine Blue Jeans mit einem amerikanischen Gürtel, ein weißes Hemd mit lässig hochgekrempelten Ärmeln und ein Kilo »Fit – die Frisiercreme für den Herrn« in den Haaren. Wie gesagt, das war fast der gesamte Verkehr damals. Autos fuhren höchst selten. Umso mehr fiel der schwarzbraune, bullige Ford auf, der gegenüber unserem Haus geparkt war.

Mamma verfiel augenblicklich in eine fast panische Aufgeregtheit. Da der Wagen leer und sein Fahrer – Frauen durften damals noch nicht fahren, die Männer erlaubten es einfach nicht – nirgends zu sehen war, spähte sie seltsam fahrig umher und befahl mir schließlich, am Straßenrand stehen zu bleiben, und wenn der Mann aus dem Auto zurückkomme, hätte ich ihm zu sagen, er möge ins Haus kommen. Ich war verlegen vor der Aufgabe und weigerte mich. Da kam er auch schon suchenden Blicks aus unserer Hofeinfahrt.

Ich erinnere mich, dass ich ihn vom ersten Augenblick an misstrauisch anstarrte und mich weigerte, ihm die Hand zu geben. Ich erinnere mich an das Durcheinander einer überaus herzlichen Begrüßung durch Mamma, einer gedämpften Freundlichkeit meines Papas, der ungewohnt näselnden Sprache des Hamburgers, die ich überhaupt nicht verstand. Und des unvermeidlichen Griffs nach mir, der in jovialer Kinderfreundlichkeit ohne gefragt zu werden hochgehoben und in den Himmel geschutzt wurde. Wieder auf dem Boden, schob ich mich sichernd zwischen die Hosenbeine meines Vaters.

Während die drei Erwachsenen einander bemüht näher kamen,

lag ich bereits in meinem Kinderbett mit den weiß gestrichenen Gitterstäben und kaute versonnen an meinem Daumen. Etwas gefiel mir nicht an der Situation. Durch die geschlossene Tür sickerte eine Lichtritze. Es roch nach Zigarettenrauch und nicht ganz echtem Gelächter. Meine Windel kratzte. Ich sickerte davon.

Als Mamma weg war, spürte ich erstmals jenen brennenden Schmerz, der mich meine ganze Kindheit und Jugend lang nicht mehr loslassen sollte. Gewohnheitsmäßig tastete ich, schlaftrunken noch, mit den Fingern die Gitterstäbe meines Kinderbetts entlang, bis ich den Durchgang fand, wand mich mit nackten Füßen zu Boden, reckte mich nach der ächzenden Türklinke und stolperte patschfüßig in die Küche. Der große schwarze Eisenherd stand rechts von mir wie ein Felsengebirge, Holz, Kohlen und Briketts in einem abgestoßenen Blechschuber darunter. Der rotbraune Bauerntisch mit seiner rohen Platte, die Stühle mit den herzförmigen Aussparungen in den Rückenlehnen, sie standen vor mir wie die Stämme eines mächtigen Waldes. Mit den Händen stützte ich mich auf den kleinen Holzschemel, auf dem ich sonst immer saß und mein Essen aus einem blaugeränderten weißen Emailleteller fingerte. Ich setzte mich und blickte suchend umher. Es war gespenstisch still im Haus. Niemand war zu hören. Erst später begriff ich, dass jeder einen Vorwand gefunden hatte, die Küche zu verlassen, weil keiner derjenige sein wollte, der es mir würde sagen müssen.

»Mamma!«

Nichts rührte sich im Haus.

»Mamma!«

Von der Decke her kamen Omas unverwechselbar staksende Schritte.

»Mamma!«

Ich hörte das Rumpeln der Schiebetür, die den Laden vom Stiegenhaus trennte.

»Mamma!«, sagte ich leise und freute mich.

Doch es blieb still.

Der Ofen war »aua«, das wusste ich, man durfte ihn nicht anfassen. Intuitiv wahrnehmend, dass etwas im Koordinatensystem meiner Kinderzeit sich verschoben hatte, verharrte ich, den Daumen grübelnd im Mund, die Eindrücke verarbeitend, die sich noch undeutlich aus der Wirklichkeit zu mir herüberschoben. Langsam, halb suchend, halb Schutz suchend, schob ich mich unter den Tisch. Mir war, als hätte ich mich im Halbdunkel der Tisch- und Stuhlbeine verirrt.

»Nach der Mamma brauchst net schreien, die kommt nimmer!«, sagte Lina, als sie eintrat. Sie war unsere Verkäuferin und ein gutherziger Trampel. Mit einer ungestümen Bewegung holte sie mich unter dem Tisch hervor. »Da brauchst net weinen«, sagte sie streng. »Die Mamma, die is weg. Einfach davon! Jetzt, so eine Mamma, ha?« Ich hatte lange und laut geweint in meinem Versteck. Lina holte ein zartes weißes Sacktuch aus ihrer Verkäuferinnenschürze und trocknete mir die Tränen.

»Mamma weg, ha?«, fragte ich leise.

Sie war abgehauen, nachdem mein Vater in die Backstube hinuntergegangen war. Mit nicht viel mehr als dem, was sie auf ihrem Leib trug, hatte sie sich aus dem Haus geschlichen, während das Heulen der Rührmaschine, das Klopfen der Gesellen auf ihren Arbeitstischen und das Scharren der vollen Schießbretter mit den Teiglingen wie jeden Morgen die Dunkelheit durchschlagen hatten wie das Geräusch einer fallenden Stahlkette. Heimlich und ohne den kühlen Stolz, mit dem sie sonst meinen Vater zu verletzen wusste, hatte sie sich das schwarzdunkle Treppenhaus hinabgestohlen, die schwere Holztür mit dem trüben Glasfenster hinter sich zugezogen, war hinausgeschlichen über den Hof, aus dessen Abfluss es wie immer faulig roch, vorbei an Leitenthalers eingetrockneter Pisse am Hoftor, den kiesbestreuten Vorplatz überquerend, verschwindend in der Schwärze des betäubten Morgens, gesenkten Blicks stadteinwärts hastend, die Brust schwer vom Atem der Verräterin, die Seele leichter werdend vom Jubel einer jungen Frau, die sich der Freiheit zuwandte.

Und ich irrte durch das Haus.

Zwei Tage lang herrschte so etwas wie schweigendes Chaos im Haus. Oma saß an ihrem Tisch, schmallippig vor Gram, und seufzte nur zwischendurch »Jessas, jessas, jessas, naaa!«. Opas Miene war grau, wenn er auf sein Motorrad stieg, und er kam erst spätabends zurück, einen Fetzen Rausch im Gesicht, doch während er im Suff üblicherweise mit der Welt haderte, ging ihm auch jetzt noch kein Wort über die Lippen. Dienstmädchen, Verkäuferinnen, Putzfrau, Lehrbub und Gesellen schlichen halb scheu, halb feixend ob der Ereignisse durch die Backstube. Und mein Vater stand grau in seinem weißen Unterhemd, seiner weißen Schürze, seinen grauweißen Bäckerhosen, seiner weißen Bäckermütze, die muskulösen Arme seltsam ratlos vom Rumpf baumelnd, als hätte man sie ihrer wichtigsten Aufgabe beraubt. Unter den verschwollenen Augenhöhlen hingen Tränensäcke wie riesige Eiterblasen. Hinter seiner Pose wütenden Stolzes irrlichterten seine Augen, die ganze unendliche Verständnislosigkeit, mit der er sich den Realitäten des Lebens stets entgegenstemmte. Sein Gesicht war voller schwarzer Bartstoppeln, und er schenkte meinem verlorenen Werben keine Aufmerksamkeit, während er über dem Zusammenbruch seiner wichtigsten Nachkriegshoffnung grübelte. Zwei Tage später war er ebenfalls weg.

Ich ergab mich relativ unbewegt in diese neue Lage. Die Flucht meiner Mutter hatte mich in den Zustand eines vereisten Schocks versetzt, und da das Geschehene außerhalb dessen lag, was mein kleines Gehirn zu verarbeiten vermochte, nahm ich alles Weitere passiv hin. Eine Art frühkindlicher Totstellreflex. Ein schwer zu fassendes Gefühl sagte mir, dass ich über den Ereignissen der jüngsten Tage elternlos geworden war, und durch einen Vorhang aus Fassungslosigkeit und Fremdheit äugte ich in die seltsam unstete Welt der Erwachsenen hinein, deren rumpelnde Wogenschläge mich willenlos hin und her warfen.

In solchen Augenblicken zerbricht etwas: Das Urgefühl der steten Zuverlässigkeit des Nestes war fort, die gleich bleibende Wärme des Elternhauses, die einen wie ein Uterus schützend umhüllte, sie war innerhalb eines einzigen Vormittags ausgekühlt. Man bewegte sich plötzlich als junger Säuger, der aus unerfindlichen Gründen vom Rudel abgehängt worden war und dem die rauhen Grasstoppeln nun die weiche Bauchseite zerkratzten. Ich glaube, dass jedes verlassene Junge sich reflexhaft klein macht, um von Fressfeinden nicht erspäht zu werden. Ich setzte mich unter die Eckbank, blieb tagelang wortlos im staubigen Halbdunkel zwischen Schmutzflusen und ein paar silbrig glänzenden Zigarettenfolien. Opa rauchte Salem, eine grüne, meist zerdatschte Packung.

»Ja, kommst jetzt nicht raus da, ha?« war das Signal dafür, dass es Essen gab. Ich blieb unten, bis man mich hervorzerrte. Mit zugenähten Lippen spreizte ich mich ein, klammerte mich an die hölzernen Stelzen des Tisches, wurde mit einigen rauhen Schlägen auf die Handrücken zum Loslassen gezwungen, griff erneut nach einem Stuhlbein, spürte, wie meine Handrücken unter neuen Schlägen heiß wurden, wurde endlich, steif wie ein Lattenkreuz, auf die Bank platziert, vor meinen Blechteller, den ich wortlos auskippte. Omas entsetztes »Wie, wie, wie, wie, wie?!« mischte sich mit dem Klatschen zweier Ohrfeigen, die Lina mir verpasste. Mein Essen wurde zurückgelöffelt auf den Teller. Ich griff mit den Händen hinein und schmierte es mir übers Gesicht.

Zwei Tage später trafen beide wieder ein. Ich hörte das spuckende Knattern in der Hofeinfahrt, mit dem der hellblaue DKW-Zweitakter sich in mein Leben zurückbohrte. Meine Großeltern hasteten die Treppe hinab und blieben, laute Vorwürfe ausstoßend, vor der Haustür stehen. Lina verließ den leeren Laden und stellte sich neugierig dazu. Ich barg mich im Halbdunkel des Eingangs und spähte fragend hinaus in das helle Viereck.

Mein Vater kam schnaubend heran. Er sah müde aus, müde und verständnislos, und er führte meine zögernde Mutter am Ellbogen wie ein wieder eingefangenes Tier. Mammas Züge waren versteinert. Sie blieb zwei Schritte vor ihren Eltern stehen, die ihre eigene Verständnislosigkeit in den Nachmittag hinausschrien, senkte ergeben das Gesicht in ihre beiden Hände und wurde von einem Weinkrampf geschüttelt. Eine strahlende Herbstsonne beschien die Szenerie.

»Ja, was brauchst jetzt du davonrenna, du depperte Kuh?«, polterte Opa derb. »Brauchst jetzt du da einfach davonrenna, ha?« Oma schrie etwas von »Naaa, naaa, naa, jetzt, was is jetzt des?!« Und Opa fuhr mitleidlos fort: »Ja, jetzt schau *sie* net an, rennert sie einfach davon, die Dreckmatz, ha?!« Zwischen Mammas geschlossenen Händen vor dem Gesicht quollen die Tränen hervor. Mein Vater stand und bebte. Seine Unterlippe vibrierte, als kämpfe er mit den Tränen. »Ja, da schau her, is d' Sofie wieder da?«, fragte Amalie aufgeregt vom Fenster herab.

»Jetzt schau, dass d' einikimmst!«, bellte Opa gebieterisch. »Dreckmatz, ja du ganz verreckte!« Mamma stand immer noch da, doch sie hatte aufgehört zu zittern. Sie war im Begriff, gerade wieder ganz steif zu werden. Das tat sie oft, und sie streckte dann die Finger immer so spinnengliedrig nach außen, bevor sie hintenüberkippte und auf den Boden schlug.

»Komm!«, sagte Papa und stieß den leisen Kommandopfiff aus, mit dem er sonst Britta dirigierte, »keinen Anfall jetzt, das brauchen mir jetzt gar nicht.« Er schob die Widerstrebende am Ellbogen vor sich her. »Deine Pflanz, die brauchen mir jetzt gar nicht. Also, gemma!« Damals, als er noch bei der Landpolizei war, hatte er eine Menge Leute abgeführt, und man konnte immer noch sehen, dass er es gerne getan hatte. Mamma glitt weltenweit entfernt an mir vorbei. Sie hatte die Hände heruntergenommen und starrte verloren ins Nirgendwo. Als sie mit hängenden Schultern an mir vorbeiging, blickte ich fragend auf. Sie senkte den Blick, zog kaum merklich die Schultern hoch und ging steifbeinig wie eine Stelzenläuferin an mir vorbei und die Treppe hinauf.

»Gell«, sagte Lina und schob mir unerbittlich einen Keks in den Mund, »gell, jetzt is die Mamma wieder da! – Schön, gell?« Von oben her rauschte das Schweigen die Treppe herab wie ein Wasserfall. Irgendwo wartete jetzt ein Kapitän. Mit einem lauten Knall fiel die Haustür ins Schloss. Es war dunkel, und es war recht so, und ich blieb stehen und starrte sprachlos auf den kleinen schmalen Lichtschlitz, den das Türfenster ließ und durch dessen geriffeltes Glas sich der Herbstnachmittag hereinquälte, um sich im Dunkel meines Elternhauses endgültig zu verlieren.

Mamma schien mich von da an zu meiden. Jedenfalls reduzierte sie unseren Umgang und ihre Fürsorge auf das unvermeidlich Notwendigste und blieb ansonsten unergründlich und abweisend. Schon früher hatte sie mich selten angelächelt, und oft hatte ich das Gefühl mit mir herumgetragen, dass ich nicht gerade ein Wunschkind war. Ihr Benehmen mir gegenüber war meist von einer Art pflichtgemäßer Geschäftsmäßigkeit gewesen. Wenn ich schmusen wollte, war ich auf das Dienstmädchen angewiesen. Jetzt allerdings bemerkte ich staunend, dass auch der letzte Rest an Interesse für mich erloschen war. Mein Vater beschäftigte sich mehr mit mir, wenngleich seine Konversation sich in erster Linie auf kurze, tonlose Anordnungen beschränkte. Viel später erst begriff ich, dass Mamma ihre Heimkehr schon während der gemeinsamen Rückfahrt bereut haben musste und sich – in ihren Gedanken schon längst wieder auf dem Absprung – mit ihrer Unzugänglichkeit für den zweiten, diesmal endgültigen Ausbruch panzerte. Als sie nach wenigen Wochen erneut verschwand, war ich nicht einmal mehr überrascht. Ich stand morgens auf und spürte schon beim Betreten der leeren Küche das Schweigen im Raum, das die Wände herablief wie schwarzer Schleim. Die Tischbeine standen wie immer, die Stühle ebenfalls. Ich kroch zwischen ihnen hindurch und kotzte auf den Dielenboden. Ich blieb einfach sitzen. Irgendwann fanden sie mich, und Oma wischte zeternd den Boden auf.

Für die nächsten Jahre meiner Kindheit sollte das Erbrechen während der Mahlzeiten mein fester Begleiter bleiben. Meine weinerlichen Schreie nach Mamma waren nach einigen Tagen versiegt, denn mit dem feinen Gespür des Kleinkindes hatte ich die Endgültigkeit ihres Ausbruchs bald erfasst. Sie war einfach weg. Rausgefallen aus meinem kleinen Leben wie eine Schraube aus einer laufenden Maschine. Ich hatte tagelang das Haus abgesucht, in Ecken geguckt, unter Schränke und hinter Vorhänge gelugt, die Backstube durchstöbert, die Klappen des kalten Backofens geöffnet und schließlich angstvoll in den Kohlenspeicher geschaut, den ich besonders fürchtete, weil die Bäckergesellen mir immer wieder erzählten, dort wohne ein Geist. Ich hatte auch die Tür der Mehlkammer im Rückgebäude aufgeschoben, war dort dann die Treppe hoch zur alten, krebskranken Tante Vicki, war wieder heruntergelaufen und hatte zuletzt auch noch die Ecke mit den stinkenden

Aschetonnen durchsucht. Doch, meinem ganzen Sehnen widerstrebend, sagte eine tiefe, hoffnungslose Einsicht mir, dass ich mit den Mitteln des Kindes nur eine hilflose Übung absolvierte, während die Wirklichkeit weitaus größer und seelenloser war als meine kopflosen Versuche, den kalten Frieden meines Nestes wiederherzustellen.

Mamma war also ausgerissen. Während mein Vater sich mir gegenüber immer weiter verschloss, um seinen Schmerz und seine Verzweiflung nicht auf mich überspringen zu lassen, hatte ich es aufgegeben, alle Menschen, die ich kannte, nach dem Verbleib meiner Mutter zu fragen, denn ich erhielt nur ausweichende oder beschönigende Antworten. »Ach geh, die Mamma, die kimmt schon wieder, net! Eine Mamma, net wahr, eine Mamma, die g'hört doch zum Kind, net! Die werd nachert doch schon wieder heimkomma, net?«

»So, jetzt hörn mir dann auf mit der Mamma«, sagte mein Vater schließlich bestimmend. »Die Mamma, die is weg, und die kommt auch nicht mehr. Da brauchen mir überhaupts nicht mehr nach der Mamma fragen, verstehst?« Ich verstand nicht. Aber ich hörte auf zu fragen.

Lieber Bazi, las ich über vierzig Jahre später, *was freiwillig nicht geht, das geht auch nicht mit Gewalt, und Du hast doch sicher auch eingesehen, dass nichts mehr wird zwischen uns zwei, weil mir der Wille fehlt. Georg fährt nun am Samstag weg und ich mit. Versuche nicht mehr, mich zurückzuholen, es hätte keinen Sinn. Lass mich mein Leben leben, es soll eben so sein. Und mach es mir nicht zu schwer. – Sofie*

Vierzig Jahre später, nach einem schweren Asthmaanfall, brachten wir Paps mit dem Rettungswagen in die Klinik. Sein Zustand stabilisierte sich wieder, aber sein altes, verbittertes Herz war am Ende, und wir wussten, dass er dabei war, sich in die Zielgerade hineinzuquälen. Der abgewetzte Aktendeckel mit der Aufschrift »Scheidung« auf seinem Büroregal trug eine erstaunlich frische Beschriftung auf dem Rücken. Ich hatte ihn mir gegriffen und bis weit nach Mitternacht gelesen, während der Schlammbelag am Boden meines Ichs sich atmend zu heben begann und Fäulnisblasen, Pflanzenteile, trübe Schlieren und ein fremdartiges, weit entferntes Leuchten zur Oberfläche taumeln hieß.

»Du haltst dei' Fotzen!«, sagte Opa einige Wochen später zu Oma, als diese wissen wollte, wo wir eigentlich hinfuhren und was es war, was sie da unterschreiben sollte – notarisch noch dazu. »Du haltst dei' Fotzen und unterschreibst!«, wiederholte Opa herrisch. »Ja, aber wie, wie, wie, wie, wie?«, beharrte Oma aufgeregt. – »Geh, halt dei' Fotzen und red net!« Mein Vater, meine Großeltern und ich saßen im DKW-Kastenwagen und fuhren stadteinwärts. Oma hielt brav das Maul, weil sie wusste, wie schwierig Opa zu haben war, wenn man ihm widersprach. Ich hing meinen Gedanken nach, wie schnell das Leben sich ändern konnte und wie unübersichtlich all das geworden war, was sich als meine Familie darstellte. Wir stiegen aus und betraten ein dunkel möbliertes Büro, die beiden Männer wortkarg vorneweg, Oma mit mir an der Hand hinterher. Ein Mann in einem dunklen Anzug, mit weißen Haaren, dicker Brille und einer witzig singenden Stimme hatte ein Stück Papier in der Hand und las in seinem seltsamen Singsang daraus vor, bis ich zu lachen begann. Oma klatschte mir die Hand auf den Mund. Opa hörte schweigend zu, dann unterschrieben alle zusammen. Oma weinte dabei. Wieder zu Hause angekommen, trennten die Erwachsenen sich grußlos und Opa verzog sich mit bitterer Miene in Benis »Bräu-Roserl«. Erst nachts kam er sturzbetrunken zurück, torkelte laut fluchend und Verwünschungen heulend die Treppe hinauf. Ich hörte ihn brüllen und Stühle durch die Wohnung werfen. In den Pausen erklang Omas schmerzliches Weinen. Es war der Tag, an dem sie ihr Haus verloren. Denn mein Vater, durch seine Ehe inzwischen hoch verschuldet, hatte Opa vor die Wahl gestellt, entweder das Haus auf mich zu überschreiben oder er würde alles liegen und stehen lassen, die Stätte seiner Ehetragödie fliehen und seine Schwiegereltern mit allen Schulden zurücklassen. Von diesem Tag an hasste mein Großvater meinen Vater, der sich, so empfand er, handstreichartig seines ganzen Besitzes bemächtigt hatte. Die beiden lebten unter demselben Dach wie zwei eingesperrte räudige Hunde, die die Nackenhaare aufstellten, sobald sie sich nur begegneten. Und sie begegneten sich ständig. Ein halbes Jahr später wurde die Ehe meiner Eltern geschieden. Ein Richter sprach meinem Vater das Sorgerecht zu, da »der Aufenthalt der Mutter unbekannt« sei und diese in der Angelegenheit nicht Stellung genommen habe. Drei Monate danach heiratete mein Vater erneut.

Irgendwann hatte er sie mir vorgestellt, Tante Traudi nannte er sie. Ihr rotes Kostüm passte zu den sanften roten Lippen in ihrem Gesicht. Sie schenkte mir ein warmes Lächeln, kam bald regelmäßig abends und hielt – erstmalig in meinem Leben – beim Einschlafen meine Hand. Ein Gefühl warmer Geborgenheit durchströmte mich. Ich hatte das Gefühl, dass es mit ihr etwas anderes war als die ruppige, eher hölzerne Betreuung, die ich bisher erfahren hatte: Berührungen und Schmusereien hatten nicht zu meiner Erziehung gehört. Eher war man ein kleines und damit minderwertiges Rudelmitglied gewesen, das Umstände machte und versorgt werden musste und um das man sich daher einigermaßen freundlich kümmerte. Ich fasste schnell Zutrauen. Bald schon drängte ich meinen Vater, sie zu heiraten. Sie war eine Kriegerwitwe. Ihr erster Mann Gerhard war als Feldwebel in den letzten Kriegswirren bei einem Angriff der Amerikaner in der Eifel gefallen – sieben Wochen vor Kriegsende. Männer hatten es gut, damals. Da viele von ihnen mit verrenkten Gliedern auf dem Feld der so genannten Ehre verblieben waren, waren die Frauen deutlich in der Überzahl. Und der Spannungsbogen zwischen sittsamer Fassadenpflege bürgerlicher Damenhaftigkeit einerseits und den tatsächlichen Möglichkeiten andererseits eröffnete den verbliebenen Herren interessante Zugänge.

Opa raste vor Wut, als ihm Papas Ehepläne eröffnet wurden: die eigene Tochter irgendwo in Hamburg, unterwegs mit einem Kapitän. Das hart erarbeitete Haus verloren und er und Oma abgedrängt in die enge Dachwohnung. Der bequeme Zugriff zu Naturalien und Briketts, Tageskasse und gesellschaftlichem Ansehen dank hohen Bierkonsums war ihm verwehrt, nachdem Papa ihm den Zutritt zum Laden verboten hatte. Der kraftstrotzende Hallodri war zum Underdog in seinem eigenen Haus geworden. Jetzt noch eine Fremde in seinen früheren Wohnräumen anstelle seiner Tochter.

Schon bei der ersten Begegnung hatte er laut beanstandet, dass ihre Augen unterschiedlich waren: eines braun, das andere blau. »Hüte dich vor den Gekennzeichneten!«, hatte er ihr entgegengepoltert. Ihre Eltern, ein stockbürgerliches Beamtenehepaar aus der Schöngeisinger Straße, waren schockiert und hatten sie bestürmt, sich diese Eheschließung nochmals zu überlegen.

Aus Papas Gesicht wichen Finsternis und Bedrückung nur schrittweise. Opa grölte, sobald er ein paar Halbe intus hatte, sein sauberer Schwiegersohn habe »in meim eigenen Haus mit dera Gekennzeichneten umaranandag'vögelt, aber das treib i dene aus! Alle zwoa schlacht ich und mach Leber- und Bluatwürst draus!« Auf meine angstvolle Frage, ob er Tante Traudi denn nicht so lieb habe wie ich, entgegnete er mir grimmig, diese Dreckmatz mit ihren zwei falschen Augen werde er schon aus dem Haus schmeißen, und den Achinger, diesen Sauhund, den erschlage er gleich mit. Oft noch sollte es mich in meiner Kindheit erstaunen, wie begeistert die alten Krieger immer wieder zum Instrument der Ausrottung griffen, zumindest in ihren Gedanken.

Lina und das Dienstmädchen Elke hatten eine liebevoll gesteckte Willkommensgirlande für die junge Ehefrau über der Wohnzimmertür befestigt und davor Aufstellung genommen, um das frisch getraute Paar zu erwarten. Die Haustür flog auf, und Opa kam hereingetorkelt. Sein Hemd war vorne offen und hing ihm aus der Hose, das weiße, gerippte Unterhemd zeigte einen großen, braunen Bierflecken. Seine Hose selbst war völlig verbrunzt zwischen den Beinen, und die Knöpfe standen offen. Die nassen Schuhbänder hingen von den genagelten braunen Schuhen und schleiften über den Boden. Opa war voller Bier und Wut. »Das Haus g'hört mir! Das Haus g'hört mir!«, heulte er, während er stolpernd, speichelnd und das Bier von sich lassend die Treppe hinauffiel. »Lass die nur komma! Lass die nur einikomma, die Gekennzeichnete! Die schmeiß i scho' wieder raus aus meim Haus! Was brauchert der nachert so oane heiraten, mit ihre falschen Augen?« Schwer atmend erreichte er das erste Stockwerk, erspähte die Girlande und griff mit schweren Händen nach ihr. Lina schrie auf und versuchte, ihm in den Arm zu fallen. Er schubste sie grob gegen den Türrahmen. Der Hochzeitsschmuck, eben noch freundliche Begrüßung, landete auf den Holzdielen, während Opa, grenzenlos geworden in der Verbitterung über seine Familientragödie, das Bier aus Mund und Hose darüber rinnen ließ, ohne dessen noch gewahr zu werden.

Oma hatte den Lärm gehört und kam ahnungsvoll heruntergehastet. Mit zitternden Lippen streckte sie den Kopf aus dem Bretterverschlag, der die Treppe zu ihrer Dachwohnung barg. Opa heulte mordwütig wie ein wund geschossenes Tier und begann um sich zu schlagen, während Oma den Tobenden mit heiliger Geduld und mit der endlosen Erfahrenheit der Säufergattin in den Treppenverschlag zerrte. Lina barg hastig die zerfetzte, nasse Girlande. Elke wischte die Pisse auf. Das spotzende Geräusch eines Zweitakters echote im Hof zwischen den Häuserwänden. Die Mädchen wuschen sich hektisch die Hände in der Küche und zupften ihre befleckten Schürzen zurecht. Papa trat ein, mit seiner Traudi am Arm, gefolgt von ihren Eltern. Der beamtete Postobersekretär Friedrich Topfmacher trug einen weißen Mistelzweig am Revers seines schwarzen Anzuges. Die schwarze Weste hatte er sorgfältig geschlossen über dem birnenförmigen Leib, die silberne Krawatte saß tadellos auf dem weißen Hemd. Unter dem silberweißen »Stiftenkopf« blickten ein Paar wache Augen prüfend durch den Kneifer auf seiner Nase, von dem aus eine dünne, dunkle Schnur zur linken Westentasche führte. Er war der Prototyp des pflichtbewussten preußischen Beamten. Ordnung, Gründlichkeit und »Staatstreue, komme, was da wolle!« waren die Tugenden, denen er sich ohne Einschränkung verschrieben hatte. Erst später, selbst schon eine Dame in den Siebzigern, würde Tante Fanny mir erzählen, wie gerne er ihr an die Muschi gegriffen hatte, als sie zwölf war.

Einen Schritt hinter ihm ging seine Gattin Rosa auf schiefen, dicken Beinen in schwarzen Lackschuhen. Sie war die Herrin in seinem Haus und zugleich die Ursache dafür, dass der Topfmacher-Opa, wie ich ihn inzwischen nannte, sich nicht anders zu helfen wusste als mit dem gelegentlichen Griff zwischen zwei unerfahrene Beine, wobei er es allerdings stets bei kurzen, scheuen Befingerungen im Vorbeigehen beließ. Rosa war eine Frau, die Kälte, Härte und Herrschsucht ausstrahlte. Erst viel später sollte ich erkennen, wie ihre frostige Hartherzigkeit Traudi zum wuselnden Gefühlsbündel unerfüllter Liebesbedürfnisse deformiert hatte. Der V-förmige Ausschnitt ihres anthrazitfarbenen Festkleides mündete in einen gewaltigen, tief hängenden Busen, über dessen linker Hälfte ebenfalls ein Mistelzweig prangte. Ihr Leib war tonnenförmig und wölbte sich hüftwärts zu einem gewaltigen Hintern, welcher der kurzen, gedrungenen Erscheinung eine Aura bedrohlicher Unerschütterlichkeit verlieh. Aus dem Spitzenkragen erwuchs ein faltiger, etwas zu langer Hals, der unschwer verriet, dass die Trägerin des darauf befindlichen Hauptes großen Wert auf Übersicht und umfassende Kontrolle legte. Auf dem streng zum Dutt gebundenen grauen Haar saß ein deckelförmiges schwarzes Hütchen mit einem nach oben gesteckten Schleier und einer billigen Perlennadel. Die spähenden Augen waren stets in Bewegung. Der schmale, leicht bläuliche Mund lief in feine Mundwinkel aus, die rechtwinklig nach unten geknickt waren. Später hielt sich hartnäckig das Gerücht in der Familie, der arme Topfmacher-Opa sei während seiner Ehe mit Rosa überhaupt nur ein einziges Mal »zu sei'm Sach komma«, indem er die Ahnungslose im Tiefschlaf überrumpelt hatte. Von da ab nahm Rosa den halben Dachziegel, den sie winters im Ofenrohr zu erhitzen pflegte und, umwickelt mit einem Leinentuch, im kalten Bett zu ihren Füßen platzierte, saisonunabhängig mit ins Ehebett, und sie platzierte ihn auch nicht mehr am Fußende, sondern griffbereit neben sich. Insgesamt hielt sich die Einschätzung, dass Traudi nicht unbedingt ein Kind der Liebe war.

Dem Topfmacher-Opa hatten sie zehn Jahre zuvor im Krankenhaus den Schließmuskel entfernt. Das führte dazu, dass er sich seither immer ein gefaltetes Blatt rosa Toilettenpapier zwischen die Pobacken kniff, und es führte auch dazu, dass er ein ebenso ohnmächtiger wie begnadeter Furzer war. Da er keine Kontrolle mehr darüber besaß, was ihm wann und wo entwich, hatte er sich entschlossen, seine Geräusche als nicht zu ihm gehörig zur Kenntnis zu nehmen, und nur manchmal, wenn die faltigen kleinen Äuglein sich ein wenig zusammenkniffen, konnte man erahnen, wie unangenehm sein Leiden ihm wirklich war.

Die beiden Mädchen, verstört und bleich, brachten ein mühseliges »Herzlich willkommen!« hervor, nicht zu laut, damit der Rabauke oben es nicht hörte und etwa erneut herunterkam. Das Brautpaar ging langsam die Treppe hoch, gefolgt von Traudis Mutter. Als Topfmacher-Opa das Bein auf die erste Stufe setzte, knatterte es kräftig. »Nicht amal jetzt!«, kläffte Rosa erbost über die Schulter. Die kleine Prozession erreichte das Obergeschoss, das nunmehr Traudis neue Heimstatt sein würde.

»Wonach riecht's 'n da?«, fragte mein Vater stirnrunzelnd.

Die Mädchen machten einige verstohlene Handbewegungen, während aus der Dachgeschosswohnung ein paar kurze, aufheulende Schreie kamen. Opa lag also im Bett, nahe daran ein- und seinen Rausch auszuschlafen. »Au weh!«, sagte Papa grimmig. Seine Finger zitterten kaum merklich, als er die Türklinke zum Wohnzimmer drückte und seine Frau über die Schwelle führte. Meine Stiefmutter Traudi war endlich zu Hause angelangt.

Auch Oma, die zu Zeiten von Papas erster Ehe im Laden ausgeholfen hatte, erhielt Ladenverbot. Bisweilen, wenn sie etwas brauchte, schob sie scheu die Schiebetür einen Spalt auf und bat Lina, der sie früher Anweisungen erteilt hatte, ihr einige Waren auszuhändigen, die sie brav und demütig bezahlte. Die neue Herrin des Ladens schwankte unsicher zwischen vordergründiger Freundlichkeit und barscher Abwehr. Alle Hausbewohner waren jetzt wie die Zutaten in einem Hefeteig versammelt und begannen sich langsam und stetig zu mischen. Nur Mamma war in endgültiges Schweigen versunken. Und so wurde mir befohlen, jetzt, da wieder alles in Ordnung sei und der Knabe wieder eine Mutter habe, nicht mehr nach ihr zu fragen, ihren Namen nicht mehr zu erwähnen, und den Großeltern wurde untersagt, mir aus dem neuen Leben ihrer Tochter zu berichten. Bitter fügten sie sich.

Mit den Monaten, die jener denkwürdigen Brautführung folgten, wuchs eine neue Art von Normalität in das Haus hinein wie eine Rankenpflanze, die sich auf seltsame Weise von außen ins dunkle Innere wand. Die Herrschaft über das kleine Anwesen hatte unübersehbar gewechselt, die früheren Herren des Hauses fristeten ein mehr geduldetes als geachtetes Austräglerdasein in einem Besitz, der ihr gemeinsames Lebenswerk und ihren Lebensstolz verkörpert hatte und der nun mit einem Federstrich verloren und auf ein lebenslanges Wohnrecht in den beiden Dachräumen geschrumpft war. Mein Vater, der als bettelarmer Habenichts mit nicht mehr als einer verschlissenen Uniform und einem wilden Hass auf die Sieger aus dem Krieg gekommen war, nahm mehr und mehr die Herrenpose an, während der endgültig Niedergerungene in Benis »Bräu-Roserl« saß, die Lippen leicht im Selbstgespräch bewegte und die hässliche Fratze seiner Bestürzung über die eigene Unüberlegtheit in eine stetig wachsende Bierlache zu tunken versuchte, ohne sie jemals ertränken zu können.

Macht installiert sich immer von selbst. Und so verfestigten die neuen Verhältnisse sich zügig zur Normalität. Es war die Normalität des Irrsinns: Auf skurrilere Weise hätte man kaum mehr vier Erwachsene in einen Druckkessel sperren können. Alle vier trugen ihre Wunden. Keiner besaß die Größe, eine Geste zu tun, die die Verbitterung des anderen gelindert und eine gemeinsame Abheilung gefördert hätte. Stattdessen stach man einander wechselseitig mit groben Spitzen in die offenen Stellen, bis diese sich entzündeten und der stinkende Eiter heraustroff. Es schien die Beteiligten in seltsamer Weise zu wärmen, denn sie näherten sich ihren Schmerzen wie einer Feuerstelle.

Bisweilen gab es heftigere Kollisionen. Während Oma und Traudi, einander vorsichtig abtastend, Gefallen aneinander zu finden schienen, nährten die beiden Männer regelmäßig die Glut, die zwischen ihnen schwelte. Einmal im Jahr soff Opa sich bei Beni einen Rausch an und stürzte dann in Papas Wohnzimmer, wo er wütend lallend die Auszahlung einer Leibrente verlangte, die mein Vater ihm vorenthielt. Als sie mir beim Notar das Haus überschrieben hatten, hatte Papa ihnen monatlich hundert Mark zugesichert, die Zahlung allerdings schon nach zwei Monaten kommentarlos eingestellt. Das ausstehende Geld war dennoch nur ein Vorwand, um den tief sitzenden Groll des früheren Hausherrn herauszulassen, und dazu war vorher stets eine Ladung Bier erforderlich. Beim ersten Mal spielte ich zu Füßen meines Vaters, als unversehens die Tür aufflog, mein Großvater hereinschoss, sich mit wutgrauem Gesicht in einen Sessel fallen ließ und unverzüglich begann, ordinäre Beschimpfungen hervorzusprudeln. Ich wurde hinausgeschickt ins Treppenhaus und flüchtete mich in die Küche, wo Traudi an der Spüle stand und sorgenvoll nach nebenan lauschte. Schon nach einer halben Minute hoben sich die Stimmen beider Männer, schwollen zu einem wechselseitigen schrillen Gebrüll, einem seltsam hochtonigen Singsang aus Beschimpfungen, Drohungen und Verwünschungen, der sich wie Giftgas seinen Weg durch das ganze Haus bahnte. Dann ertönte das gefährliche Rücken im Kampf verschobener Möbel, die Stimme meines Vaters wuchs zu einem Orkan gewaltbereiter Bitterkeit, als er begann, sich gegen Opas einsetzende Gewalttätigkeiten zu wehren. Traudi schrie auf, traute sich aber nicht hinüber, Opas Stimme verfärbte sich zur gedemütigten Raserei des erneut Unterlegenen, der nach einer schief gelaufenen Attacke im Polizeigriff am Kragen gepackt und quer über das Mobiliar durchs Zimmer geschleift wurde, eine seltsame Tonorgie gegenseitiger Verachtung brach durch die geschlossene Wohnzimmertür wie das Heulen zweier verdammter Seelen auf dem Weg in den Untergang. Dann flog die Wohnzimmertür auf, mein Opa wurde am Hals herausgezerrt, schreiend, brüllend wie am Spieß, um sich schlagend, ein, zwei feste Gegenschläge kassierend, Morddrohungen brüllend gegen meinen Vater und Traudi, mich aber sorgfältig aussparend, selbst im größten Suff, selbst im größten Wahnsinn, selbst im größten Mordrausch dem Enkel, dem er liebevoll zugetan war, kein Haar krümmend, während er dessen Vater die Eingeweide herausschneiden wollte, um sie zu Wurstdärmen zu machen und die Reste der gekennzeichneten Traudi mit ihren zwei verschiedenen Augen hineinzufüllen. Während Opa wie ein rasendes Kleinkind in den stählernen Fingern meines Vaters zappelte, stieß dieser ihn mit dem Kopf gegen den Treppenverschlag, sodass die meist nur angelehnte Tür aufging, und er warf ihn in den Verschlag, treppaufwärts, wie einen Sack voller Unrat. Opa schlug auf den hölzernen Stiegen auf, die er fast unverzüglich bekotzte, was seine Kaskade von Morddrohungen kurzfristig unterbrach. Inzwischen, als sei die Dramaturgie vorab festgeschrieben gewesen, öffnete sich die obere Tür und Omas resignierte Stimme rief den Würgenden und Keuchenden zur Ordnung: »Jetzt komm scho' rauf und gib a Ruah! Er is ja eh der Stärkere!« Ihre staksenden Schritte, die von ihren arthritischen Knien herrührten, knarzten die Treppe herunter. Und während mein Vater schwer atmend am Eingang des Verschlages verharrte, bereit, jedes Zeichen von Widerstand mit entschlossener Gewalt niederzuringen, half Oma dem wieder einmal Unterworfenen auf, der den Kopf aus seiner Kotze hob, seine Stimme wiederfand und laut jaulend beschrieb, wie er meinen Vater mit einem Messer vom Leben zum Tode befördern werde und seine Gekennzeichnete, die in seinem Haus nichts zu suchen habe, gleich hinterher. »Gar nix wird g'macht. Gar niemand wird umbracht. Jetzt geh da rauf und geh ins Bett!«, erwiderte Oma, seltsam banal und wirkungsvoll. Sie zerrte den Gebrochenen nach oben in ihr »Dachjuchhe«, wo er noch für kurze Zeit herumtobte, bisweilen den schweren Holztisch verrückte und schließlich, seine Bitterkeit in Stößen hinausheulend, in einen tiefen Schlaf verfiel, aus dem er erst am nächsten Tag erwachte. Traudi schloss die Küchentür, durch deren Spalt wir den letzten Akt des Dramas verfolgt hatten. Wir huschten scheu durch das Stiegenhaus ins Wohnzimmer, wo mein Vater bleich auf dem Sofa saß und aus einem fleischfarbenen Gummiball ein Asthmamittel in seinen Schlund sprühte. Sein mächtiger Brustkasten sprang auf und ab wie ein defekter Blasebalg, während er innerlich darum rang, Wut, Enttäuschung und persönliche Verletztheit zurück in sich hinein zu pressen, wo sie den lebenslangen Fortbestand seines Asthmas sichern würden. Es würde bis zu seinem Lebensende sein einziges Mittel bleiben, seinen Schmerz zu zeigen. Draußen hörten wir leise Schritte. Oma kniete im Verschlag und wischte die Treppe auf.

Diesen Vorfällen folgten jedesmal Wochen eines aufgeheizten Schweigens im Haus. Man vermied Begegnungen, und Oma, scheu und beschämt, schlich über die Landsberger Straße und erledigte ihre Einkäufe im Milchladen gegenüber. Nach einigen Wochen öffnete sich wieder zaghaft rumpelnd die Schiebetür zum Laden, und Omas frühzeitig ergrautes Haupt schob sich durch den Spalt, ein paar Bestellungen murmelnd, als sei nie etwas geschehen. Normalität kehrte insoweit zurück, als mit dem Ausbruch von Gewalttätigkeiten akut nicht mehr zu rechnen war. Bis ein neues Jahr vorüber war, Opas stille Wut sich wieder so weit aufgestaut hatte, dass sie nach einem gurgelnden Sturztrunk verlangte und die Szene sich wiederholte.

Inzwischen war ich fast sieben Jahre alt. Das seltsame Spannungsverhältnis im Haus hatte mich zum Wanderer zwischen zwei Polen werden lassen, der mit kleinen Schritten hin und her wechselte zwischen den Behausungen der Kampfparteien. Mamma war zur Erinnerung geworden und irgendwie wie ein fremder Teil von mir, der niemals richtig zu mir gehört hatte. Seit ihrer Flucht hatte ich nie wieder Nachricht von ihr bekommen. Der Schmerz hatte sich verflüchtigt zu einem hintergründigen Brennen, das meine Kindheit begleitete wie meine Haut- oder Augenfarbe. Manchmal fragte ich mich, wie es ihr ging und ob sie noch an mich dachte. Und warum sie mich einfach abgelegt hatte wie einen Abschiedsbrief. Aber es waren Fragen, auf die es keine Antwort gab, weil es besser war, sie erst gar nicht zu stellen. Genauso gut hätte ich fragen können, was »ficken« bedeutete.

Mamma hatte inzwischen ein neues Kind bekommen. Oma hatte es mir erzählt, als sie drei Jahre nach Mammas Flucht, gegen Opas grantiges Poltern, nach Hamburg gefahren war, um nach ihrer Tochter zu sehen. Opa hatte dagegen angetobt und seine Tochter für enterbt erklärt, was bedeutungslos war, da er nichts mehr besaß. Oma war trotzdem gefahren, eine kleine, mutige Frau, die mit fünfzig Jahren zum ersten Mal den Landkreis verließ. Sie saß noch nicht richtig im Zug, als Opa sich schon die Kofler Dora in die Bude geholt hatte. Eine brünette, schlanke Dreißigjährige mit rotem Mund und herausfordernden Bewegungen. Oma blieb drei Wochen in Hamburg, Dora drei Wochen bei Opa. Es schien ihm sichtlich gut zu tun, er wirkte aufgeräumt und gab kleine bayrische Juchzer von sich, wenn man ihm begegnete. Dora hielt sich vorwiegend in der Wohnung auf, und nur zwei-, dreimal sah ich sie im Treppenhaus. Traudi verbot mir, Opa zu besuchen, und die Bäckergesellen bezeichneten Dora bei unseren gemeinsamen Essen als »Matz«, wenngleich sie dies mit unübersehbarer Lüsternheit taten. Die Frau hätte jedem von ihnen geschmeckt. Telefone in Privathaushalten gab es damals nur selten. Oma blieb ohne Wissen über die Vorgänge, bis sie zurückkehrte und im Aschenschuber ihres Wohnzimmerofens eine halb verbrannte Damenbinde fand. Sie war noch keine zwei Stunden im Haus, und wir hörten ihr empörtes Schimpfen den ganzen Abend lang, regelmäßig unterbrochen von Opas dröhnendem Gelächter. Er konnte sich halb zu Tode feixen, wenn Oma sich über ihn aufregte.

Nach einem zweiten Besuch in Hamburg brachte Oma Mammas neues Kind mit. Ein kreuzlebendiges, pausbäckiges Mädchen von knapp drei Jahren, das sie mir zu meiner Verwirrung als meine Schwester vorstellte, während Papa und Traudi dies sofort wütend dementierten. Micki, so hieß sie, nahm innerhalb von Tagen das gesamte Haus für sich ein mit ihrem Temperament. Als mein Vater am Tag nach ihrer Ankunft mit dem DKW zum Brotausfahren aus der Einfahrt rollte, ließ er mich, wie so oft, zu sich steigen. Micki, die das Ganze beobachtet hatte, weil sie gerade mit mir spielte, machte einen Riesenradau und gab keine Ruhe, bis sie ebenfalls einsteigen durfte. Mein Vater, der innerhalb von dreißig Stunden aus einer peilenden Zurückhaltung eine unübersehbare Zuneigung zu dem Kind entwickelt hatte, was Traudi zu einer Serie giftigster Bemerkungen veranlasste, nahm sie grinsend mit. Von da an nannte sie ihn »Papi«, schmuste ausgiebig mit ihm herum und ließ ihn keine Sekunde mehr aus den Augen. Sie kam zum Frühstück, blieb zum Abendessen, belegte die inzwischen rotgesichtige Traudi mit Beschlag und nahm sich drei Wochen lang mit der Unbeschwertheit des Kindes, was sie sonst vermissen musste, da ihr Vater zur See fuhr und nur ein-, zweimal im Jahr nach Hause kam.

Man kann Traudi, die schon kurz nach der Eheschließung mit meinem Vater deutliche Züge eines stark hysterischen Charakters präsentierte, wahrscheinlich gar nicht verübeln, dass sie sich unter all diesen Umständen immer negativer entwickelte. Ich entsinne mich, wie sie mich wenige Tage nach der Trauung zum ersten Mal wegen einer Nichtigkeit gehässig zusammenschrie, das ganze Gesicht nun eine geifernde Fratze, die nichts mehr gemein hatte mit dem warmen freundlichen Wesen, das mich zu Anfang im Sturm erobert hatte. Ich war, begossen von dieser gänzlich unerwarteten Eruption ihres problematischen Charakters, die sich noch Tausende von Malen wiederholen sollte, zu Benis Biergarten geschlichen, wo ich mich grübelnd unter eine der Kastanien setzte. Der Herbstwind hatte sie bereits leer gefegt und mich fröstelte, während in mir die Erkenntnis hochstieg, dass ich in meiner kindlichen Gläubigkeit auf das falsche Pferd gesetzt hatte und mir nunmehr harte Jahre ins Haus standen. Eine Nachbarin verließ gerade die Schänke, zwei Bierflaschen in der Rechten, und sie schenkte mir ein freundliches: »Na, was denkst denn so ernst nach?« – »Ach nix«, sagte ich. »Einfach nur so.« Sie winkte mir wohlwollend und ging mit blinkenden Brillengläsern ihres Wegs. Fünfundzwanzig Jahre später würde ich mit meinem Vater in einem Biergarten sitzen und über die Szene reden. »Ja mei«, sagte er leise. »Eigentlich hätt i schon nach vier Wochen sagen müssen: Nix, aus, Scheidung. Aber i hab ja a kleins Kind g'habt, und i hab mir denkt, hab i die Erste ausg'halten, werd i aa die Zweite aushalten.« Ein Gefühl endloser Leere befiel mich in jenem Moment, wie man sie nur dann empfindet, wenn man auf sein Leben blickt, um unwiederbringlich verlorene Chancen zu entdecken. Und Papa erzählte mir, wie sie kurz nach der Hochzeit seine Sachen durchstöbert hatte, auf einige Mädchenfotos aus seiner Kriegszeit gestoßen war und sie unter einem Riesenschreikrampf in der Luft zerrissen hatte. An jenem warmen Sommernachmittag, an dem das Weißbier zufrieden in unseren Gläsern schäumte, begriff ich ein wenig davon, was ihn zu einem so verschlossenen Mann hatte werden lassen.

Als ich sieben wurde, war Traudi schwanger, und man erklärte mir, diesmal würde ich jetzt aber ein *richtiges* Brüderchen oder Schwesterchen bekommen. Traudi, die ich auf ihren barschen Befehl hin seit der Hochzeit als »Mutti« bezeichnete, wurde nun zur richtigen Mutter, wobei ihre größte Sorge anscheinend war, dass das Kind zwei gleichfarbige Augen bekommen sollte. Das ließ Rückschlüsse zu, wie sie selbst unter ihrem Merkmal gelitten hatte. Ich aber freute mich einfach. Die meisten meiner Spielkameraden hatten Geschwister, und auch ich hatte mir stets eines gewünscht. Traudi rundete sich, Papa beobachtete es mit Wohlgefallen. Die Faschingssaison näherte sich, wo die beiden sonst auf ihre Bälle zu gehen pflegten. Da Traudis Zustand dies nicht mehr zuließ, luden sie ihre Cousine Fanni und deren Gatten Adolf zu sich: Tante Fanny tauchte als schiefzähnige Hexe auf, während ihr Ade, ein ruhiger, drahtiger Bergsteigertyp, lange weiße Unterhosen mit Pantoffeln trug, einen zerrupften Hut auf dem Kopf und einen Lampion an einem Haselnussast über der Schulter. Es gab ein Riesengelächter, die Stimmung war von Anfang an ausgelassen, ich hörte es in der Küche, wo ich alleine spielte. Ich hörte auch die schlurfenden Schritte, die sich die Treppe hinaufschleppten, doch ich wusste sie nicht richtig zu deuten. Erst als ich den mehrstimmigen Aufschrei von nebenan vernahm, begriff ich, dass Opa sich unerwartet der Feier angeschlossen hatte.

Er war wieder einmal ins Zimmer getorkelt, die verkrustete Verbitterung in Alkohol getränkt, bis sie sich verflüssigt hatte und sturzbachartig nach draußen drängte. Bis zu seinem Lebensende grübelte er darüber nach, auf welche Weise er sein Haus verloren hatte. Jetzt aber fegte er den ahnungslos dasitzenden Ade mit einem blitzartigen Faustschlag ins Gesicht vom Stuhl, sodass er quer durch das Zimmer flog und blutend liegen blieb.

Papa wusste, welche Aufgabe ihn wieder einmal erwartete. Fanni und der blutende, benommene Ade, dem schlagartig das Gesicht zuschwoll, hasteten als verstörte Faschingsgestalten die Treppe hinab. Traudi, ein hochschwangeres Rotkäppchen mit roter Haube, weißem Schürzchen und weißen Kniestrümpfen, die Hände schützend über ihren Bauch gelegt, entwischte in die Küche, wo ich mit klopfendem Herzen an der Tür lauschte. Sie legte einen Arm um mich und hatte Angst um ihren Gatten.

Auch an diesem Abend folgten die Abläufe anfangs der vertrauten Dramaturgie. Mein Vater, der sich als grellbunter Clown geschminkt hatte, eine rote Pappnase trug und von Alkohol und Wut ebenfalls schon etwas enthemmter war, hatte erheblichen Bedarf daran, die Diskussion dieses Mal abzukürzen. Wir hörten ein überschnappendes Wutgurgeln, das gewohnte Möbelrücken, Opas geheulte Schreie, Papas aufgebrachtes »Was möchtst du, ha? Waaas möchtst du, ha?« und das Donnern eines Körpers, der gegen die Wohnzimmertür geschleudert wurde. Traudi lugte aus der Küchentür. Opa flog gerade aus dem Wohnzimmer, gefolgt von einem wutschnaubenden Clown mit roten Haaren, grellem Schminkegrinsen im Gesicht, halb verrutschter Pappnase, einem von Opas Bier voll gesifften roten Clownshemd, aus dem zwei haarige Arme lugten, mit einer gescheckten Bäckerhose, die Traudi ihm kürzer genäht hatte, sodass sie eine handbreit über den Knöcheln endete. Bizarrer hätte das Bild nicht sein können.

Opa schien am diesem Abend strategisch gesoffen zu haben, denn er behielt seinen Stand und wirkte insgesamt recht stabil. Der außer sich geratene Clown mit den Riesenschuhen, der mein Papa zu sein schien, drängte ihn breit grinsend mit den Schultern zurück in seinen Treppenverschlag und schubste den Rasenden, da er diesmal nicht freiwillig fallen wollte, kräftig treppaufwärts, bis er vornüberkippte. Er rammte die Stiegentür hinter ihm ins Schloss und watschelte wütend, bunt und pappnäsig zurück ins Wohnzimmer, während ich die Szene verfolgte, gelähmt vor Schreck und Angst. Der Wohnzimmerschlüssel knirschte im Schloss. Traudi schloss leise die Küchentür.

Was Opa diesmal so gefährlich machte, war, dass seine Stimme nicht wie üblich zu jenem versoffenen Klangbrei verschmolz, der die Verwirklichung seiner mörderischen Androhungen eher unwahrscheinlich machte. Vielmehr war sie heute ein geheultes Männerstakkato, das neben der unendlichen Verletztheit eines einfachen Mannes, der sich vom Leben überrollt fühlte, auch eine beängstigend geradlinige Entschlossenheit erkennen ließ.

»Da werst jetzt glei' schaun!«, hörten wir Opas seltsam nüchterne Stimme. Die Stiegentür flog rumpelnd auf, und er stolperte mit lauten Schritten abwärts. Krachend fiel die Haustür ins Schloss.

Traudi, die mich eben noch an sich gepresst hatte, löste sich blitzartig von mir, huschte hinüber zur Wohnzimmertür und klopfte aufgeregt, leise den Namen meines Vaters rufend. Die Tür öffnete sich ein wenig, sie huschte hinein, erneut drehte der Schlüssel sich im Schloss.

»Mutti«, sagte ich leise. »Papi!«

Verzweifelt rüttelte ich an der Türklinke. »Lasst mich rein. Ich will rein zu euch. Ich hab Angst!«

Es blieb still da drinnen, niemand reagierte. Ich schrie lauter und lauter. Panik überflutete mich. – Wenn Opa jetzt wieder die Treppe hochkam, war ich mit ihm allein, und er würde *mich* umbringen! Ich zitterte am ganzen Leib vor Angst. Mit den Fäusten trommelte ich verzweifelt gegen die Tür. Doch es blieb verräterisch still, und instinktiv befiel mich eine Ahnung, dass man bereit war, das schon bestehende junge Leben notfalls zugunsten des werdenden zu opfern.

Mein Herz klopfte in den Ohren wie ein schnelles Hammerwerk. Ich spürte, dass mir der Angstschweiß den Körper hinabrann, und erkannte zum ersten Mal, was ich später oft erkennen sollte: dass man sich in den Augenblicken der Gefahr niemals auf einen anderen verlassen durfte. Verzweifelt überlegte ich. Ging ich zurück in die Küche, dann würde der rasende Opa mich finden und Wurstdärme aus mir machen. Ich musste weg von hier, wenn ich überleben wollte. Mit dem Mut der Verzweiflung hechtete ich die Treppe hinab.

Ich rannte, was meine kleinen Beine hergaben. Nur hinaus! Nur hinaus ins Freie, egal ob es draußen fror! Keuchend, das einsamste Kind der Welt, riss ich die Haustür auf – und fuhr grell aufschreiend zurück: Opa stand vor mir, einen gewaltigen Vorschlaghammer mit beiden Händen über den Kopf erhoben. Seine Augen waren glasig und starrten durch mich hindurch. Ich erwartete, dass nun der Hammer auf mich herabsausen würde, um mich zu zerschmettern, und dass Opa mich dann in die Därme meines Papas füllte. Gellend kreischte ich um Hilfe, machte völlig außer mir auf dem Absatz kehrt, rannte, rannte, rannte hilfeschreiend die Treppe wieder hinauf, Opas keuchende Schritte hinter mir. Mit eingezogenem Kopf wartete ich auf den endgültigen Hammerschlag, der jedenfalls für mich diesen ganzen Irrsinn zu Ende bringen würde, und panisch nahm ich Stufe um Stufe, während die Treppe mir länger wurde, länger und immer länger, nicht mehr enden wollte, den blutdurstigen Bieratem im Nacken und das Gefühl im Leib, dass das alles keinen Sinn mehr machte, dass man so nicht umzugehen hatte mit meinem kleinen Leben. Dass ich ein Kind war und ein Recht hatte, endlich Kind sein zu dürfen und nicht Manövriermasse für übergeschnappte Erwachsene, Sturschädel, Xanthippen, Schlampen und Saufbolde, und die Treppe wurde immer noch länger und länger und hörte ums Verrecken nicht mehr auf, und ich würde niemals oben ankommen, das war mir längst klar, denn selbst wenn ich dort ankam, würde ich alleine stehen, wie ich es meist getan hatte in diesem Druckkessel aus Dummheit, Rauflust, Rachsucht, Kleinkariertheit, Sudeleien, Gewalt, Bierschaum, Kraftsprüchen, Vögeleien, Männerstolz, Drohungen, heimlichen Hetzereien und gezielten Stichen, die die Flamme stets am Züngeln hielten. Ich schloss mit meinem Leben ab. Es war offenbar etwas schief gelaufen, aber ich wusste schon, dass auch Kinder starben, sie hatten uns das in der Schule gesagt, dass überall auf der Welt die Kinder starben, und klar, wieso sollte ich davon ausgenommen sein, aber dass das Sterben so grausam war und dass man so unendlich viel Angst dabei aushalten musste, das hatten sie uns nicht gesagt, und ohnehin hatten sie es so dargestellt, dass es vorwiegend die Negerkinder waren, die starben, und von Fürstenfeldbruck war nie die Rede gewesen, und von der Landsberger Straße schon zweimal nicht, aber ich würde keinen von denen mehr zu Gesicht bekommen, um es ihm zu sagen, und wahrscheinlich würden sie eh nur mit den Schultern zucken und weitersammeln für die Heidenkinder in Afrika, und ich merkte, wie mir die Luft immer knapper wurde, obwohl ich diese Treppe schon dreitausendmal in meinem Leben hinaufgerannt war, und, mein Gott, das war es dann eben, und das ganze Haus blieb so gespenstisch still auf mein Geschrei hin, und, okay, sie würden mich eben opfern, um selber aus der Sache herauszukommen, schließlich gab es Eltern, die ihre Kinder verkauften, das wusste ich aus Grimms Märchen, und auch im Alten Testament hatten sie manchmal Kinder geopfert, und wie ein plötzlicher Farbwechsel auf meiner Haut befiel mich auf einmal ein Gefühl von unendlicher Ergebenheit in das, was sie da oben für mich ausgesucht hatten, denn ich konnte ohnehin nichts mehr daran ändern, auch wenn ich es nicht verstand, und ich rannte einfach weiter, meine letzten Schritte im Leben, und als ich plötzlich Omas weiße Hausschürze vor mir aufleuchten sah wie ein Rettungsfeuer, barg ich mich aufheulend hinein und spürte zwei energische Hände, die sich um meinen zitternden Rücken schlossen, während ich den Schlag erwartete, ohne zu verstehen, warum.

»So«, sagte sie energisch. »Jetz langt's. Jetzt schaust, dass d' naufkommst und legst di' ins Bett! Machert er mir da den Buben verrückt, verstehst. Geh, schäm di' doch!«

»I daschlag ihn! I daschlag ihn! Endgültig daschlag i den jetzt, den Sauhund!«, brüllte Opa in Richtung Wohnzimmer, aber eine Spur von Unsicherheit in seiner Stimme ließ sich nicht mehr überhören. Ich presste mein Gesicht in Omas Schoß und würde mich noch oft darüber wundern, mit welch einfachen Mitteln sie ihn immer wieder in den Griff kriegte.

»Ja, hörst jetzt net auf?«, sagte Oma eine Spur ungeduldiger.

»Irgendwann daschlag i den schon noch, den Sauhund!«, schrie Opa. Der Hammer wurde klackend zu Boden gesetzt.

»Gar keiner werd daschlagen«, sagte Oma geduldig. »Jetzt gehst nauf und schlafst dein Rausch aus! Ein so ein Sach machert er da daher! Is der Bub ganz durcheinander!«

»Dem Buben passiert gar nix«, schrie Opa mit sich überschlagender Stimme. »Da pass i scho' drauf auf, dass dem nix passiert. Da soll mir einer komma und dem Buben was tun, da werst aber schaun! Aber den Sauhund da drin und seine Gekennzeichnete, alle zwei dawisch ich s' noch! Alle zwei, vastehst! Aber alle zwei!«

Irritiert linste ich aus Omas Schürze heraus.

»Das Haus g'hört mir und dem Buben!«, brüllte Opa außer sich. »Untersteh dich, du Sauhund, dass du dem Buben was tust!«

Es wurde mir alles etwas zu hoch, allmählich. Oma zerrte ihn am Arm zum Treppenverschlag. Opa riss sich noch einmal los und wummerte mit der Faust gegen die Tür: »Aber das eine sag i dir, du Lump: Wenn du dem Buben was tust, dann zeig i's dir, dass du's weißt! Tu du bloß dem Buben was, und dann nehm ich den zu mir. Trau dich du bloß, dass du mir den Buben anrührst! Hast as verstanden?«

Aus dem Wohnzimmer kam immer noch kein Laut.

»So«, sagte Oma. »Gemma!«

Zeternd und fluchend stolperte Opa die Stiege zum Dachjuchhe hinauf. Verstört starrte ich Oma an. Sie klopfte energisch gegen die Wohnzimmertür. »Jetzt macht's halt amal auf und lasst's den Buben rein!«, sagte sie vorwurfsvoll.

Der Schlüssel wurde gedreht. Die Klinke senkte sich zögernd. Ganz langsam öffnete sich ein Spalt. Mürbe und verwirrt löste ich mich von Omas Rockschößen. Ich äugte durch den Türspalt nach drinnen. Dann wandte ich mich ruckartig ab und rannte mit geschlossenen Augen aus dem Haus und auf die Straße hinaus. Zitternd und frierend drückte ich mich in eine Mauerecke. Erst als der Polizeiwagen vor unserem Laden hielt, wagte ich mich hervor.

Sie gingen nach oben und wollten Opa mit auf die Wache nehmen, aber sie kriegten ihn nicht wach. Nur ein einziges Mal erreichten sie überhaupt, dass er auf ihre Ansprache reagierte, indem sie ihn kräftig an der rechten Hand schüttelten, was aber lediglich dazu führte, dass er mit geschlossenen Augen einige derbe Laute von sich gab und gleichzeitig ins Bett brunzte. Oma seufzte leidgeprüft. Die Gendarmen verpassten der Unglücklichen einige strenge Ermahnungen im Hinblick auf das Sozialverhalten ihres Gatten und gaben dann auf. Später verdonnerte der Amtsrichter Hallbauer ihn zu achthundert Mark, was damals seinem Monatsgehalt entsprach, weil Onkel Ade ihm auf jeden Fall eine verpassen wollte.

Nach diesem Vorfall gab es keine Gewalttätigkeiten mehr im Haus. Opa akzeptierte die Machtverhältnisse endgültig und setzte mit Hilfe eines Anwaltes durch, dass mein Vater ihm von nun an wenigstens die zugesagte Leibrente zahlte. Der Frieden, der daraufhin ins Haus zog, hatte etwas von kaltem Miteinander an sich, doch wenigstens war es Frieden. Traudi gebar eine Tochter, die Sonja getauft wurde und die genauso wie damals Micki die Brücke zwischen den Lagern mit unbeschwerter Eigeninitiative schlug, indem sie täglich mindestens zweimal den Bretterverschlag hochkrabbelte und sich oben fidel krähend meldete. So wie Micki meinen Vater zu ihrem Papi ernannt hatte, ernannte Sonja die beiden Alten zu ihren Großeltern. Da Micki ebenfalls regelmäßig aus Hamburg zu Besuch kam, entwickelte sich eine intensive Kinderfreundschaft zwischen uns drei Feindeskindern.

Und doch war mein Verhältnis zu Papa und Traudi nie wieder dasselbe, seit damals. Ohne es zu wollen, hatte ich aus der Erfahrung jenes Abends, die zu einer der prägendsten meines Lebens werden sollte, ein Gefühl ohnmächtiger stiller Verachtung entwickelt. Auf ihre eigene Weise war die Beziehung geschäftsmäßiger geworden: Man hatte mir meine beschränkte Werthaltigkeit im Familienverband demonstriert, und ich hatte die Konsequenzen daraus gezogen. Man würde mich großziehen. Aber ich würde nicht mehr vertrauen. In meiner Distanz wurde ich dadurch noch bestärkt, dass es in unserer Familie nicht einmal den Ansatz von Aufarbeitung oder gar Bereinigung des Vorgefallenen gab. Auf meine leise Frage erklärte mein Vater mir knapp, man sei sicher gewesen, *mir* würde Opa nichts tun. Als ich mich einige Tage später, noch immer um eine Erklärung ringend, an Traudi wandte, entgegnete sie mir scharf: »An deiner Stell tät *ich* mich entschuldigen für so ein Großvater, verstehst? Mir brauchen *dir* gar nix zu erklären, Freunderl! So was is *deine* Familie, nicht die unsere. Und weil ihr z'sammg'hört's, deswegen hackt auch eine Krähe der anderen kein Auge aus. Dass das nur weißt, gell?« Kinder verstehen die Botschaften sehr gut, die man ihnen übermittelt. Ab da war Traudi für mich nur noch die Frau meines Vaters, und ich richtete mich darauf ein, die folgenden Jahre irgendwie zu überleben.

Seltsamerweise litt die Beziehung zu meinem Großvater nicht dauerhaft, obwohl ich ihn die ersten Wochen nach seinem Auftritt wütend gemieden hatte. Dann hatte er mich traurig zur Rede gestellt, und ich hatte ihn mit wenigen unfreundlichen Worten abgefertigt und mich in die Backstube verzogen. Ich brauchte weiß Gott meine Zeit, und ich hatte weiß Gott einiges zu verdauen. Aber je mehr ich verdaute, desto bewusster wurde mir, dass der Mann, den ich an jenem Abend so tödlich gefürchtet hatte, mir selbst in seinem größten und gefährlichsten Zorn seine Zuneigung gezeigt hatte: Je öfter ich das Erlebte in Gedanken durchging, desto klarer wurde mir, dass sein Hass nicht mir gegolten hatte und dass er mir noch im ärgsten Suff auf bizarre Weise mitgeteilt hatte, wie kompromisslos er sich um mich sorgte. Es berührte mich eigenartig, mir vorzustellen, dass der verhinderte Mörder meines Vaters und meiner Stiefmutter mir ausgerechnet in jener Situation hilflos brüllend offenbart hatte, wie sehr er an mir hing und dass er mich auf seine Art zu schützen suchte. Denn natürlich war ihm nicht entgangen, dass ich dabei war, in Papas neuer Ehe unter die Räder zu kommen. Irgendwann fand ich wieder die hölzerne Stiege hinauf. Oma freute sich. Wir redeten miteinander. Zwei Stunden später kam Opa von der Arbeit. Seine Augen strahlten, als er mich erblickte. Es gab nie wieder ein unfreundliches Wort zwischen uns beiden. Auch in den härtesten Zeiten erwies er sich auf seine ganz eigene Weise als der zuverlässigste Mensch, den ich in meiner Jugend hatte.

Aber nach all dem Geschehenen schälte sich aus den folgenden Monaten auch die Erkenntnis, dass der Frieden im Haus niemals etwas anderes bedeuten würde als die Abwesenheit von Gewalt. Und so durchwuchs ein unausgesprochenes Gefühl allseitiger Heimatlosigkeit das Gemäuer, setzte sich fest in den Holzsprossen des Treppengeländers, überkroch den grünen Bezug der Wohnzimmercouch, nistete feucht und klamm auf den dunklen Dachpfannen und wuchs wie schwefelgrüner Efeu über das flache Dach der Backstube hinüber bis zu den Holzschuppen, in denen Opas Hasen im Halbdunkel ihrem garen Ende entgegenmümmelten. Opa und Oma waren heimatlos geworden unter ihrem eigenen Dach. Opa – bisweilen auch wieder gutwillig auf seine unbehauene Art – organisierte eine Fuhre frischer, vermutlich von einer Baustelle geklauter Dachpfannen und stapelte sie vor den Schaufenstern von Papas Bäckerladen, um ihn anschließend zur überfälligen Reparatur des Hausdaches zu drängen. Papa, als Usurpator besonders krampfhaft darauf bedacht, »dass i da herin noch was zum sagen hab«, war gegen diese Aktion, nicht nur, weil er einen Hilfsarbeiter hätte bezahlen müssen, sondern auch, weil er nicht vorher dazu gefragt worden war und er Opa jeden Anschein von Zuständigkeit für Fragen der Instandhaltung missgönnte. Die Reparatur wäre günstiger nicht zu haben gewesen. Doch sie wurde aus Sturheit nicht durchgeführt, »weil mir noch nicht so weit sind, dass *ich* mir von *so einem* sagen lass, wann ich *mein* Hausdach reparier, ja freilich! So weit kämert's noch!« Nach Monaten fruchtloser, von Opa mit unerwarteter Behutsamkeit geführter Debatten gab dieser auf und transportierte tief verletzt seine Dachpfannen ab. Zwei Jahre später, nachdem zwei Pfannen während der Geschäftszeit auf den Ladenvorplatz geknallt waren, ließ mein Vater eine notdürftige Instandsetzung von einem Fachbetrieb durchführen, der schlecht arbeitete und nicht mehr existierte, als Papa die Nachbesserung der fehlerhaften Leistungen verlangen wollte. Opa stieg kopfschüttelnd auf das Dach und erledigte den Rest ungefragt in Eigenregie. Danach fielen keine Platten mehr auf den Vorplatz, aber das Haus verkam unübersehbar, weil Papa keine Instandhaltungsmaßnahmen mehr durchführen ließ und Opa sich zerknirscht fügte, nachdem ihm eigenmächtige Reparaturarbeiten bellend untersagt worden waren. Opa ließ von dem Haus, auch innerlich, und murmelte manchmal, wenn er etwas getrunken hatte, von dem »Schklavenleben«, das der Schweinehund ihm verschafft habe. Papa und seine Traudi wiederum hatten seit Opas Faschingsüberfall das Haus innerlich abgestoßen wie einen faul gewordenen Körperteil. In einem Moment der Unbeherrschtheit gab Papa eine Bemerkung von sich, dass er diese »Hüttn und ihren saubernen Bewohner da« satt habe und sie mitsamt dem Betrieb verpachten wolle. Es erklärte mir, warum er mein Anwesen, zu dem ich inzwischen eine Art von Eigentümerstolz entwickelt hatte, so verkommen ließ, und es erklärte mir auch die Besuche verschiedener kritisch dreinblickender Ehepaare, die Papa unter dem Geraune der Angestellten durch den Betrieb führte. Auch wenn mir selbst das offensichtlich Bevorstehende verschwiegen wurde, nahm ich die Veränderung doch wahr, und ich beobachtete schweigend, wie der Ort meiner frühen Kindheitskatastrophen sich von uns abschälte wie verbrannte Haut und wie die halblauten Gespräche, die verschlüsselten Andeutungen, die Planungen sich immer offener auf das Haus von Oma und Opa Topfmacher richteten. Unter dem Siegel der Verschwiegenheit eröffnete Traudi mir schließlich, dass wir innerhalb der nächsten Monate in das Anwesen ihrer Eltern umziehen würden. Diese würden den Abeles aus dem Obergeschoss kündigen, damit wir mehr Platz hätten. Die Drohungen meines Vaters, dem gegenüber ich mich verplapperte, folgten auf dem Fuß. Ich wurde zum

Schweigen vergattert. Innerlich begann ich Abschied zu nehmen von meinen Freunden, meinen Großeltern und dem ganzen Straßenzug.

Doch Papas Verpachtungsbemühungen zogen sich in die Länge. Der vernachlässigte Zustand, aber auch das lebenslange Wohnrecht der Voreigentümer schreckten eine Reihe von Interessenten ab. Zwischenzeitlich wechselte ich von der Volksschule auf das Gymnasium, das man damals noch Oberrealschule nannte und das für seinen Lateinlehrer gefürchtet war. Natürlich bekam ich Latein als erste Fremdsprache. Aufgrund der häuslichen Atmosphäre stürzten meine schulischen Leistungen ab. Das löste nur Drohungen aus, aber keine Hilfe, und sowohl Papa als auch Traudi reagierten gereizt auf meine Notlage. Traudi war beschäftigt mit Sonja und mein Vater mit seinem Groll, seinem Asthma und seinen Existenzängsten.

Es war ein kalter Spätherbstsonntag, als Oma und Opa Topfmacher wieder einmal zum Mittagessen erschienen. Oma trug ein grünes Kleid unter ihrem offenen grauen Wintermantel und Opa seinen schwarzen Anzug mit der geknöpften Weste, aus deren rechter Tasche die vergoldete Uhrkette hing. Auf der Treppe begegneten sie meinen Großeltern, die miteinander auswärts essen gingen. Opa trug seinen Trachtenjanker und Oma ein grünes Kleid. Sie grüßten einander freundlich. Das Essen wurde unerwartet lustig. Opa Topfmacher nämlich, der in den letzten Jahren immer weniger preußisch streng und immer sanfter geworden war, amüsierte unfreiwillig die gemeinsame Tafel, indem er unter den abschätzigen Kommentaren seiner Gattin alle paar Minuten zur Toilette rannte. Er verspürte fortwährend einen starken Harndrang, erhob sich, Entschuldigungen murmelnd, und taperte den Treppenabsatz hinunter, kam jedoch stets unverrichteter Dinge zurück, was uns gemeinsam über seine neue Marotte feixen ließ. Opa Topfmacher nahm es mit der Gelassenheit des rüstigen Alten, der erst vor kurzem das neunte Lebensjahrzehnt begonnen hatte. Sein Gang war in den letzten Monaten etwas schleppender geworden, die Hände zittriger, und er krümelte etwas mehr, wenn er sich seinen ungarischen Landtabak in die Pfeife stopfte. Aber er war zum Bild des freundlichen Greises geworden, der, am Weichselstiel seines Tabakkochers mümmelnd, auf seinem Sofa thronte, die Rechte auf die Lehne gelegt, die Falten seines Halses symmetrisch über den weißen Kragen gebreitet, während die kleinen wässerig gewordenen Augen mit den seltsam vielen roten Äderchen wach blinkten. Er hatte sich wohl verkühlt unten rum, vermuteten wir.

Während wir mit Opa Topfmacher unsere Späße trieben, blickte er seltsam wissend in die Runde und ergänzte unsere Witze über ihn mit einigen selbstironischen Bemerkungen, die er leise lächelnd von sich gab. Das Beisammensein endete mit dem üblichen Kaffee – für mich mit einer Tasse scheußlich schmeckendem Caro-Kaffee – und mit einigen von Papas Gebäckteilchen, die Traudi aus dem Laden holte. Mein Vater fuhr die beiden nach Hause, bevor er sich zu seinem sonntäglichen Nachmittagsschlaf niederlegte.

Am nächsten Morgen kam Oma Topfmacher schon frühzeitig zu uns hochgewatschelt. Sie war erzürnt, und es war unübersehbar, dass etwas geschehen sein musste, das sich ihrem stählernen Herrschaftswillen entgegengestemmt hatte. Die Mundwinkel waren besonders steil und besonders schmal in ihr Gesicht plissiert.

»Jetzt, da schau her, jetzt schaugert *ihn* an«, bellte sie trocken, kaum dass sie unsere Küche betreten hatte. »Tät er sich hinlegen und krank spielen! Tät *er* sich hinlegen und auf einmal krank spielen. Bloß zwegens seinem Kreuz! Hab ich mich mein Leben lang noch nicht hing'legt, wenn i was g'habt hab am Kreuz!« Ein Sturzbach jähen Erschreckens breitete sich über Traudis Gesicht. »Papa!«, schrie sie auf wie ein gequältes Tier. »Papa!« Hektisch riss sie sich die Ladenschürze vom Leib, ließ ihre verdutzte Mutter stehen – das einzige Mal in ihrem Leben, dass sie sich gegen sie aufgelehnt hatte – und stürzte unter lauten Klagelauten auf die Straße hinaus, um zu ihrem sterbenden Vater zu eilen.

Sie riefen den Krankenwagen, der den aufgedunsenen und aus allen Poren nach Urin Riechenden »auf d' Internistische« brachte, wo man ihn katheterisierte und ihm vier Liter Urin abzapfte. Ein gefühlvoller Stationsarzt, der sich dieses ungeheure Fassungsvermögen nicht zu erklären vermochte, bat vorauseilend um die Erlaubnis, ihn nach seinem Tod aufschneiden zu dürfen, um diese

Frage zu klären, was ihm von Traudi jedoch aufheulend verwehrt wurde, als wir wenige Stunden später zu viert und ohne die plötzlich schwächelnde Oma den Krankenhausflur entlangeilten.

Sauberkeit, Ordentlichkeit, Zuverlässigkeit, Klarheit der Sprache und der Gedanken, Pflicht und deutsche Haltung waren ein Leben lang die Grundsäulen im Dasein des Machdeburrcher Postobersekretärs Friedrich Topfmacher gewesen. Der aufgedunsene, übel riechende Greis, der uns nun mit verschwollener Zunge ergeben lallend aus seinen Kissen entgegenlächelte, war diesen Grundsätzen genauso fern wie der neuen Zeit, deren Nahen sich immer wahrnehmbarer ankündigte. Allem Gehorsam zum Trotz begannen sich erste Fragen zu erheben, und die Stimmen der Verstummten wurden zusehends lauter.

»Tabak!«, lächelte Opa selig, als Sonja ihm mit zierlichen Händen ein kleines Päckchen überreichte. »Ja, Opa, Tabak!«, sagte mein Vater freundlich. Wir blieben nur kurz. Der Schwerkranke schien uns immer wieder davonzudämmern. Wir weckten ihn mit leisen Rufen und verabschiedeten uns. Jedem von uns schüttelte er lange und mit einem warmen Lächeln die Hand. Mir war unbehaglich, weil er mich so lange festhielt, denn ich verstand die Situation nicht, und so zog ich meine Hand zurück und sehe noch heute jenen liebevoll verständigen Blick auf mir ruhen, mit dem der Kranke mir meine Arglosigkeit nachsah. Am Nachmittag desselben Tages verstarb Opa Topfmacher an seinem fortgeschrittenen Nierenkrebs, den er seit Jahren für Rückenschmerzen gehalten hatte. Sein Leichnam wurde in das neue Nachthemd gekleidet, das Sonja ihm in dem papierenen Päckchen überreicht hatte.

Manchmal denke ich, dass Treppenhäuser unterschätzt werden in ihrer Wirkung auf das Schicksal der menschlichen Individuen. Ein Treppenhaus ist eine vergrößerte Form des menschlichen Geburtskanals. Der Mensch gleitet treppab und hinaus in das kalte Leben, und er windet sich, heimkehrend, treppauf in den warmen Mutterschoß seiner Behausung. Durch Treppenhäuser werden Säuglinge getragen und Leichname entsorgt. Durch Treppenhäuser schlängeln Liebhaber sich verstohlen aufwärts wie ein einziger Fortpflanzungsbefehl. In Treppenhäusern werden Ideen geboren, Feindschaften begründet und Freundschaften eröffnet. In Treppenhäuser wird hineingeweint, hineingepisst, hineingekotzt. Sie hallen wider von Jubelschreien, Schmerzen und Entsetzen. Manchmal stürzen sie zusammen. Manchmal werden sie ausgebombt. Immer aber formen sie das Dasein derer, die durch sie hindurchgehen. Oma Topfmacher stand oben auf dem Treppenabsatz, als Traudi mit einer hellbraunen Kunstledertasche aus dem Krankenhaus kam, in der sie die paar Habseligkeiten des Verstorbenen zurückbrachte. Sie stieß einen langen, klagenden Heulton aus, verschränkte die Finger wie eine Betende über ihrem mächtigen Busen und ließ das faltige Gesicht auf die weißen Knöchel niedersinken. So stand sie minutenlang, wirre Wortfetzen ausstoßend, selbst im Schmerz noch jene kalte Distanz schaffend, die es ihrer weinenden Tochter verwehrte, sie in ihre Arme zu schließen. Traudi stand einige Stufen unter ihr, die geöffneten Hände vor sich haltend wie eine Bittende, selbst im Schmerz noch vor Angst erstarrt, und als sie sich halb suchend, halb tröstend ganz langsam die letzten Schritte hinaufwagte, ihrer Mutter entgegen, deren Gesicht sie mit den Augen absuchte, da stieß Rosa Topfmacher sie zurück und wandte ihr weinend den Rücken zu, während Traudi begriff, dass ihre Mutter selbst in diesem Moment unerreichbar für sie bleiben würde.

Es war ein eisiger Tag, als wir den Verstorbenen an seine schwarze Mutter zurückreichten. Die Amper wälzte sich grün und Schlieren ziehend am Alten Friedhof entlang, während feiner eisiger Nebel ihr aus den Poren stieg und die reifbedeckten Uferböschungen entlangstrich wie ein langsam schwebender Aasfresser. Kieswege, Grabumrandungen und Grabsteine hatten sich mit knisterndem Reif überzogen, und die Totengräber, die den harten Boden aufgehackt hatten, blickten mürrisch unter ihren Schiebermützen. Sie hatten vier Holzbohlen um den offenen schwarzen Schlund gelegt, in den der einfache Sarg gelassen wurde und der sich unmittelbar danach dumpf schmatzend und schwarze Erdklumpen von den kalten Lippen krümelnd schloss. Am Himmel spreizten sich dunkelgraue Wolken, distanziert und kälteschwanger. Die Frauen hatten klagend aufgeheult, es ging etwas Tierhaftes von ihnen aus, eine

Macht, der die Männer in ihrem stillen Schmerz nicht gewachsen waren und die jede der Beerdigungen dominierte, auf die es mich als Kind bisweilen verschlug. Das war immer meine Beobachtung gewesen, dass der Tod die auf die Reproduktion des Lebens angelegte Einheit Frau viel härter traf als den Mann, zu dessen Aggressivität der beiläufige Verlust des Lebens immer irgendwie gehört hatte und von dem er beim Bier gerne, viel und laut erzählte. Die Intensität und plötzliche Wesensveränderung, die das Aufheulen der Weiber an offenen Gräbern mit sich brachte, hatte etwas Beängstigendes und zugleich etwas Religiöses an sich. Es schien einen viel unmittelbareren Zugang zu den Geheimnissen zu offenbaren, als man ihn als beschwanztes Wesen jemals würde erlangen können. Nicht, dass die Männer nicht trauerten, litten und weinten. Aber ihr Schmerz wirkte oftmals hilflos und bisweilen sogar komisch, während die Intensität des Weiblichen unverfälscht und aus der Mitte der Erde stammend erschien.

Der anschließende Leichenschmaus trug die verstohlenen Züge des Kannibalischen an sich: das langsame und besonnene Einverleiben des Verstorbenen, dessen Leben nun Beute war und in allen seinen Komponenten aufgeteilt und konsumiert werden musste, bevor es schlecht wurde. Viel später, während meiner Juristenausbildung im Strafrecht, würde ich lernen: Aufessen ist die intensivste Form der Zueignung.

Tatsächlich konnten wir uns nun Opa Topfmachers Haus zueignen. Denn seine Witwe, von seinem Tod überrascht und verstört, war über dieser gänzlich unerwarteten Erfahrung zerbrochen, und, konfrontiert mit der Einsicht, dass nicht nur ihrer strengen Herrschaft sondern auch ihrem Dasein eine zeitliche Grenze gesetzt war, flüchtete sie sich zügig in Verwirrtheit und Gebrechlichkeit, was sie bald in einen kindähnlichen Zustand versetzte und unsere Anwesenheit in ihrem Haus erforderlich machte. Wenige Monate später schon tauchte, geheim gehalten bis zum letzten Tag, ein grüner Möbelwagen auf, der unsere abgegriffenen Habseligkeiten auflud, während Gerd Aglaster, der neue Pächter, und seine dicke, schiefbeinige Frau mit den beiden plumpen Kindern ihre Einrichtung aus einem gelben Transporter luden. Oma zitterte am ganzen Körper, als die wildfremden Leute ihr ehemaliges Haus in Beschlag nahmen. Mit der Unbeschwertheit der Nachkommen, die in der Gewissheit wandeln, dass ihnen ohnehin alles zustehe, nahmen wir wiederum Oma Topfmachers Haus in Beschlag. Für die nächsten zehn Jahre sollte es mir Heimstatt und Hölle werden.

3. GREANE GUMPEN

Die Nandl lag bleich, wächsern und schweißverklebt auf ihrem Bett im ersten Stock und schnappte mit schwerer Brust nach Luft, während die Fische, gemütlich mit den Mäulern schnappend und bisweilen kleine Blasen überflüssiger Luft von sich lassend, in ihrem Keller umherschwammen. Ihre beiden massigen Brüste hingen jede seitwärts zu ihren Rippen herab und zogen sich unter ihrem blauen Wollkleid wie lange Flaschenkürbisse. Der Nasenbach führte dieses Jahr solch ein Frühjahrshochwasser, dass er die Anliegergebäude schon mit über einem Meter der graubraunen Brühe angefüllt hatte. Überall hatten sie die Kellertüren aufgerissen, damit der zum Strom angeschwollene Nebenarm der Amper sie in seiner Maßlosigkeit nicht eindrückte. Der wütend gewordene Fluss, der sich nur noch widerwillig und mit Mühe unter den abgesperrten Brücken hindurchrüpelte, hatte sich vor Geilheit schäumend auf die Ansiedler gestürzt, war erst aus den Abflüssen gequollen und schließlich mit Wirbeln und Schlieren über die Häuser hergefallen, in die er seine Wassermassen rammte, bis sie sich in den feuchten Kellerhöhlen endlich beruhigten und, friedlicher geworden, ihre Ladung absenkten: Sände und Schlämme, faules Laub und voll gesogenes Gezweig breiteten sich schweigend über die grauen Betonfußböden und formten innerhalb weniger Tage auf dem Grund der Behausungen eine bizarr gezeichnete Urlandschaft aus ellenhohen Hügeln und breiten Tälern, über denen alte Bürsten schaukelten und leere Dosen, Zinkwannen und Schusterschemel, rohe Waschtische, auf denen man früher das Bettleinen gebürstet hatte, und Fahrradschläuche, die man sorgfältig halb voll gepumpt hatte, damit sie nicht mürbe wurden. Regalbretter hatten sich verselbständigt und sich fast bis zur Kellerdecke erhoben. Leere und sorgfältig verschraubte

Marmeladengläser hatten sich in rostig bemützten Rudeln auf Wanderschaft begeben, halb leere Kartons mit Rattengift seit Tagen eine unerwartete Wasserfestigkeit gezeigt, scheinbar unversehrt treibend, während der aufgeweichte Schachtelboden seine violett leuchtende Körnerfracht längst freigegeben hatte. Die Barben und Nasen, die dem Wasser voll unbeschwerter Neugier in die leise glucksenden Räume gefolgt waren, schwammen bald schon bauchoben, und ihr Verwesungsgeruch mischte sich mit den fauligen Dämpfen, die der stockenden Kellerbrühe entstiegen. Gleichwohl, der Fauldampf in den Gebäuden würde im Laufe der Wochen wieder entweichen, während er in den Gehirnen immer gewesen war und immer bleiben würde – unabhängig von Wasserstand und Außentemperatur, Jahreszeit und Mondphase. Das grellschwarz leuchtende Gift der kleinen Bürgerlichkeit, es würde unter den trocknenden alten Mörtelschichten verbleiben, und die Ratten würden ebenfalls bleiben, weil sie hingehörten, wo sie waren.

In vielen Kellern allerdings, wo das Gift nicht auf den Regalen lag, sondern in den Köpfen, und wo die Tentakelfinger des Frühjahrsstroms gierig wie ein Süchtiger hinter die alten Ziegelmauern gegriffen hatten, blieb zumindest das Wasser frisch, und seine schuppigen Gäste gründelten in Zweier- und Dreiergruppen unter den bauchoben treibenden Kühlschränken und den anderen Eingeweiden der Brucker Gesellschaft. Ihre zufriedenen Mäuler wühlten unbeeindruckt von der ungewöhnlichen Umgebung im Kellergeschlämm, während ihre Vorderflossen sich mit einer von den Einheimischen niemals erreichten Anmut bewegten und ihren Kiemen die frische Atemluft zufächelten, die unter Wasser bisweilen reichlicher schien als in den Straßen der Stadt. – Wenn es den Fischen zu viel wurde, machten sie auf Kommando eine blitzartige Kehrtwendung und schnellten, glitschigen Pfeilen gleich, hinaus in den vor lustiger Gewalttätigkeit kreuzlebendigen Fluss. Wenigstens den Fischen blieb jede Bewegungsmöglichkeit in der Stadt.

Nandls Bewegungsmöglichkeiten waren auf ein Minimum geschmolzen und beschränkten sich darauf, mich mit einer matten Geste ihrer Rechten ans Bett zu winken, sodass ich mich widerstrebend aus dem Türrahmen ihres Schlafzimmers löste und drei bange Schritte auf sie zu tat. Unter unendlicher Anstrengung wandte sie den Kopf zu mir, hob die gefalteten Hände mit den schweißkalten Fingern andeutungsweise himmelwärts und keuchte ein flehendes »Lassts mi' sterben!« Erschöpft von so viel körperlichem Aufwand schien ihr bebender Leib tiefer in die durchgeschwitzte Matratze zu sinken, und mit spitzen Lippen saugte sie, einer gründelnden Barbe nicht unähnlich, die immer knapper werdende Luft aus dem Raum wie Muttermilch.

»Geh, was lassts mi' denn net sterben!« Ihre blauen Lippen waren schmal geworden und besaßen keine Ähnlichkeit mehr mit dem vollen, energischen Mund der jungen Krankenschwester, die sie mir auf einer alten Schwarzweißaufnahme gezeigt hatte. Auch damals war sie keine Schönheit gewesen, eher stämmig oder »resch«, wie man bei uns sagte. Aber ihre Züge mit den kantigen Backenknochen, den flächigen Wangen und den etwas zu buschigen Augenbrauen, die von derselben Farbe wie ihr hüftlanges, stahlschwarzes Haupthaar waren, hatten einen willensstarken, zupackerischen Charakter verraten. Der Ausdruck in ihrem Gesicht war ernst gewesen, abgeklärt von den Erfahrungen einer Frontkrankenschwester, und deshalb vermochte auch die Pyramide im Bildhintergrund nicht dem Motiv etwas Unbeschwertes zu verleihen. Es war die Momentaufnahme einer jungen Frau an der Wüstenfront geworden, deren steile Falten zwischen Nasenflügeln und Mundwinkeln von den Belastungen ihres Kriegerinnendaseins erzählten.

»In Ägypten«, röchelte sie, »in Ägypten, da ham s' mich kaputtg'macht!« Ihre Augäpfel sprangen unruhig hin und her und ließen die verborgene Verbitterung erahnen. »In Ägypten war's, in Ägypt …« Sie hielt inne und hackte einige Atemstöße ins Nirgendwo. Mit fliegenden Fingern suchte sie fahrig das Laken ab, suchte nach dem Leben, das ihr mit jedem schweren Ausatmen aus den Poren dünstete. »I war rassig«, keuchte sie schließlich anklagend. »Rassig, haben s' g'sagt.« Ein verlorenes Lächeln hob nur kurz ihre Mundwinkel an. »Mei, mich haben d' Männer gern g'habt, damals …« Mir entging nicht, wie sie andeutungsweise den Kopf hob und einen verzweifelten Blick über ihren aufgequollenen Leib sandte. Dass sie Wasser in den Beinen hatte, sah auch ein Kind. Sie lächelte mich einsam an. »Geh, setz dich her zu mir.« Mit kühlen Totenfingern griff sie nach meiner Hand. »Bist ein lieber Bub. Bist doch mei' Bub! Kannst mi' doch net so viel allein lassen!« Ihre Züge verzerrten sich, und sie begann zu schluchzen, hörte aber schnell wieder auf damit, da ihr fürs Weinen der Atem fehlte.

»Doch, doch«, sagte die Nandl müde. »Ich hätt ein jeden Mann haben können. Aber du weißt es ja net, mit deine elf Jahr, Tag und Nacht, verstehst, Tag und Nacht, i hab ja kaum mehr g'schlafen.« Sie legte die Hand über die Augen. »Mei, Bub, lass mi' halt sterben!« Ich rutschte unruhig auf der Bettkante hin und her, besorgt, dass sie mir wirklich unter den Augen wegstarb, allein schon, um sich für meine tagelang ausgebliebenen Besuche zu rächen. Ihre Stimme wurde einschmeichelnd. »Geh, gib mir halt was, damit i sterben kann!« Sicher hatte sie es immer verstanden zu bekommen, was sie wollte. Jetzt war sie mit Martl Raab verheiratet, einem dürren Käsegroßhändler, der sich ein Regal in seinen alten, nagelnden Dieseltransporter gebaut hatte, auf dessen Lattenböden er stapelweise Plastikpackungen mit Allgäuer Emmentaler, Chester, Edamer, Käseaufschnitt und Ähnlichem schichtete. Champignon Camembert die Menge. Kartons mit Stangen von stinkendem Limburger. Durchsichtige Packungen, rot bedruckt, mit den gummiartigen Harzer Käserln. Andechser Romadur, noch ungereift und hart. Wagenradgroße Käselaibe verschiedenster Art. Tagaus, tagein trug er einen abgewetzten grauen Käsegroßhändlerkittel, in dem er vermutlich auch schlief, graugrün verschossene lederne Kniebundhosen mit wollenen Wadelstrümpfen, die er wöchentlich wechselte, einen lederartig verfetteten »Gigerl-Hut« auf dem Kopf, einen seltsam durchsichtigen Moustache im käsig-bleichen Gesicht. Die Metzger hatten Schweinsköpfe, die Bäcker Teigwammen, die Wirte Bierfotzen, die Maurer Betonschädel, der Käsegroßhändler einen weißgelben Andechser-Käserl-Kopf mit einem gelblichen Belag außen rum.

»A Herz hab i, so groß wie einer vom Martl seine Edamer«, keuchte sie. Sie ließ meine Finger los, um mit beiden Händen den Durchmesser eines Käselaibs anzudeuten. »Die Hitz«, keuchte sie.

»Jessas, die Hitz überall!« Ihr Blick verlor sich in Erinnerungen. Ich stand auf und trat an das Schlafzimmerfenster. Der Garten war eine reißende braune Brühe, genau wie nebenan der unsere. Wenn sie sie jetzt auf dem Alten Friedhof neben dem Fluss beerdigten, würden sie sie in ein Wasserloch senken. »Tag und Nacht die Hitz«, murmelte sie abwesend. »Und die vielen schönen zerschossenen Männer … alle kaputtg'schossen … kein Fuß mehr, kein Arm mehr, kein G'sicht mehr, die vielen schönen Männer, alle noch ganz jung … alle bei mir auf meim Verbandstisch.« Voller Selbstmitleid sah sie mich an. »Tag und Nacht hab i mich um meine Männer 'kümmert. Der Engländer hat meine Männer kaputtg'macht …« Erneut verzog sie weinerlich den Mund, beherrschte sich aber, » … und meine Männer haben *mich* kaputtg'macht«. Abermals schwebte sie in Gedanken davon. »Ein schönes Land, des Ägypten, verstehst? … Schönes Land … schöne deutsche Männer, alle noch so jung … mei, ich war ja auch noch so jung …« Hass huschte über ihr Gesicht, verstohlen, ein Augenblick nur. »Den Rommel haben s' kaputtg'macht und *mich* haben s' kaputtg'macht.« Sie starrte an die Decke, ihre Augen wurden glasig. Jessasnaa, jetzt geht sie, dachte ich mir. »Der Rommel hat a Staatsbegräbnis kriegt und is a Held … aber mich graben s' bloß hinten ein, aufm Alten Friedhof …« Japsend zog sie die Luft an sich, sie hatte viel zu viel geredet. »Ganz nah am Wasser …«, ihre Stimme verfärbte sich klagend, » … mei, schau nur, was i Wasser hab in meine schönen Füß …!« Verstohlen zog sie ihren Rock hoch bis über die Knie. Selbst die Oberschenkel, die weiß und blauädrig aus den Rändern der lose hängenden Nylonstrümpfe quollen, waren aufgedunsen wie Schwämme. »Geh«, bat sie mich schmeichelnd, »magst mir nicht mein Rock wieder runterziehen?« Verlegen tat ich es. »Lass mich halt sterben«, sagte sie müde, während ihr die Augen zufielen. »Glaubst, Bub, ich möcht ja so gern sterben …« Sie brabbelte sich in den Schlaf. Vorsichtig tippelte ich über den knarzenden Dielenboden mit dem Fleckenteppich, um ins Treppenhaus zu gelangen. Sobald man die Etagentür öffnete, stank es nach Wasser. Es würde wieder jahrelang in den Wänden stehen, viel länger als in Nandls Beinen. Vorsichtig blickte ich zurück auf die Dösende. Sie öffnete die Augen.

»I hab dei' Mutter kannt«, sagte sie süßlich. »War a feine Frau …« Wortlos nickend schob ich mich nach draußen.

Vom Keller her kamen klatschende Wassergeräusche. Martl Raab war unten und brachte seine letzten Käseschätze in Sicherheit. Er steckte kurz den Kopf aus dem Treppenverschlag, erblickte mich, nickte erkennend und verschwand wieder im Dunkeln. »Jetzt wenn's no' weiter steigt, dann ham mir an Strom auch kein mehr!«, hörte ich ihn rufen. »Schlaft s'?«

Ohne zu antworten zog ich die Haustür zu.

Das Wasser war enorm gestiegen in den letzten Stunden. Im Stadtzentrum hatten sie mannshohe Stege gebaut, die ständig blockiert waren, weil die Leute aus allen Himmelsrichtungen herbeiströmten, um so ausgiebig wie möglich durch die ersaufende Innenstadt zu flanieren. Rentner mit Stöcken, Invaliden mit Arm- und Beinprothesen, Schüler mit Fahrrädern, junge Frauen mit Säuglingen, alte Frauen mit Einkaufstaschen. Man traf sich auf den Stegen, winkte sich zu und war stolz auf die Katastrophe. Tout Bruck, sozusagen. Die Stadtarbeiter in ihren brusthohen Wathosen schoben Schlauchboote voller Gerät vor sich her. Sie waren die Einzigen, die außer dem Fluss noch vorankamen.

Ich hatte dem legendären Ludwig Erhard die Hand geschüttelt, dem Übervater der deutschesten aller Sehnsüchte: Wohlstand. Er hatte den Deutschen etwas gegeben, worauf sie schauen konnten, damit sie auf anderes nicht zu schauen brauchten.

»Aaaber, da schaugt er, der Engländer, wia's bei uns wieder brummt, ha?!«

»Sooo arrogant, verstehst!« Zwei Hände formten eine Ellenlänge. »Sooo arrogant, der Engländer, der bläde Hund, verstehst! Aber jetztert, gell, jetztert schaut er, haha!«

»Also, i hab den Engländer no' nia mögen. Der Engländer, der hat seit jeher die Welt regieren wollen …«

»Und weil mir uns das nicht g'fallen lassen haben …«

»… drum haben s' uns an Krieg erklärt. «

»G'wonna haben s' ihn schon, den Krieg, net wahr …«

»… aber haben tun s' nix davon.«

»Der Eeeengländer, verstehst …«

»…der Engländer, der sauberne, mit seim saubernen Weltreich…«

Der Engländer also hatte sein g'lumpertes Empire und den ganzen Nebel, und wir hatten den Erhard, war allerorten die Meinung, und tauschen mochten mir nicht. Und so stand Ludwig Erhard auf einem Holzpodest vor dem Pelzhaus Ankershoffen, klein, rosig, weißhaarig, seitengescheitelt, pausbäckig, in einem hellen Trenchcoat, den in Bruck sonst höchstens die Ärzte trugen, einen Zigarrenstummel zwischen den dicken Fingern der Rechten, der ihm in dem leichten Nieselregen immer wieder ausging. Als er den Stumpen beim ersten Mal wieder anzündete und Qualmwolken paffte, erhob sich Jubel aus der versammelten Menge. Ein lokaler CSU-Funktionär im modischen Trachtenanzug stellte sich halbrechts hinter ihn und hielt einen schwarzen Regenschirm über den Vater des Wirtschaftswunders, während er selber, stolz und selbstlos, nass genieselt wurde und nach einiger Zeit zu niesen anfing. Der Stummel ging noch mehrmals aus, da Erhard hitzig auf die Roten eindrosch und darüber das Rauchen vergaß.

Als der Wirtschaftsminister wieder in den bulligen Polizei-BMW stieg, schaltete der uniformierte Fahrer das Blaulicht an, der Beifahrer blickte streng in die Menge.

»Bravo! Dem Erhard verdank mir's, dass mir wieder wer sind!«

»Da werd er ihnen stinka, de' Juden!«

»Geh, spinnst jetzt du, so was darf ma' doch heut nimmer…«

»Weil's wahr is, was glaubst, wie *des* dem Jud' stinkt…!«

»Bravo! Bravo, Ludwig, bravo!«

Der Gefeierte kurbelte huldvoll das rechte Wagenfenster herunter und streckte die Rechte heraus. Als würde der Führer persönlich herauswinken, stürzten Männer und Weiber mit Verzückungsschreien auf ihn zu und schüttelten die schwappige Hand, die den deutschen Schornstein ans Rauchen gebracht hatte. Ich stand barfuß in braunen Sandalen, mit kurzen Lederhosen und breiten Hosenträgern und schmutzigen Knien, als der Wagen direkt an mir vorbeirollte. »Bravo, Ludwig!«, sagte ich und schüttelte dem Erhard die Hand. Er blickte mich freundlich an, und ich ließ los. Mit einsetzendem Martinshorn beschleunigte der Ministerwagen, während im Hintergrund eine besorgte Gattin dem immer heftiger niesenden Schirmständer die Haare mit einem Handtuch trockenrubbelte.

Seither war praktisch nichts mehr passiert in der Stadt, und drum freuten sie sich über das Hochwasser, sofern sie nicht gerade selber am Nasenbach lebten.

Nachdenklich betrat ich unsere Einfahrt und griff auf die Innenseite der Gartentür, um sie zu öffnen und ein paar Steinstufen in Richtung des überfluteten Gartens hinabzusteigen. Gegenüber beim Plachinger waren die Kellerfenster der Montagehalle, die normalerweise zweieinhalb Meter über dem Wasser lagen, im Fluss verschwunden. Ich wandte mich vom Wasser ab, um zu unserem mit braunen Brettern verkleideten Küchenbalkon hinaufzublicken. Die alte, weiß gestrichene Küchentür war verzogen und ließ sich nur noch schwer öffnen. Der Lack blätterte ab, denn seit Opa Topfmachers Tod war sie nicht mehr gestrichen worden. Jedes Frühjahr hatte er seine blaue Schusterschürze umgebunden und sich mit heiterer Grimmigkeit seine klebrigen Farbdoserln zurechtgestellt. Die Balkontür strich er in einem gelblichen Weiß, wobei er auf ihrer Innenseite sorgfältig um die beiden Eisenhäkchen herumpinselte, an die er im Winter einen gedoppelten breiten Teppichfetzen hing, um den Frost und die kalte Zugluft draußen zu halten. Die Maßnahme half nur wenig, und wenn man morgens die kalte Küche betrat, glänzte einem vom Fußboden eine zentimeterdicke Eisplatte entgegen, die sich nachtsüber wie eine graue Zunge durch den Türspalt in den Raum geschoben hatte. Von den Wänden, in denen vom letzten Hochwasser her schon jahrelang das Wasser stand, glänzte ein dicker Silberrasen blinkender Eiskristalle, und sobald ich in kindlicher Spielfreude mit der Hand darüber strich, schneite es feinen Eissand in Oma Topfmachers Küche. Die Kristallteilchen lagen hilflos blinkend auf der schwarzen Eisenplatte des Küchenherdes, während Traudi unter den Argusaugen ihrer Mutter auf den Knien die kalte Asche aus dem Feuerloch räumte, sie in einem Blechschuber auffing und nach draußen trug. Man benutzte sie, um die verschneiten Gehwege zu streuen.

Was folgte, war ein Ritual: Knäuel aus Zeitungspapier, Holzspäne, die wir am Abend vorher zurechtgeschnitten hatten, das erwartungsvolle Spähen auf die langsam erwachenden Flammenzungen, die das helle Holz entlangschnupperten wie eine Kreuzotter an einer erlegten Maus, das erste trockene Knacken und das anwachsende Blasen des erwachsen werdenden Feuers, die kleinen pfeifenden Gasblasen, die dem erhitzten Holz entwichen, gedämpft wimmernd wie ein Kinderfurz in der Hose, das selbstbewusste Bullern der endlich auflodernden Scheite, die feinen Rauchfäden, die sich zwischen den Feuerringen der Ofenplatte hindurchstahlen und neugierig aufwärts stiegen, das blecherne Klacken der Ofenklappe, wenn wir das erste Brikett ins gleißend gelbe Holzfeuer legten, während die Flammen uns entgegenwurlten wie verspielte Katzenjunge und sich rot färbten, sobald sie die schützende Hülle des Ofens verließen. Von den Wänden begann es zu tropfen. Vorbei die eisige Märchenpracht, jetzt rann es nass und mörtelpappig herab und bildete ein schmutziges Rinnsal auf dem Bodenblech unter dem Ofen, der zwischenzeitlich vollends die Herrschaft über den Raum übernommen hatte. Ascheteilchen und dunkle Rindensplitter verfärbten den Leichentrunk der erstorbenen Eispracht zu einer schmutzigen Brühe. Auch die Eisplatte an der Balkontür schmolz eilends dahin, und mit alten Kopfkissenbezügen wischten wir das Dreckwasser vom Boden, um es in den Ausguss zu wringen. Auf der Herdplatte schienen schwarze Wasserflecken auf, bevor sie von den Rändern her schrumpften und lautlos verdampften.

Wenn Opa Topfmacher mit der Balkontür fertig war, verstaute er sein weißes Farbdoserl wieder in der Werkstatt und mischte dann einige streng riechende Ingredienzen zusammen, die einen billigen, befremdlich kackfarbenen Anstrich für die beiden Kellertüren und das Kellerfenster ergaben. Das Eigenartige daran war, dass dieses Zeug niemals trocknete. Es rann auch nicht etwa am Holz herunter wie normale Farbe, sondern bildete einfach nur einen aufgetupften zähbraunen Belag, der einen an Kinderdurchfall erinnerte und einem auch zehn Jahre nach dem letzten Anstrich noch an den Fingern kleben blieb und nicht mehr abging, feucht und pappig wie am ersten Tag, sobald man auch nur irgendwie drankam. Erhebliche

Teile meiner Kinderkleidung trugen braune Marken, die nach dem Waschen seltsamerweise eingetrocknet waren. Bis zu seinem Tod hatte Opa Topfmacher unbeirrt an seiner Herstellungsmethode festgehalten. Wir wussten, selbst wenn das Wasser wieder zurückgegangen war, durften wir nicht an die Türen kommen. Schon komisch, wie zählebig das braune Zeug sein konnte.

Mir wurde kühl. Dennoch drückte ich mich draußen herum, solange es ging. Das Bäckereimilieu war über all die Jahre meine Heimat gewesen: die Dienstmagd, die Verkäuferinnen, die putzende alte Leitenthalerin, die Bäckergesellen, der stets grantige Bäckermeister Heilbacher – »Eimba« hatte ich ihn als kleines Kind genannt – , die derben Scherze in der Runde am Mittagstisch und das Genörgel über das Essen, der Gestank nach Katzenkacke vom Backstubendach her, das Scharren der Semmelkörbe, die durch die Schiebetür paradiesisch duftend in den Laden geschutzt wurden, die Bretter mit den frisch gebackenen Laiben, draußen neben der Backstubentür, wo das Brot auskühlte, das durchdringende Heulen der alten Knödelbrotmaschine, die ich mit den trockenen alten Semmeln füttern durfte und die so unerbittlich schrapp-schrapp-schrapp machte, während die durchsichtigen Scheiben in die große Holzschublade regneten, der Bottich mit Brezenlauge, der stets offen in der Ecke des Korridors stand, der zu der aus Klinkern gemauerten Bäckerdusche führte, die Wand stets warm vom angrenzenden Backofen, auf dessen anderer Seite sich die Kohlenkammer befand, aus der Opa immer seine Briketts geklaut hatte und aus der es nachts bisweilen rumpelte, wenn der meterhohe Berg von Briketts sich wie von Geisterhand in Bewegung gesetzt hatte, die schwarze Kohlenschaufel, mit der Eimba den Ofen anheizte, die Arbeitstische, von denen die Gesellen die Teigreste mit kleinen Blechschabern kratzten, die abgestoßenen Loren voller Mehl unter den Arbeitstischen, der große Teigrührer mit dem rotierenden Kessel, in dem wir immer Karussell fuhren, bis wir rausgeschmissen wurden, die neumodische »Stipfi'maschin«, die von oben die Kreuze in die weißen Semmelteiglinge stanzte, der Geruch, der Geruch, der Geruch überall …

Der Gestank des Wassers wehte bis zur Straße herauf, sein

gleichmäßig zischendes Dröhnen, mit dem es sich unter der nahen Brücke hindurchquetschte, versetzte die Stadt in Schwingungen, nachdem es flussaufwärts brüllend aus dem Stauwehr geschossen war. Geschäftsfrauen mit dicken Beinen in schwarzen Gummistiefeln stellten ersoffene Kartons an den Straßenrand und aufgequollene Beistelltische, von denen sich das Furnier abrollte wie Kräusellocken. Mich fror immer mehr. Martl Raab kam aus dem Eingang und stapfte mit seinen dürren Lederhosenbeinen zum Lieferwagen mit der aufgemalten Riesenschachtel Champignon Camembert auf der Außenseite. »Das werst schon sehn, heut Nacht haben mir auf einmal kein' Strom mehr!«, sagte er bedeutungsschwer. Eine schwarze Rußwolke erhob sich unter dem nagelnden Startgeräusch, dann rollte er davon. Widerwillig wandte ich mich der schwarzbraunen Haustür mit dem kleinen Guckfenster zu und betrat den Windfang, in dem vom Winter her noch der halb leere Sack mit Streusalz stand, holte mir eine Jacke aus der Diele und verschwand wieder, bevor mich jemand bemerkte.

Ich wanderte amperaufwärts. Mein Vater war jetzt schon über ein Jahr weg. Traudi hatte die Herrschaft übernommen, und da sie selber unter der harschen Regentschaft ihrer Mutter stand, die sie ebenso sehr hasste wie sie ihr kindlich verfallen war, wurde ihr Regime mit jedem Tag unberechenbarer. Sie offenbarte krankhaft hysterische Züge, und es wurde immer ersichtlicher, dass sie sich entschlossen hatte, sich für ihre Kindheit an einem Kind zu rächen. Oma Topfmacher, arg kurzsichtig, hinfällig und im Kopf ziemlich deppert geworden, saß mangels anderer Beschäftigung in der Küchenecke, ihre Züge hart und lauernd. Da sie vieles nicht mehr mitbekam, deutete sie die Bruchstücke des Beobachteten mittels ihrer Fantasie, und diese war fast nur negativ und trug sonderbarerweise ausgeprägte Züge ins Schweinische, eine bigotte Welt der Entrüstung, deren Bilder stets in schwelgerischer Empörung hervorgestoßen wurden. Innerhalb von wenigen Tagen wiederholte sich zwischen Mutter und Tochter regelmäßig ein bizarres Schauspiel: Traudi kochte etwas. Wie aus dem Nichts gewachsen, stand plötzlich ihre Mama neben ihr und schüttete irgendetwas in den Topf, was das Mahl gekonnt ruinierte: Zu viel Wasser, zu viel Mehl, zu viel Essig, zu viel Maggi. Als Replik auf diesen zerstörerischen Eingriff erlitt Traudi jedes Mal einen hysterischen Schreianfall. Oma Topfmacher verzog sich gekränkt in ihre Ecke, griff nach ihrem abgewetzten Gebetbuch und dem verschrammten Vergrößerungsglas, und begann mit verkniffenen Lippen vor sich hin zu lispeln. In ihr kaum vernehmbares Gebräu aus Gottvater, Himmel, Sünde und Jesulein schlugen Traudis verbitterte Anklagen wie Artilleriegranaten. Oma Topfmacher duckte sich, blieb ansonsten aber unbeeindruckt. Nach der nächsten Kanonade Traudis antwortete sie mit einigen knappen, kalt und höhnisch hingeworfenen Bemerkungen über deren hausfrauliche Qualitäten. Dies brachte Traudi dazu, ihr aufheulend vorzuwerfen, wie sie ihr als Siebenjähriger am Sonntagnachmittag, auf der Hauptstraße, mitten vor dem Jungbräu – »weißt es schon noch, gell?« – und vor allen Leuten die Handtasche ins Gesicht geschlagen hatte, bloß weil Traudi so hartnäckig um ein Eis bettelte. Oma Topfmacher, hiervon weniger menschlich berührt als mehr von der Peinlichkeit der damaligen Situation, rechtfertigte sich starrköpfig: »Es war ja nur, weil d' Bürgermeisters dabei waren …« Dies brachte Traudi ebenso unvermeidlich dazu, ihrer Mutter aufkreischend vorzuhalten, wie ihr nach dem Taschenschlag das »Bluat vom G'sicht runterg'laffa« sei, und sodann in einen lauten Weinkrampf zu verfallen. Oma Topfmacher vertiefte sich g'schamig in ihr Gebetbücherl und lobpries unseren lieben Heiland, während Traudi theatralisch heulend ins Schlafzimmer rannte, um Minuten später verstohlen zurückzukehren und sich über der Küchenspüle ihr verheultes Gesicht zu waschen. In neudeutscher Diktion hätte man von einem latent pathogenen Sozialmilieu gesprochen.

Die beiden dicken Buchen, die schräg gekrümmt aus der Amperböschung emporwuchsen und deren Leiber sich so klar auf der trägen Wasseroberfläche abzeichneten, wenn sich im Sommer die grüngelben Algenfetzen vom steinigen Grund lösten und wie kleine Leichname zur Oberfläche trieben, stemmten sich jetzt gegen die spuckende Brühe, die ihnen schon bis zur Brust stand. Blattloses Gezweig hatte sich an ihnen verfangen und ein kleines, wirres Flechtwerk aus Nutzlosem gebildet, das dem Wasser eine Weile widerstand, bevor es sich ihm ergab. Es war erstaunlich: Nicht nur, dass mit dem Wegzug aus der Bäckerei unser Wohnraum auf die Hälfte geschrumpft war. Es schien auch, als hätte der Wegfall des vertrauten häuslichen Feindes dazu geführt, dass die früher nach außen gelebte Aggression sich nunmehr wie ein Flammenwerfer in die eigene Familie hineinrichtete. Erst jetzt erkannte ich, welche Stabilität der Rahmen fester Zwänge unserem Bäckerdasein verliehen hatte: der unerbittliche Tagesrhythmus, der zu nachtschlafender Zeit die Rührwerke anwarf, das Rollen der Mehlwagen in der Backstube, das dumpfe, Wände durchpolternde Klopfen der Teigklumpen auf den Arbeitstischen, das Rumpeln der Schießbretter, das Türenschlagen und das Rollen der Schiebetür, wenn die ersten Laibe in den Laden getragen wurden. Das morgendliche Bäckerfrühstück, der Kaffeeduft und die Gesprächsfetzen, die nach nebenan in mein winziges Zimmer drangen, die große Runde beim Mittagessen mit Oma Topfmachers gefürchteter Rollgerstensuppe, der Gestank nach Fisch im Haus jeden Freitag, wenn fleischliche Karenz herrschte, die heimlichen Prahlereien von Wastl, dem Lehrbuben, der sich brüstete, Traudi zwischen die nassen Beine gegriffen zu haben, das Geraune unter den Bäckern, dass sie leicht zu haben war, die gemeinsamen Fahrten mit Papa über die Dörfer, wenn wir Brot, Semmeln und Brezen auslieferten, das Gekeife der weiß bemäntelten Gemischtwarenhändler, die den Engländer hassten und den Italiener für einen lausigen Soldaten und geborenen Verräter und ansonsten für einen Katzelmacher und Pritschenschlecker hielten, vor dem man seine Töchter schützen müsse, Papas regelmäßiger Nachmittagsschlaf nach den Lieferfahrten, die frisch geduschten Bäcker am Abend mit ihren Brisk-frisierten Haartollen und dem artigen Henkerschnitt am Hinterkopf, bevor sie loszogen auf einen Aufriss, der so gut wie nie zustande kam, die verzweifelte Liebesaffäre zwischen Jochen, dem Gesellen, und Lina, kurz bevor Lina ihren Ferkelbauern heiratete, Gustis Schweinekopf im Fenster und Benis herrliche Kastanienkronen thronend über den grünen Biertischen, und alles nur einen Kilometer entfernt und doch ein ganzes Kinderleben weit weg.

Je länger ich aufwärts wanderte, desto lauter wurde das Brüllen des weit geöffneten Stauwehres. Das Wasser schäumte weiß über die ganze Fläche des Flusses, und wo wir sonst die Kiesel umdrehten, um mit der Hand die kleinen Dolpen zu fangen, brodelte jetzt die Zügellosigkeit, mit der der Fluss sich auf die Wehrlosen geworfen hatte. Das letzte Jahr hatte mir das Leben verdreht. In jenem bis zuletzt geheim gehaltenen Überraschungscoup waren plötzlich die Möbelwagen vorgefahren, hatten unser Mobiliar abgeholt und die Sachen von Gerd Aglaster, dem neuen Pächter, abgeladen. Papas Asthma besserte sich alleine schon dadurch, dass er das Haus seiner Bitternis verlassen hatte. Die Erleichterung mischte sich mit der Zufriedenheit, dass er seinen Gläubigern ein Schnippchen geschlagen hatte, von denen er bis zuletzt befürchtet hatte, sie würden über ihn herfallen, sollten seine Pläne vorzeitig bekannt werden. Jetzt nutzte er Aglasters Ablöse, um sich eines Teils seiner Schulden zu entledigen. Schon am Tag nach unserem Auszug trat er einen Schulungskurs als Versicherungskaufmann an, den die Allianz in Ingolstadt durchführte. Nach Traudis Meinung waren die Zeiten nicht mehr fern, wo wir endlich einmal »auch jemand« sein würden. Die Kursregeln in Ingolstadt waren streng, eigene Kraftfahrzeuge untersagt. Nur alle zwei Wochen kam unser Vater am Freitagnachmittag nach Hause, blieb aber trotz seiner Anwesenheit für mich das ganze Wochenende lang unerreichbar: Kaum hatte er die Diele betreten, groß, breitschultrig und mit seiner niemals ganz ergründbaren Aura verhaltener Gefährlichkeit, hatte seine braune Aktentasche auf den Boden gestellt, seinen Hut an die Garderobe gehängt, da griff ihn sich Traudi schon und zerrte ihn ins Wohnzimmer, wo sie ihn aufs Heftigste gegen mich aufbrachte. Sie suchte sich Nichtigkeiten und bedeutungslose Unartigkeiten zusammen, um daraus ein erschlagendes Gemälde rotziger Aufsässigkeit und geplanter Bosheiten zu komponieren, riss achtlose Worte und tränenerstickte Anklagen aus dem Zusammenhang, verschwieg ihre geifernden Ausbrüche, ihre bisweilen obszönen Erniedrigungen, die nassen Lappen, die unerwartet in mein Gesicht zu klatschen pflegten, die Spiralen aus Gemeinheiten, mit denen sie mich wochenüber Schritt für Schritt zielstrebig in einen Zustand ausgelieferter Verzweiflung manövrierte, bis jener herrisch-triumphierende Zug sich suhlerisch um ihren

Mund legte, der mich, zermürbt und heimatlos, bisweilen nachts davon träumen ließ, ihr das Gesicht herauszuschneiden.

Kam Papa endlich aus dem Wohnzimmer, so waren seine Nackenmuskeln gespannt, seine Körperhaltung feindselig und seine Worte kalt, knapp und Gewalt androhend. Das Wochenende verlief im Hinblick auf meine Person eher streng, bestenfalls uninteressiert, wenngleich mit auffallend demonstrativen Herzlichkeitsgesten Traudis, die sich unter den Augen ihres Gatten nichts zuschulden kommen lassen wollte. Später, Jahrzehnte später, würden wir darüber reden, und er würde mir erklären, dass ihm am Wochenende seine Ruhe wichtig war.

Ich drehte um, fröstelnd trotz meiner Jacke, müde gebrüllt von dem durchgedrehten Fluss, betrat scheu das Haus und verzog mich auf mein Zimmer.

Das Hochwasser verging, und der Schlamm wurde aus den Häusern getragen. Ein Jahr, und die Mauern fühlten sich von außen wieder trocken an. Nandl Raab hatte ihre guten Zeiten, in denen sie aufstehen konnte und gelbgesichtig vor dem Haus umherschlurfte. Manchmal stand sie auch im Garten und starrte schwer atmend auf den Fluss, dessen brauner Leichnam nunmehr reglos in seinem moderigen Bett lag, Faulgasblasen werfend, zwischen denen die Barben in philosophischer Gelassenheit im Schlamm gründelten. Ihre Gesichter mit den Bärten hatten etwas von den alten Männern an sich, die trachtengesichtig an den mit Aschenflusen übersäten Holztischen im »Pullacher Hof« saßen, die Ärmel ihrer Janker voll gesogen mit dem übergelaufenen weißen Bierschaum, der erst farblos wurde und dann klebrig.

Nandl genoss solche Tage, an denen sie zu den Lebenden zurückkehren durfte. Dann schenkte sie mir jedes Mal Kaugummi, stets ein ganzes Gebinde mit zwanzig Päckchen Wrigley's Cinnamon oder Wrigley's Spearmint. Ihr Präsent verband sie mit süßlichem Flehen, sie doch in den Fluten ihrer Finsternis nicht allein zu lassen. Doch ihr Wohlbefinden dauerte nie lange, und bald schon lag sie wieder, blaugrau das Gesicht, mit hektisch sich hebendem und senkendem gewaltigem Busen, während sie durch die gespitzten Lippen jene schwarze Milch aus dem All saugte, in das sie sich vorbereitete überzutreten. Kurz bevor Papa seine zweijährige Umschulung abgeschlossen hatte, erlag Nandl ihrem im Wüstensand gebrochenen Herzen und ging hinüber zu ihren vielen Männern mit den zerschossenen Gesichtern, die sie so ausgiebig betrauert hatte. Man bahrte sie bei geöffnetem Sarg in der Aussegnungshalle des Alten Friedhofs auf. Schon lange vorher hatten wir Kinder es uns zur Gewohnheit gemacht, am Sonntagvormittag vor der Kindermesse auf den Friedhof zu gehen und die ausgestellten Leichname zu beäugen. Sosehr wir die Stimme senkten, wenn wir durch das große Glasfenster auf die ausgemergelten alten Körper unter der weißen Decke blickten, wachsgelbe Hände mit verschlungenen Fingern, aus denen ein Rosenkranz mit einem Kreuz hervorwuchs; so pflichtschuldig wir unsere kleinen Mützen abnahmen und sie andächtig zwischen den Fingern drehten. Sobald wir das kleine Gelass mit seiner würzigen Totenluft hinter uns hatten, fiel jede Ehrfurcht von uns ab, und wir waren wieder bester Dinge. Der Tod, der zuverlässigste aller Freunde, den die Menschen zu Lebzeiten oft so respektlos behandeln, er hatte noch keinen Platz in unseren jungen Seelen, war uns noch Ferne und nicht Ziel.

Nandl war ein eingegelbtes dürres Weiblein, als sie nun vor mir lag. Das einzig Mächtige an ihr waren noch die ausladenden Backenknochen, die umso breiter hervortraten, als sie in den letzten Wochen ihres Siechtums ungeheuer abgenommen hatte. Es war ein Leichnam, aus dem man von innen her die Substanz herausgelöst hatte und der noch in seiner Erstarrung davon berichtete, mit welch unendlichem Leid die Arme sich ihre Erlösung erarbeiten musste. Martl Raab, den Nandls Ende sehr zu erleichtern schien, roch für eine ganze Weile deutlich käsiger, was wohl darauf zurückzuführen war, dass ihm jetzt niemand mehr seine Hemden wusch. Schon ein halbes Jahr später zog eine schlanke, aparte Enddreißigerin bei ihm ein, die er in monatelanger Wühlarbeit von ihrem prügelnden Gatten losgeeist hatte. Kaum dass sie im Haus war, trug er statt seiner speckigen Lederkniebundhosen abwechselnd grüne oder braune Cordsamtkniebundhosen und wirkte damit so todunglücklich, als hätte man ihn zum Käseausfahren in einen bonbonfarbenen Smoking gesteckt. Vevi, so hieß die Neue, blickte mit stolzem Lächeln aus dem Fenster im Obergeschoss auf ihn herab, und sofort vergaß Martl seinen Hosenschmerz, zog die Stirn hoch, sodass sein Gigerl-Hut mit dem Haaransatz nach hinten wanderte, setzte sein camembertigstes Streichcremelächeln auf und warf mit zwei Fingern einen Kuss nach oben. »Schön braucht s' net sein«, erklärte er mir einmal unaufgefordert, »solang s' bloß g'sund is!« Es dauerte nur ein paar Monate, da sah ich seinen Schäferhund im Garten laufen mit einer zerrissenen Cordsamtbundhose im Maul. Martl sagte nichts dazu. Aber er trug seitdem nur noch seine alte Lederne und wirkte so glücklich, als hätte der gesamte Planet sich dauerhaft mit ihm arrangiert.

Papa schien während seiner zweijährigen Abwesenheit aufgeblüht zu sein und begann mit dem Aufbau seines Versicherungsbüros, dessen Geschäftsbestand er von einem Freund übernommen hatte, der sich aus Altersgründen lieber seiner Jagd widmete. Er hatte wenig Zeit für anderes und war meist unterwegs. Sonja, die mit ihren fünf Jahren inzwischen unwiderstehlich liebenswert geworden war, bekam den größten Teil seiner Aufmerksamkeit ab, während die Zuwendung mir gegenüber sich auf schroffen Tadel beschränkte, wenn ich wieder einmal eine schlechte Schularbeit nach Hause brachte. Meine Leistungen hatten nachgelassen. Traudi hatte wenig Anlass, ihr Verhalten zu ändern: Da unser Papa sein Geld vorwiegend bei auswärtigen Terminen verdiente, war er wenig im Haus, und sie hatte freies Feld für ihre Tyrannei. Dazu kam, dass er immer häufiger auch zu Abendterminen fuhr, von denen er immer öfter erst nach Mitternacht zurückkehrte. Mehr als dreißig Jahre später, als wir ihn beerdigten, saß ich mit seinem besten Freund, dem Baureiter Toni, beim Leichenschmaus zusammen. Toni war achtzig, hatte seinen zweiten Schlaganfall hinter sich und nichts mehr über von dem energiegeladenen Treibauf mit dem unverwechselbaren wiehernden Gelächter. Er hatte sich mit zittriger Hand die Tränen aus dem Gesicht gewischt, als er in der verwitterten alten Aussegnungshalle an genau der Stelle stand, wo ich vor Jahrzehnten Abschied von der traurigen Nandl genommen hatte. Wir hatten unserem Vater einen schönen Eichensarg gekauft und diesen mit einem üppigen weiß-blauen Blumengesteck dekoriert. Toni schluchzte, von der lustigen alten Clique war außer ihm keiner mehr da. »Woaßt«, schniefte er in sein Taschentuch, »woaßt, der Bazi und i, mir haben viele, viele schöne Stunden mitaranand verbracht.« Er weinte, während seine rechte Hand rhythmisch zitterte. Danach, beim Leichenschmaus, während die grantige Erna die Teller mit Schweinernem servierte, hatte sich seine Miene aufgehellt. »Woaßt«, krächzte er vergnügt, »der Bazi und i, mir haben nie was anbrenna lassen, vastehst?« Er legte mir die Hand auf die Schulter. »Aber *guate* Weiber, koane schlechten!« Walli, seine vom Rheuma gequälte Lebensgefährtin, wurde schmallippig, bevor sie schneidend konterte: »Nix mehr is, gell Toni?«

Noch ein Jahr verging, Papa baute seinen Kundenstamm auf und, wie sich später herausstellte, auch einen Kreis williger Damen, denen gegenüber er an einem einzigen Abend so viel Charme entwickeln konnte, wie in unserer Familie während vierzig Jahren nicht. Es war reiner Zufall, dass er im Haus war, als es Oma Topfmacher vom Stuhl haute.

Schwindlig war ihr in der letzten Zeit öfter gewesen, deswegen nahm keiner sie ernst, als sie sich graugesichtig beklagte, ihr sei heute so drehend im Kopf. Traudi ging ins Schlafzimmer, um die Betten zu machen. Als ich kurz darauf ebenfalls den Raum verließ, hatte Oma Topfmacher das Gesicht in die Rechte gestützt. Wenig später tat es einen Schlag, als sei ein Möbel umgefallen, und Traudi sah mich angstvoll an. »Was war des, ja um Himmels willen, was war jetzt des?« Ich zuckte mit den Schultern. Was in dieser Familie ablief, war mir inzwischen so wurscht wie irgendwas. »Ja, dann geh halt und schau!«, herrschte sie mich voller Furcht an. »Jetzt schau halt nach deiner Oma!« Ich machte deutliche Anzeichen mich zu drücken. Traudi hastete nach nebenan und verfiel augenblicklich in ein durchdringendes Gekreische, als sie ihre Mutter, mit dem Gesicht nach unten auf dem Boden liegend, fand.

Papa kam hinzugeeilt. »Is scho' aus!«, meinte er mit einem kurzen Blick. Er hatte genug Tote gesehen. Ich verspürte so etwas wie Erleichterung. Die Alte mit ihrer dementen Art hatte unser Familienleben tyrannisiert wie sonst noch etwas. Die emotionsgeladenen Schreiereien zwischen ihr und ihrer Tochter, die brüchigen Vorwürfe, dass wir sie aus dem Haus haben wollten, aus *ihrem* eigenen Haus. Die schrill gekeiften Kommandos, die keiner mehr ernst nahm und deren Erfolglosigkeit sie zur Weißglut trieb, ihre verzweifelten und nicht ganz unberechtigten Versuche, die Hoheit in ihrem Anwesen wenigstens bruchstückhaft zu behaupten. Aus. Vorbei. Vielleicht endlich etwas mehr Frieden im Haus.

»Is scho' aus!«, wiederholte unser Vater trocken.

»Geh, hilfst mir jetzt net auf?«, sagte die Tote mit leiser, schneidender Stimme, während ihr regloser Leib falsche Versprechungen machte. Traudi zuckte entsetzt zusammen. Man holte Oma Topfmacher so weit hoch, dass man sie mit dem Rücken gegen den Besenschrank lehnen konnte. »Dass mir heut aber gleich *so* schwindlig is«, murmelte sie in einem Vorwurf, der sich ausnahmsweise gegen niemanden richtete. Man rief den alten Hausarzt Dr. Viehstetter, wuchtete sie ins Bett, stellte ihr einen Stock neben den Stuhl, aus dem wir schon lange die geflochtene Sitzfläche gerissen hatten, damit sie nachts im Sitzen in den darunter gestellten Plastikeimer brunzen konnte. Mit dem Stock konnte sie auf den Fußboden klopfen, wenn sie brunzen musste. Nach einer Woche war sie wieder so fit, dass sie auf ihre Späh- und Gebetsecke in der Küche zurückkehrte. Allerdings brunzte sie jetzt öfter daneben.

Sie blieb noch volle zweieinhalb Jahre dabei. Abeles räumten endlich das Obergeschoss, sodass wir mehr Platz hatten. Auch Oma Topfmacher kriegte ihr kleines Schlafzimmer, dort, wo früher die beiden Abele Töchter gewohnt hatten. Körperlich und geistig immer mehr verfallend, legte sie sich Ende November in ihr Bett mit dem hohen Federkissen, das wie das ganze Zimmer nach altem Urin roch. Sie begann heftig und schwer zu atmen, ihre Zunge schwoll an, und sie brachte kein Wort mehr heraus. Ihre Finger bohrten sich in die Matratze wie Steigeisen in eine Baumrinde. Nachts schrie sie regelmäßig panisch auf: »Aaah, iiih, mein Herr Jesus!« Tagsüber schwieg sie. Sie nahm nichts mehr zu sich außer einigen Teelöffeln schwarzen Tees, den Traudi ihr einflößte. Ihr Gesicht rötete sich, und es war nicht mehr zu übersehen, dass sie, die stets so Fromme, vor dem Tod eine Angst hatte, der sie die ganze Macht ihres stählernen Herrschaftswillens entgegensetzte. Manchmal, wenn Traudi mich abkommandierte, saß ich bei ihr, ein verwirrter Vierzehnjähriger, der schon wieder einmal einer Sterbenden die Hand halten sollte. Dann beobachtete ich, wie die Dreiundachtzigjährige sich in einem bizarren Ringkampf mit dem Tod maß, der nichts ahnend gekommen war, sie abzuholen, und von ihr nun in eine regelrechte Schlägerei verwickelt wurde. »Sie hat a unglaublichs Herz«, murmelte Dr. Viehstetter, der sie täglich abhörte. »A schier unglaublichs Herz!« Oma fauchte in ihrem Bett, als würde sie Baumstämme in einem Sägewerk umladen. Sie ging nirgends hin, wo sie nicht hin wollte, das war schließlich immer so gewesen. Der Tod muss ziemlich ermattet gewesen sein, als er sie nach drei zähen Wochen endlich gefällt hatte. Und vermutlich hatte er das Gesicht voller Schrammen und roch am ganzen Körper nach Altweiberbrunze. Ich kam aus der Schule und wusste von nichts, als ich mich wie gewohnt auf die Eckbank setzte.

»D' Oma is schon im Leichenhaus«, sagte Traudi ebenso überraschend wie triumphierend. Ein seltsam irrer Stolz lag auf ihren Zügen. Sie wirkte sehr zufrieden, dass erstmalig *sie* es war, die aus dem Ringen als klare Gewinnerin hervorgegangen war. Ich ließ den Löffel zwischen den Zähnen stecken, so verdutzt war ich. Insgeheim hatte ich mich darauf eingerichtet, dass der Irrsinn im Obergeschoss jetzt jahrelang so weitergehen würde, wie eigentlich jeder Irrsinn in unserer Familie jahrelang weitergegangen war. Da ich mich zu Trauer nicht imstande sah, versank ich in bunt gescheckten Gedanken: Ich stellte mir vor, dass der Tod es irgendwann mit ihr leid gewesen war. Wahrscheinlich hatte er sie einfach weiterfauchen lassen und sie sich unbeeindruckt über die Schulter gelegt. Schließlich hatte er noch genug andere zu erledigen, und ich fragte mich, wie viele Unwissende damals geschlagene drei Wochen zu lange lebten, weil der alte Sensenmann mit seinem Arbeitspensum hoffnungslos in Verzug geraten war. Wahrscheinlich verpassten sie ihm oben erst einmal eine Nachschulung. Aber zwischendrin gab es ja immer solche Jobs, die ums Verrecken nicht funktionierten.

Papa hatte es von allen am besten erwischt. Er war auf einer vierwöchigen Schrothkur in Bad Reichenhall und kriegte von dem ganzen Zauber nicht mehr mit, als Traudi ihm bei seinen seltenen Anrufen berichtete. Da er wusste, dass sie zu theatralischen Überzeichnungen neigte, nahm er die Angelegenheit erst ernst, als er die Nachricht von Oma Topfmachers Ableben erhielt. Er entschied sich allerdings, dass Verstorbene keine Kur mehr brauchten, *er* hingegen sehr wohl, und blieb, wo er war. Die Beerdigung war lästig: Der katholische Kooperator Lederer, der die Verstorbene nicht gekannt hatte, verfranzte sich in einer endlosen Trauerrede, in der er ihre Gottesfurcht, ihre Frömmigkeit und ihre treue Ergebenheit gegenüber der ehrwürdigen Mutter Kirche so ausschweifend pries, dass alle Anwesenden ihre steif gefrorenen Zehen unruhig in den Pelzschuhen auf und ab bewegten und ziemlich froh waren, als man Rosa Topfmacher endlich neben ihren Friedrich legte und dann eiligst die dunklen Schollen darüber warf. Es war ein Dezembertag, und während der engste Familienkreis sich bei uns zum Kaffee traf und sich verkrampft mühte, statt der niemals beobachteten Großzügigkeit der Verblichenen wenigstens ihre Zähigkeit zu preisen, schwebten draußen die Schneeflocken vom Himmel und erzählten uns leise, dass alles genauso weitergehen würde, wie alles irgendwann hinter uns blieb.

Meine Hoffnung, dass sich mit der völligen Übernahme des Anwesens und mit dem Hinscheiden des letzten Störfaktors nun auch die familiäre Lage bessern würde, erwies sich als trügerisch. Die berührungsarme Fremdheit, die sich zwischen Traudi und unserem Papa seit seiner Umschulung eingestellt hatte, hatte den letzten Rest von Wärme aus unserem Haushalt gesogen. Papa war ein unbeschwerter Egoist, der sich nahm, wonach ihm war. Seinen Groll über die Kriegsniederlage und seine persönlichen Niederlagen – wobei das eine sich mit dem anderen mischte – lebte er in seiner Familie aus. Seine Lebensfreude, seinen Humor und seine immer wieder Grenzen sprengende Hilfsbereitschaft ließ er anderen zuteil werden, von denen er auf Anerkennung hoffen konnte, wobei er allerdings zumeist nur vordergründige Kumpanei erfuhr. Traudi, deren Eltern ihm seinen Berufswechsel und damit seinen persönlichen Aufstieg erst ermöglicht hatten, sah sich um die Ernte ihrer Liebesgabe betrogen. Sie reagierte darauf allerdings nicht, wie zu erwarten gewesen wäre, mit Ernüchterung und Abkühlung, sondern mit einer bis ins Obsessive gesteigerten Liebesbedürftigkeit gegenüber ihrem untreuen Gatten, der dieser umso hektischer entfloh, je heftiger sie ihm aufgedrängt wurde. Traudis Frust steigerte sich bis zur Besessenheit. Konsequent weigerte sie sich, die Realität zur Kenntnis zu nehmen – das erloschene Interesse ihres Lebensgefährten –, vielmehr verdrängte sie jede bessere Einsicht zugunsten einer aus Enttäuschung gespeisten Fürsorglichkeit, die jede Kleinigkeit so drehte, dass sie zur Entlastung des in immer weihevollere Höhen emporgebeteten Ehepartners herhielt. Unschwer zu erraten, dass Enttäuschung und Verdrängung ihre Aggressivität genauso ins Extreme steigerten. Da Oma Topfmacher sich ihr entzogen hatte, blieb nur noch ich für die kleinen Gehässigkeiten des Alltags verfügbar. Immer öfter wechselten ihre von Nichtigkeiten heraufbeschworenen Ausbrüche zu plumpen Obszönitäten, die sie bisweilen mit anbiedernder Gestik und ungenierten Grabschereien würzte. Sie hatte nichts mehr an sich von der warm lächelnden jungen Witwe, der ich mein Kinderherz so voreilig zu Füßen gelegt hatte. Sie war Welten entfernt von damals und hatte sich unbeirrt darauf verlegt, Rache an ihrem Gatten zu nehmen, indem sie meine Welt zerstörte.

Mittlerweile zeigten sich deutliche Erfolge von Papas geschäftlichem Streben. Hatte das Bäckerdasein ihn in seinen unerbittlichen Rhythmus aus frühem Aufstehen, Nachmittagsschlaf, abendlichen Vorbereitungen und früher Nachtruhe gezwungen, so erweiterte sich jetzt sein Radius – und damit auch seine Geselligkeit – erheblich. Die Trennung von den Eltern meiner Mamma schien ihm Frieden zu bringen, und Mammas seltene Kontaktversuche hatte ich ihm immer angstvoll verschwiegen: Noch als wir »draußen« gewohnt hatten, hatte Oma mir heimlich einen kleinen bronzenen Brieföffner überreicht, den Mamma für mich in Haifa erworben hatte. Dorthin hatte sie ihren Kapitän auf seinem Schiff begleitet.

Mit meinen acht Jahren war ich außer mir gewesen vor Freude, und mein beseelter Zustand hatte mir gezeigt, dass ich meine Mamma nicht vergessen hatte, trotz der von oben verordneten Löschung ihres Namens aus meinem Gehirn. Mit bebenden Fingern hatte ich das braune Packpapier aufgerissen und das fremdartige, grün schimmernde Präsent mit der messingfarbenen Schneide verzückt bestaunt. Selbst Oma, die sich stets bemühte, ihre Gefühle zu verbergen, hatte Tränen in den Augen. Es war ohnehin wundersam mit ihr: Sie versteckte jede, auch die leiseste Empfindung hinter einer Maske aus freundlicher Bemühtheit. Nur wenn man die Arme um sie legte und sie herzte, schoss ihr augenblicklich das Wasser in die Augen, und sie flüsterte schluchzend: »Tuts nur recht über mich spotten!«

Eilig nestelte ich ein Stück Flachsschnur aus Omas Kommodenschublade, führte es durch die beiden Ösen des kostbaren Geschenks, band die Schnur um meinen Leib und rannte, immer noch außer mir, aus dem Haus, um es meinen Freunden zu zeigen. Ich war die Landsberger Straße hinaufgeeilt, hatte sie auf der Höhe von Toni Eberls Laden überquert und vor Tonis Laden meine Clique gefunden, der ich mit leuchtenden Augen von Mammas Lebenszeichen berichtete. Kinderaugen weiteten sich um mich herum, und zahnlückige Münder verlangten das Prachtstück auf der Stelle zu sehen. Voller Stolz wies ich auf meine linke Hüfte und erstarrte: Die Schnur hatte sich gelöst, und das Geschenk war unbemerkt von meinem Leib geglitten. Nunmehr atemlos vor Schreck rannte ich die Strecke bis zu unserem Haus zurück, begleitet von meinen Freunden. Wir hefteten die Augen auf den Kies vor Tonis Laden, auf den Straßenteer, auf den rissigen Betonweg, der die Vorgärten entlangführte. Nichts. Mammas erstes Geschenk, das ich keine halbe Stunde lang besessen hatte, blieb verschwunden.

Als Oma ihr am Telefon davon berichtete, bat sie den Kapitän, mir das Verlorene ein zweites Mal zu besorgen, und ließ es mir erneut zukommen: ein kleiner Bronze-Brieföffner mit grünlich angelaufenem Griff in einer grünlich angelaufenen Scheide. Seit über vierzig Jahren nun begleitet er mich und liegt noch immer in der obersten Schublade meines Schreibtisches im Chefzimmer der Firma, die ich seit zwanzig Jahren führe.

Ich hatte meine Scheu überwunden und meiner Mamma mit einigen ungelenken Zeilen gedankt, die Oma ihr zusandte. Schon bald danach, es war bald Abendessenszeit, überreichte Oma mir mit unbewegtem Gesicht einen mit meinem Namen beschriebenen Briefumschlag. Ich wusste, er kam von Mamma. Abermals überfiel mich diese unerklärliche, nie zuvor gekannte Aufgeregtheit, während ich fiebrig den Umschlag mit den Fingern aufriss und mit leiser, bebender Stimme Oma die ersten Zeilen in meinem Leben vorlas, die meine eigene Mutter an mich richtete. Es waren liebevolle Botschaften, die mir zeigen sollten, dass sie mich entgegen aller Behauptungen von Papa und Traudi niemals vergessen hatte. Dass sie viel an mich dachte. Aber dass es ihr selbst nicht so gut ging, als dass sie mir hätte viele Geschenke schicken können. Hatte Papa doch damit Recht, dass sie eines Tages im Straßengraben landen würde? Hatte der Fluch, den er zehn Jahre später auch mir hinterherschicken würde, bei ihr schon seine Wirkung getan? Es waren Fragen, die ich gerne gestellt hätte, die ich aus Angst jedoch nicht zu stellen wagte.

Mammas Kontaktaufnahmen blieben spärlich. Nach ihrem Brief erhielt ich jahrelang keine Nachricht von ihr, wenngleich Oma mir von ein, zwei Besuchen einen Pullover und einen Kurzmantel mitbrachte, der auf den Schultern große, mit Bleistift übermalte Flecken hatte und deshalb besonders günstig gewesen war. Traudi hatte sich in gehässigen Andeutungen gefallen, dass es so weit nicht her sein könne »mit dem saubernen Herrn Kapitän« und dass jetzt wohl nichts mehr zusammengehe, wo sie nicht mehr »dem Papa sein Geld verputzen« könne, »wo mir immer noch von der gnädigen Frau die Schulden abzahlen, net?!«

Ansonsten blieb das Thema in unserer Familie mit Düsternis belegt. Die Nennung des Begriffs »Mamma« oder ihres Vornamens führte schlagartig zu einem Atmosphärenwechsel und eisig abweisenden Kopfbewegungen, die von knappen Bezeichnungen ergänzt wurden: »die ander« oder auch »die *ganz* Sauberne«, manchmal auch »*sie* nachert« oder im Extremfall »deine sauberne Frau Mama«.

Ich stand am Küchenbecken und wusch mir das Gesicht, als Traudi, die den Raum soeben verlassen wollte, sich ruckartig umdrehte und mich kalt fixierte: »Stimmt das dann, dass *sie da* an Weihnachten kommen will?«

Ich begriff sofort. *Sie da* war eine neue Bezeichnung für ein- und dasselbe Naturereignis. Genauso wie »seinerzeit« oder »damals halt« oder »seinerzeit, wie mir noch im Krieg waren« oder »seinerzeit, wie's an Hitler noch geben hat …«, oder »seinerzeit, wie mir noch wer waren!«

»Ja. Stimmt«, antwortete ich beschämt. Sie wussten es also. Traudi setzte ein triumphierendes Grinsen auf: »Mir wissen alles. Unser Geheimdienst funktioniert.«

Sie schloss die Tür hinter sich. Solche Auftritte liebte sie.

Ich zitterte am ganzen Körper, als ich mir das Gesicht abtrocknete. Schon ging die Tür wieder auf, und Traudi baute sich erneut auf, ganz die kalte Gehässigkeit, zu der sie sich in den letzten Jahren gewandelt hatte, wenngleich nur uns Kindern gegenüber, während sie ihren Gatten in peinlichster Weise anhimmelte. Manchmal, wenn es ihr zu viel war und die aufgestaute Energie herausmusste, griff sie mich und verpasste mir Zungenküsse, die ich angewidert ertrug. Ihr eisiger Blick aus den beiden unterschiedlichen Augen senkte sich nun auf mich: »Kämert s' also wieder daher, *die ganz Sauberne,* amal nachschaun, ob's jetzt den Sohn aufhetzen kann, ha?«

Ich starrte sie an, fühlte mich schuldbewusst und wusste nicht warum. Es war vier Wochen her, dass Oma es mir in ihrer unvergleichlich emotionslosen Art mitgeteilt hatte. Ich hatte mit der Nachricht nicht umzugehen gewusst, fühlte mich hilflos und wusste noch viel weniger, mit wem ich darüber reden sollte: Mamma kam also. Bis dahin war sie ein Objekt meiner unerfüllten Sehnsucht gewesen. Etwas Fernes, Herrliches, dessen man sich in seiner Fantasie sicher sein konnte. Manchmal, wenn mir alles zu viel wurde, spielte ich mit dem Gedanken, zu ihr durchzubrennen, stellte mir einen Ort vor, an dem man nicht unentwegt auf mich einpickte, einen Platz, von dem Wärme ausging, die einem das Gefühl eines echten Zuhauses gab. Wo statt der eifernden Hasstiraden eine Atmosphäre besonnenen Zuhörens herrschte. Wo Verletzungen nicht genussvoll zugefügt, sondern fürsorglich behandelt wurden. Wo es einfach stimmte und ich um meiner selbst willen willkommen war. Diese Bilder hatten mich oft davongetragen.

Jetzt, wo sie kam, wurde die Situation deutlich unklarer. Ich war fünfzehn, inzwischen. Meine letzten, schemenhaften Erinnerungen an sie lagen mehr als zwölf Jahre zurück. Zwölf Jahre, in denen nichts unversucht gelassen worden war, ihr Bild so dunkel wie möglich einzuschwärzen. Ich rief meine spärlichen Informationen ab: eine kühle, distanzierte Frau, die mir damals so abweisend gegenübergetreten war. Jetzt plötzlich sollte sie anders sein? Warum kam sie überhaupt, war es tatsächlich, wie Oma behauptete, weil sie ihr Kind sehen wollte? Wenn es so war, wieso fiel ihr das jetzt ein, und warum war sie damals überhaupt abgehauen? Mühsam versuchte ich, meine eigenen Erinnerungen mit den Bildern abzugleichen, die mir mehr als ein Jahrzehnt lang eingebläut worden waren: die eitle Verschwenderin, die sich von Papas spärlichem Geld Modellkleider bestellte. Die Hysterikerin, die bei jeder Auseinandersetzung mit ihrem Gatten umkippte und einen kataleptischen Anfall bekam. Die Faule, die sich zu fein war, im Laden zu stehen, weil die Brötchensplitter ihren Nägeln schadeten. Die Schlampe, die es mit den Freunden meines Vaters getrieben hatte und dabei von anderen Freunden im Kornfeld gesehen worden war. Das Miststück, das auf Münchner Künstlerempfänge fuhr und erst drei Tage später wiederkam. Bestand wirklich eine Chance, in so jemandem einen Menschen zu finden, der einem Halt geben und als Vorbild dienen konnte? Ich fühlte mich, gelinde gesagt, arg verwirrt.

Traudi ahnte nichts von meinen Gefühlen, ihr ging es um Macht. Sie sonderte noch einige Bemerkungen ab, deren einziger Zweck es war, meine eventuell aufkommende Vorfreude niederzutreten. Gesenkten Kopfs schob ich mich an ihr vorbei und verschwand auf meinem Zimmer. Die überfallartige Attacke meiner Stiefmutter hatte mir gleichwohl ein Problem abgenommen: Seit ich die Nachricht von Mammas bevorstehendem Besuch erhalten hatte, war ich mit der angstvollen Frage herumgeschlichen, wie ich es Traudi und – noch schlimmer – meinem Vater beibringen sollte. Ich wusste, Papa würde es als Verrat betrachten und mich dafür verachten. Und Mammas Besuch, dessen Urheber ich nicht war, würde ihn in seinem krankhaften Misstrauen gegen das eigene Fleisch bestätigen, in das er sich seit Jahren immer mehr hineingesteigert hatte. Als ich acht Jahre alt war, hatte er eines Abends wieder über Mamma und ihre Eltern hergezogen und hatte mich übergangslos in einer paranoiden Attacke angegriffen: Er habe sich gegen mich schon abgesichert, da solle ich mir bloß keine falschen Vorstellungen machen. Er wisse genau, dass ich mit denen da oben im Bunde sei, weil die mich regelmäßig gegen ihn aufhetzten, und dass ich ihn, meinen eigenen Vater, jederzeit ohne mit der Wimper zu zucken verkaufen würde. So einer sei ich nämlich. Auf meine verstörte Frage, was er denn damit meine, ich würde doch niemals meinen Papi verkaufen, antwortete er mit einem neuen Ausbruch von Hohn und argwöhnischer Herablassung. Und, so jung ich war, erkannte ich doch, dass er in einem Zustand war und nicht nur in einer Stimmung. Es ging eine fremdartige Lust von ihm aus, wie er sich selbst in der Rolle des verratenen Opfers präsentierte, mit bleichen, verschobenen Gesichtszügen. Es war eine Widerspiegelung der gewalttätigen Verachtung, die er anderen Menschen stets entgegengebracht hatte, und sein Leben lang würde er es meisterhaft beherrschen, immer nur Betroffener zu sein und niemals Täter. Jetzt aber steigerte er sich mit schief verzogenen Lippen zu einem bizarren Finale: »Dir trau i alles zu, hast mich verstanden?! Merk dir das immer: Dir trau i alles zu!«

Die Bilder von damals hatten mich verfolgt, wenngleich die Erinnerung an jene unwirkliche Szene mir bisweilen half, ein Verhalten zu erklären, welches – so war mir als Kind schon klar – mit vernunftgemäßen Maßstäben nicht zu deuten war. Er war krank im Kopf. Der Russ und der Engländer hatten ihm etwas getan, was ihn verwirrt hatte, und der Amerikaner hatte ihn zusammengedroschen und – so wiederholte er immer wieder schäumend – nach dem Kriegsende reihenweise unschuldige kleine Landser ermordet.

Nun war mir klar, was mir bevorstand, und ich überlegte angstvoll, ob es eine Möglichkeit gab, der Begegnung mit Mamma einfach auszuweichen, um weiter im Hause leben zu können. Mein Stolz und mein Gerechtigkeitssinn jedoch gewannen nach kurzem

Schwanken die Oberhand: Die Begegnung stand mir zu. Man hatte mich mein ganzes junges Leben lang darum betrogen. Sie hatten den Kontakt hintertrieben und die Korrespondenz. Sie hatten meine Liebe zerstört und meine Erinnerungen, nicht jedoch meine Sehnsucht, weil sie in ihrer Selbstgefälligkeit von dieser nichts geahnt hatten. Doch, sagte ich mir, ich würde gehen und sie sehen. Was mir bevorstand, konnte nicht schlimmer sein als die Jahre, die hinter mir lagen.

Es war Herbst geworden, ein eisiger Novembertag, der sich in die Stadt verbiss. Ich verließ grübelnd das Haus und stapfte vorsichtig den Abhang zum Fluss hinunter. Die beiden dicken Buchen krümmten sich wieder mächtig über das grün schillernde Wasser hinaus, und das Hochwasser lag nun Jahre zurück und hatte an ihnen keine Spuren hinterlassen. Nandls Leichnam würde jetzt einigermaßen trocken liegen. Ich stieg zu den Bäumen hinüber, setzte mich auf einen der Stämme und verfiel ungewollt in ein schadenfrohes Grinsen: Vor einer Woche hatten sie den Blattmeier Xare, den besten Freund meines Großvaters, von hier mit dem Sanitätswagen weggefahren. Ich war zufällig vorbeigekommen und hatte den Xare im Laub neben dem Gehweg liegen sehen, bleich, reglos und seltsam verlegen, während die umstehenden Gaffer, die ihn alle kannten, mitleidsvoll feixten. Der Weiß Hansi, einer der Sanitäter, war aus dem Gebüsch gekommen, unwillig die Hände reibend und hatte etwas von »Saubär« gemurmelt, was den elend dreinblickenden Xare nur noch elender dreinblicken ließ. Dann hob einer eine graue Armeedecke hoch, um den Zuschauern die Sicht zu versperren. Unter vernehmbar grantigen Missfallensbekundungen legten sie den Xare auf eine Bahre und fuhren unter belustigten Zurufen der immer größer werdenden Zuschauertraube davon. Xare war alles andere als ein heller Kopf, aber eine grundehrliche Haut, die sich als Hilfsarbeiter bei der Stadt verdingte. Die Nazis hatten ihm wegen seines langsamen Verstandes die Eier ausgebaut, sodass er nach dem Abtritt des eierfeindlichen Reichs unverehelicht und ohne Nachkommen blieb. Seine einzige Freude im Leben waren seine Freunde im »Pullacher Hof« und die paar Halbe Bier, die er dann mit ihnen kippte. Wenn sie Karten spielten, sah er ihnen aus einsamen und seltsam stumpfen Augen dabei zu, da er selber das Spiel einfach nicht kapierte. Komisch war es schon: Xare war groß, schlank, blond und blauäugig, was ihn von vielen seiner damaligen Schänder deutlich abhob.

Jedenfalls hatte der Xare gerade den »Pullacher Hof« verlassen, wo er wieder einmal gut getankt hatte.

»Vastehst«, sagte der Seidl Michi, der alles beobachtet hatte. »Kummt er aus der Wirtschaft raus und geht zum Wasser obi zum Scheißen, weil aufm Klo hat's ihm wahrscheinlich net so guat g'fallen ... Und ausgerechnet zu dene zwoa Buchen muss er obi, vastehst, weil's da b'sonders steil is und de oanzige Stell, wo im November 's Wasser richtig tief is, der Depp, vastehst!« Der Fluss war ansonsten arg flach, die Kiesel bildeten an manchen Stellen geräumige Bänke, zu denen man trockenen Fußes hinüberbalancieren konnte. »Geht er obi zum Scheißen und setzt si' nieder, vastehst? Und wie er mit seim b'suffana Kopf sei' Hosen umdreht, haut's ihn ruckwärts um, und er setzt sich auf sein eigenen Haufa drauf, vastehst? Und weil ihm des wahrscheinlich noch zwenig war, fallt er auf d' Seiten und rollt wie a Trumm Holz an Hang obi und fallt ins kalte Wasser nei und waar er fast dasuffa.« Der Michi holte respektvoll Luft. »Um de Jahreszeit in der Amper dasaufa, mei' Liaber, des muasst fei' schon könna, gell! Da muasst lang suchen, bist was findst, wo deine Schuh nass werden, vastehst? Aber der Xare war ja schon allweil a Depp. War schon guat, dass 'n der Hitler seinerzeit kastriert hat. Stell dir vor, so oaner kriagt aa no' Kinder ...!«

Und so hatten sie den armen, trunkenen, kastrierten, vollgeschissenen und vom Kälteschock und der Angst kollabierten Xare mit seinem verschmierten Arsch und seiner umgedrehten Hose im Sanka davongefahren. Aber zwei Tage später saß er schon wieder im »Pullacher Hof«.

Ich blickte gedankenverloren in die »Greane Gumpen« hinab. Diese seltsame Stelle, an der der Fluss über drei Meter tief war und die geheimnisvoll schillerte wie ein grüner Kristall. Manchmal war das Wasser so klar, dass man bis auf den Grund sah und die Barben erkannte, die wie gründelnde Schatten in der Senke umherhuschten. Eigenartigerweise setzte die Tiefe sich niemals zu, auch wenn die Amper mit dem Frühjahrshochwasser noch so viel Sand und Geröll führte. Die Stelle hatte immer etwas Rätselhaftes für mich besessen, und manchmal hatte ich allein davorgestanden und darauf gelauscht, wie die Tiefe zu mir sprach. Über die Jahre hinweg hatte meine Beziehung zu der grün schillernden, schweigenden Wasserfläche mit dem seltsamen Sog sich vertieft, und ich hatte sie oft aufgesucht, wenn ich mit mir zurate gehen wollte. Auch jetzt starrte ich wieder hinab. Der Himmel war grau, und das dunkle Grün hatte sich geschlossen und spiegelte die Wolkenfetzen wider, die dicht an dicht den Himmel bevölkerten wie seinerzeit die Brucker den Marktplatz bei den schönen Paraden, die heutzutage allseits so schmerzlich vermisst wurden.

In den folgenden Wochen trug ich meine Sorgen alleine mit mir herum. Sonja mit ihren sieben Jahren kam zu mir ins Zimmer gehuscht, um mir zu sagen, dass sie das mit Mamma ganz in Ordnung fand und überhaupt nicht verstehen konnte, wieso sie mir jetzt die Hölle heiß machten. Sie könne sich gar nicht vorstellen, wie es sein müsse, ihre Mutter nicht zu kennen. Und sie finde, ich hätte ein Recht dazu, und egal wie es komme, ich würde auf jeden Fall ihr Bruder bleiben. Es war eine wunderbare Geste, die meine Verlorenheit durchbrach und mich bestätigte bei dem, was ich mir nicht mehr nehmen lassen wollte.

Ich kam trotzdem nicht mehr klar. Die ganze Aussicht verwirrte mich: Mehr und mehr wurde mir bewusst, dass ich im Begriff war, eine fremde Frau zu treffen, die mir vermutlich um den Hals fallen würde oder so was – eine Geste, die ich von zu Hause her längst nicht mehr kannte. Sie würde mich ansehen und alles Mögliche von mir wissen wollen. Und ich wusste nicht, ob ich sie duzen oder siezen musste. Ich wusste nicht mal, wie sie aussah. Und wenn ich sie auf der Straße traf, dann würde ich sie nicht erkennen und sie mich nicht. Und dann würden wir irgendwas reden. Und dann würde sie wieder wegfahren. Und dann würde ich hier bleiben. Und zu Hause würden sie mir wieder Feuer geben. »Der sauberne Herr, gell, jetzt auf einmal kämert *sie* daher, und dann wär *er* gleich hin und weg, gell. Ham mir ihm die ganze Zeit an Dreck wegg'räumt, aber da braucht *die ganz ander* ja bloß daherkomma, und schon waaren mir nix mehr wert, gell? Geh, schaam dich doch!« Im Stillen bewunderte ich Traudi um ihr unerschöpfliches Reservoir an Gemeinheiten. Sie schienen fortwährend aus ihr zu quellen und nach außen zu drängen wie Gasblasen aus einem Schlammtümpel. Inzwischen ergoss ihr Strom sich zusehends auch über Sonja, die ähnlich irritiert reagierte wie ich in ihrem Alter und immer öfter meine Nähe suchte.

Der entscheidende Tag kam. Kurz zuvor war mein Geburtstag gewesen, den wir in seltsam gequetschter Freundlichkeit gefeiert hatten. Selbst Papa, der kaum mehr ein freundliches Wort für mich übrig hatte, hatte ein beflissenes Gesicht aufgesetzt, dem man jedoch ansah, dass die Empfindungen dahinter ganz andere waren. Mir war schlecht. Ich hatte ganz einfach Angst. Möglicherweise würde sie auftauchen, mein bisheriges Familienleben aushebeln und dann gehen, um mich mit den Trümmern zurückzulassen.

Ich kam von der Schule zurück, aß nur wenig und ging nach oben, um ein besseres Hemd anzuziehen. Unten in der Küche stellte ich mich vor den kleinen Frisierspiegel über der Spüle und zog mir den Scheitel.

»So? Gehst jetzt?« Traudi stand in der Tür. Sachlich-freundlich.

»Ja.«

»Mhm. Dann gehst jetzt.« Ich kannte den lauernden Zug um ihre Augen.

»Ja.«

»Gehst z' Fuß oder nimmst 's Radl?«

»Ich geh z' Fuß.« Ich hatte eine Schachtel Mon Chéri besorgt und ein paar Erdnüsse für die Kinder.

»Mhm.« Sie zog sich zurück, zog langsam die Tür zu, fixierte mich kalt wie eine Kreuzotter. Plötzlich lachte sie durch den schmalen Türspalt halblaut in sich hinein. Es war mehr ein Grunzen als ein Lachen.

»Was ist?«, fragte ich mit aufkommender Verzweiflung.

Traudi starrte mich hämisch an. Sie wiederholte ihren Grunzer.

»Was ist?«

»›Mein Kind!‹ werd s' schreien, »›Ochgottogottogott moin Künd‹ hat der Papi g'sagt. Und dann werd s' wahrscheinlich wieder ohnmächtig werden. Hysterisch war s' ja allweil!« Über Traudis Züge breitete sich eine Fratze schmutzigen Triumphs. »Nachert geh nur schön naus!« Sie schloss die Tür.

Ich zog meinen Mantel an, griff mir die Tüte mit meinen kleinen Geschenken und trat auf die Straße wie auf ein Schafott.

Eigenartig, wie der Weg, den ich Tausende Male gegangen war, sich auf einmal in die Länge zog. Ich huschte vorne an unserem Haus vorbei, schlich mit bleischweren Beinen am Fluss entlang, während das Herz mir in den Ohren hämmerte. An der grünen Gumpe blieb ich stehen, um Atem zu schöpfen. Bei ihr war heute nichts zu holen, sie schwieg mich uninteressiert an. Es war keine Freude in mir, als ich weiterging. Ich überquerte die Straße und schlich angespannt durch die kleine Anlage an der Straßengabelung.

Die Runde war klar an Traudi gegangen. Insgeheim hatte ich schon damit gerechnet, dass sie mir kurz vorher noch eine verbraten würde. Ich verließ die Anlage und ging die kleine Anhöhe hinauf, die mich zu meinem seltsamen Haus führte. Zu meinem seltsamen Haus, das mir gehörte, von dem ich jedoch nichts hatte und in dem mir meine Kindheit und Jugend ruiniert worden waren, ohne dass ich ihm jemals etwas getan hatte. Wäre es nach mir gegangen, sie hätten es behalten können. Es war nur Ballast, den man mir aufgeladen hatte, um mich zu benutzen, und für den man mir auch noch ständig eine gefälschte Rechnung präsentierte.

Aglaster grüßte mich mit einem glubschigen Blick von der Ladentheke her, als ich das Treppenhaus betrat. Er war immer ausgesprochen freundlich zu mir, da er mich als Hausherrn betrachtete und darauf scharf war, das Anwesen zu kaufen, sobald ich volljährig wurde. Seine schiefbeinige dicke Frau schenkte mir ein distanziertes Nicken. Ich brachte keinen Gruß mehr zustande, nickte bleich zurück, und mit angstverzerrten Zügen quälte ich mich die alte Stiege hinauf.

Von oben her vernahm ich aufgedrehten Kinderlärm. Die drei Kleinen, denen Mamma inzwischen das Leben geschenkt hatte, drehten gerade wieder Omas Wohnung um. Mit Beinen wie Beton nahm ich die letzten Stufen.

»Jetzat. Jetzat nachert schau halt!«, sagte Oma trocken.«Jetzat is er da!«

Mit Riesengebrüll stürzten mir meine drei Halbgeschwister entgegen, angeführt von der inzwischen neunjährigen Micki, die sich mir begeistert in die Arme warf. Ich begrüßte sie verstört.

»Ja, jetzt kimm halt!«, rief Oma etwas ungehaltener. Hinter der kleinen Holztür, die in den Speicherraum unter der Dachschräge führte, ertönten Schritte. Plötzlich stand das Bild wieder riesengroß vor mir: die elegant gekleidete, schöne junge Frau mit den kühlen, abweisenden Gesichtszügen, zu der ich so verloren emporblickte. Ich fragte mich, wie eine so große Frau durch die kleine Speichertür passen konnte.

Das offene Verschlusshäkchen an der Tür begann unmerklich zu baumeln, als diese quietschend von der anderen Seite her geöffnet wurde. Sie war immer sehr schwergängig, aber Opa hobelte sie nicht ab, damit es vom Speicher her nicht so in die Küche zog.

Eine sehr gepflegte kleine Frau um die Vierzig flog mir entgegen. Ich war erstaunt, dass sie mir gerade bis zum Kinn reichte. Sie schlang die Arme um meinen Hals und ich dachte mir, folglich musste das hier meine Mutter sein. Die Kinder lärmten vergnügt. Oma sagte »Jetzat nachert, so, jetzat nachert!« Die Frau, deren Haar nach Haarspray und deren Wangen nach Parfüm dufteten, stieß einen tiefen, gequälten Laut aus, den ich als warmen Luftstrom an meiner Brust spürte, von wo er abprallte. »Wolf, Wolf, Wolf«, flüsterte sie. »Wolf, Wolf, Wolf.« Worte und Liebkosungen stürzten auf mich ein wie die Trümmer eines einstürzenden Hauses. Ich stand steif und starr. Eine schmale kleine Frau barg sich an meiner Brust, und da ich mit Frauen bis dahin noch keine Erfahrung hatte, war mir gar nicht bekannt gewesen, dass eine Frau an meiner Brust Platz finden konnte.

Mamma schluchzte. »Grüß dich, Mamma«, sagte ich endlich hölzern. Wenn ich davon geträumt hatte durchzubrennen, war ich ihr in Gedanken entgegengeflogen wie meiner Erlöserin, hatte geredet und geredet und geredet, und sie hatte zugehört wie ein geduldiger Engel. Dass sie sich stattdessen nun bei mir barg, zog mir restlos die Beine weg. Ich stand unbeweglich wie ein Fahnenmast. Was machte man mit jemandem, der einem in den Armen hing? Was sagte man jemandem, der einem Zärtlichkeiten zuflüsterte? Wie löste man sich von jemandem, der einen nicht mehr loslassen wollte? Zu Hause hatten wir keine Antworten auf so was gelernt. In der Schule auch nicht, da bläuten sie uns Cicero ein und Cornelius Nepos, weil das gut war fürs Leben. Die Pfaffen hatten uns auch nichts davon erzählt. Sie salbaderten lediglich, man sollte Frauen nicht anfassen, weil das »böse Lüschte« gebe, was hier überhaupt nicht hinpasste. Und meine Freunde redeten sowieso verächtlich von den Weibern.

»Mein Junge«, sagte Mamma.

»Grüß dich«, wiederholte ich mechanisch.

Ich hatte mir nicht vorgestellt, dass es so schwer werden würde. Die Mütter, die ich kannte, waren meist Trampel in Küchenschürzen mit breiten Ärschen, fettigen Haaren unter Wickelturbanen oder Kopftüchern, aufgetriebenen Haxen voller Krampfadern und mit lauten, derben Stimmen. Ein, zwei Schulkameraden hatte ich, deren Mütter sich als hübsche, freundliche Enddreißigerinnen mit sanften Stimmen entpuppt hatten, und diese bewunderte ich und sog ihre unaufdringliche Freundlichkeit dankbar ein. Der Gegensatz zwischen Mamma und der Gift sprühenden Traudi verschlimmerte meine Malaise noch: Eine Frau wie Mamma war in meiner Wirklichkeit nicht vorgesehen. Wir setzten uns an den altbayrischen Küchentisch, betasteten einander mit den Augen. Staunten. Versuchten einzuordnen. Scheiterten. Versuchten es erneut. Flüchteten uns in Unterhaltung. Wie man es immer tat, wenn man einander auszuweichen suchte, weil der Schmerz zu groß wurde. Ich kam am nächsten Tag wieder, blieb dann aus, um mich selbst wiederzufinden, schwieg zu Hause unter den teilnahmslosen Blicken, kam erneut, blieb wieder aus, hörte zuerst gekränkte Fragen, dann Vorwürfe, antwortete ausweichend, da es keine Antwort gab, die etwas erklärt hätte. Bald schon hatten wir uns hoffnungslos ineinander verheddert.

Skurriler Nebeneffekt von Mammas Besuch war, dass meine Behandlung zu Hause sich deutlich verbesserte – ebenso schnell verschlechterte sie sich nach Mammas Abreise – und dass mir eine Reihe seltsamster Aufmerksamkeiten zuteil wurde. Am augenfälligsten war, dass sie mich erstmalig auf eine Silvesterparty mitnahmen, die im komfortablen Haus von Hansi Baureiter mit seiner geräumigen Kellerbar stattfand. Mir war klar, sie wollten einfach verhindern, dass ich den Silvesterabend mit meiner Mutter verbrachte. Mamma begriff es ebenfalls und reiste enttäuscht ab. Vorher hatten wir noch eine kurze, hilflose Aussprache, bei der sie mir traurig einen Goldring mit Onyx zur Erinnerung schenkte.

Es war vorbeigegangen wie ein unwirklicher Spuk. Unter meinen häuslichen Wachstumsbedingungen emotional verkümmert, hatte ich Mammas Gefühlsschwall nichts Gleichwertiges entgegenzusetzen gewusst. Ihren Zärtlichkeiten war ich linkisch begegnet, mitunter auch schroff abweisend, wie ich es bei meinem Papa abgeguckt hatte. Ihre Enttäuschung – das begriff ich erst viel später – musste grenzenlos gewesen sein. Vom ersten Moment unserer Begegnung an war sie mir eine Fremde gewesen und es geblieben. Schlimmer noch: Ihr Besuch hatte meine Hoffnung zerstört. Jetzt war klar, dass das Bild, das ich mir von ihr zurechtgemalt hatte, nichts mit der Wirklichkeit zu tun hatte. Es war, als hätte man mir endgültig den letzten Halt geraubt. Wieder einmal war ich völlig auf mich selbst zurückgeworfen.

Bei Hansi Baureiter wussten sie davon nichts. Mit Abstand der Jüngste unter lauter gestandenen Partygästen, wurde ich wohlwollend begrüßt und bewegte mich ungelenk und scheu unter Menschen, deren Freundlichkeiten mich aufgrund meiner autoritären Aufzucht jedes Mal zusammenzucken ließen. Mir war elend. Mir war nicht nach Party. Keiner der Anwesenden ahnte, dass gerade meine Welt zusammengebrochen war. Die Falschheit von Traudis und Papas Freundlichkeit an diesem Abend war mit Händen zu greifen. Zum Abendessen, in dem ich schüchtern herumstocherte, trank ich schweigend zwei Flaschen Bier. Nach dem Abendessen zeigten die Gäste mir, dass sie sich über meine Anwesenheit freuten: Einer nach dem anderen hob seinen Verdauungsschnaps und prostete mir zu.

»Prost, Wolf! Schön, dass d' da bist!«

»Prost, Herr Baureiter!«

»Prost, Wolf! G'fallt's dir?«

»Prost, Frau Dachsel. Mir geht's … geht's gut?«

»So, Wolf, da geh her, stoß' ma an!«

»P'oost, Herr … Herr Bentenrieder, trink ma' halt noch ein … einen!«

In einer Mischung aus Höflichkeit und Stärkegebaren prostete ich brav mit.

»Mei, Wolf, das freut mi', dass du heut auch amal dabei bist. Alt und jung g'hören z'samm, das sag i immer wieder!«

»Ha? Ja. Ah so, ja. Schlib. Ja. Schlibowitz, vastehst. Ah, der Herr Haseidl, jetzt da schau her …«

»Gell, da bist deine Eltern dankbar, dass dich mitg'nommen haben, ha?«

»Ha?«

»Obst deine Eltern dankbar bist, dass d' heut dabei sein darfst bei unserm schönen Fest?«

»Fest … fest trinka. Schlibowitz, Frau Heimerl. Sehr dankbar. Sie auch? Wunderbare Eltern. Wunderbar …«

»Da schau! Siehst es ja an de' Augen, wie er sich g'freut …!«

Nur Minuten nachdem der letzte Teller abgeräumt war, hatte ich acht Slibowitz und zwei Dornkaat auf ex gekippt. In meinem Schädel begann sich alles zu drehen. Die Paare mischten sich zum Tanz und begannen sich ebenfalls zu drehen, während ich mich – überflüssig und vereinsamt – hinter dem Bartresen verschanzte.

»Wolf, gib mir ein Whisky!«, sagte der Beheim Lenz jovial und fingerte rotgesichtig an Traudis Busen herum. Der Merkl Wolfi griff sich von der anderen Seite her Traudis anderen Busen und schrie ebenfalls nach Whisky. Eine pummelige Nichte der Baureiters war eingetroffen. Sie war Anfang zwanzig, und ich hatte ihr schwankend aus dem Mantel geholfen und hätte ihr ebenfalls gerne am Busen herumgefummelt. Aber der Schacht Franzi griff sie sich zum Tanzen und rutschte ihr mit den Händen am Rücken auf und ab, was ihr auch nicht schlecht zu gefallen schien.

»Prost, Wolf!«

»... oost!«, entgegnete ich deutlich verlangsamt.

Ich griff mir ein freies Whiskyglas und schenkte es mir randvoll. Sie waren Spießer allesamt, aufgegeilte Spießer voller Selbstgefälligkeit, die Traudis Brüste beknatschten und ihre Schenkel, natürlich oberhalb des Gummistrumpfs, den sie wegen ihres offenen Beines trug. Mein Unglück und meine Einsamkeit mischten sich mit meinem Zorn auf mein verrottetes Elternhaus und auf die Gesellschaft überhaupt. Zusätzlich mischte sich alles mit dem zweiten Glas Whisky, das ich mir randvoll hinter die Binde gekippt hatte.

Ich hatte noch nie einen richtigen Rausch gehabt. Aber unser Deutschlehrer hatte einmal einen angeblichen Spruch von Hemingway zitiert: »Wer nicht zu saufen weiß, der ist kein echter Mann!« Deshalb fand ich den Zustand, der mich immer gröber übermannte, ebenso aufregend wie verwirrend. Es machte mich stolz, meinen ersten ordnungsgemäßen Rausch zu haben. Schließlich war ich fünfzehn und praktisch schon ein Mann. Opa hatte noch jeden seiner Räusche mit Stolz nach Hause getragen. Ich fand, es war am besten, die wundersamen Beschwerden mit einem neuen Glas Whisky zu bekämpfen. Nach dem fünften Zahnputzglas voll Racke Rauchzart zog es mich an die frische Luft.

Als die anderen in den Garten gingen, um die Raketen zu starten, fanden sie mich unterkühlt und im Zustand tiefer Bewusstlosigkeit neben dem Komposthaufen. Es war nur ein glücklicher Zufall, denn der Beheim hatte einen Knaller in die hintere Gartenecke geworfen, der nicht explodierte. Angesoffen wie er war, suchte er den Blindgänger im Dunkeln und trat dabei auf mich. Papa entschuldigte sich bei den anderen für eine halbe Stunde, schleifte mich in seinen Wagen, hängte meinen unentwegt reihernden Kopf zum offenen Fenster hinaus, fuhr mich nach Hause und bugsierte mich in mein Bett, wo ich am nächsten Morgen in einer Allgemeinverfassung erwachte, die nicht in einen Roman gehört. Jedenfalls hatte ich einiges Glück gehabt, in jener Nacht nicht zu ersticken. Ein volles Jahr lang reichte allein die Erwähnung des Wortes »Whisky« aus, um mich augenblicklich wieder zum Reihern zu bringen.

Es herrschte Kampfschweigen. Meinen Alkoholexzess überging man mit einer Großzügigkeit, die argwöhnisch machte. Die politische Geste stand erkennbar vor der familiären Kommunikation: Instinktiv hatten sie erfasst, wie es an jenem Abend um mich gestanden haben musste. Also gingen sie darüber hinweg, indem sie es zum Jungenstreich bagatellisierten, der mit der Familiensituation nichts zu tun hatte, denn sonst hätten sie ja reden müssen. Aber ich spürte, dass ich beobachtet wurde. In den Wochen nach Mammas Abreise kehrte eine gezwungene Normalität ins Haus zurück, der ich nicht traute: Nicht, dass man generell freundlicher wurde, doch unterblieben wenigstens die offensichtlichen Schikanen. Es dauerte bis Ende März, bis Traudi mich ohne Vorwarnung am Mittagstisch überfiel.

»Hat die sonst noch was g'sagt?«

»Wer?« Ich wusste, wer gemeint war.

»Sie halt. *Die ander*.«

»Wieso?«

»Du brauchst mich fei nicht für dumm halten. Mir wissen schon, dass sie's g'sagt hat!«

»So?«

»Mir wissen genau, dass sie g'sagt hat, dass d' im Sommer zu ihr kommen sollst. Dein sauberner, versoffener Großvater plärrt's ja überall in die Wirtschaften 'rum.«

»Ja.«

»Was, ja?«

»Ja, sie hat gesagt, ich soll sie besuchen.«

»Du brauchst fei nicht so fein daherreden, bloß weil die *ander* jetzt fein daherredt. Mir sind hier allweil noch in *unserm* Haus, gell. Die feine Madam kämert daher, gell, und schon wird der sauberne Herr genauso fein ...!«

Es war hoffnungslos.

»Und? Fahrst?«

Ich schluckte. Eigentlich hatte ich gar keine Lust dazu. Ich wurde nur zwischen beiden Seiten hin und her gerissen. Aber in unserem letzten heimlichen Telefonat hatte Mamma mich angefleht, ihr eine Chance zu geben und sie zu besuchen. Ich wusste nicht, was ich dort oben sollte. Und dennoch spürte ich diese tiefe Sehnsucht, die mir sagte, dass dies meine Mutter war und dass ich ihre Nähe suchen sollte, auch wenn ich sie mir niemals so zuschneiden konnte, dass sie meinen fiebrigen Ausbruchsträumen entsprechen würde. Unsere wortlose Trennung hatte mich belastet. Ich hatte gelitten wie ein Tier unter der verworrenen Familiensituation, unter meiner Enttäuschung, unter ihrer Enttäuschung und unter der demonstrativen Gekränktheit bei uns zu Hause, wo sie mir mein Interesse für Mamma als innerfamiliären Mordversuch auslegten. Fünf Jahre später brannte die Lunte bereits, und nur noch ein letzter winziger Rest Vernunft hielt mich davon ab, Traudi zu ermorden.

»Ja«, sagte ich. »Ich würde sie gerne besuchen, wenn ihr mir das erlaubt.«

»Möchtst schon rauffahren zu ihr, gell?«, fasste Traudi seltsam verständnisvoll nach.

Ich nickte demütig. »Das geht ja nicht gegen euch …«, versuchte ich eine Erklärung.

»Wennst nauffahrst, kannst droben bleiben, hat der Papi g'sagt«, schoss sie eisig triumphierend ihre Salve ab. »Mir haben gestern abend drüber g'redet. Fahr nur auf zu der Schicksen, aber dann kannst auch gleich droben bleiben!« Ihre Augen leuchteten.

Ich starrte ohne Hoffnung gegen die Wand mit dem Heimatbild in Öl und mit dem hölzernen Weihnachtsteller der »Führerkurierstaffel 1943«. Klar, es war ja zu erwarten gewesen: Sie führten ihren Krieg, und im Krieg gab es nun mal Verluste. Und was man nicht erobern konnte, zerstörte man zweckmäßigerweise, damit es dem Feind nicht in die Hände fiel. Auch bei meiner Mamma hatte ich gespürt, dass die Motive sich mischten: Es war bisweilen etwas zu bemerken gewesen von Selbstbehauptung und von alten Rechnungen. Es hatte mein Vertrauen nicht gerade gestärkt. Ich vermisste, dass jemand mich selbst und meine Nöte an seine erste Stelle setzen würde.

Traudi war aus dem Raum geschlichen. Ich hatte kaum mitbekommen, wie sie die Küchentür hinter sich schloss. Umso deutlicher hörte ich, als diese jetzt rumpelnd aufflog. Mein Herr Papa walzte herein, rotgesichtig, schnaufend wie ein Walross, die Schultern nach vorne rotierend wie die Schaufelräder eines schweren Raddampfers. »Dir hab i zum sagen: Hör gut zu, wennst du da nauffahrst zu dera Schlampen, dann kannst glei' droben bleiben, vastehst?« Erwartungsgemäß steigerte sich seine Lautstärke. »Mir haben dir nicht fünfzehn Jahr lang dein Dreck wegg'räumt, damitst du jetzt auf einmal mit dera Matz, mit dera dreckigen … das merkst dir, mit so einer kommst du mir *nicht* daher. Und drum kannst du glei' droben bleiben, wennst du meinst, du müssterst da jetzt auf einmal nauffahren, das wern mir dann schon schaun …« Die letzten Worte seines stierhaften Gebrülls verwehten, während er aus dem Raum hinausschoss und die Tür hinter sich zuknallte.

Ich saß restlos niedergeschlagen da. Sie waren nicht nur voller Hass. Zuallererst einmal waren sie voller krankhaftem Selbsthass, der ihnen jeden Zugang zu normalen Verhaltensweisen blockierte. Verständnis war Schwäche, Reden bedeutete bereits Gesichtsverlust. Verzeihen hätte die Aufgabe des eigenen Schmerzes bedeutet. Und was wäre dann noch geblieben, ohne die erhöhende Kraft des Selbstmitleids?

Papas Ausbruch hatte die erwarteten Folgen. In den nächsten Wochen würdigte er mich keines Blickes und keines Wortes mehr. Seine Zustände ließen sich seit jeher unschwer an seinem Aussehen ablesen: War er in seiner Hitze, dann leuchtete er rot; hielt er seinen Zorn ohnmächtig im Zaum, dann war sein Gesicht schneeweiß, seine Lippen blutleer, seine Atmung knapp und scharf, das Selbstbewusstsein eine Spur zu aufgesetzt. Dann spitzte er demonstrativ die Lippen und pfiff eine belanglose, aber typische Zweitonfolge, wenn er an einem vorbeiging, ohne einen anzusehen. Und er hielt seine Abwehr wochenlang aufrecht. Ich begann, mich in meiner Familie überflüssig zu fühlen. Ich fing an, mich zu fragen, welchen Sinn meine Existenz in diesem eigenartigen Verband eigentlich machte. Ob es so weitergehen würde bis zu meiner Volljährigkeit, dass ich ihnen den Sandsack spielen würde. Ob so etwas auszuhalten war. Ob es in einer Familie andere Gefühle geben konnte als Hass, Hass, Hass und die blinde Wut, die sie ständig auf ihr eigenes Spiegelbild losgehen ließ.

Sie hatten mich schon wieder um meine Entscheidung betrogen: Ich war unschlüssig gewesen, ob ich Mammas Drängen wirklich nachgeben sollte. Eine innere Stimme sagte mir, dass sie mir die Aufgabe zugedacht hatte, ihren eigenen Hunger zu stillen: ihren Hunger nach Vergebung, nach Vergessenkönnen, nach Rechtfertigung, nach Neuanfang, nach dem Ausleben einer Mutterrolle, der sie sich vor langer Zeit kaltblütig entzogen hatte. Ich fragte mich bisweilen, wo ich selbst in diesem Spiel blieb. Irgendwie, fand ich, sollte ich schon wieder in die strategischen Spiele der Kriegsparteien hineingezogen werden. Andererseits war meine eigene Sehnsucht ungestillt geblieben. Und noch, sagte ich mir, war es nur recht, wenn ich ihr eine weitere Chance gab. Vielleicht würden Mamma und ich einander näher kommen, in ihrem eigenen Zuhause, fern von Fürstenfeldbruck und ohne die psychiatrische Kulisse meines Familienverbandes.

Nur hätte ich es gerne selbst herausgefunden. Verbittert nahm ich wahr, dass man mir nun die Versöhnung mit einem wichtigen Stück meiner selbst verweigert hatte.

»Und?«, sagte Oma, als ich ausgewrungen bei ihr saß. »Warum lasst er dich jetzt dann nicht?«

Wir redeten eine lange Zeit. »Soll er dich halt 'nauflassen zu ihr«, fasste Oma nüchtern zusammen.

»Ich kann nicht mehr«, sagte ich leise. »Warum machen die das?«

Greane Gumpen, alte Schwester, du. Grünäugig aus der Tiefe strahlend wie die kalt glühende Turmalinfrau. Voller Klarheit, die mir fehlte. Inneres Leuchten, das mir am Erlöschen war. Schattenhuschende Unterelemente drunten auf dem Grund. Bartgründelnd im kalten Kiesel. Gefühllose Fischlippen Algen schabend schwerelos. Durch das kühle Feuer des Grüns erschien der schlammige Grund mir seltsam edel. Die stille Tiefe als Ursprung aller Wirklichkeiten. Aus den geschlossenen Stauwehren drohend das grüne Schweigen. Dahinter, wie alle wussten, die Macht, die Städte ersäufte. Die ungebärdige Gier, die Schwimmer verschluckte. Greane Gumpen. Während mein Blick sich in den Abgrund saugte, wogte in dir die dunkle Stille, und ein seltsam mürber Schlaf breitete sich über meinen Körper, von wo aus er sich um die Seele schlang. Die blecherne Trauer, wenn ein Stück Jugend zerbrach. Während Wolken sich über den erkaltenden Frühlingsnachmittag schoben, der sich erwartungsfroh aus dem Aprilwetter geschält hatte, wuchs verschlossenes Grünschwarz in den Wassertrichter, auf dem die weißen Himmelsreflexe ihre verwirrenden Spiele trieben. Vom Firmament her wölbte eine Hand sich über uns, streute wolkige Blinkzeichen auf das Nass und schnippte einen kurzen, heftigen Windschauer in das Gebüsch in meinem Rücken.

»Lass mi' halt sterben!«, sagte Nandl Raab zu mir.

Während die stärker werdenden Windstöße den Sand von der steilen Uferböschung hoben und ihn wie ein Sämann über die kräuselnde Wasserfläche warfen, blickte Nandl Raab traurig zu mir herauf. Ihr Gesicht war noch eingefallener als damals, die schweißverklebten Haare in dicken, fettigen Strähnen wirr über ihr verschwitztes Gesicht verteilt, durch das sich zwei lange Kerben von den gelben Backenknochen über die Mundwinkel bis fast zum Kinn zogen. Ihre schwarzen Augen waren voller düsterer Melancholie und sprühten eine verzweifelte Anklage. Ihre schwammigen Arme mit den halb hochgerollten marineblauen Wollärmeln griffen matt in das schwarzbraune Uferlaub und das vom Winter ausgedorrte Böschungsgras. Sie sah aus, als suchte sie Halt und würde ihn nicht finden. Ihr Oberkörper mit der hellblauen Strickjacke und dem mächtig baumelnden Busen unter dem Wollkleid ragte bis zu den Rippenbögen aus dem Wasser, war verwirrenderweise jedoch trocken. Mit den Beinen musste sie irgendwo im spiegelnden Fluss gründen, die Wolkenbilder auf der Kräuselfläche verbargen mir, ob sie stand oder schwebte. Mein Gott, ihr Mund, dachte ich, dieser unendlich traurige, einsame Mund.

»Geh, Bub, es wär so schön zum Sterben«, sagte die Nandl so traurig.

»Geh, Nandl!«, wisperte ich stimmlos.

Nandls Linke löste sich kraftlos aus den Grasbüscheln und versuchte ein unendlich müdes Winken. »Warst doch immer mein Bub«, flehte sie leise. »Warst doch mein Bub, immer. Warum lasst mich denn net aus?«

Ich starrte sie nur an.

»Alle meine Männer haben mich allein g'lassen«, klagte sie leise. »Keiner, der nach mir schaut …«

»Aber Nandl«, sagte ich leise. »Das ist jetzt Jahre her …!«

»Siehst es doch selber, was s' mit mir machen«, jammerte sie, ein wenig lauter werdend. »Kommst überhaupt nicht rüber zu mir. Geh, was lassts mich denn net sterben?!«

»Jessas, Nandl«, flüsterte ich verstört.

»Der Martl kommt auch net …«, weinte sie leise. Ihr Atem ging noch immer so pfeifend wie damals, kurz bevor sie starb. »Der Martl kommt net, und du kommst net, und keiner kommt. Alle meine Männer … Keinem bin i mehr was wert.« Ihre Linke fiel kraftlos in das Laub zurück. Eine Nase schoss aus dem Wasser, schnappte nach Luft und verschwand platschend. »Geh, was b'suchst mich denn gar nimmer …?«

»Ich«, sagte ich verstört. »Ich … Nandl, das geht nicht. Das geht doch nicht …!«

Langsam hob sie das Gesicht zu mir und starrte mich fordernd an. Sie hatte immer gewusst, wie man von Männern etwas bekam. »So?«, sagte sie hintergründig. »Geht's net? Meinst, geht's net?« Sie wartete bewegungslos auf meine Reaktion. Ich saß minutenlang und suchte nach Worten. Der Wind machte sich kalt über mich her, aber ich spürte ihn nicht.

»Du bist vielleicht gut«, sagte ich leise.

»Gut«, echote sie hölzern. »Bist halt mein guter Bub.«

Sie schien unversehens zu verfallen, während sie die letzten Worte mit mir sprach. »Wennst nur ganz fest an mich denkst …«, zirpte sie leise. »Gell, mein Bub?«

Noch während ihre Stimme verhallte, schwamm ihr einsames Gesicht plötzlich auf dem Wasser wie eine durchsichtige Decke, breitete sich aus wie eine zerlaufende Flüssigkeit, bedeckte schließlich die ganze Greane Gumpen und lächelte so schwermütig, wie nur das Wort Verlorenheit es sonst vermochte.

»Du bist a scheene bläde Sau, vastehst«, sagte eine andere Stimme unerwartet. »Sitzt er da am Wasser drunten, vastehst, und lasst sich vom Wind o'blasen, und morgen bist krank, vastehst? Gehst du jetzt aa schon zur Greana Gumpen obi zum Scheißen, ha? Sollen mir den Blattmeier Xare aa no' einladen, damitst a G'sellschaft hast, vastehst?« Der Seidl Michi, dem in der Straße so gut wie nichts entging, stand oben am Gehweg und starrte herausfordernd zu mir herunter. Panisch sprang ich auf und rannte wortlos an dem verdutzten Michi vorbei nach Hause.

»So?«, sagte Traudi scharf, »samma auch schon wieder daheim, ha? War der feine Herr wieder unterwegs, uns ausrichten beim versoffenen Herrn Großpapa, ha? Wo warst denn du nachert, ha?«

»Ich war bei der Nandl«, sagte ich leise.

»Lüg net!«, keifte Traudi aufbrausend. »Lüg mi' net an, i hab doch g'sehen, wies d' von draußen reinkommen bist! Der Friedhof is grad andersrum!«

»Geht ihr schlecht, der Nandl«, sagte ich und verließ Traudis Küche. Sie stand mit offenem Mund, während ich mich auf mein Zimmer verzog.

Ich bekam kein Auge zu in dieser Nacht. Nandls seltsames Rufen hallte in mir nach und hielt mich in Bann. Ich hatte ihr Frieden gewünscht. In den Jahren seit ihrem Tod hatte ich manchmal an sie gedacht und mir vorgestellt, es würde ihr jetzt besser gehen. Aber es ging ihr nicht besser. Das Sterben war eine Schinderei, das hatte ich schon mehrmals gesehen, aber auch der Tod schien bisweilen nur Betrug zu sein. Ich dachte darüber nach, ob er einem wirklich den Frieden brachte; manchmal, wenn die kranke Familienatmosphäre wieder einmal über mir zusammenschlug, stellte ich mir den Tod als letzten, befreienden Ausweg vor. Ich war noch keine zwölf gewesen, als der Gedanke mich intensiv zu beschäftigen begann. Oft hatte ich geschlottert vor kindlicher Angst, vor dem Gefühl einer völligen Wehrlosigkeit gegenüber den Unberechenbarkeiten dieser seltsamen Krankenstation ohne Pflegepersonal. Ich hatte mich verkrochen und hatte gefühlt, wie Wut und ohnmächtige Verzweiflung in mir hochgestiegen waren und mir vermittelten, dass es keinen Ausweg gab. Dass man mir große Teile meiner Kindheit und Jugend einfach aus Willkür amputiert hatte wie ein gesundes Bein. Und dass dieses Bein nicht mehr nachwachsen würde, höchstens würde es an der unversorgten Schnittstelle zu faulen beginnen. Ein Leben als Verkrüppelter.

Die Beschäftigung mit dem Tod hat etwas von endgültiger Erlösung an sich, aber sie besitzt auch fast immer Appellcharakter: Nimm mich wahr in meinem Unglück! Achte mein Leid! Fühle dich schuldig! Ich zerstöre mich, weil ich dir gram bin! Nur wenn ich mich dauerhaft zerstöre, habe ich eine Waffe gegen dich in der Hand. Doch neben all diesen Botschaften, die der Unglückliche auf einer nichtsprachlichen Verhaltensebene aussendet, spricht er auch zu sich selbst: Wo der Druck zu groß wird, muss man selber durch das einzige noch verbleibende Ventil hinausgehen. Wo der Schmerz unerträglich wird, muss man dessen Wahrnehmungsbahn endgültig unterbrechen. Wo der Weg keinen Ausweg mehr lässt, muss man ihn abbrechen. Wo das Bestehende seinen Sinn verloren hat, braucht es nicht weiter zu bestehen. Man mag dem entgegenhalten, solche Überlegungen seien rein gefühlsmäßig und verkennten die Realität. Aber es ist gerade die Realität in ihrer Herzlosigkeit, die die Betroffenen zu überfluten droht. Nicht die objektive Realität, sondern *ihre* Realität, und das ist im Zweifel immer die ausschlaggebende.

Ich fühlte, wie der Druck sich in mir aufzubauen begann, und mit dem Druck kam die Sehnsucht nach Nandls Nähe. Ihre Stimme und ihre Lockungen streichelten mich die ganze Nacht. Ihre Traurigkeit und ihr süßlicher Schmerz begannen an mir zu kleben wie tödlicher Honig. Ihr einsames Werben gurrte in meinen Ohren wie Hexengesang. Ich war argwöhnisch, wusste nicht, was mich bei ihr erwarten würde. Dennoch begann ich, ein Leben auf Nandls Seite wenn nicht als Verbesserung, so doch wenigstens als Veränderung zu betrachten. Die Vorstellung, eine unüberwindbare Schranke zwischen mich und die rohe Welt der Erwachsenen zu schieben, zog mich an. »Warte auf mich, Nandl«, murmelte ich im überdrehten Halbschlaf.

Der Gedanke an den Tod besitzt einen seltsamen Reiz gerade für den, der dem Leben vorwirft, es habe ihn enttäuscht. Es ist, als würde die Vorstellung des Ausstiegs irgendwann zur einzigen verbleibenden Gegenwehr gegen eine Existenz, die sich den Sehnsüchten des Todesmutigen permanent verweigert. Dabei ist der Freitod niemals ein Ziel an sich, sondern der Ausdruck einer Vermeidungshaltung: nicht die Leblosigkeit selbst ist die ersehnte Verbesserung, sondern das Entkommen aus dem Hier und Jetzt. Genau genommen ist es so, als würde man auf einer hohen Eisenbahnbrücke aus einem Zug springen; nicht weil der Sprung – und insbesondere sein Ende – einen echten Gewinn darstellen könnten, sondern lediglich, weil es im Zug zu warm ist.

Aber der Todeswunsch, meist hervorgerufen durch entgleisende Lebensumstände und damit durch den Verlust von Hoffnung oder Gewissheiten, ist auch wie ein warmer Wind, der einen aus der Kälte herauszuleiten scheint. Hinein in eine fantasierte Gegenexistenz, in der die geraubten und verwehten inneren Notwendigkeiten vermeintlich zu ihrem Recht kommen. Letztlich erträumt der Todesmutige sich den Tod nicht als Zustand kalter Reglosigkeit, sondern als Eruption seiner eigenen inneren Hitze: Endlich schafft er es, die Kontrolle, die man ihm über sein Leben verwehrt hat, auszuüben. Die Umgebung, die ihn beherrscht hat, selbst zu beherrschen, indem er sie vor ihm schuldig werden lässt. Die echte oder projizierte Lieb- und Interesselosigkeit derer, die ihn enttäuscht haben, umzusetzen in intensive Betroffenheit, zumindest in seiner Fantasie.

Ich wälzte mich in meinem Bett, während die Dunkelheit in mir und um mich an mir fraß. Ich hatte das Gefühl, aus altem Mörtel zu bestehen, der sich unter dem Druck der Tage auf- und abzulösen begann, eine Wahrnehmung bröckelnder Selbstauflösung. In der Psychiatrie ist die Stabilität der Ich-Grenzen ein entscheidendes diagnostisches Kriterium: Erkenne ich noch den Unterschied zwischen dem, was in mir ist, und den Ereignissen außerhalb von mir? In Zeiten extremer Krisen verschwinden diese Grenzen, und die Außenwelt in all ihrer Bedrohlichkeit beginnt die Ich-Grenzen zu überwuchern und wird mehr und mehr zum Teil des Innenraums, den sie zu verwüsten beginnt. Es ist, als würden zwei hochreaktive chemische Substanzen sich mischen, und es führt zu einer kochenden Unruhe, die sich immer mehr verstärkt, während der Betroffene zusehends mehr geschwächt wird, als begänne die siedende Flüssigkeit in seinem Inneren, die Nährstoffe aus ihm herauszulösen, bis sie am Grunde seines Hirns zu einem verbrauchten Klumpen verbacken. Wie die Freisetzung übel riechender Gase in einer Reaktion, so steigen nun verquere Gedanken und quälende, bizarre Empfindungen in einem hoch, viel zu schnell, viel zu ungeordnet, viel zu heiß, viel zu giftig. Der Kopf beginnt sich zu füllen wie eine Gasflasche. Nur, da er nicht totes Material ist, sondern lebendes, ist dieser Prozess ein schmerzhafter. Entweder kommt es dann zu einer Explosion im Kopf und damit zu einer meist dramatischen Kurzschlusshandlung mit Appellcharakter oder – was schlimmer ist – der Betroffene wird von innen her durchlässig, denn der Druck perforiert ihn wie mit zehntausend feinen Nadelstichen. Der Mensch wird porös, und mit dem Druck und den Giftgasen, die nunmehr aus ihm entweichen können, so verstohlen wie die Luft aus einem brüchig gewordenen Fahrradschlauch, entweicht auch das Leben aus ihm. Es ist genauso, wie man auch Schlangengift nicht aus einem Körper holen kann, indem man einfach nur eine Vene punktiert: das Blut rinnt immer mit heraus.

Diese zweite Variante ist die gefährlichere. Denn, während die erste das Erscheinungsbild und das Verhalten des Kandidaten sichtbar prägt und im Zweifel noch Interventionsmöglichkeiten zulässt, ist die lautlos-sickernde Erscheinungsform des Todesmutes diejenige, die den Verzweifelnden scheinbar voll sozialisiert lässt. Er funktioniert buchstäblich bis kurz vor Schluss. Soweit überhaupt, ist nur den schärferen Beobachtern erkennbar, dass er ins Trudeln gekommen ist. Meist geht ein seltsam stilles Leiden von solchen Menschen aus, eine eigenartige Hilfsbedürftigkeit des Starken, eine seltsame Verwundbarkeit des bereits Verwundeten. Die Schwächung und Auflösung des inneren Ichs erfolgt wie bei einem schleichenden Blutverlust. Ein Gerichtsmediziner erzählte mir einmal von einem Fall, den er obduziert hatte: Einem jungen Mann war eine Bandscheibe operativ entfernt worden, wobei der Operateur unbemerkt ein Blutgefäß nahe der Wirbelsäule punktiert hatte. In den folgenden Tagen nach der Operation verfiel der Patient auf unerklärliche Weise, bis er schließlich an seiner winzigen inneren Verletzung verblutet war. Als man seinen Bauchraum öffnete, sprühte eine Blutfontäne aus dem still gewordenen Leib. Ganz ähnlich, wenngleich über einen viel längeren Zeitraum, ergeht es den still Verzweifelnden, deren Verfall sich gemächlich vollzieht und ihnen über sehr lange Zeit ein klares Bewusstsein darüber lässt, was mit ihnen geschieht. Meist leistet ihr Verstand noch gute Arbeit, und sie erkennen mühelos, dass sie mitten drin sind, ihn zu verlieren. Erst wenn die überwuchernde Außenwelt sie zu ersticken droht, kippen sie sehr plötzlich. Dann ist die Flucht vor der Außenwelt gleichbedeutend mit der Flucht aus dem Leben, in das jene sich hineingefressen hat. Außenwelt und eigenes Ich werden gewaltsam entmischt. Dieser scheinbar logische Schritt zur Rückgewinnung des eigenen Ichs allerdings führt im Ergebnis zu dessen dauerhafter Auflösung, während die Außenwelt unverändert fortbesteht und den Verlust des entflohenen Ichs problemlos verkraftet, um sich neuen Objekten zuzuwenden, in die sie sich hineinfressen kann.

Der nächste Morgen fand mich verändert. Trotz eines felsentiefen Schlafes erwachte ich ausgelaugt und zittrig, ein Zustand, den ich bisher noch nicht erfahren hatte. Ich fühlte mich wie ein Streifen Metall, den man zum ersten Mal geknickt hatte und der darüber seine ganze Steifigkeit verloren hatte, auch wenn er scheinbar in seine alte Form zurückgeschnellt war.

Papa mied mich und pfiff. Traudi griff mich an und keifte. Die Wochen blieben gleichförmig. Eines Sonntagnachmittags unternahm ich schweren Herzens einen Anlauf und betrat Papas Büro. Er saß an seinem Schreibtisch und sortierte mit finsterem Gesicht Fotokopien. Nach seinem Tod würde ich herausfinden, dass er vierzig Jahre lang vom Bundespräsidenten bis zum amerikanischen Botschafter alle möglichen Leute angeschrieben hatte, um sie wegen des verlorenen Krieges aufs Übelste zu beschimpfen.

»Können wir nicht reden, Paps?«

»Mir braucha nix reden.«

»Warum? Ich möchte eine Lösung finden.«

»Die hamma schon, die Lösung: wennst du nauffahrst zu dem Weib, dann kannst droben bleiben.« Sein Gesicht war schneeweiß geworden, seine Unterlippe vibrierte. Seine Finger zitterten.

»Ich will doch gar nicht droben bleiben, ich gehöre hierher …«

»Wennst du da nauffahrst zu der Matz, dann g'hörst auch ganz nauf. Des werden mir dann doch noch sehen…«

»Ich will doch nur meine Mutter sehen. Ich kenn sie doch kaum…«

»Die hat g'sagt, *der* kann ohne mich auch groß werden, und mir hat s' mei Leben kaputtg'macht. Dann brauchst du's jetzt auch nicht!«

»Aber… ich…«

Er zitterte am ganzen Körper. Der Hass hatte von dem ganzen Mann Besitz ergriffen.

Das Gespräch dauerte über eine Stunde, brachte jedoch kein Ergebnis. Es ging ihm nicht um mich, sondern um seine Rache. Hätte er mich gehen lassen, er hätte in diesem Augenblick einen Sohn gewonnen. Dann aber hätte er das einzige Faustpfand verloren, mit dem er seine eigene Bindung an Mamma über all die Jahre hinweg aufrechterhalten hatte: Er hatte ihren Abschied niemals verwunden, hatte Mamma niemals losgelassen und klammerte sich an sie, wenngleich nur noch in seinem grenzenlosen Hass. Gerade damit aber blieb die Bindung an sie stabil, und ich war das Bindeglied. Indem er mich ihr vorenthielt, zwang er sie, sich auch mit ihm zu beschäftigen. Sein ganzes Leben lang neigte Papa emotional nur zu hoffnungslos flachen Beziehungen. Mamma jedoch musste er über alle Maßen geliebt haben. Anders war nicht zu erklären, wie schlecht er von ihr sprach.

Ab jetzt war ich es, der den Kontakt zu ihm mied. Manchmal, wenn sie uns im Religionsunterricht wieder schwarzmundig vom biblischen Urvater Abraham vorgeschwärmt hatten, der um eines höheren Zieles willen seinen Sohn Isaak hatte opfern wollen, dann hatte ich die religiöse Verzückung nicht geteilt, sondern mich still gefragt, wie der Sohn sich nach dem missglückten Vorhaben gefühlt haben musste. Was denkst du dir, wenn der Alte dich zusammenbindet und mit irrlichterndem Blick auf den Opferstein legt? Was geht dir durch den Kopf, wenn er den Herrn preist und das Messer hebt, um dir die Gurgel durchzuschneiden? Was hältst du von ihm in so einem Moment? Ist die Frage nach dem klinischen Status des heiligen Erbvaters zulässig? Hatte er sie eigentlich noch alle? Kann man als Sohn mit so einem hinterher noch reden, ohne kotzen zu müssen? Und was sagten die anderen in der Familie zu dem Manöver?

Seit jener Unterredung sperrte sich etwas in mir dagegen, mit meinem Vater zu sprechen. Ich hatte lange daran verdaut – weniger an seiner Unnachgiebigkeit, so schmerzlich sie auch für mich war, sondern an der Erkenntnis, wie belanglos ich selber für ihn war: Die ausbeuterische Art, mit der er Beziehungen ausschließlich nach seiner emotionalen Interessenlage gestaltete, war mir noch nie so bewusst geworden wie in dieser ungleichen Auseinandersetzung. Es interessierte ihn nicht ansatzweise, was er in anderen anrichtete, wenn er durch lebendes Gewebe pflügte. Als Wesen, mit dessen Empfindungen man sich beschäftigen musste, war man ein Nullum für ihn. Schon lange hatte ich gewusst, dass es bessere Familienmilieus gab, um aufzuwachsen. Hier allerdings bekam ich das Erlebnis einer völligen Entwertung vermittelt: Es war für Außenstehende unübersehbar, dass die Geschichte begann, mir die Rippen anzubrechen. Verschiedene Freunde und Verwandte hatten mich besorgt auf meinen Zustand angesprochen. Lediglich die Haupttäter schienen davon keine Notiz zu nehmen, oder – schlimmer noch – sie schienen es zu sehen und bewusst zu ignorieren. Traudi feixte mir hinterher, bisweilen. Der Triumph der Unterlegenen: Sie wusste längst, dass sie Papa niemals auch nur annähernd so nahe kommen konnte, wie meine Mamma es insgeheim noch immer war. Umso wütender nun ihr Triumph gegenüber der verhassten, stets schweigend anwesenden Rivalin.

Als es mich in der Schule umhaute, kam es ganz plötzlich. Mir wurde zittrig, mein Herz begann zu rasen und in meinen Ohren zu hämmern, und mein Atem wurde knapp in der panisch beengten, schmerzenden Brust. Ich spürte noch, dass mein Kopf zu kribbeln begann wie ein Termitenhaufen, während mir schwarz wurde, dann sank ich in heftiger Stoßatmung von meinem Stuhl. Kurti Bartelmess patschte mir aufgeregt ins Gesicht, während Dr. Clement, der Sozialkundelehrer, seinen Unterricht als gestört empfand und vorschlug, ich sollte so lange mit Kurti nach draußen gehen. Kurti schleppte mich Torkelnden aufs Direktorat, wo man mich vom Unterricht befreite. Sein Angebot, mich zum Arzt zu begleiten, wurde abgewiesen, da ich so was sicher alleine könne. Beim Verlassen des Schulhauses kotzte ich über die Eingangsstufen, was den Hausmeister noch Tage hinterher zu der bitteren Nachfrage veranlasste, »... ob's des jetzt unbedingt no' braucht hat, net. Schließlich ham mir auch a so schon g'nug Arbeit, net!«

Sie nahmen mir das EKG ab, ließen mich Kniebeugen machen und nahmen noch mal eines ab, durchleuchteten meine Lunge und mein Herz und erklärten mir, ich sei völlig gesund. Das half mir zwar nichts, aber es erhöhte meinen Rechtfertigungsdruck zu Hause. »Der feine Herr taat krank spielen, ha?«, flämmte Traudi mich ab, nachdem ich drei Wochen gelegen war. Ich rappelte mich hoch und schleppte mich wieder in den Unterricht.

»Dann lasst er dich jetzt nicht fahren, der sture Hund? Sollt er dich halt fahren lassen!«, schimpfte Oma leise.

»I hätt ihn *seinerzeit* schon daschlagen sollen«, brummte Opa und senkte sein Brucker Tagblatt auf den Tisch. Er überlegte kurz, bevor er sich an mich wandte: »Sollt i doch einigehn und ihn daschlagen?«

»Um Himmels willen, Opa, nein!«, antwortete ich müde.

»Ja, was lasst er dich nachert nicht fahren, der Sauhund, der verreckte?«

»Geh, du kennst 'n doch!«, ging Oma dazwischen.

Opa erhob sich und ging zur Tür. »I sauf mir an Rausch o'!«, erklärte er entschlossen und nahm seine Joppe von der Stuhllehne. »I sauf mir an Rausch o', und dann daschlag i 'n!«

»Gar nix machst!«, sagte Oma unerwartet drohend. »Du trau dich heim, wennst du den daschlagst!«

Müde und bleich verfolgte ich, wie Opa sich zum Gehen wandte. »An Rausch sauf i mir jetzt auf jeden Fall o'«, knurrte er pragmatisch. Er drückte mir einen Zwanzigmarkschein in die Hand, damals eine Menge Geld. »Da, sauf dir aa an Rausch o', dann bist gleich wieder g'sund.«

»Bläder Mensch!«, seufzte Oma resigniert. Opas entschlossene Schritte polterten das Treppenhaus abwärts.

Ich hatte mehrmals mit Mamma telefoniert, inzwischen. Sie wirkte hilflos und blieb die Außenstehende, zu der sie sich letztlich schon vor über einem Jahrzehnt gemacht hatte. Nach langem inneren Ringen, so berichtete sie mir, habe sie meinem Vater einen Brief geschrieben, ihn um sein Einverständnis mit dem Besuch gebeten und ihm absolute Zurückhaltung im Hinblick auf die alte Ehegeschichte zugesagt. Es erklärte mir, warum er vor einigen Tagen weißgesichtig aufgeschnorchelt hatte, als wir uns in der Diele begegnet waren. Mamma drängte mich, nicht aufzugeben. Wenn er wirklich damit drohte, dass ich bei ihr bleiben solle, dann sollte ich das doch einfach tun! Was als fürsorgliche Geste gedacht war, kam bei mir als Forderung an: Ich wusste nicht mehr aus noch ein. Dort, wo mein Zuhause war, drängten sie mich hinaus. Dort, wo ich nichts und niemanden kannte, zerrten sie mich hin. Mamma lebte in einem Bungalow in einem kleinen Dorf in der Lüneburger Heide. Sollte dort mein Leben weitergehen? Umringt von fünf lärmenden Geschwistern und ohne eigenes Zimmer? Bedrängt von einer ausgehungerten fremden Frau, die sich als meine Mutter bezeichnete, obwohl sie mir so gut wie nichts sagte? Wie würde der Kapitän sich verhalten? Wie lange würde es dauern, bis er mich als Fremdkörper behandelte?

»Ich habe mit ihm geredet«, sagte Mamma, als hätte sie meine Gedanken erraten. »Er sagt, wenn du kommen willst, kannst du jederzeit kommen. Du wirst zur Familie gehören wie alle anderen hier.«

»Ich weiß nicht, was das ist: Familie«, sagte ich leise.

»Wolf, komm«, sagte Mamma flehentlich. »Komm, bevor er dich ganz kaputtmacht! Du bist noch so jung!«

»Jung?«, sagte ich bitter.

»Du weißt, wie er ist. Er wird immer schlimmer werden. Er kann nur kaputtmachen. Immer nur kaputtmachen …« Ihre Stimme veränderte sich. »Deshalb bin ich schließlich gegangen …«

Ich schwieg. Lange.

»Bist du noch dran?«, fragte sie.

»Warum hast du mich damals nicht mitgenommen, wenn du wusstest, wie er war?«

Mamma begann zu schluchzen. »Ich kann jetzt nicht!«, sagte sie kaum hörbar. Es knackte. Die Leitung war weg.

Ein, zwei Atemzüge lang starrte ich auf den Hörer in meiner Hand. Die Bedienung im »Pullacher Hof« knallte ein Tablett mit leeren Biergläsern auf den Tresen. Die Noagerln auf den Gläserböden sahen aus wie Pisse. Von den frisch gefüllten Gläsern an den Zapfhähnen lief der weiße Schaum. Anni, die Wirtsgattin, goss mit einer Hand zwei Weißbierflaschen in die Gläser. Von der Küchendurchreiche schrie die Köchin: »Zwoa Schweinerns, oamoi Wiener, Presssack kommt sofort!« Die alten Männer an den Tischen blickten zuversichtlich auf die wartenden Teller.

Opa blickte prüfend über die Karten in seiner Hand. Wenn er Schafkopf spielen konnte, war er der lustigste Bayer im ganzen Königreich. Der Blattmeier Xare saß am Eck des Tisches und starrte glasig auf die Spieler. Er war zufrieden, wenn sie ihn zuschauen ließen. Eine Seele von Mensch, der Xare. Ob er so friedlich war, weil der Hitler ihn kastriert hatte? Ich legte den Hörer auf und verspürte einen Schüttelfrost.

Opa legte die Karten verdeckt auf den Tisch. Er sah mich lange an. »Mit dem eignen Kind a so umgeh'«, sagte er bedächtig. »I versteh des net. Und? Hast g'redet mit ihr? Was sagt s'?«

Ich schüttelte still den Kopf. Mir war schlecht.

»Blass bist, Bub«, sagte Opa besorgt. Es war seine Idee gewesen, Mamma anzurufen.

»Opa«, fragte ich leise. »Warum machen die das? Warum machen Erwachsene das?«

»Was hat s' g'sagt?«, beharrte Opa.

»Ich soll hier abhauen«, flüsterte ich kraftlos. »Ich soll abhauen und zu ihr ziehen.«

»Soll ihr Maul halten. Bläde Matz!«

Er warf den Stapel Karten auf den Tisch. »Der Franzi gibt!«

»Was soll ich denn tun, Opa? Was soll ich denn noch tun?«

»Gar nix tust, gar nix! Soll der Bub umziehen mit seine fünfzehn Jahr ...! Wär s' damals net abg'haut, die bläde Matz!«

»So, Bub, ziehst um?«, fragte der Winkler Jackl gütig, der unser Gespräch nur am Rande verfolgt hatte.

»Ich geh jetzt«, sagte ich. »Es gibt wieder Terror, wenn ich zu spät zum Essen komm.«

Ich drückte mich in meine Essecke. Sonja saß zu meiner Linken auf der Eckbank und starrte mich unentwegt an. Traudi trug ihre Paprikaschnitzel auf. Sie waren wie üblich hinreißend gelungen. Rumpelnd walzte Papa herein und ließ sich grußlos auf den Stuhl zu meiner Rechten plumpsen. Ohne ein Wort zu verlieren, begann er sein Schnitzel zu zersäbeln und saugte dessen Einzelteile laut schlürfend von seiner Gabelspitze. Jedes Mal wenn es Nudeln gab, schaufelte er sie auf seinem Teller umher, als würde er Beton mischen.

»Wolf«, sagte Sonja plötzlich leise. »Wolf, stimmt das, dass du wegziehst von mir?«

Papas Gabel schlug knallend auf dem Teller ein und wurde wieder aufgenommen. Traudi, die sich eben erst gesetzt hatte, erstarrte in der Bewegung. Die Sauciere in ihrer Hand schien überhaupt nicht mehr heiß zu sein.

»Ich möcht nicht, dass du von mir wegziehst«, sagte Sonja flehend. »Du bist doch mein Bruder, oder?« Rechts von mir entwich die Luft aus einem Lastwagenreifen. Plötzlich flog die Kleine mir entgegen und klammerte sich schreiend an mich. »Geh doch nicht weg, Wolf, geh doch nicht weg! Du bist doch mein Bruder, ich hab doch niemanden außer dir!«

Traudi ließ fassungslos die Sauciere sinken. »Geh doch nicht weg!«, schrie Sonja erneut und begann laut zu weinen.

Rechts von mir tat es einen furchtbaren Schlag. Messer und Gabel wurden wütend auf den Tisch geschleudert. Ein zorniger Bulle fuhr so in die Höhe, dass er mit den Beinen den Tisch verrückte. Sein Bierglas kippte um, eine Fontäne von Schaum schoss über meinen Teller und benetzte die laut weinende Sonja. Die Küchentür knallte, dann knallte Papas Bürotür.

»Bist jetzt zufrieden«, fauchte Traudi mich an. »Bist jetzt endlich zufrieden, dass du's so weit bracht hast, ha? Wirst sehen, gleich hat er wieder sein Herzanfall!«

Hysterisch aufkreischend packte sie Sonja an der Schulter und riss sie von mir los. »Und *du* schaust, dass du verschwindst!«, schrie sie die Kleine an. Heulend rannte das Mädchen ins Wohnzimmer. Ich hörte sie noch lange weinen. »Kann ich jetzt endlich was zu essen haben?«, fragte ich leise.

Ich war es satt. Deshalb ließ ich mir alle Zeit der Welt mit dem Essen. Während Sonjas verzweifeltes Weinen aus dem Wohnzimmer drang, ließ ich mir Traudis würzige Paprikasoße auf der Zunge zergehen. Das Kalbfleisch war zart, und während Papas Bier noch immer vom Tisch tropfte, schnitt ich mein Mahl in feine Streifen und kaute es sorgfältig. Ich holte mir ein Glas und schenkte mir den Rest aus Papas Flasche ein. Traudi war aus der Küche geschlichen und kurz darauf wiedergekommen, um einen Teller voll zu packen und ihn in sein Büro zu bringen. Kurz darauf kam sie ein zweites Mal herein. Ich hörte das zischende »Pflopp!« eines Bierflaschenverschlusses und das Glucksen, unter dem ein frisches Glas gefüllt wurde. Dann die Küchentür und halblaute Stimmen von nebenan. Sonja war still geworden.

Kinder waren die Verkörperung menschlicher Gesundheit, dachte ich mir. Sie waren ein einfaches schmales Gerüst aus dünnen, biegsamen Stäben. Erst mit zunehmenden Jahren kam das Füllmaterial zwischen die Stäbe, die sich daraufhin langsam zu verbiegen begannen. Waren alle Räume ausgefüllt, war man restlos verbogen und somit erwachsen. Erst ab dann war man zu Verbrechen fähig.

Erwachsenwerden war irgendwie das Gegenteil von Menschwerdung, dachte ich mir. Erwachsenwerden war Gemeinheit hinter der Fassade von Wohlanständigkeit. Erwachsenwerden war die Verletzung der Vorstellung von der eigenen Unendlichkeit, die mit der Verletzung anderer gerächt wurde; möglichst solcher, die noch an die eigene Unendlichkeit glaubten. Erwachsenwerden war eine Kette bitterer Einsichten. Erwachsenwerden war die Verkleinerung der Welt – weg von der Weltläufigkeit des Kindes, hin zum quadratischen Horizont aus Selbstsucht und kurzfristigem Eigennutz. Die Moral der Erwachsenen war eine Waffe gegen andere. Wenn ich nicht aufpasste, würde ich zu guter Letzt noch hineinwachsen in diese Welt.

Die Tür ging auf und leise Trippelschritte näherten sich. Sonja kam herein. Sie ging ohne Umwege auf mich zu, setzte sich auf meinen Schoß und legte die Arme um meinen Hals. Ziemlich lange saß sie so und sprach kein Wort. Ich legte meine Hand auf ihren Hinterkopf. Sie hob das Gesicht zu mir. Weiße, salzige Tränenspuren liefen von ihren Augen senkrecht abwärts. Ein trauriger kleiner Pierrot. Wir sahen uns einfach nur an. »Scheiße«, sagte sie irgendwann ganz leise. Es klang wie das Codewort einer Vertrauten.

Traudi trat in die Küche. Wir hörten den schlurfenden Schritt, mit dem sie an manchen Tagen ihr offenes Bein hinter sich herzog. Sie stellte den leeren Teller in die Spüle und blickte mit wachen, kalten Augen um die Ecke. Als sie uns sitzen sah, senkte sie schnell den Blick und verschwand.

Sonja saß bei mir, bis sie müde wurde und sich schlafen legte. Mich trieb es hinaus aus dem Haus.

»Hallo, Nandl«, sagte ich halblaut.

Vom Grund der Greana Gumpen her schwieg es vielsagend. »Komm, Nandl«, sagte ich, »das bringt nichts.«

An einer Stelle der Trichterwand, etwa auf halber Tiefe, stand ein schwarzes Algenkissen, dessen Fäden sich reglos lichtwärts reckten. »Komm«, sagte ich, »versteck dich nicht.«

Das Wasser war seicht an den meisten Stellen außerhalb der Gumpen. An vielen Flecken schauten die Kiesel heraus, die der Fluss aus den Bergen mit sich gebracht hatte. Glatt geschmirgeltes Geröll, von den Gletschern vorgeformt, von der Amper fertig gestellt und ausgeliefert. Wenn die linsenförmigen Steine im flachen Brackwasser lagen, dicht an dicht, dann wuchs ihnen eine seltsam kranke Haut aus gelbbraunen Algen, die sich wie ein nässender Ausschlag über den offen daliegenden Flussgrund breitete. Eine unappetitlich schwabbelnde braungrüne Masse, die jeden Stein wie Schleim umhüllte und jeden Fuß zum Glitschen brachte, sodass auch ein einfacher kleiner Stein auf einmal gefährlich werden konnte. Hatte die Sonne einige Tage am Himmel gestanden und lange genug in die Ecken der Stadt hineingeleuchtet, dann löste der braune Schleim sich von den vielen runden Rücken, und kleine Teppiche schwebten in bizarrer Majestät zur Oberfläche, wo sie in Bündeln trieben, reglos, ohne Fortkommen, von kleinen glitzernden Gasblasen besetzt. Die Kotstangen, die weiter abwärts aus den Abflussrohren purzelten, zerbrachen beim Aufschlag auf das Wasser zu mundgerechten Stücken und wurden von den Schwänen gefressen, die hinterher den alten Frauen auf den schmalen Holzstegen aus der Hand fraßen. Im Winter lagen die lustigen braunen Haufen glitzernd auf dem Eis des Flusses, umringt von hart gefrorenen roten Papierstückchen, und wenn der Anblick zu unanständig wurde, dann nahm man eine Axt und haute unterhalb des Auslasses ein großes rundes Loch in das Eis, sodass die steifen Gesellen vorübergehend ins Wasser tauchten, doch am nächsten Morgen waren sie wieder da, denn das Eis war wieder fest, und dann gab man auf und war einhellig der Meinung, dass du als Einzelner da gar nix machen kannst, weil die Natur is immer stärker, net wahr. So war's ja immer. Was hätten mir denn damals schon machen sollen, ma' hat ja selber g'nug Sorgen g'habt, und i hab jetzt auch was zum tun, net wahr, i muss jetzt aufn Markt, und danach muss i noch in den »Pullacher Hof«, weil da treffen mir uns jede Woch, schließlich hat ma' viel zu erzählen, und die Jungen, die hören ja nimmer zu, mir haben ja wenigstens noch zug'hört, net wahr, aber die Heutigen, die wollen ja nimmer zuhören, und drum verstehn s' auch nix vom Krieg, und der Sohn vom Zacherl, also glauben S', der fangt jetzt sogar noch an und *fragt*, jetzt stellen S' ihnen das nur amal vor, Frau Vordermeier, der *fragt*, ja meinen S', *mir* hätten uns damals fragen traut, ja da wären mir ja sonst noch wo hinkommen, wenn mir da was g'fragt hätten, ham S' es ja g'sehen, sind ja genug umkommen, die nicht einmal g'fragt haben und sind trotzdem umkommen, brauchen S' bloß anschauen, die ganzen armen Leut in München und in Dresden und in Frankfurt und in Köln, und hat kein Einziger von denen was g'fragt, sind ja selber auch nix g'fragt worden.

Und im Winter lag die Scheiße auf dem Eis, und im Sommer trieb sie auf dem Fluss, bis sie gefressen wurde, aber wenn man hinschaute, sah man sie immer. Und wer ganz mutig war, der streichelte hinterher einem Schwan den Kopf.

»Was meinst, Nandl?«, fragte ich halblaut. Am blauen Himmel wanderten die Schäfchenwolken. Da sie zügig dahinglitten, blinkte die Sonne auf und ab, je nachdem, ob sie freien Zutritt hatte zum

Fluss oder ihr eines ihrer Schäfchen die Sicht versperrte. Wenn sie aufleuchtete, sah man der Gumpen bis auf den Grund. Wenn sie abblendete, verhüllte sich die Tiefe und spiegelte die Wolken wider. Im gleichen Rhythmus, wie der grüne Turmalin sich atmend wand, schien einem das Licht ins Gesicht und verging wieder. Ein stetiger Wechsel aus Kommen und Gehen, aus Hell und Dunkel, Warm und Kühl, Anfang und Ende. Zwei Fische glitten heran, senkten die Mäuler in den Trichter und schwebten mit rudernden Brustflossen abwärts. Sie sahen aus, als würden sie sich während ihres lautlosen Abstiegs miteinander unterhalten. Das schwarze Algenkissen begann zu zittern, dann reckten seine Finger sich wie die Glieder eines Erwachenden, und bald schon wogte eine Wellenbewegung durch das ausdruckslose Pflanzenwesen.

Sie hatte immer noch diese grenzenlose Traurigkeit in ihren Augen. Dieses gehetzte Gefühl, dass man ihr das Leben nahm, während ihr Inneres noch nicht reif war für den Abschied und ihr Hunger nach dem echten Leben ungestillt geblieben war. Ihre dunklen Augen hingen verloren in zwei dunklen Höhlen, deren Tiefe in ihrem Gesicht schwarze Schattenringe warf. Die breiten Backenknochen spannten die Haut, sodass sich aus ihren Wangen kleine Gruben formten. Ihr schwarzes Haar wand sich wie eine vollgefressene Riesenschlange in einem dicken, langen Bündel ihren Hals entlang bis über ihren Rücken hinab, sodass ihre breiten, ehemals kräftigen, runden Schultern erkennbar waren. Ehedem mussten die Männer verrückt gewesen sein nach ihrem Fleisch. Jetzt hing die Haut schlaff und welk über Gelenkknochen und Schlüsselbeinen und formte darunter eine sichelförmige Falte. Ihre leeren Brüste hingen weich und gummiartig von ihr wie faulende Flaschenkürbisse, an deren Spitzen die langen Brustwarzen aus schwarzbraunen Höfen hervorlugten, die zu Lebzeiten niemals die Lippen eines Säuglings gefühlt hatten. Die Rippen standen so deutlich unter der gelben Haut hervor, dass man den Eindruck hatte, man blicke auf das innere Drahtgestänge dessen, was einmal ein Mensch gewesen war. Nandl war vollständig nackt. Unter ihrem Nabel formte der Bauch eine abwärts lappende Altfrauenfalte, die den angegrauten Busch ihres Dreiecks zu verbergen suchte. Was einmal ihr Gesäß gewesen und in den letzten Wochen ihres Todeskampfes abgebaut worden war, hing seitlich an ihren breiten Schenkeln herab wie zwei leere Satteltaschen. Ihre Knie waren aufgeschwollen, über Ober- und Unterschenkel breitete sich das dunkle Moos einer kräftigen Beinbehaarung. Die Muschel zwischen ihren Beinen schien halb offen zu klaffen, so wie viele der abgestorbenen Schalentiere, die man zwischen den Steinen der Amper fand, wenn man auf die Suche nach den flink flitzenden Dolpen ging. Das Wasser war flach zur Mitte des Flusses hin, und es reichte Nandl gerade bis zu den Knöcheln.

»Kommst zu mir?«, fragte sie unerwartet scheu.

»Hm«, sagte ich, während meine Augen neugierig ihren Körper absuchten.

Sie ließ sich nieder und saß mit angezogenen Beinen auf der Kiesbank, das Kinn auf die Knie gestützt.

»Wie geht's dir da drüben, Nandl?«, fragte ich leise.

»Mei«, sagte sie und hob müde den Kopf. »Is eigentlich auch net viel anders.«

»Ach?« Ich schwieg erstaunt.

»Is keiner da, den d' kennst. Keiner interessiert sich. Kaum jemand da zum Reden. Du bist halt drüben, das is es.«

Ich sah sie an. Sollte das die ewige Ruhe sein?

»Und der Martl … schau, der Martl, der lasst überhaupt nix hören«, sagte sie traurig.

»Wart ihr eigentlich glücklich verheiratet?« Ich wusste nicht, wohin ich schauen sollte. Sie verwirrte mich mit ihrer Nacktheit.

»Mei«, sagte sie. »Mir waren halt verheiratet. Er hat ja eh net viel von mir g'habt«, fügte sie nachdenklich hinzu. »Glaubst, ich hab viele Männer was geben können«, fing sie erneut an. »Nur, als ich endlich beim Martl war, da bin i kaputtgangen. Tapfer war er«, sagte sie nach einer langen Pause.

»Hat sich gut gefangen, dein Martl«, murmelte ich, nur um irgendetwas zu sagen.

»Und du?« Sie sah mich herausfordernd an.

»Ziemlich Scheiße, Nandl«, sagte ich leise, während es in meinem Hals zu drücken begann.

»Letztlich is es völlig egal, wo d' bist«, seufzte sie resigniert. »Wennst nirgends hing'hörst, dann g'hörst nirgends hin, verstehst? Da macht's kein Unterschied, auf welcher Seiten dass d' stehst.«

»Ich weiß nicht mehr, wo ich hingehör, Nandl«, sagte ich leise.

Es wurde ein langes Gespräch. Ich berichtete der Verstorbenen von meiner Lage, meinem Druck, meinem Schmerz, und sie hörte zu, immer wieder aufseufzend. Irgendwann griff sie mit der Rechten in ihren Rücken und löste ihr Haar. Wie ein Vorhang glitt es über ihre Schultern. Das verlieh ihr etwas Hexenhaftes und verstärkte das ruhelose Flackern in ihren Augen.

»Ägypten«, sagte Nandl schwermütig und öffnete behutsam ihre Schenkel. »Ägypten, das is ein wunderbares Land.« Sie schob beide Hände zwischen den Schenkeln hindurch, bis ihre Finger den Boden berührten, und spielte mit den schlammigen Kieseln. »Aber was kriegst heut schon für deine Erinnerungen?«

»Ist das schön, wenn man sich später erinnern kann?«

»Ah mei. Es wird eh nur alles schlimm. Und wennst keine Erinnerungen hast, hast gar nix. Und wennst stirbst, wirst selber a Erinnerung. Und wennst Pech hast, nachert gibt's keinen, der sich erinnert.«

»Wenn das so ist, warum lebt man?«

»Sei nicht so siebeng'scheit! Kein Mensch weiß, warum. Weiß auch keiner, warum s' uns da herüben immer noch nicht in Ruh lassen …«

»Habt ihr alle zusammen keine Ruh, da drüben?«

»Bist a dummer Bub. Meinst, das weiß ich? Seh doch keinen, da herüben! Wie ich krank war, da is noch manchmal der Arzt 'kommen. Aber wennst g'storben bist, was glaubst, wer kommt 'n noch?«

»Bist du völlig allein?«

»Und du? Bist du vielleicht nicht allein?«

»Ja … schon. Aber ich bin wenigstens noch nicht gestorben …«

»So?«

»Wie?«

»Woher weißt 'n das?«

»Jetzt hör auf!«

»Ihr Lebendigen, ihr zieht's den Strich grad da, wo er nicht hing'hört!«

»Wieso?«

»Ihr denkts nur ans Sterben. Als wär das das Entscheidende!«

»Vielleicht nicht?«

»Wurscht is es! Wurscht! Es ändert sich doch nix! Überhaupt nix! B'schissen haben s' mich, schon wieder amal!«

»War's Leben am Ende doch schöner?«

»Geh, Leben! Schau dich doch an, was hast denn für ein Leben? Ihr Lebendigen! Ihr glaubts immer, ihr hättets recht! Aber mir Toten, *mir* sind der Normalfall. Die *Lebendigen* sind in der Minderheit, verstehst?!«

»Und was soll ich jetzt machen?«

»Komm und leist mir a G'sellschaft! Bist eh nur nutzlos da drüben! Und keiner, der sich kümmert.«

»Wird's mir genau so schlecht gehen wie dir?«

»Das wirst dann schon sehen.«

Sie hielt sich die Rechte vor den Mund und sank auf den Rücken. Ihre Haut faltete sich über die Steine wie ein zu lang geratener Vorhang. Ein warmer Windhauch kräuselte die Wasserfläche. Nun presste sie ihre Finger auf den Mund, von denen der braune Algensaft troff. Ihre Augen weiteten sich. Sie würgte. Rechts von ihr schnappte ein Maul aus dem flachen Nass. Stoßweise begann sie den Atem durch die Finger zu ziehen wie eine zähe Flüssigkeit. Ihre Wangen röteten sich. Aus ihren Augenwinkeln liefen Tränen. Vor mir segelte ein Ahornblatt zu Boden und spreizte sich trotzig über ein Grasbüschel. In immer länger werdenden, gepressten Zügen saugte Nandl die Luft aus dem All. Mit jedem Einatmen spreizten ihre Finger sich verkrampft, mit jedem Ausatmen entkrampften sie sich ein wenig, sodass die fahlen Knöchel sich nach oben wölbten. Eine der Möwen, die sich bisweilen hier herumtrieben, schlug ihren Schnabel ins Wasser und schnellte wieder empor. Mit leicht geöffneten Schenkeln begann Nandls Leib zu zittern, als würde sie frieren. Nun löste ihre Rechte sich vom Mund, und sie presste die Finger auf den Hals, während sie, unentwegt keuchend, weiteratmete.

»Komm«, schnaufte sie. »Komm! Hilf mir doch!«

Ich machte eine kurze Bewegung, um aufzustehen, erstarrte jedoch mittendrin und blieb verwirrt sitzen, während ich sie unentwegt ansah. Ihre Linke wanderte zwischen ihre Beine. Ich konnte sehen, wie die Finger sich auf ihren Busch pressten und zu kreisen begannen. Von der Straße her polterte ein Lastwagen. Dann verschwanden ihre Finger tiefer und tiefer im Irgendwo. »Komm«, keuchte sie. »Gehn mir nach Ägypten, mir zwei.« Ihr Handballen massierte in kleinen Kreisen ihren Venusberg. Sie begann zu stöhnen. »Is ganz leicht. Brauchst nur mitkommen!« Hypnotisiert beobachtete ich das Spiel ihrer Finger. Nandl gab kurze, kräftige Schreie von sich. Ihr Körper wand sich mehr und mehr, die Steine unter ihr begannen lebendig zu werden und zu klacken. In den Blättern über mir begann es zu rauschen. Nandl Raab heulte wild auf, während ihr faltiger Körper sich im Bogen himmelwärts reckte. Plötzlich fuhr sie in die Höhe, riss die Finger aus ihrer Höhle und sprang nach Atem keuchend auf.

»Pah!«, fauchte sie mit einer wegwerfenden Geste und blickte zornig zu mir herüber. Brüsk drehte sie mir den Rücken zu und tat einige hastige Schritte nach vorne. Sie geriet ins Stolpern, taumelte, stürzte mit den Armen rudernd vornüber. Ich sprang auf. Einen erschreckten Aufschrei von sich gebend, schlug Nandl Raab mit dem Gesicht voraus in das Wasser und war augenblicklich verschwunden.

»Sinnlos«, sagte ich leise. »Sinnlos.«

Zwei Enten watschelten die gegenüberliegende Uferböschung hinunter und schoben sich verschworen schnatternd auf das Wasser. Sie taten einige Paddelschläge, dann begannen sie wild mit den Flügeln zu schlagen, jagten über den Fluss und erhoben sich in die Luft. Ich folgte ihnen mit den Augen.

Rudi Bartsch war wahrscheinlich der Schleimigste in der Klasse. Er trug eine geföhnte blonde Haartolle über dem braun gebrannten Gesicht mit den unverkennbar nassauerischen Zügen. Seine Stimme war genauso kraftlos, wie sein Händedruck sich anfühlte. Er sah stets aus wie aus dem Ei gepellt und trug jederzeit mindestens einen Kamm in seiner Brusttasche. Dazu war er der klassische »Sandler« –

ein notorischer Verkäufer und Schuldenmacher, wie er sich in jedem Schuljahrgang findet. Mir hatte er für zehn Mark einen alten Wehrmachtsfeldstecher verscherbelt, den ich zwar nicht brauchte, den ich ihm aber abgekauft hatte, weil er seit Tagen unentwegt auf mich einschwafelte. Erst als er mich flehentlich bedrängte, er brauche das Geld unbedingt, stimmte ich dem bizarren Geschäft zu. Es ärgerte mich insofern, als ich in dem Sportgeschäft in der Kirchstraße ein langes Stilett gesehen hatte, das ich mir hatte zulegen wollen. Wie beinahe alle Jugendlichen meines Alters assoziierte ich Stärke, Gefährlichkeit und eine altersspezifische Art von Wehrtüchtigkeit mit dem Gerät, dessen Klinge auf Knopfdruck mit einem peitschenden Schnappen herausschnellte. Schon lange hatte ich damit geliebäugelt, aber Rudi Bartsch hatte mich einfach zugeschwafelt, und jetzt lag ein deutscher Wehrmachtsfeldstecher in meinem Schrank, und zu den zwölf Mark für das Schnappmesser fehlten mir wieder glatte zehn. Doch wenige Tage später rief Rudis Mutter bei mir an: Ob es sein könne, dass Rudi mir ein altes Fernglas verkauft habe? Ich bejahte zögernd. Ob ich einverstanden sei, es gegen volle Erstattung des Kaufpreises zurückzugeben? Es sei nämlich so, dass dies der Feldstecher ihres älteren Bruders sei. Der sei an der Ostfront verschollen, als in Pommern der Russe über uns kam, und das Einzige, was man von ihm gefunden habe, sei dieses Fernglas gewesen. Ich würde ihr demnach einen großen Gefallen tun, wenn ich … Am nächsten Tagen knallte Rudi mir zwei Fünfer auf die Schulbank, zischte etwas von Kameradenschwein und nahm das Glas in Empfang. Gleich nach Schulende blitzte der kalte Stahl des Stiletts in meinen Fingern, und ich machte mich mit ausgebeulter Hosentasche auf den Rückweg und versteckte das überdimensionierte Männlichkeitsattribut hinter einem Stapel Schulbücher auf meinem Regal.

Inzwischen waren es nur noch vier Wochen bis zu den Sommerferien. Oma hatte viele Male mit mir zusammengesessen und mir ihre Reisepläne eröffnet: Sie werde ihre Tochter wenigstens statt meiner besuchen, denn sonst käme ja gar niemand zur Mamma. Ich lauschte ihr mit glasigen Augen. Die Atmosphäre zu Hause war übergegangen zu eisiger Teilnahmslosigkeit, und obwohl ich keine neuen Anläufe unternommen hatte, um eine Reiseerlaubnis einzukommen, trug ich mein Stigma des Verräters und wurde mit der entsprechenden Verachtung behandelt. Oma dachte laut und praktisch. Sie stellte den Inhalt ihres Koffers zusammen und kündigte an, am Reisetag werde sie vorsichtshalber ein paar zusätzliche Salamibrote vorbereiten, falls sich an der Situation kurzfristig etwas ändern sollte. Ich glaubte nicht daran.

Über mein Leben hatte sich ein Netzwerk von Haarrissen gespannt, und es war dabei, in die Brüche zu gehen. Ich schlief nicht mehr. Meine nächtlichen Gedanken hetzten durch das Dunkel wie eine Herde blutender Rehe. Ich hetzte hinterher. Der frühe Bruch in meiner Kindheit hatte wieder eine neue, dramatische Aktualität erlangt: War Mamma es wert, diesen Konflikt ins Leben zu rufen? Jagte ich nicht dem idealisierten Bild einer Frau hinterher, die in Wirklichkeit gar nicht existierte? War die Realität das Gefühl wert? War ich dieses ständige Hundeleben wert? War das Leben eigentlich *mich* wert? Die Fragen blieben unbeantwortet bis zum nächsten Morgen, und mit ihrem Schrillen begleiteten sie mich durch den Unterricht.

Ich fand die Antworten nicht. Traudis endlose Schikanen gingen mir durch den Kopf: wie sie mir immer wieder geifernd untersagte, während der Woche zu duschen. »Mir duschen am Freitag. Und der feine Herr, der braucht unter der Woch auch nicht mehr als einen feuchten Waschlappen!« Wie sie jeden Morgen die Länge des Zahnpastastreifens auf meiner Zahnbürste kontrollierte, um in eine Gift sprühende Tirade auszubrechen und mir die Bürste zu entreißen, wenn er zu lang war. Wie sie zwischendurch feixend nach meinem jungen Schwanz griff, wenn ich morgens vor dem Waschbecken stand, ihre Augen blinkend vor Hasslust. Und dennoch war hier der Platz, an dem ich aufwuchs. Folgte ich Mammas Ruf und blieb ab jetzt bei ihr, dann bedeutete dies den Bruch mit meinem bisherigen Leben. Ich würde ausgestoßen sein und Sonja nie wiedersehen. Und ich würde, das war mir klar, mich auch bei Mamma nicht wohl fühlen unter der Scherbenlast, die dieser Entschluss unweigerlich auf mich häufen würde. Blieb ich andererseits in meinem seltsamen Zuhause, ohne Mamma zu besuchen, dann würde die alte Wunde weiter brennen und ich würde mir als Verräter an ihr vorkommen. Würde ich zu ihr fahren und danach zurückkehren, dann durfte ich dankbar sein, wenn sie mich hier wieder ins Haus ließen. Aber ich hatte keine Lust, dankbar zu sein. Mir stand mein eigenes Leben zu, das ich jedoch nicht einmal in seinen Konturen ausmachen konnte: Egal welche Option ich wählte, ich würde zwischen die Mühlsteine fremden Hasses geraten. Es war eine Sackgasse nach allen Richtungen.

»Geh, Leben!«, hatte Nandl gesagt. »Schau dich doch an, was hast denn für ein Leben?«

Ich saß wieder an der Gumpen. Leise rief ich, aber Nandl zeigte sich nicht. Starke Regenfälle in den Bergen hatten zu einer Flutwelle geführt, und der Nasenbach jagte mit unüblicher Geschwindigkeit durch sein Bett. Nicht bedrohlich, eher hochzufrieden, ein richtig gesunder, lebenstüchtiger Flussarm mit einer Aufgabe im Leben. Voller Kraft. Lustig wirbelnd. Vor lauter Energie undurchsichtig geworden. Einer, der wie ein Pfeil durch sein Leben schoss und der klagenden Nandl keinen Platz ließ. Wie ein Pfeil peitschte die Messerklinge hervor. Ich klappte sie nachdenklich ein und drückte erneut den Auslöseknopf. Wie zur Probe setzte ich mir die Messerspitze auf den Bauch.

Wenn ich jetzt zusteche, dachte ich leise, dann habe ich es hinter mir.

»Dummer Bub!«, sagte Nandl. »Vom Denken ist noch keiner g'sund worden!«

Langsam wie ein Träumender blickte ich mich um. Die Wasserfläche war übersät von Schaumwirbeln, Nandl war nirgends zu sehen. Mit Peitschenknall schwang erneut die Klinge aus.

»Da sitzst«, sagte Nandl, »und denkst und denkst und denkst.«

Spielerisch ließ ich die Klingenspitze in alle Richtungen deuten. Immer wieder wanderte sie zu meinem Bauch zurück.

Eine Gruppe Enten jagte vorbei, vom Fluss mitgerissen, eine zufriedene Familie im Rausch der Bewegung, so natürlich, als sei der Fluss ohne Gefahr. Ein grünbekopfter Erpel drehte sich halb herum, blickte interessiert auf mich und schoss zugleich rückwärts weiter. Bald war ich wieder allein.

In Gedanken sah ich, wie Nandls Finger an ihrem Busch herumrieben, sah die anschwellende Zügellosigkeit ihrer Bewegungen und begann zu verstehen, was sie mir hatte bedeuten wollen: dass der Tod einem auch zur Lust gerinnen konnte. Ich drückte die Spitze gegen meinen Leib. Manchmal, vor allem am Freitag, wenn Zahltag war, gab es abendliche Schlägereien in Fürstenfeldbruck, bei denen einer abgestochen wurde. Komischerweise stachen die angetrunkenen Täter nie ins Herz, sondern fast immer in den Bauch. Im Herzen schien das Blut zusammenzufließen, aber das Leben steckte im Bauch. Manche hatten nur ihr Bier darin, andere ihre Wut, wieder andere ihre Krämpfe. Aber wenn das Leben die Leute wirksam treffen wollte, zielte es stets auf den Bauch. Ich musste auch auf den Bauch halten, wenn ich aus der Sache herauswollte, schoss es mir durch den Kopf.

Der Gedanke erschreckte mich, und doch war es mein eigener Gedanke. Der Fluss gurgelte, und durch ihn hindurch hörte ich das Gurgeln Nandls, sie schien wieder sehr erregt zu sein. Aussteigen, dachte ich. Einfach den Waggon wechseln und umsteigen können in ein anderes Leben, wo sie nicht halb so krank waren. Die Spitze bohrte sich in mein Hemd, drei Finger oberhalb des Nabels. Mit zunehmendem Druck wurde das Gefühl unangenehmer. Jetzt müsste gleich das Blut kommen, dachte ich.

Stattdessen kam Ricky. Sie kam einfach die Böschung heruntergeklettert und lächelte mich scheu an. Ricky war immer scheu. Dass ein so apartes Mädchen so schüchtern auftreten konnte, hatte mich immer wieder erstaunt. Mit Ricky war ich aufgewachsen, sie hatte in der Kaiser-Ludwig-Straße gewohnt, und sie hatte wunderschönes, langes dunkles Haar, schon als Kind. Die beiden mächtigen Zöpfe, die sie als meine Spielkameradin damals trug, unterstrichen ihre großen dunklen Augen, aus denen sie seltsam fragend in die Welt blickte. Meist hatte sie eine gelbe Strickjacke getragen und dunkelblaue Wollstrümpfe zu einem karierten Rock. Ricky war ein Mädchen gewesen, das die Sympathie anderer über seine scheue Natürlichkeit gewann. Nach der Pubertät allerdings konnte sie sich vor Zuneigung kaum mehr retten: Sie war ein ungeheuer schönes Mädchen geworden, dessen dunkle Samtaugen jedes Herz schon im Vorübergehen anglühen konnten. Aus den verfilzten Wollstrümpfen war ein Paar langer, schlanker Beine in dunklen Strumpfhosen herausgewachsen, gekrönt von einem dezentfarbenen Minirock und dazu einer Figur, die uns Gleichaltrige in stiller Anbetung verharren ließ. Wir waren uns einig, dass Ricky in einer besonderen Liga spielte und dass jeder Versuch bei ihr für uns Normalspieler von vornherein aussichtslos war. Sie würde unsereinen nicht einmal bemerken. Jetzt guckte ich in Rickys Samtaugen und drehte verlegen mein Messer hin und her. Mal deutete die Spitze auf mich, mal von mir weg.

»Hei«, sagte Ricky, und sie hatte diese leicht vibrierende Schmusestimme, »willst du zur Mafia?«

»Ich, äh …«, haspelte ich und wurde rot bis zu den Ohren. »Ääh, nein …«

»Was machst du dann da?«

»Ich spiel einfach so rum«, log ich.

»Und?«

»Was, und?«

»Schönes Spiel?« In ihren Augen blitzte es spitzbübisch. Sie setzte sich neben mich, winkelte ihre Beine an. Der Minirock rutschte weiß Gott wohin. Von Nandl war nichts mehr zu sehen und zu hören. Verlegen steckte ich mein Stilett weg.

»Ist etwas mit dir?«, fragte Ricky eine Spur ernster.

»Mit mir?« Nun hatte ich die großen Augen, nur waren sie nicht annähernd so samten. »Was soll sein?«

Als Antwort erhielt ich einen tiefen, tiefen Blick aus zwei Frauenaugen, die viel zu warm waren für die Jahreszeit. Schließlich war Frühsommer, und man brauchte keine Heizung mehr. Und jetzt legte sie mir auch noch die Hand auf die Schulter. Es war zum Kotzen. Die Spielkameradin, die ich derb an ihren Zöpfen gezogen hatte und die niemals zurückgeschlagen hatte, sondern immer nur mit traurigen Augen davongelaufen war, war eine wunderhübsche junge Frau geworden, die mir ganz unbeschwert in meine Krise hineinrauschte und meiner aufkommenden Todessehnsucht ein überaus irdisches Gegenthema präsentierte.

»Ach, Ricky«, sagte ich verzweifelt, und mein Gesicht sank auf meine Knie. Ich spürte Finger, die meinen Hinterkopf kraulten. Ich hielt die Augen geschlossen und nahm in stiller Fassungslosigkeit die Berührung wahr. Eine Frau fasste mich an. Eines der Wesen, mit denen ich die schlechtesten Erfahrungen in meinem Leben gemacht hatte, schenkte mir eine ungekünstelte Zärtlichkeit, die ich zuvor noch nie erhalten hatte. Ganz leicht drückte ich meinen Hinterkopf nach hinten, Rickys Hand entgegen.

»Und?«, sagte sie. »Und, Mafioso?«

Ich begann zu reden und hörte eine ganze Stunde nicht mehr auf.

Ricky lauschte, und ihre Augen ruhten auf mir, während sie gleichzeitig zu mir sprachen. Sie erinnerten mich an ein Lagerfeuer, das wir uns als Vierzehnjährige auf einem Klassenausflug bereitet hatten: Während die Nacht sich über uns zusammengezogen hatte wie eine Zeltbahn, hatten die Holzscheite kaum hörbar vor sich hin geglüht und ein steter Strom blinkender Funken hatte sich vom Feuerplatz erhoben und mich an die heißen Sommertage erinnert, an denen die Ameisenschwärme ausflogen. Der warme Wind war damals in Richtung See gestrichen, an dessen Ufer sich unser Lager befand, und er hatte die Asche angehoben und sie in einen Leuchtregen lautlosen Teenagerglücks verwandelt. Dieses seltsam durchdringende Glück verspürte ich jetzt wieder. Es waren leise Berührungen, sanft und nicht fordernd, gebend und nicht bestimmend. Und ich war mittendrin, mich in Ricky zu verlieben.

Ricky war eine gute Zuhörerin. Nach einiger Zeit legte ich linkisch meinen Kopf auf ihre Schulter, und sie legte einen Arm um mich. Der alte Pritschenwagen aus dem Schlachthof ratterte vorbei. Wöchentlich transportierte er auf seiner offenen Ladefläche Knochen und blutige Fleischabfälle in eine Tierfutterfabrik und zog jedes Mal einen so barbarischen Verwesungsgestank hinter sich her, dass einem minutenlang übel wurde bis zum Brechreiz. Jetzt hielt das Buschwerk über uns das Schlimmste ab, dennoch war die Luft, die sich von der Straße herunterwälzte, ein einziger Graus.

»Iiiih!«, sagte Ricky sanft und barg ihr Gesicht an meiner Brust.

Unruhig spähte ich nach Nandl. Noch vor kurzem war ich drauf und dran gewesen, mich ihren Lockungen zu unterwerfen. Jetzt war sie verstummt, und ein sanftes, verschmustes Mädchen hatte einen Arm um mich gelegt und presste ihr Gesicht gegen meine Brust, von der ich mir in diesem Augenblick wünschte, dass sie breit, muskulös und haarig sein sollte. Ich begann mir auch zu wünschen, es käme ein weiterer Lastwagen und dann noch einer, und die faulig-warme Sommerluft würde einfach nicht mehr aufhören, Ricky gegen mich zu pressen.

Ricky bewegte unwillig den Kopf.

»Stinkt ganz schön, was?«

Eine kurze, heftige Kopfbewegung sagte mir, ich sei ein Vollidiot. Der Kopf an meiner Brust blieb so ruhig, als warte er auf etwas. Die Luft klärte sich. Unschlüssig blickte ich auf das wunderschöne Bündel dunkler Frauenhaare, das sich halb über meine linke Schulter gebreitet hatte. Rein von der Luftqualität her betrachtet, hätte Ricky wieder aufblicken können, fand ich. Aber sie blickte nicht auf und blieb still.

Unsicher legte ich meine Rechte auf ihren Hinterkopf und begann sie zu streicheln. Ihr kleiner Kopf antwortete. Ich nahm meine Linke zu Hilfe und barg Rickys Kopf zwischen meinen Händen, so vorsichtig, als transportierte ich ein hochexplosives Versuchsgemisch durch den Chemiesaal. Dann sah ich plötzlich dieses Gesicht vor mir. Die Wangen waren gerötet, und die Augen unter den schmalen schwarzen Brauen drangen in mich ein, während ich mich irritiert fragte, wieso ihre Lider sich nicht bewegten. Zwischendrin musste einer doch mal mit den Augenlidern blinzeln, dachte ich mir. Ihre feingezeichnete, schmale Unterlippe hatte sich gefüllt wie eine reife Frucht, deren Haut man schon mit der leisesten Berührung zum Reißen bringen würde. Rickys Lippen öffneten sich leicht. Über ihr ganzes Gesicht hatte sich jenes sanfte, freundliche Lächeln gebreitet, das schon zu Kinderzeiten mein Innerstes besänftigt hatte wie eine entzündungshemmende Salbe. Als ich jetzt zum ersten Mal in meinem Leben eine Frau küsste, dachte ich mir, dass das Leben schon verdammt schön sein konnte.

»Du!«, sagte Ricky leise. Ihre Finger schlossen sich in meinem

Nacken, und ihre Stirn sank gegen die meine. »Das ist schön mit dir«, flüsterte sie.

»Ja?«, fragte ich scheu.

»Mhm. Dir merkt man an, dass du in einer geistigen Welt lebst. Irgendwo, wo die anderen niemals hinkommen. Das hat dich immer interessant gemacht für mich.«

»Ach?« Ich wusste nichts darauf zu antworten. Bisher hatte es mich immer isoliert.

»Halt mich fest!«, sagte Ricky sanft. Ich zog sie an mich. »Ich hätte nie gedacht, dass du dich für mich interessieren würdest«, hauchte sie.

»Ich auch nicht«, antwortete ich. »Ich dachte immer, in deiner Liga spiele ich nicht.«

»Du bist viel zu vergeistigt«, lächelte sie und legte mir zwei Finger auf die Lippen, um sie danach an ihre eigenen Lippen zu führen. Ich fühlte mich hölzern, im Grunde wie jemand, der zum ersten Mal in seinem Leben ins Theater ging und dort in der Tombola einen Jaguar gewann, obwohl er keinen Führerschein besaß.

Ungeduldig nahm Ricky meine Hand und legte meine Finger auf ihren Hals. Ich sah sie an und wurde rot. Eigentlich hatte ich viel zu viele Pickel im Gesicht, dachte ich mir. Wahrscheinlich waren sie jetzt alle feuerrot.

»Berühr mich!«

Meine Finger strichen sanft über ihren Hals. Sie erschauderte und bewegte anmutig den Kopf. Ein Reh, dachte ich mir. Ich war jahrelang mit einem Reh im Sandkasten gewesen.

Sie lächelte. »War das der einzige Kuss, den du mir heute geben wolltest?«

»Ich …«, stotterte ich. Dann küsste ich sie erneut, diesmal schon viel selbstsicherer. Kaum zu glauben, was eine Frau innerhalb von Minuten aus einem machen konnte. Der Nachmittag war dabei, völlig zu entgleisen, dachte ich mir. Nandl würde mir eine Szene machen. Doch während Nandl nur egozentrisch gefordert hatte, gab Ricky, und sie gab grenzenlos. Sie schenkte Berührungen und Lächeln, Aufmerksamkeit und Verständnis, Geduld und Zartheit und immer wieder warme, weiche Mädchenküsse. Der Verkehrslärm von der Straße über uns wurde unhörbar, und meine anfängliche Scheu, von anderen gesehen zu werden, hob sich davon wie Morgennebel unter den Wärmestrahlen ihrer Nähe. Ich war immer noch nicht auf den Gedanken gekommen, sie zu fragen, wo sie plötzlich hergekommen war.

»Und was machst du jetzt?«, fragte sie ernst. Ihre Fingerkuppen strichen über meine Schläfen. Unerwartet war ich ein Mann geworden, den die Hände einer Frau liebkosten. Ihr Rock war ganz nach oben gerutscht. Durch die dunkelblauen Strumpfhosen leuchtete ihr weißes Slipdreieck. Sie bemerkte es und strich sich den Rock glatt, ohne alle Verlegenheit, eher geschäftsmäßig. Ich wusste nicht, wie ich es zu deuten hatte, und legte ihr unbeholfen eine Hand auf das Knie. Sie schob sie weg.

»Und? Was machst du mit ihr?«

»Was mach ich schon? Sie lassen mich nicht!«

»Du musst kämpfen. Sie ist deine Mutter!«

»Kämpfen … wofür?«

Energisch nahm sie mein Gesicht in ihre Hände. »Für dich, Mensch! Es ist dein Leben!«

Ganz nah zog sie mein Gesicht an ihres. Ich ließ es gerne geschehen. Ihr junges Antlitz leuchtete, und ich fragte mich, ob ich ebenfalls der erste war, den sie geküsst hatte. So selbstsicher, wie sie sich dabei verhielt, war es eher unwahrscheinlich.

»Komm«, sagte sie und erhob sich. Hand in Hand gingen wir den schmalen Pfad flussaufwärts. Und während über uns der Wagner Karli in seiner Schlosserei stand und einen Nachschlüssel feilte und der unfreundliche alte Haslbeck die Fahrräder seiner Kunden reparierte, während die alte Sägmüllerin das Nachbarkind mit einer Überweisung ans Großversandhaus Quelle zum Postamt schickte und der halb taube Ofensetzer Trinkl seinem depperten Sohn eins hinter die Ohren gab und während der kriegsinvalide Hegnenberg wie jeden Tag einem unsichtbaren Publikum keuchend die Geschichte von seinem Lungensteckschuss erzählte und keine Einzelheit ausließ – während all dieser Unwichtigkeiten passierte nur einige Meter entfernt etwas Urgewaltiges, und ich spürte, wie ich zitterte, als ich an Rickys Hand herausschritt aus meiner Kindheit.

Der Pfad senkte sich abwärts und verschwand in den gurgelnden Fluten der Amper, während das Brüllen der drei offenen Schleusen am Stauwehr immer lauter wurde. Hand in Hand, Schulter an Schulter gingen wir den Hang hinauf zur Straße. Nach einer kurzen Strecke überquerten wir die kleine Holzbrücke, die uns auf den Grasplatz neben der Schleuse führte. Weiß schäumend fauchte das Wasser aus den Auslässen, brüllte Mord und Verrat und sandte einen hauchfeinen Sprühnebel empor, der sich kühl über unsere Gesichter breitete. Ricky legte den Kopf gegen meine Schulter. Sie war einen halben Kopf kleiner als ich.

»Und jetzt?«, fragte ich sie ins Ohr.

Sie zog mich zu sich. »Und jetzt bin ich deine Freundin.«

»Lass uns auf die Schleuse gehen«, schlug ich vor, »den Strudel gucken.«

Man musste einen Schleichweg gehen und eine halbherzige Stacheldrahtbarriere überwinden, dann stand man oben auf dem Quergang des Wehres und blickte hinab auf die aufgestaute Wasserwut. Einige Algenstränge trieben unter der Oberfläche, vom Grund gerissen und heimatlos geworden. Rickys Körper schmiegte sich angenehm an mich, beide Arme hatte sie seitlich um meine Hüften geschlungen. Keine fünf Meter vor dem Geländer, das uns hielt, rotierte der schwarzgrüne Strudel, der etwas Unsichtbares dunkel schlürfend hinabsaugte, um es hinter uns weiß schäumend wieder auszuspeien. Obwohl Wasser sich nicht zusammenpressen ließ, schien es mir doch, als würde es von seinem eigenen ungestümen Druck und seiner zerstörerischen Gier zu einem engen Strang gequetscht, um hinter dem Wehr mit einem gleißenden Freudenschrei zu explodieren. Ich wandte mich Ricky zu, und Ricky wandte sich mir zu. Es war aussichtslos, gegen die Raserei des Wassers anschreien zu wollen. Aber an einem schnellen Pulsieren an ihrem Hals erkannte ich, dass Rickys kleines Herz raste, und ich spürte, dass das meine genauso schnell schlug. Ihre Lippen auf den meinen waren weich, warm und auf wunderbarste Weise feucht. Als ich wieder auf das Wasser blickte, trieben die schwebenden Algenstränge gravitätisch auf den Strudel zu. Ihre Enden peitschten kurz das Wasser, als sie einer nach dem anderen nach unten gezogen wurden. Ein unmerkliches Vibrieren des Geländers gegen meinen Körper ließ mich zum anderen Ende des Laufganges blicken. Nandl stand dort. Sie lehnte seitlich am Geländer, von ihrem nassen Körper hingen die Hautfalten, über die das Wasser aus ihren durchnässten Haaren rann. Sie stützte die Rechte auf den Handlauf, den alten müden Körper anklagend vornübergebeugt. Ihr durchnässter grauer Busch breitete sich über ihre Leisten wie platt getretenes altes Gras. Sie wirkte mutlos, schutzlos. Sie blickte mich an, und ich erkannte entsetzt, dass ihre Augenhöhlen leer waren. Ich starrte auf sie, steif geworden wie ein Reptil. Sie sank auf die Knie, bohrte sich die Finger in die leeren Augenhöhlen. Mit einer heftigen Bewegung bedeutete ich Ricky zu gehen.

Wir standen wieder unten am Ufer und sahen auf den hysterisch gewordenen Fluss, der in seinem Bett hin und her schlug wie ein tobendes Krokodil und dem dennoch die Macht fehlte, sich herauszuheben. Ricky bohrte ihr Gesicht in meine Brust, als könnte sie dort die Antwort für meine plötzliche Flucht finden.

»Du zitterst immer noch«, sagte sie heftig, als wir uns so weit von den Auslässen entfernt hatten, dass wir einander wieder hören konnten. Ich stammelte Unverständliches und dass meine Nerven schlecht geworden seien in den häuslichen Kleinkriegen der letzten Monate. Dann trennten wir uns, denn Ricky musste in einen Nachmittagskurs. »Holst du mich hinterher ab?«

Ich holte sie ab, und der späte Nachmittag dehnte sich in den Abend, und als meine Hände auf ihren schmalen Schultern lagen und ihr warmer, sanfter Atem mir grüßend über das Gesicht strich, fiel es mir schwer sie loszulassen. Die Schultasche, die ich ihr getragen hatte, lag neben uns auf der Bank im Stadtpark. Links von uns leuchtete die Front des Fürstenfeldbrucker Postamts durch die heraufziehende Dunkelheit. Auch in mir leuchtete etwas, und ein schmaler, feingliedriger Mädchenarm hatte es zum Leuchten gebracht. Über den Buschgruppen im Park schwirrten Mückenschwärme, und einzelne Käfer taumelten tölpelig durch die Dämmerung, um mit leisem Klacken auf einem Blatt niederzugehen. Ich saß und dachte darüber nach, wie schnell man sich an die Zärtlichkeiten einer Frau gewöhnen konnte und an das Gefühl einer vertrauten

Zusammengehörigkeit. Es war ganz anders als bei Sonja. Sonja und ich waren unzertrennlich, aber Ricky und ich waren ein Liebespaar.

»Ich muss!«, raunte sie irgendwann mit ihrer leisen, sanften Stimme. Ihre Finger strichen über meine Brauen und die meinen über ihre. Aus der Ausfahrt des Postamts bog scheppernd ein gelber Siebentonner auf die Straße. Der Fahrer gab zweimal Zwischengas, und das Getriebe schaltete schnarrend hoch. Aus dem offenen Wagenfenster drang ein Zwiefacher.

Ich brachte Ricky bis an die Ecke der Kaiser-Ludwig-Straße, ein angenehmer Umweg für mich, und sie verabschiedete sich zurückhaltend, denn sie wollte nicht, dass die Nachbarn ihrer Mutter zu viel erzählten. Ich schlenderte nach Hause, die Seele himmelwärts erhoben, meine ganze Haut prickelnd von Rickys Berührungen wie nach einer heißen Dusche. Auf Erinnerungen schreitend, wanderte ich die Straße hinab und bog links in die Schöngeisinger Straße. Unser Haus lag im Halbdunkel wie ein Geisterhaus, die Fenster dunkel und blind. Es ging etwas Unheilvolles von ihm aus, und mit jedem Schritt sank mein Hochgefühl, und das angenehme Kribbeln auf meiner Haut wurde mehr und mehr zum Kälteschauer.

Der Flur war unbeleuchtet und drohte still, als ich eintrat. Nur aus der Glasfüllung der Küchentür glomm ein schwacher Schein. Also saßen sie im Esszimmer. Ich betrat die halbdunkle Küche, und Sonja warf sich mir entgegen. Gleichzeitig baute Traudi sich im Durchgang zum Esszimmer auf. Die Arme in die Hüften gestemmt, versperrte sie mir den Weg an den Tisch. Ihre Stimme klang wie das Zischen einer wütend gewordenen Kobra.

»Droben liegt er, weil er sich wieder so aufgeregt hat, du Dreckskerl. Beim Doktor war er mit seinem Herz, heut nachmittag, sein Herzjagen wieder, verstehst?! Bringst 'n schon noch um! Bringst 'n schon noch so weit, dass er geht!« Ihre Stimme kippte urplötzlich in ein schrilles, kaum mehr verständliches Kreischen. »Und dann stehert ich da, allein, mit 'm Kind, du Sau, vastehst, a zweites Mal zur Witwe g'macht, weil der feine Herr uns nix dankt! Dreizehn Jahr hamma dir den Dreck wegg'räumt, und dann bräuchert *sie* bloß daherkommen, und schon werd die ganze Familie verraten.« Sie atmete mehrmals schwer durch. Ich schwieg, denn ich wusste, sie war noch nicht fertig. »Den eigenen Vater umbringa, ja schämst dich du gar net, ha?« Sie schrie, dennoch war ihre Aussprache jetzt wieder klar und deutlich. Ich wusste, Papa lag direkt über uns in seinem Bett, und die letzten Botschaften waren in erster Linie für ihn bestimmt. »Hat die Dreckschlampen ihn von hint und vorn betrogen und umanandg'vögelt und nix wie Schulden g'macht, vastehst, und jetzt kämert *er*…« – ich wich der hervorschnellenden Rechten gerade noch aus – »… und auf einmal wär sie die feine Madam, ha? Und der Vatter regt sich a so auf, dass er fast krepiert, aber das wär so einem wie dir ja bloß recht, weil dann hättst du ja endlich einen freien Weg gegen uns. Geh her da, Bamsen!« Mit einem groben Ruck riss sie Sonja von mir weg, die sich schützend vor mich geschoben hatte.

»Ich habe ihm nichts getan«, sagte ich mit bebender Stimme. Den Schlag, der jetzt brennend in meinem Gesicht landete, hatte ich nicht vorhergesehen. Traudis Augen funkelten böse in jener seltsamen Mischung aus Hass und Lust, die ihre Freude aus der Verletzung anderer saugte wie eine Spinne die Innereien aus einem Insekt. *Irgendwann erstech ich sie*, sagte etwas leise in mir. Das Stilett in meiner Tasche, von dem Traudi nichts ahnte, wog plötzlich zentnerschwer. *Irgendwann erstech ich sie beide.* Sonja hatte wieder unbeirrbar die Seiten gewechselt und schlang beide Arme um meine Beine. Ihr kleiner blonder Kopf schmiegte sich an meine Seite. »Aber ich hab dich lieb«, sagte sie leise. »Egal wo du hingehst.« Komm, sagte etwas in mir, erstich sie endlich. Eine Ewigkeit stand ich, während der Atem in Stößen aus mir kam wie Erbrochenes. Meine Finger krallten sich zusammen, als wollte ich würgen. Mein Kopf blähte sich zum Bersten, ich wollte aufbrüllen wie ein blutendes Tier. Dann riss ich mich los und stürzte hinauf in mein Zimmer.

Am ganzen Körper zitternd ließ ich mich in den alten Holzstuhl vor meinem Schreibtisch fallen. Das Zimmer war dunkel. Ich stützte meine Stirn in die Rechte und mühte mich, wieder zu Sinnen zu kommen, als die Tür aufflog. Traudi stand als schwarzer, kreischender Schatten im Raum. »Hätt s' dich gleich mitg'nommen, damals, dann wärst *uns* erspart blieben! Aber die sauberne Madam war ja mit ihrem saubernen Kapitän b'schäftigt, da haben mir freilich 's Kind großziehen können, gell ...?« Das Springmesser in meiner Tasche begann zu glühen. »Da kann der Vatter ruhig varrecka, gell? Der Doktor Hochstätter hat ihm a Beruhigungsmittel geben.« Nicht neu, dachte ich: Sie gaben ihm keine Herzmittel, sondern Beruhigungsmittel, um wenigstens zeitweise seinen Hass zu dämpfen.

»Geh, reg dich doch zwegens so einem net auf!«, kam es matt von der Tür. Papa stand hinter Traudi, sein weißes Gesicht leuchtete in der Dunkelheit. »Der is des doch gar net wert!« Seine Stimme vibrierte in jenem vertrauten Groll, der ihn üblicherweise überwältigte, wenn er davon erzählte, was die Alliierten den Deutschen angetan hätten.

»A so einer bei uns im Haus ...!«, zeterte Traudi. »A so einer bei uns im Haus!«

Papa verzog sich mit wuchtigen Schritten in sein Zimmer. Traudi ging die Treppe hinunter und ließ die Zimmertür offen stehen. Müde knipste ich meine Schreibtischlampe an und blickte auf Sonja, die sich lautlos zu mir ins Zimmer schob und die Tür leise hinter sich schloss. Für ein acht Jahre altes Kind wirkte sie ziemlich abgeklärt, fand ich. Sie legte ihr Gesicht auf meine Knie.

»Geh weg!«, sagte sie leise. »Geh weg und bleib oben bei ihr.« Ich kraulte den kleinen Kopf.

»Du hast wenigstens noch einen Platz, wo du hinkannst ...«, flüsterte sie kaum hörbar.

»Du bist ganz weit weg«, sagte Ricky, als wir uns am nächsten Tag begegneten. »Ganz weit weg.«

Ich nickte abwesend. »Ich will weg«, sagte ich. »Ich gehe.« Wir schritten amperaufwärts, einen schmalen Weg entlang, weidenbestanden.

Sie schwieg lange. Ich spürte, dass sie in Gedanken überprüfte, was diese Worte für sie selbst bedeuteten. »Für immer?«, fragte sie.

Erschöpft nickte ich. Wir setzten uns ins Gras. Ricky legte ihr Gesicht in meine Hände, und ich spürte ihre Tränen. »Es hat doch gerade erst angefangen ...«, flüsterte sie.

»Es fängt immer wieder an«, entgegnete ich schroff. »Jeden Tag wieder fängt es an. Und jeden Tag wieder wird es anfangen, bis ich alt genug bin, dieses Haus zu verlassen.«

Der Groll stieg in mir hoch, die aufgestauten Demütigungen der letzten Monate reichten aus, um einen vor Wut besinnungslos werden zu lassen. Ich schwieg verbissen.

»Für immer«, sagte sie.

Mein Reh, dachte ich mir, als ich in ihre Augen blickte. Wann werde ich je dieses Reh vergessen können?

Wir verbrachten einen Tag voller Niedergeschlagenheit zusammen, der trotz allem seine eigene, verzweifelte Schönheit mit sich brachte. Was es mir schwer machte, war, dass Ricky sich aller Vorhaltungen enthielt und meinen Entschluss auf ihre eigene Weise mittrug.

»Du wirst mir fehlen«, sagte sie. Das Wasser hatte aufgehört zu brüllen. Zwei der drei Auslässe waren über Nacht geschlossen worden. Nur aus dem mittleren schäumte es noch rauschend. Sie hatte sich zwischen meine Schenkel gesetzt und sich rückwärts gegen mich gelehnt. Meine Arme lagen quer über ihrer Brust. Ihre Nähe wärmte mich. Und ihre Stärke gab mir Kraft. Meine erste Liebe. Zum Sterben verurteilt.

»Wann wirst du gehen?«

»Ich weiß es nicht. Mein ganzer Kopf dreht sich. Wahrscheinlich fahre ich mit meiner Großmutter. Meine Sachen lasse ich einfach hier.«

»Wirst du mir schreiben?« In ihren Augen glitzerte es. Plötzlich schnellte sie herum und schlang ihre Arme um mich. Ich spürte die kleinen Stöße, die durch ihren Leib gingen, als sie weinte.

»Ich schreibe dir«, murmelte ich hilflos.

»Es ist trotzdem vorbei, wenn du gehst. Ich weiß es«, flüsterte sie.

»Ja«, sagte ich. »Wahrscheinlich.«

Wir erhoben uns und gingen weiter amperaufwärts, den schmalen Weg zum Stausee hinauf. Die folgenden Stunden waren eine Abfolge schneller Stimmungswechsel. Warme Nähe gegenseitigen Verstehens wechselte mit Traurigkeit und Schmerz, mit Rickys ohnmächtigem Zorn, dass sie das Heraufkommende nicht verhindern konnte, und der heiteren Ausgelassenheit zweier Verliebter, die sich benahmen, als stünde ihnen alle Zeit der Welt, ja die Welt selbst zur Verfügung. Schon nach kurzer Zeit waren wir uns in unserer Verzweiflung einig, dass wir die verbleibende Zeit als unsere Zeit genießen wollten. Unser Wissen um die Begrenztheit vertiefte jede Empfindung, und irgendwann lag Ricky neben mir auf einer Wiese, eine verlangende junge Frau mit geröteter Haut und vollen, liebenden Lippen. Scheu und neugierig geworden zugleich berührte ich sie und beobachtete mit dem Erstaunen des ersten Mals, wie ihr Körper sich zu bewegen begann, einem uralten Gesetz der Liebe folgend, das ich damals noch nicht kannte, und wie ihre Seele sich unter meinen Fingerkuppen veränderte. Irgendwann schrak sie zusammen und sagte nur leise: »Nicht!«

Ich war ungestüm geworden und berührte sie erneut. Ihre Schenkel zuckten, ihr Becken verfiel in ein archaisches Kreismuster, halb wand sie sich mir entgegen, halb floh sie vor mir. Sie schlang die Arme um mich und schob mich von sich. »Nicht!«, sagte sie leise. »Ich bin zu jung.«

»Ich auch«, lachte ich.

Sie streute Küsse über mein Gesicht. Warme, weiche Jungmädchenküsse, deren Erinnerung mich mein weiteres Leben lang wärmen sollte.

»Ich will«, sagte sie leise. »Aber ich will nicht.«

»So was kann nur von einer Frau kommen«, antwortete ich unwillig.

»So was kann auch nur von einem Mann kommen«, entgegnete sie ein wenig scharf. »Erst gebe ich mich dir, dann fährst du weg. Aber in meinem Gefühl bleibst du zurück. Und dann«, ihre Stimme erstarb in einem bitteren Schluchzen, »dann sehne ich mich nach dir und kann nicht mehr zu dir. Deshalb dürfen wir es nicht tun.«

Ich ließ sie los. Sie griff nach meinen Händen, zog sie halb zu sich, wehrte sie halb ab. Wir sahen einander an wie gelähmt. »Geh nicht weg«, sagte sie leise. »Geh weg.«

»Was jetzt?«, fragte ich verwirrt. Schließlich standen wir auf und machten uns auf den Rückweg. Ein Ochsenfuhrwerk fuhr uns gemächlich auf der Straße entgegen Richtung Heubrücke. Es war haushoch beladen mit frischem Gras, Krummet nannten wir es. Dem Bauern fiel scheppernd eine Gabel vom Wagen. »Öhaaa«, sagte er gemächlich. »Öhaaa.« Doch der Ochs nahm es nicht zur Kenntnis und trottete unerschütterlich weiter. Der Bauer schlang die Zügel um den hölzernen Sitzbock, sprang ab, hob die Gabel auf und verstaute sie hinter seinem Rücken quer zum Bock. Die spitzen Zinken ragten zur Straßenseite hinaus. Der Ochs marschierte weiter und kümmerte sich um nichts. Er hatte einen einfachen Beruf, und der Rest ging ihn nichts an.

Als ich tags darauf mit Mamma telefonierte, funktionierte fast gar nichts mehr.

»Mamma, ich komme nicht. Sie erlauben es mir nicht.«

»Dann komm und bleib ganz hier!«

»Wo bleibe ich dann? Du hast doch nicht einmal ein eigenes Zimmer für mich!«

»Du findest immer irgendeinen Vorwand, um nicht zu kommen. Weil ich dir nichts bedeute.«

»Doch. Ich will ja. Aber mir fehlt der Mut.«

»Du lässt mich im Stich. Ich habe so um dich gekämpft die letzten Monate. Warum lässt du mich im Stich?«

»Ich dich im Stich? Ich dich im Stich?«

Immer deutlicher drängte sich mir eine bittere Einsicht auf: Sie war nicht so, wie ich sie brauchte. Sie neigte zu Vorwürfen und zu einer speziellen Art von Selbstgerechtigkeit. Mir schien, sie setzte ihr schlechtes Gewissen ein, um mich zu manipulieren: Es ging ihr zwar schlecht, aber auch demonstrativ schlecht. Auf ihre eigene Weise war sie maßlos fordernd. Und sie legitimierte ihre Forderungen dadurch, dass sie litt. Mehr und mehr fühlte ich mich wie eine Flipperkugel, die ständig von irgendwoher einen Stoß erhielt und unentwegt Punkte machen musste, während sie sich danach sehnte, im Schacht zu verschwinden.

Einige angetrunkene Kartenspieler lärmten in der Wirtschaft. Der Wirt trat an den Tisch und forderte sie brüllend auf, ruhig zu sein. Ich legte den Hörer nieder. Opa zahlte das Gespräch und meine Cola. Als ich mich umdrehte, stand Nandl an der Theke. Sie trug ihr marineblaues Wollkleid und wandte mir den Rücken zu. Mit schlechtem Gewissen hastete ich aus dem Gastraum.

Meine Entscheidung war so langsam herangereift wie eine Hülsenfrucht. Ich war entschlossen, aus allem auszusteigen. In den letzten zwei Wochen bis zu Omas Abfahrt würde sich nichts mehr tun. Am Tag vor ihrer Reise würden wir zur Schulmesse gehen und danach Zeugnisse bekommen. Ich würde alleine zurückbleiben. Oma, die treue Haut, würde ihren schlohweißen Kopf schütteln und alles nicht verstehen. Mamma würde ihre Enttäuschung kultivieren und mich am Telefon grillen. Zu Hause würden sie ihren Triumph genießen und einander selbstgerecht bestätigen, dass sie mich »vor dera da« gerade noch rechtzeitig gerettet hatten. Ich wollte das nicht mehr erleben. Malte mir die Wochen aus, in denen ich mit meiner Enttäuschung leben musste. Traudis hämische Freundlichkeit. Papas pampige Wurstigkeit und seine zu erwartenden Gesten eines großmächtigen Entgegenkommens.

Als ich nach Hause kam, lag Nandl auf meinem Bett. Ich war so verblüfft, dass ich rückwärts wieder aus dem Zimmer wollte, aber sie lächelte mich herausfordernd an, und ich trat vorsichtig ein. Sie trug ein graublaues leichtes Sommerkleid, das sich eng an ihren jungen, festen Körper schmiegte. Ihre braun gebrannten Beine waren stramm und schlank, und sie ragten mir wohlgeformt entgegen, als ich verwirrt am Ende meines eigenen Bettes stehen blieb und einen vorsichtigen Blick riskierte, aber ich kam mit den Augen nicht dazwischen, denn die Beine hatte sie geschlossen. Ihr Kleid war vorne durchgeknöpft, der unterste Knopf stand offen und entblößte einen muskulösen, kräftigen Oberschenkel. Auch der oberste Knopf stand auf und enthüllte ein braunes, sonnengegerbtes Stück Haut, das sich sanft hervorwölbte zu zwei großen, herausfordernden Brüsten, deren Spitzen sich, Berührung heischend, durch den dünnen Stoff drückten. Eine ihrer stahlschwarz leuchtenden Strähnen hatte sich dazwischen verloren und kräuselte sich frech über ihrem Brustansatz, während die Fülle ihrer hüftlangen Mähne sich wie ein schimmernder Vorhang über ihre rechte Schulter und mein Bett, mein eigenes Bett, ergoss. Die Linke ruhte auf der Innenseite ihres rechten Oberschenkels, den sie angewinkelt hatte, während sie das andere Bein sanft gestreckt hielt. Ihre Hände waren breit und kräftig, die Handrücken von Adern und Sehnen durchzogen, die Finger im Vergleich zur Handfläche ein wenig zu kurz. Ihr Gesicht trug die selbstbewussten Züge einer erfahrenen Anfangsdreißigerin, ihr Lächeln hinter den breiten Backenknochen unter der gut durchbluteten Sonnenhaut war eine Spur zu selbstgewiss und verriet eine Frau, die sich selbst als Geschenk verstand und sich als solches gab, um dafür zu fordern. Der leichte Damenbart über ihrer schmal geratenen Oberlippe trug die Farbe ihrer buschigen Augenbrauen, unter denen ihre dunklen Augen mit wacher Distanz herausspähten. Sie war nicht, was man gemeinhin als schön bezeichnete. Aber es ging etwas Schwirrendes von ihr aus, das einen Mann in sich hineinziehen konnte wie ein Strudel. Etwas Endgültiges. Etwas, was nach Offenbarung schmeckte. Nach Einmaligkeit. Nach hilflosem Verbrennen. Nach Untergang.

Ich tat einige wackelige Schritte und setzte mich auf den abgestoßenen alten Stuhl mit der runden Rückenlehne. Unsicher barg ich meine Beine unter dem Schreibtisch, wobei ich meine Blicke nicht von Nandl bekam. Die schnaufende, schweißtriefende alte Todeskandidatin. Der vom eigenen Wasser voll gesogene Schwamm mit den blauen Adern auf den Schenkeln. Die auseinander klaffenden Flaschenkürbisse, leblos baumelnd von einem atemschnappenden Brustkorb.

Wer hätte gedacht, dass der Tod so schön sein konnte.

Kein Seufzen. Kein Wimmern. Keine süßlichen Bitten. Kein sanfter Druck mit dem eigenen Verfall. Was vor mir lag, war kerngesund. Ich starrte sie mindestens eine Stunde lang an. Genauso lange blickte sie wortlos zurück. Dieses Lächeln auf den schmalen, etwas blaustichigen Lippen. Diese wortlose Selbstgewissheit, dass sie mich kriegen würde, wie sie jeden gekriegt hatte, den ihr die Engländer nicht weggeschossen hatten.

»Sag doch was«, sagte ich nach einer Ewigkeit.

»Dummer Bub bist«, entgegnete sie leise. »Kannst's kriegen und nimmst's nicht.«

»Ich hab Angst, Nandl« stammelte ich, plötzlich voller aufkommender Panik, »und außerdem ist da noch Ricky.«

»Vor der laufst doch eh davon«, lächelte Nandl hintersinnig. Es stimmte, ich war, aus einem unbestimmten Gefühl heraus, Ricky mehr und mehr ausgewichen. Sanft wie sie war, hatte sie nichts eingefordert, sondern meine Distanz in schmerzvoller Hilflosigkeit akzeptiert. Nicht, dass sie mich aufgegeben hätte, aber mit dem feinen Instinkt ihrer Fraulichkeit hatte sie wohl erfasst, dass sie mich derzeit nicht bedrängen durfte. Ich kam mir schlecht vor, denn ich mochte Ricky, und ich sehnte mich nach ihr. Aber eine andere, dunklere Seite meines Wesens, die mehr und mehr die Kontrolle über mich zu erlangen schien, zog mich weiter und weiter von ihr weg.

»Kommst schon zu mir ...«, lächelte Nandl siegesgewiss, und die Spur plötzlicher Kälte in ihrem Lächeln ließ mich frösteln. »Sind alle zu mir kommen. War keiner unzufrieden, hinterher.« Scheinbar beiläufig massierte ihre Linke die Innenseite ihres Oberschenkels. »Manche waren ein letztes Mal bei mir, noch am Tag bevor s' ins Feld sind«, erinnerte sie sich. Ihre Lippen zeigten Triumph. Es war ihr nicht um die jungen Männer gegangen, sie hatte bloß Trophäen ihrer Eitelkeit gesammelt. Eine rassige junge Frau voller ungestümer Körperlichkeit, die die Macht genoss, die ihr aus den Schenkeln rann. »Ich hab mir immer denkt, sterben müssts eh, und wiedersehen tu ich keinen von euch, aber wennst an *mich* denkst beim Sterben und nicht an deinen Führer, dann stirbst mir leichter. Weil der Führer, der hat dich b'schissen, aber ich hab dir was geben, du junger Kerl. Viele, schöne junge Kerl«, seufzte sie. »Einmal haben mir einen Kriegsgefangenen g'habt«, sagte sie sehnsuchtsvoll, »mein einziger Engländer ... herrjemineh! So a kurzer war's, so a kurzer mit die untersetzten Oberschenkel, so wie er halt is, der Engländer. McCaffidy hat er g'heißen, Christopher McCaffidy, mit seine roten Schneckelhaar und seiner weißen Milchhaut. Der Hauptmann Heintz hat 'n mir rüberg'schickt, warum weiß i net. Mei, i hab schon a arge Müh g'habt mit ihm, dass der Engländer so nervös is, wer denkt 'n schon so was. Ja mei, die unseren, die haben draußen vorm Zelt g'standen und g'wartet auf ihn, dass er ihnen net auskommt. Wie er das g'merkt hat, wollt er gleich gar nicht mehr weg von mir, aber ja mei, es hilft ja nix, es war halt a Krieg ... Hinterher haben s' ihn durch 'n Sand laufen lassen, mitten in der Hitz. Dattadatt, verstehst? Dattadattadatt! Bei Fluchtversuch erschossen, haben s' dann hinterher immer g'schrieben, das haben s' gern g'macht mit 'm Engländer ...«

»Hast du ihn gemocht?«, wollte ich wissen.

»Mei«, überlegte sie. »Unsympathisch war er nicht. War halt a Feind!«

»Auch *dein* Feind?«

»Ohne mich wär er genauso g'storben«, zuckte sie leicht die Schultern. »Im Krieg, da machst du als Einzelner gar nix. Was hat der schon dafür können, der McCaffidy mit seiner weißen Haut ...?«

Sie blickte mich begehrlich an.

Dunkel keimte in mir der Verdacht, dass Nandl nicht nur Garnisonsschwester gewesen war – wie auch immer sie ihre pflegerischen Aufgaben definierte –, sondern dass sie auch als Todesbotin fungiert hatte: Wen sie, so ahnte ich, mit ihrem kreuzlebendigen Leib angeschmolzen hatte, den hatte es hinterher hinabgezogen in jene große Blutmühle, die jahrelang ohne Unterlass gelaufen war und Leiber zermahlen hatte, um aus ihnen Humus zu gewinnen. Mit nassen Handflächen rieb ich mir über die Schenkel. Nandl, so dämmerte mir etwas unbehaglich, war das Andere schlechthin: der nassgeschwitzte Angsttraum, der abgestandene Urin auf dem Behandlungstisch, das starre Erschrecken im Gesicht einer Fettwachsleiche, die gezahnte Vulva aus unzähligen verstörten Männerfantasien.

Als sie ihr Kleid glatt strich und ging, war ich einer ihrer Soldaten.

In jener Nacht nach ihrem Besuch reifte endgültig mein Entschluss, mich auf Nandls Seite zu begeben. Ihre schwarze Wärme, ihre stöhnende Sehnsucht nach Gesellschaft im Kerker ihrer versengten Erinnerungen, ihre kalten Finger, die sich in mich krallten. Ich lag seltsam reglos, alle Kraft aus mir fahrend, in der Vorfreude auf die Auflösung in Nandls Armen, zu der ich mich entschlossen hatte. Über meinen Leib breitete sich bereits die Starre, die mir – so hatte sie mir versprochen – bald schon die Erlösung bringen würde. Mein junger Körper würde in ihren Armen zerfallen, wie ein jeder irgendwann in den Armen einer Frau zerfallen würde.

Der kalte Stahl, den ich von nun an immer bei mir trug, war wie mein Versprechen an die wimmernde Verehrerin, die sich aus einem nebeligen Vorhang in mein Leben geschoben hatte und deren unerwartete Verjüngung mir nach wie vor rätselhaft war. An manchen Abenden saß ich und wendete das aufgeklappte Gerät zwischen meinen Fingern wie in einem Zeremoniell, die Kuppen tasteten suchend die Schneide entlang bis zu jener Spitze, die, elegant und kalt lächelnd, dazu gebaut worden war, ihren lanzettförmigen Gruß in einen Leib zu pflanzen. Ich saß im Halbdunkel der späten Juniabende, der kalt fahle Neonschein der Straßenlampe schimmernd auf dem Stahl, der mir mehr und mehr zum Erlösungsversprechen wurde. Doch Erlösung, so befahl eine gestrenge innere Stimme mir, verlangte immer auch nach Ausweglosigkeit, ohne die sie nicht stattfinden konnte. Tatsächlich ausweglos aber war die Situation erst, wenn Oma den Zug nach Hamburg ohne mich bestiegen hatte. So verbrachte ich die beiden letzten Wochen bis zum Schuljahresende in einem Zustand unruhiger Vorfreude. Oma würde am Tag nach der Ausgabe unserer Schulzeugnisse abreisen. Auf eine eigene Art war ich bei dem Gedanken ruhig geworden, abgeklärt. Das Bewusstsein, dass es möglich war, eigene Entscheidungen zu treffen und sich hierdurch Entwicklungen zu entziehen, die andere sich zu bestimmen anmaßten – es hatte mir eine bisher unbekannte Ferne zu den Dingen meines Alltags gebracht, eine Art von Heiligkeit, sagte ich mir bisweilen. Und es ermöglichte mir, den bizarren Alltagserscheinungen meines kleinen, unbedeutenden Schülerlebens mit einer Haltung überlegenen Wohlwollens entgegenzutreten – mit der Freundlichkeit dessen, der es besser wusste.

»Heut abend bring ich mich um, Evi«, sagte ich ruhig. Evi gluckste schockiert, mein bisweilen etwas verdrehter Humor war bekannt. Der rechte Flügel der Kirchentür hinter ihr stand halb offen, der weihrauchige Geruch nach Duftstoffen, abgewetzten Holzbänken und dem Sommerschweiß aus Hunderttausenden von Achselhaaren wehte scheu heraus in den blauen Sommertag. Evi war ein nettes, gehemmtes Mädchen, das fast rund um die Uhr von seiner hypochondrischen Mutter kontrolliert wurde und auch an den heißesten Tagen billige Rollkragenpullis aus Synthetikfaser tragen musste, was ihr einen meterweiten Radius süßlichen Schweißgeruchs verlieh. Ihre bleiche Gesichtshaut war wie gewohnt ein wenig fettig, in den fantasielos geschnittenen Haaren steckte die unvermeidliche Schleife für die besonderen Anlässe. Dreißig Jahre später würde ich sie wiedersehen, eine aufregende, selbstbewusste Frau voller Erotik.

»Was du wieder sagst!«, kicherte Evi gekünstelt.

»Doch«, lächelte ich kühl.

»Hihihi«, tuckerte Evi und huschte schnell durch die Kirchentür. Einige Pimpfe aus den unteren Jahrgängen musterten mich respektvoll, bevor sie sich an mir vorbeischoben. Ich trug eine helle, karierte Sommerhose, ein langärmeliges weißes Hemd und meine einzige Krawatte, einen »Knipser« mit vorgefertigtem Knoten, den man am Kragen einfach einklickte.

Es war ein freundlicher Tag. Die Sonne trug ihr lachendes Gesicht zur Schau, und die warme Sommerluft rieb sich an uns wie eine rollige Katzendame. Auf dem Kirchplatz herrschte das gackernde Treiben einer Legebatterie, deren Außenmauern plötzlich in sich zusammengestürzt waren. Neun verschiedene Jahrgänge mischten und entmischten sich in einem letzten Akt obrigkeitsgefälliger Schulfrömmigkeit, bereit, den genäselten Singsang des katholischen Pfaffen willig zu ertragen, da an dessen Ende der Übertritt in die große, einzigartige Sechswochenfreiheit winkte. Züchtige Sonntagskleider mischten sich mit erstem, scheuem Sexappeal und den Ansätzen kultivierter Dameneleganz, mit Gedanken an Sünde, vor denen erst noch der christliche Demutsdienst kam. Buben, Jungmänner, junge Herren in Lederhosen und Firmungsanzügen, die Mädchenscharen ausspähend, Aufbruchstimmung von beiden Seiten, Trennung als verbindendes Element erwartungsbrodelnder Vorfreude. Ferien, endlich. Letzte Aufwallung existenzieller Anspannung, eine Stunde vor der Zeugnisausgabe. Geschnatter, das Angst verdecken sollte.

Ich hatte keine Angst mehr. Oma würde morgen den Zug besteigen, vom Bahnhof Fürstenfeldbruck nach München Starnberger Bahnhof. Vom Starnberger an den Gleisen vorbei zum Hauptbahnhof, der watschelnde Marsch die tuckernden Dieselloks entlang. Von München Hauptbahnhof nach Lüneburg Hauptbahnhof, von Schwelle zu Schwelle, von Schienenstoß zu Schienenstoß, immer weiter weg von mir und ahnungslos immer weiter aus meinem Leben hinaus. Mamma würde sie abholen, am frühen Abend, der zu meiner eigenen Dämmerung werden würde und mit einigen mutigen Messerstößen zu meiner langen Nacht der Freiheit. Während Mamma ihre Mutter in die Arme schließen würde, würde ich bleich in Nandls Arme fallen und schlaff werden im heißen Wüstensand, der ihr aus den Schenkeln rieselte, während ihr dunkler Busch zu einem Tentakelwerk kriechender Algenstränge wurde, die mich kaltfeucht umschlangen, meinen Leib mit Schleim bedeckten, als ruhe er im Inneren einer Schlange, die mich hinabzogen, hinab in die kaltfeuchte Erdhöhle der alten Sünderin, während diese zufrieden aufschreiend ihre lehmigen Schenkel über mir schloss und mein ausströmendes Blut ihren Humuskörper ein letztes Mal erwärmte und die stählerne Mordwaffe neben ihr klickend zu Boden schlug.

Zufrieden, ruhig und freundlich blickte ich auf die anwachsende Schar der Ahnungslosen, die sich nun zur kritischen Masse erhob und sich instinkthaft in Bewegung setzte, hinein in die kühle Höhle des Gotteshauses, ein blinder Wurm, magisch geführt vom Blinken des Tabernakels. Ich ließ mich nieder, Evi schickte mir einen verstohlenen Blick aus den Mädchenbänken, und der polypengeschädigte Pope mit seinem quengeligen Sudetendeutsch begann seine Litanei und gedachte der verstorbenen Mitschüler des vergangenen Jahres. Ich lauschte ihm in stiller Heiterkeit und verachtete ihn für seine Unschuld.

Es zog sich wie üblich, denn der Gute predigte gerne ausführlich. Endlich empfingen wir den Schlusssegen, der uns für die Dauer der Ferien vor allem Unglück bewahren sollte.

Ricky sah mich an, als ich aus der Kirche trat. Ein langer, trauriger Blick ohne jede Frage darin. Ich duckte mich scheu weg. Der Schmerz in ihrem Gesicht blieb mir nicht verborgen.

Als ich grübelnd zu meinem Fahrrad ging, traf ich auf Ole und seinen dänischen Vetter Anders. Ole war der hoch gewachsene Spross eines Künstlerehepaares aus dem Nachbardorf Eichenau, der seine Empfindsamkeit hinter einer skurrilen Vierschrötigkeit versteckte. Seine Mutter war eine hochgewachsene und schöne blonde Friesin, eine Enkelin Theodor Storms, und da er als Einziger in der ganzen Sippe dessen Pranken geerbt hatte, trug er den goldenen Siegelring des Dichters an seiner Rechten. Anders, das Mitglied aus einer dänischen Nebenlinie der Familie, war erst tags zuvor auf Besuch gekommen. Weil ich mich so widerstandslos fühlte, dauerte es nicht lange, bis die beiden mich zu einem Fahrradausflug überredet hatten.

Ich legte mein Zeugnis zu Hause ab, achtlos, es würde keine Bedeutung mehr für mich haben. Während ich mit den beiden die Bahngleise in Richtung Eichenau entlangradelte, bemerkte ich, wie sich eine seltsame Veränderung mit mir vollzog: Mir war, als beginne die Wirklichkeit sich von mir abzutrennen wie eine brüchig gewordene Klebefolie. Auf der einen Seite war ich, entgegen meinen sonstigen Gewohnheiten noch immer feierlich gekleidet; auf der anderen Seite standen die anderen in einer Welt, die nur noch die ihre war, nicht mehr jedoch die meine. Ich beobachtete sie wie die Figuren aus einem Film, und es belustigte mich, dass im Gegensatz zu meinen Kinoerfahrungen ein Gespräch mit den Filmfiguren möglich war. Je mehr Zeit verstrich – und schon war Zeit belanglos geworden –, desto mehr entfernte ich mich aus dem, was mein Leben gewesen war, und desto unverständlicher, ja, kleinlicher erschien es mir auch. Was sich vor meinen Augen abspielte, waren Beschäftigungsformen eines irdischen Pöbels, denen ich mich bereits entzogen fühlte. Ich alberte mit den beiden anderen, fremdartig entrückt, ein Gast aus einer fremden Kultur, der sich bemühte, den wirren Gebräuchen des besuchten Stammes gerecht zu werden. Die Gespräche und Wichtigtuereien wirkten kindisch auf mich: Ich fühlte mich wie in einer Schülerclique, die sich plappernd über die Körper ihrer Mitschülerinnen unterhielt, während noch keiner von ihnen jemals mit einer Frau geschlafen hatte. Nandls schmerzvolle Leidenschaft hingegen rief nach mir, das kühle Versprechen ihrer auseinander gerissenen Schenkel, der sandige Aufschrei, mit dem sie den Eintritt ihres Besuchers bestätigte, den sie hinüberziehen würde aus seiner Einsamkeit in die ihre, um mit ihm unterzugehen und zu verstummen.

In der Nähe des alten Guts Roggenstein stiegen wir ab. Im Mittelalter hatte ein kilometerlanger unterirdischer Gang vom Kloster der Stadt dorthin geführt, sodass die Bewohner im Falle einer Belagerung eine Fluchtmöglichkeit hatten. Der Gang war längst in sich zusammengestürzt, das Gut hingegen fast unverändert geblieben. Am Rande eines Wäldchens nicht weit entfernt stand ein großer Holzturm, ein so genannter »geodätischer Punkt«, den ich aufgrund seiner bizarren Form sofort wiedererkannte: Fünfzehn Meter hoch ragte das rohe Balkenwerk in den Sommerhimmel empor. Vor zehn Jahren hatte einer unserer Sonntagswaldspaziergänge die Familie hierher geführt, und voller Stolz war ich damals die untersten Sprossen hinaufgeklettert. Jetzt erklommen wir Leiter um Leiter und arbeiteten uns über verschiedene Plateaus hinauf bis zu einer kleinen Plattform dicht unterhalb der Turmspitze.

Um uns herum sang eine alles übertönende Stille. Die Sommerluft, benetzt von den Ausdünstungen des Waldes und der ringsum leuchtenden Wiesen, umspülte uns leicht und freundlich wie die Flügelberührung eines Waldvogels, der sich einem auf den Arm gesetzt hatte. Ich dachte an Ricky. Ihr Blick war ohne Vorwurf gewesen. Eine Frau, die das Ungesagte mit feinsten Antennen erspürte. Ich wusste, dass sie mir verzieh, weil sie mich verstand. Sie fehlte mir jetzt, als ich in der Höhe stand, meine Hand auf der Holzbrüstung anstatt in ihrer, und als mein Blick hin und her pendelte wie ein Suchscheinwerfer zwischen dem endlosen Domgewölbe des Firmaments und dem haarigen Grün der Wiesenlandschaft unter mir. Das Bild hätte friedlicher nicht sein können. Mir war nach Abschied. Irgendwo schrie ein Kuckuck. Ich stellte mir vor, dass es für alles einen richtigen Augenblick geben musste und dass es einen besseren nicht geben konnte.

Spring!

Ich blickte abwärts. Ole und Anders standen abseits von mir, ich hörte sie lachen. Oles knorriger Bass mokierte sich über die Segelohren eines Mitschülers, den er während der Messe beobachtet hatte.

Spring!

Anders mit seinem Dänensingsang antwortete etwas, das weit an meinen Ohren vorbeizog. Vielleicht hätte es schön werden können mit Ricky.

Spring!

Unter mir reckte sich kniehohes sattes Gras. In solchem Gras hatten wir gelegen. Rickys rote Wangen leuchteten wieder vor mir auf. Das einzige Mal in meinem Leben, dass eine Frau nach mir verlangt hatte. Ich hätte sie gerne gespürt.

Spring!

Es würde ganz darauf ankommen, wie ich landete. Schlug ich kopfüber auf, würde ich mir den Hals brechen, und alles war gut verlaufen. Allerdings hatte niemand mir gesagt, wie man springen musste, um so zu landen. Falls ich mich im freien Fall drehte und mit Rücken oder Bauch aufschlug, würden Gras und weicher Boden meinen Aufprall dämpfen und meine Unachtsamkeit mit lebenslanger Lähmung bestrafen. Ich fühlte mich unsicher. Ole und Anders alberten herum und balgten sich in luftiger Höhe.

Spring!

Ich überlegte, ob ich ein Recht dazu hatte. Noch war nichts geschehen. Oma war immer noch zu Hause und packte wohl gerade ihre beiden Taschen. In die größere davon legte sie zwei fleischfarbene Korsetts, die sie tragen musste, weil sie ihr schon dreimal den Bruch operiert hatten. Es kam vom ständigen Treten der Nähmaschine, sagte sie. Die alte Pfaff, durch die sie im Laufe ihres Näherinnenlebens Kilometer von Stoffbahnen gerattert hatte, hatte das Textilgewebe miteinander verbunden und Omas Gewebe regelmäßig aufgetrennt. Sie nahm es mit der Ergebenheit von Menschen, die begriffen hatten, dass das Leben über sie nach Laune verfügte. Als Opas zwei Finger an der rechten Hand in die Kreissäge kamen und wie Späne durch das Klostersägewerk flogen, wo er als frisch Verheirateter gearbeitet hatte, da nahm er es genauso ergeben: Jeder hatte ihm gesagt, dass du als Sägeknecht ein paar Finger verlierst, und jetzt war es wenigstens passiert, und damit war Ruhe, und hinterher arbeitete er viel unbeschwerter. Denn das Warten drauf, hatte er oft erzählt, das Warten, wenn du ja weißt, es kommt sowieso daher, das war das eigentlich Anstrengende. Und einen Sägeknecht mit allen Fingern dran, den findst du nirgends. Das ist Naturgesetz, und als Einzelner machst du da gar nix.

Komisch, dachte ich mir. Ich werde Oma nie wiedersehen.

Los, spring, bedrängte es mich. Der Abgang hier ist weniger dramatisch, aber dann hast du ihn hinter dir. Das mit dem Messer wird viel schwieriger.

Schon, sagte ich zögernd. Aber eigentlich ist ja noch nix passiert.

Wie, passiert? Was muss noch passieren? Muss erst noch was passieren?

Na ja. Na ja. Ich spring hier, aber Oma ist überhaupt noch nicht abgefahren …

Wie bitte? Abgefahren? Sag mal, spinnst du? Bist du Fahrkartenkontrolleur oder was?

Nnnein. Aber, ich meine, sie ist einfach noch da. Solange sie noch da ist, ist genau genommen noch nichts entschieden.

Das glaubst du echt nicht. Echt nicht. Sag mal, bist du Beamter oder was? Die Sache ist gelaufen! Jetzt spring!

Mmh, mmh. Wenn Oma weg ist, spring ich. Vorher nicht. Das ist irgendwie eine Frage der Korrektheit.

Wenn Oma weg ist, du Idiot, dann sitzt du zu Hause und lässt dich wieder grillen. Deine Alte wird ganze Eimer über dich ausschütten.

Solange Oma nicht abgefahren ist, unternehm ich nichts. Das kann ich Oma nicht antun.

Vielleicht willst du dich vorher auch noch von Ricky verabschieden? Mit einem Blumenstrauß und einem Seidentüchlein?

Leck mich am Arsch, ich spring jetzt nicht.

»Spring!«, lachte Ole dröhnend und haute mir die Pranke auf die Schulter.

»Was?« Ich fuhr herum.

»Na los, Junge, spring!«, kollerte Ole. Anders stand grinsend hinter ihm.

»W-wieso?«, stotterte ich, wie vom Blitz gerührt.

»Du hast so in die Tiefe gestiert, dass ich einen Moment lang dachte, jetzt klettert er gleich übers Geländer und segelt uns davon.«

Oles Sensibilität war immer wieder erstaunlich, er trug mehr

Künstlerblut in den Adern, als er zugab. Andererseits schien seine Feinfühligkeit ihm unangenehm zu sein, denn er kleisterte sie regelmäßig mit geschmacklosen Ausfälligkeiten zu.

»D-du spinnst«, haspelte ich. »Alle beide!«

»Komm, lass uns runtersteigen und irgendwo ein Bier trinken!«

Benommen stieg ich hinter den beiden die Leitern hinab. Als ich die Füße ins Gras senkte, war mir wie bei einem Sturz in Glaswolle. Wir radelten davon, meine Krawatte wehte im Fahrtwind. Am Dorfrand standen Biertische in einem Garten. Wir kehrten ein. Ich saß in mich versunken da. Die Erkenntnis, dass der letzte Tag meines Lebens dabei war auszuklingen und dass spätestens der nächste Morgen den Tag des Handelns bringen würde, befiel mich immer drückender. Ich hatte Angst. Vielleicht würden die Messerstiche sehr schmerzen. Vielleicht würde ich leiden, anstatt, wie ich hoffte, nach zwei, drei Stichen bewusstlos zu werden. Vielleicht wäre der Sprung doch das Richtige gewesen. Vielleicht lag Nandl längst in ihrem Grab und rührte sich nicht mehr.

Ich wunderte mich, wo sie geblieben war. So kurz davor, dachte ich mir, hätte sie sich eigentlich zeigen müssen, um ihren Anspruch zu bekräftigen. Oder um mir in dem schwierigsten Moment beizustehen. Aber ich hatte sie seit Tagen nicht mehr gesehen. Ich erhob mich und verabschiedete mich von den beiden Freunden, unauffällig, so wie immer. Ole würde in einigen Tagen nach Husum fahren, um auf den Spuren des »Schimmelreiters« wandelnd seine Ferien zu verbringen. Anders würde ihn begleiten. Ich heuchelte Interesse, wo keines mehr war, täuschte die Normalität eines Schülerabschiedes vor. Als ich einsam nach Hause radelte, begann es kühler zu werden, und ich fröstelte.

Ich nahm die Abkürzung durch den Stadtpark, vorbei am Postamt und über die rumpelnden Bretter des schmalen Silbersteges passierte ich die beiden Amperarme und gelangte durch die enge Passage am Schuhhaus Wall auf die Schöngeisinger Straße. Wie stets schimpften ein, zwei Rentner hinter mir her, denn das Befahren des Silberstegs war verboten.

Ich hatte Rickys schmales Gesicht vor mir, mit den dunklen Augen und den langen Wimpern, die ich so gerne geküsst hatte.

Vielleicht hatte sie gar nicht wirklich verstanden, warum ich mich zurückgezogen hatte. Ich eigentlich auch nicht, es war einfach mit mir passiert. Mit bangem Herzen überlegte ich, ob ich einen Umweg machen und an ihrem Haus vorbeifahren sollte, doch ich verwarf den Gedanken.

Stattdessen rollte ich in die elterliche Einfahrt. Die Bremsbacken schabten auf den Felgen. Die Dreigangnabe knatterte ersterbend. Das Kettenlager schnarrte, als ich gewohnheitsmäßig in den Rückwärtsleerlauf trat. Ich lehnte das Fahrrad gegen die Hauswand und drückte den Schlosszapfen am Hinterrad nach innen.

Äußerlich und innerlich starr geworden, blickte ich um mich. Das Garagentor stand offen, die mennigebestrichenen Träger leuchteten blutrot. Auf dem Boden häufte sich Laub, das der Wind die Straße hinabgetrieben hatte, bis er es uns vor die Füße warf. Stumm blickte ich auf die Fassade des Nachbarhauses, aus dem sie vor Jahren die röchelnde Nandl hinausgetragen und in den gelbweißen Sanka geschoben hatten, dessen Hecktüren weit offen standen. Nandl hatte mich aus halb geschlossenen Lidern angestarrt, ihre wächsernen Züge hatten den Tod bereits vorweggenommen, während nur noch ihr kleines, steifes Fischmaul die Luft aus dem Leben genagt hatte, so wie die Barben den Dreck und die Algen von den Gletscherkieseln schabten, die im Sommer die braungelben Geröllbänke bildeten, die aus der faulen Leichenbrühe dessen ragten, was zu besseren Jahreszeiten ein Fluss war. Ihr Kopf war zur Seite gefallen, ein wenig Speichel aus dem Mundwinkel geronnen. Die halb versteckten Augäpfel wirkten starr und abwesend, ich glaubte nicht, dass sie mich wahrnahm. Die zwei Sanitäter riefen sich gut gelaunt etwas zu. Die Hecktüren wurden zugeknallt.

»Mach ma 's Blaulicht?«

»Brauch ma nimmer«, antwortete der andere trocken.

Der Diesel spuckte ein schwarze Wolke aus und begann laut zu nageln. Jetzt nageln sie dich zu, dachte ich. Dann rollten sie sie davon.

Martl Raab hatte damals seinen speckigen Käsehändler-Gigerl-Hut in den Nacken geschoben und schabte sich mit zwei Fingern den bleichen Schmierbelag von der Camembertstirn. Seine lederne

Bundhose schlabberte an ihm, er schien abgenommen zu haben in der letzten Zeit. Seine Spindelbeine wirkten komisch verbogen in ihren verfilzten grauen Trachtenstrümpfen und den braunen Haferlschuhen.

»Werst as schon sehen«, drehte er sich abrupt um, als er mich erblickte, »wenn's jetzt a so weitergeht, dann ham mir bald keine Frau auch mehr.«

»Ägypten«, hatte ich leise geantwortet.

Ich war neugierig, ob sie oben liegen würde, um mich in Empfang zu nehmen und mich hinüberzugeleiten. Das Stilett, das ich auch jetzt am Körper trug, zog in meiner Hosentasche wie ein Wackerstein. Ägypten, dachte ich. Gehn mir halt nach Ägypten, Nandl. Eine Hoffnung keimte in mir auf, dass Nandl mich warm, zart und fürsorglich aufnehmen würde und dass ich den Übertritt in ihre warme, feuchte Erdhöhle vor Erschöpfung kaum mehr spüren würde. Hinübergleiten. Hinuntersinken in den Strudel, der die Algenstrünke gepackt hatte und nun auch mich packen würde. Mir wurde weich. Meine Umgebung verlor ihre Konturen, und ich erinnerte mich an den dampfenden Waschküchennebel meiner frühen Kindheit, wenn die Weiber jeden Mittwoch den gemauerten Waschkessel mit Kohlen anheizten, die Seifenlauge zum Sieden brachten und die gewalkten Bettleinen auf den Waschbrettern rubbelten, während sie im Dampf nach Atem rangen. Ich fragte mich, wo plötzlich mein eigener Atem blieb, er wurde immer weniger. Wie die Blende eines Kameraobjektivs schob sich von den Rändern meines Gesichtsfeldes her etwas zusammen, eine verschwommene graue Abschirmung, die mir den Blick nahm. Wie unter Drogen blickte ich in den Tunnel, der sich vor mir auftat und den ich in Kürze durchschreiten würde. Oma würde erst in zwölf Stunden abfahren, aber ich wusste plötzlich, dass ich es so lange nicht mehr aushielt. Ich wollte es hinter mir haben. Ich wollte mein Gesicht auf Nandls erdigen Leib legen und ich wollte die Augen schließen und ganz fest umarmt werden.

Schwer atmend betrat ich den Windfang dessen, was mein Elternhaus hätte sein sollen und was mir stets nur Fegefeuer gewesen war für Sünden, die ich erst noch zu begehen hatte. Links von mir führte die dunkle Holztreppe hinauf zu meiner Kammer, wo sie mich später finden würden. Immer unerbittlicher drängte es mich zum Ausgang. Ich würde dort oben eine sinnliche junge Frau finden, mit langen schwarzen Haaren, mit einem selbstbewussten schmalen Mund, der zu fordern wusste, mit braun gebrannten, muskulösen Schenkeln, die sich willig öffneten, mit festen knospigen Brüsten, die so keck von ihrem Leib emporragten, und mit dem Geruch nach brennendem Sand. Ich stützte mich mit der Linken gegen das Treppenhaus.

»Ah?«, hörte ich eine sanfte Stimme. »Bist schon da?«

Der Schleier vor meinen Augen hob sich nur widerwillig. Traudi war aus ihrer Küche getreten und stand im Korridor, die Hände in ihrer Schürze vergraben. Ich starrte sie wortlos an, wollte antworten, fand keine Stimme. Ihre Züge trugen jene maskenhafte Freundlichkeit, die stets unecht wirkte und die man instinktiv beargwöhnte. Ich wankte, brachte aber noch immer keinen Laut hervor.

Du kannst mir nichts mehr tun, sagte ich leise zu mir selbst. Dich habe ich hinter mir. Du hast keine Macht mehr über mich. Nie wieder.

»Also dann pack!«, sagte sie mit ihrer vipernhaften Liebenswürdigkeit.

»Ah?«, stieß ich hervor. Selbst jetzt schlugen sie einen noch ins Gesicht.

»Ja«, sagte sie, und keine Sekunde lang vertraute ich ihrer Sanftheit. »Mir haben noch mal g'redet.«

»Ah?« Mehr fiel mir nicht ein. Ich war entsetzt. Es würde wieder alles von vorne losgehen. Wieder alles von vorne.

Sie erkannte meine Verwirrung und musterte mich mit den reptilienhaften Augen, mit denen sie einen stets musterte. »Der Papi lasst dich fahren«, beharrte sie.

»Ich …?«, stammelte ich.

»Also gehst jetzt und packst dein Sach ein, und dann sagst der Oma Bescheid, gell?« Sie verschwand in der Küche.

Auf dem oberen Treppenabsatz ging ich in die Knie. Ein Schwarm schwarzer Käfer hatte sich auf mein Gesicht gesetzt, ihre kribbelnden Hakenbeine nahmen mir die Sicht und ließen mich den Türgriff meines Zimmers nicht mehr finden. Jemand schien ein Seil um meine Brust geschlungen zu haben und wie ein Irrer daran zu ziehen. In meinen Ohren mussten Männer sitzen, die mit großen Hämmern gegen große Bleche schlugen. Irgendwie schaffte ich es, mich zu erheben. Die schwarzen Käfer spreizten einer nach dem anderen die Flügel und schwirrten davon.

Ich trat in mein Zimmer, mein Bett war leer. Keine Spur von Nandl, gerade jetzt, wo ich sie mehr gebraucht hätte als je zuvor. Wie ein Roboter griff ich mir die Tasche, die Traudi mir vors Bett gestellt hatte, und begann zu packen.

4. LOSER LUTTENWANG

Weil er stank, war es klar, dass wir ihn regelmäßig verdroschen. Nicht ganz klar war, ob er stank, weil er als Grattler einfach den standeszugehörigen Eigengeruch hatte, oder ob er stank, weil er alleine mit seiner Mutter in der Grattler-Baracke an der Schöngeisinger Straße lebte. In einem der engen Quartiere, in denen man in der Nachkriegszeit die Flüchtlinge, die Polen und die anderen sozial Minderbewerteten untergebracht hatte. Oder ob er stank, weil seiner Mutter der Mann abgehauen war, den sie nicht weiter vermisste, weil er sie im Suff regelmäßig verdroschen hatte, aber nun musste sie sich mühsam mit Putzarbeiten durchschlagen und hatte keine Zeit, sich um den fünfjährigen Luttenwang Peter zu kümmern, geschweige denn Geld, um ihm Klamotten zu kaufen.

Auf jeden Fall, wo der Luttenwang Peter auftauchte, brachte er unabwendbar diesen Geruch mit sich: Diesen Geruch nach Armut, Enge und dünnen Wänden voller Wut; den Geruch nach Etagenklo, das immer vollgeschissen war und über das man sich täglich keifend im Flur stritt. Den Geruch nach alten Socken, die in einem gusseisernen Waschbecken die Nacht über in Imi eingeweicht wurden. Den Geruch nach offenen Bierflaschen und nach Zigarettenrauch, der sich in den ausgeblichenen Vorhängen vor dem Fenster festsetzte. Den Geruch nach welken Schenkeln, die mehr aus Verzweiflung, denn aus Lust geöffnet wurden und sich unerfüllt wieder schlossen. Den Geruch nach einem schon vom Anfang her zu kurz gekommenen Leben und nach einem Kind, das seiner fehlenden Zukunft wegen regelmäßig verdroschen wurde. Und den Geruch nach Hass, der aus der Haut quillt, wenn der Käfig zu eng ist und die Anzahl der Insassen zu groß.

Wegen dieses Gestanks verdroschen wir ihn. Schließlich verdrosch jeder ihn, und so klein wir waren, verdeutlichte es uns, dass wir im Vergleich zu ihm auf der sonnigeren Seite der Kindheit aufwachsen durften.

Es war nur konsequent, dass man mir und meinen Spielkameraden verbot, »mit so einem« zu spielen. Auf diese Weise von höherer Stelle autorisiert, schikanierten wir den Luttenwang Peter von da ab besonders bösartig, warfen ihm Steine oder Stöcke hinterher und schrien »Grattler, Grattler, Grattler-Sau!«, sobald er nur irgendwo auftauchte in seinen kurzen grauen Lederhosen, seinem blauen Hemd, seinen grauen Socken in den billigen braunen Sandalen.

Eigentlich war es erstaunlich, wie ein Kind sich innerhalb kurzer Zeit zum Chancenlosen, zum Verlierer wandeln konnte: Der Luttenwang war ein klobiges Kind, nicht dick, aber ein wenig eckig. An seinem vierschrötigen Kopf unter den kurzen schwarzen Haaren fielen vor allem die traurigen und verlassenen Augen auf. Große Hände hatte er schon als Kind, und schon bald legte er sich den wiegenden Gang mit der angespannten Schultermuskulatur zu, mit dem über alle Kulturen hinweg Angriffsbereitschaft signalisiert wird. Genau besehen handelte es sich um Verteidigungsbereitschaft, denn der Luttenwang wollte gar keinen angreifen: Im Gegenteil hungerte er danach, wie die anderen dazuzugehören. Mit etwas mehr Verständnis betrachtet, war er ein weiches, ein ungeheuer liebebedürftiges Kind, das jede unserer zahllosen rüden Zurückweisungen als besonders schmerzlich empfinden musste. Gerne wäre er einer von uns gewesen, aber das ging nicht, weil er ein Baracken-Grattler war, weil seine Mutter putzte, weil in Baracken grundsätzlich nur Grattler hausten und weil jeder, der dort hauste, schon deswegen nichts wert war und die anderen anstecken konnte wie ein fauler Apfel die Gesunden. Weil er nicht als Kind zählte, sondern als sozialer Tabellenplatz. Weil man als Verlierer nicht geboren wird, sondern die anderen einen mit größter Hingabe dazu machen.

Da der Peter nicht dumm war, begriff er schnell, dass er bei uns nichts zu melden hatte, und damit war die erste Grenze in seinem Leben gezogen. Er suchte sich zwei, drei andere Grattler – in der nahe gelegenen Flüchtlingssiedlung in der Heimstättenstraße gab es genug davon -, denen es nicht anders ging. Und so schlossen sie sich zusammen zu einer »Blasn«, einem vergleichsweise harmlosen Vorgänger heutiger Jugendgangs. Die Nichtgewollten und Nichtangenommenen aus den Problemfamilien hatten sich gefunden. Die Situation war stabil geworden: Ihr Weltbild stimmte endlich – und das unsere genauso. Schon bald erhitzten die beiden Gruppen sich daran, dass die jeweils andere etwas gegen sie habe, ihren Mitgliedern den gebührenden Respekt verweigere, mit den anderen etwas vorhabe und dass man sich – eine Frage der Selbstachtung! – dagegen wehren müsse.

Bewaffnung war also angesagt.

Im Gegensatz zur heutigen Zeit handelte es sich hierbei nicht um scharfes Gerät, sondern um selbst gebaute Spielzeugwaffen, deren phallische Symbolik nebenbei unübersehbar war: Aus alten Leisten nagelten wir uns Holzschwerter; aus frisch geschnittenen Weidenstöcken und Schnur fertigten wir Bogen; an der Amper schnitten wir Schilfrohre und kürzten sie auf Pfeillänge. Von einem Nachbarn, der einen Holunderbaum am Zaun hatte, stahlen wir frische Äste, von denen wir drei Zentimeter lange Stücke schnitten. Diese hatten innen drin dicke Kanäle voller weichem, weißen Mark und ließen sich mühelos als Pfeilspitze aufsetzen. Die Pfeile flogen erfreulich weit, und Herr Hofeditz langte mir einmal ein paar, weil ich von unserem Hof aus quer über die Straße und über sein Hausdach bis in den dahinter liegenden Garten geschossen hatte, wo er – für mich unsichtbar – gerade mit einer Halben Bier am Gartentisch saß und seine Zither stimmte. Jeden Abend saß er mit seiner giftigen Gattin und seinen beiden halbwuchsigen Töchtern Emmi und Anni und spielte bayrische Volksweisen. Fernsehen gab es schließlich noch keines. Der Pfeil landete scheppernd, quasi aus dem Nichts heraus, auf seinem geliebten Instrument, und Emmi stand etwas abseits und hatte erkannt, wo das Geschoss hergekommen war. Flugs eilte man in Gegenrichtung vors Haus, und da ich noch mit dem Bogen in der Hand und einem Packen Pfeile in unserer Hofeinfahrt stand, waren glaubhafte Entlastungstheorien nicht verfügbar. Mit brennenden Ohren zog ich mich in die Mehlkammer hinter unserer Backstube zurück, wo ich mit viel Anstrengung einige Mehlsäcke quer gelegt hatte, sodass ich in dem daraus entstandenen Quadrat sitzen konnte wie in einer Turmzinne.

Wie dem auch sei, man bewaffnete sich. Die oben beschriebenen Utensilien waren genau genommen nur die Standardausrüstung, die durch möglichst exotische Besonderheiten gekrönt werden musste. Glücklicherweise gab es bei den Feinkost-Eberls noch die alte Garage: Hier wurde der Firmenlieferwagen, ein stinkender Opel Caravan, geparkt. Über eine Leiter gelangte man auf den darüber liegenden Gerümpelboden, der für uns Kinder ein wahres Paradies darstellte. Neben einigen aufdringlichen Zecken – eine davon setzte sich mir auf den Zipfel und war fast nicht mehr wegzukriegen – fanden wir dort alte Möbel, ein defektes Grammofon, ein echtes Seitenbajonett aus dem Zweiten Weltkrieg, zwei Gasmasken, einen Stahlhelm mit linksseitigem Einschussloch, einen alten Militärfeldstecher und eine Schachtel 38er Munition. Letztere wurde uns allerdings vom Feinkost-Eberl, mit dessen beiden Söhnen wir meist unterwegs waren, unter Ohrfeigen wieder abgenommen. Dennoch waren wir gut gerüstet, und zwei Patronen hatten wir vorher versteckt. Später brachten wir sie zur Detonation, indem wir sie auf einen Stein legten und einen schweren Kiesel so lange draufwarfen, bis es »bumm!« machte. Wie weit das Geschoss damals flog, weiß ich nicht.

Aus heutiger Sicht erstaunt es mich, mit welcher Unerbittlichkeit die uralten Verhaltensmuster ihre Wirkung schon in uns Kindern entfalteten: Die Rudelbildung, die Tendenz zur Abschottung nach außen gegen alles »Fremde«, die von Verhaltensforschern so bezeichnete Idealisierung der eigenen Ethnie, die Projektion eigener Aggressivität auf das Gegenüber, dem man diese als feste Absicht unterstellte, der Automatismus, mit dem das Verteidigungs- und Bewaffnungsbedürfnis einsetzte, und schließlich die Entladung im Konflikt. Das Erschütternde daran ist, dass es von der Sache her um nichts ging; sieht man einmal davon ab, dass wir einem Underdog die Chancen genommen hatten und ihn dazu trieben, sich mit »seinesgleichen« zu verbünden. Wobei die Rudelbildung der Underdogs nicht zu einer Verbesserung ihrer Chancen, sondern zu einer Verstärkung ihrer Ausgrenzung führte. Und nichts, aber auch gar nichts haben wir dazugelernt: Wenn ich sehe, mit welcher Geringschätzung ethnische Minderheiten heute in unserem Lande behandelt werden, so werden uns in absehbarer Zeit die Trümmer dieser Verdrängungsstrategie um die Ohren fliegen, und wieder einmal wird jeder erklären, dass man so was doch nicht gewollt habe und es auch keinesfalls vorherzusehen gewesen sei. Und im Übrigen seien die anderen schuld.

Unsere Konfliktentladungen blieben dennoch vergleichsweise harmlos: Wir trafen uns in der kleinen Grünanlage an der Gabelung Schöngeisinger und Landsberger Straße, schmähten uns gegenseitig und unterstellten uns üble Absichten. Einer trat vor und fragte den anderen, ob er vielleicht etwas wolle, ha? Dann flogen die Fäuste, Wangen und Lippen bluteten und schwollen an, geschmetterte Holzschwerter hinterließen Beulen auf Stirnen und Hinterköpfen. Der zerschossene Stahlhelm wurde vom Feind erbeutet und jubelnd weggetragen, beim nächsten Mal ebenso jubelnd zurückerobert. Man könnte es als Kinderbalgerei abtun, wäre nicht dieser fatale Kern darin gewesen: Es ging uns um die Festigung des eigenen Status in der Hackordnung, der sich in der Verachtung und Abstufung der anderen manifestierte. Auf deren Seite war der Wunsch nach Respekt und gleichwertiger Behandlung.

Der Luttenwang Peter hatte inzwischen seinen Vornamen verloren. Er hieß nicht mehr Peter, alle nannten ihn nur noch »Stinker«. Er war jetzt viel unterwegs mit dem Hölzl Andy, dessen kriegsinvalider Vater seinen Sohn gerne mit den Krücken verdrosch, wobei es weniger um konkrete Anlässe als um die jeweilige Befindlichkeit des verbitterten Veteranen ging. Peter und Andy wurden nunmehr zu einem kleinen Grattlerpärchen. Begegnete ich ihnen alleine auf der Straße, war das Verhältnis unkompliziert. Wir waren Jungs, die ihre Botschaften und Meinungen austauschten, Zeit miteinander verbrachten und sich wieder trennten. Das Ganze ging nicht ohne Freundschaft ab. Sobald wir aber gruppenweise aufeinander stießen, gab es Freundschaft nicht mehr. Einwände, die anderen seien genau genommen gar nicht so schlimm, wurden flugs mit der Frage gekontert, ob man »solchen wie denen da« die Stange halten wolle. Die Rudeldisziplin war sofort wieder hergestellt.

Wir wuchsen heran und kamen in die Volksschule. Stinker Luttenwang, aufgrund seiner angegriffenen Psyche und seiner schlechten häuslichen Situation auch ein schlechter Schüler, hatte nun seine Methode gefunden, sich Respekt zu verschaffen: mittels Gewalttätigkeit. Das Wertvollste der Underdogs ist noch immer ihr Stolz, und zugleich ist er auch das Verletzbarste. Belanglose Bemerkungen genügten, um ihn herauszufordern. Da sein klobiger, kräftiger Wuchs sich verstärkt hatte, konnte er jetzt gut zuschlagen. Die Lehrer taten ihn als asozialen Problemfall ab. Entweder ignorierten sie seine Gewalttätigkeiten oder sie straften ihn mit den üblichen Schleifermethoden, die zu nichts führten. Einmal saß er einem Schüler, der ihn mit Beleidigungen provoziert hatte, auf dem Brustkasten und bearbeitete sein Gesicht mit Fäusten. Blitzschnell schlossen sich fünf oder sechs bis dahin unbeteiligte Schüler zusammen und fielen über ihn her. Sie verdroschen ihn so, dass er in seine Lederhose brunzte. Weinend, mit durchnässter Hose, der körperwarme Urin an seinen Schenkeln herabrinnend, lief er davon. Die Meute heulte zufrieden hinter ihm her. Der Stinker, der außer seiner Lederhose keine andere Hose hatte, würde noch lange stinken. Keiner, der ihm half. Kein Lehrer, der aufblickte.

Nach der vierten Klasse schaffte ich die Aufnahmeprüfung für das Gymnasium, Stinker blieb selbstverständlich auf der Volksschule, wo er im wahrsten Sinne des Wortes weiter nebenherlief. Bisweilen begegneten wir einander, und ich konnte nicht verhindern, dass es mich freute. Über alle Rivalitäten hinweg musste ich mir eingestehen, dass ich ihn seiner weichen Seiten wegen mochte. Außerdem waren wir inzwischen umgezogen in die Schöngeisinger Straße, sodass ich als Ortsfremder nun nicht mehr Mitglied meines waffentrunkenen Bubenhaufens war, sondern zu meinem Erstaunen plötzlich selbst außen vor stand. Meist war es so, dass Stinker und ich uns auf der Hauptstraße begegneten. Die Stadt war damals klein, fast alles spielte sich dort ab. Wir lehnten uns mit dem Rücken gegen das Geländer der Amperbrücke und erzählten einander aus unseren so grundverschiedenen Welten. Unübersehbar war, dass Stinkers Weltbild enger wurde und er zu verrohen begann. Die Außenseiterrolle zeigte Wirkung: Was er zu geben hatte, nahm keiner an. Was er sich wünschte, war keiner bereit ihm zu geben.

Andere Gymnasiasten fragten mich misstrauisch, was mich bewegte, »mit so einem« zu reden. Ich war mittlerweile gefestigt genug, um ihre Bemerkungen zu überhören.

Dann allerdings ereignete sich etwas, was uns höhere Schüler gegenüber den anderen endgültig in den Adelsstand erhob: Rüdiger Bleck wurde erschossen. Er war ein Schüler gewesen, zwei, drei Jahrgänge über mir, der mir überhaupt nur einmal wegen seines beträchtlichen Leibesumfangs aufgefallen war. Sein Leben endete mit zwei Kugeln in der Brust in einem Waldstück nahe der Amper, nicht weit von der Stadt. Zwei Schülerinnen, die sich am Fluss sonnenbaden gelegt hatten, hatten zwei Schüsse und einen Schrei gehört. Mit ihren Fahrrädern waren sie nach Hause geeilt – Mobiltelefone befanden sich noch nicht einmal im Stadium der Fantasie – und hatten die Polizei angerufen. Der Beamte, der ihren Anruf entgegennahm, erklärte ihnen mit der Gewissheit seiner jahrelangen Berufserfahrung, es habe sich um den Brunftschrei einer einsamen Rehdame gehandelt. Erst nach einer energischen Intervention der Mutter eines der Mädchen rückte ein Suchtrupp aus, der jedoch – man war schließlich im öffentlichen Dienst und außerdem in Fürstenfeldbruck – pünktlich um achtzehn Uhr Feierabend machte. Nachts regnete es. Am nächsten Morgen – alle Spuren waren vom Regen zerstört – fand man Blecks junge Leiche. Er war sechzehn Jahre alt geworden.

Im Anschluss an den grausigen Fund taten sich Abgründe auf: Es stellte sich heraus, dass Bleck schon seit Monaten mit einer scharfen Waffe im Schulterholster zur Schule gekommen war und gutes Geld mit dem Verhökern illegaler Schießeisen verdient hatte. Seine Klasse wurde ins Polizeiverhör genommen. Die meisten Mitschüler gaben zu, von seiner Bewaffnung und seinen Geschäften gewusst zu haben. Überall in der Stadt hingen Fahndungsplakate mit dem Foto des Ermordeten und dem Hinweis auf eine Belohnung von tausend Mark, damals eine beträchtliche Summe. Doch der Täter wurde nicht ermittelt. Da Gerüchte gingen, Bleck habe seine Waffen aus dem Münchner Zuhältermilieu bezogen, festigte sich die Vermutung, einer seiner Lieferanten habe ihn, vermutlich weil er Schulden hatte, aus dem Weg geräumt.

Mit solchen Dingen gehen Schüler gnadenlos um. Wichtig war uns weniger die menschliche Tragödie – Bleck hatte immerhin einen jüngeren Bruder an der Schule, mit dem ich mich gut verstand –, sondern der Sensationswert des Vorgefallenen, der uns endgültig den sozialen Überflug vor Volks- und Mittelschülern ermöglichte. Der Spruch »Reiz mich nicht, sonst geht's dir wie dem Bleck!« wurde schon am Tag nach dem Mord zum geflügelten Wort in Schülerkreisen. Erstmalig formulierte ihn mein Mitschüler Egon Zacherl laut und kräftig von der Tribüne auf dem nicht mehr zu verschiebenden Schulsportfest herunter. Die versteinerten Mienen des vor uns sitzenden Schulleiters und einiger sportlich aufgeputzter Mitglieder des Lehrerkollegiums sind mir noch in guter Erinnerung.

Zeit verging, die Vernehmungen wurden weniger, die Aufgeregtheit ebbte ab, Normalität kehrte pflichtgemäß zurück, und der tote Mitschüler hing unserem Schülerdasein als eine Trophäe an, mit der nur wenige bayrische Gymnasiasten sich schmücken konnten. Oberschüler sein, das hieß eben besser sein.

Stinker und ich verloren uns aus den Augen. Er hatte die Volksschule beendet und eine Malerlehre begonnen. Manchmal sah ich ihn auf seinem Fahrrad die Straße entlangrollen, ein seltsam klobiger, immer einsam wirkender Muskelkloß von Kerl in seinem farbverkleckslten Maleranzug, die Bewegungen noch immer zu imponiererisch, der Kopf noch immer zu tief zwischen den Schultern und die ganze Muskulatur viel zu angespannt, als müsse er ständig seine Kraft zeigen.

Und das Fahrrad eine ganze Nummer zu klein, sodass er überproportioniert und auf tragische Weise lächerlich wirkte.

Ein-, zweimal strampelte er so an mir vorbei, wir schienen einander nicht zu bemerken. Na ja, immerhin war unsereiner jetzt siebzehn und in der Oberstufe, und Malerlehrlinge waren nicht gerade ein standesgemäßer Umgang.

Ich ahnte nicht, dass wir uns bald wieder näher kommen würden.

Der Faschingsball der Oberstufenschüler war die mit Abstand beliebteste Schulveranstaltung des Jahres. Ihm fieberten wir als *dem* Ereignis der Saison entgegen. Nicht zuletzt, weil man dabei mit den Mädchen anderer Klassen in Berührung kommen konnte, die zu Unterrichtszeiten nur im Flur an einem vorüberhuschten. Zusätzlich ergab sich auch ein anderer, äußerst angenehmer Durchmischungseffekt: Die Hauswirtschaftsschülerinnen des nahe gelegenen Albertinum nämlich wurden jedes Jahr von der Schülervertretung eingeladen. Zwar führten die Nonnen dieses Pensionats zwölf Monate lang ein himmlisch strenges Regiment, doch bei unserem Ball drückten sie jedes Mal ein Auge zu. Vielleicht, weil sie darin eine Chance karrierefördernder Verbindungen für ihre Patscherln sahen. Uns jedenfalls freute es, denn die Hauswirtschafterinnen in spe kamen ausnahmslos aus den Untiefen des bayrischen Hinterlandes, sie waren nicht unbedingt die Schönsten, aber das ganze Jahr über eingesperrt und deshalb in bestimmten physischen Arealen so ausgehungert wie nach zwölf Jahren verschärftem Strafvollzug. (Die Verschärfung bestand in einem nachgerade impertinenten Gebetszwang, verstärkt durch die Pflicht zur Aufführung allerlei dämlicher Theaterstücke, die sie sehr lustig fanden, monatelang miteinander einstudierten und am Ende vor sich selber aufführten.)

Manche von uns waren echte Könner: Die vier bis fünf Stunden Gymnasiumball genügten, um sie für Monate mit intensiver Nachbearbeitung zu versorgen. Die anbrechende Flower-Power-Bewegung und das Aufkommen der Antibabypille hatten ohnehin alles vereinfacht. So luden wir auch dieses Jahr die Mädchen wieder ein. Es waren einige ganz nette darunter, überwiegend aber war es ein ordinärer, aufgeregter Hühnerhaufen, der sich gackernd an der Vorstellung erhitzte, zu welch gehobenem Rencontre sie hier gebeten wurden. Im Laufe des Abends dauerte es nie lange, bis die Kontakte sich so weit vertieften, dass schon zwei Wochen später die ersten zornigen Elternbriefe ins Albertinum hagelten: »Mir haben unserne Tochter sauber erzogen – und jetzt so was!«

Der Ball fand traditionsgemäß im damaligen Jungbräusaal statt.

Die Rockband spielte. Die Faschingsdekoration – der Wirt hieß ebenfalls Fasching –, die das ganze Jahr über hängen blieb, glimmerte. Das Bier rauschte. Wangen fanden sich. Dann Hände. Dann der Rest. Und so weiter. Dann stand Stinker Luttenwang im Türrahmen.

Stinker hieß er jetzt nicht mehr, sondern »Loser«, wie ein Mittelstufler, der auf dem Ball noch gar nichts zu suchen hatte, mir aufgeregt zutuschelte. Den Namen hatte Stinker einem amerikanischen Gewaltfilm entnommen. Darin befreite ein Vietnam-Heimkehrer gleichen Namens eine ganze kalifornische Kleinstadt von einer Rockergang und wurde als Held gefeiert. Es zeigte, in welche Richtung Luttenwangs Sehnsüchte wirklich gingen. Auf der Herrentoilette des »Tre Cime« an der Amperbrücke hatte ich wochenlang über das eingeritzte Wörtchen »Luser« (!) an der Wand über dem Handwaschbecken gerätselt, ohne daraus schlau zu werden. Später hatte jemand einen breiten Pfeil dazu gemalt und »Stinkie« daneben geschrieben.

Neben Loser stand noch »Light my Fire« in der Tür. Neben ihm stand »Fotzie«. Daneben standen noch »Ficker« und sein kurzwüchsiger Spezi, der Grassl Erich, der keinen Spitznamen hatte, wahrscheinlich weil er als einziges Mitglied der Gruppe ein Auto fuhr, noch dazu ein DKW-Cabrio. Daneben standen noch zwei, drei andere, die ich nicht kannte. Die Gruppe hatte sich einen üblen Ruf als Schlägerbande verschafft, eine ganze Reihe Opfer hatten sie buchstäblich in den Rinnstein geprügelt.

Noch nie war Losers Gestank so stark gewesen. Er roch von Kopf bis Fuß nach Gewalt.

Unsicher blickte ich zu ihnen hinüber, wenngleich ich mich nicht persönlich bedroht fühlte, denn für einen Konflikt waren wir schon zu lange ohne Kontakt gewesen. Doch einige Oberstufler hielten ihre Albertinum-Geräte unterschiedlichster Anmut und unterschiedlichsten Gewichts im Arm. Diese hatten ihren gesellschaftlichen Aufstieg begierig angenommen, damit jedoch gleichzeitig – was wir nicht ahnen konnten – einige der bedrohlich im Türrahmen stehenden Herren kurz entschlossen fallen gelassen.

In der Natur aber gilt nach wie vor: Reproduktion bedingt Territorialität und umgekehrt. Wer sein Territorium nicht sichert, kann sich nicht fortpflanzen. Wer sich nicht fortpflanzt, verliert sein Territorium. Die schlipsgeschmückten und brilletragenden Schönlinge des mathematisch-naturwissenschaftlichen Gymnasiums waren, zumeist nichts ahnend, in ein Verhaltensmuster zurückgespült worden, das sie hochmütig hinter sich geglaubt hatten.

Erste Stänkereien begannen umgehend, doch den ungeordneten Vormarsch der Gekränkten beendete der drahtige Wirt – ein ehemaliger Metzgermeister – mit derben Worten und einem Hinauswurf. Die Albertinum-Mädchen, nun nicht mehr ganz so selbstsicher, fürchteten sich nicht zu Unrecht vor dem Heimweg. Die Treulosen werden bekanntlich stets von ihren Taten eingeholt, während der Eroberer am Ende federgeschmückt alleine weiterzieht.

Es war nach Mitternacht. Der Ball war zu Ende gegangen, wenngleich nicht mehr in der üblichen Ausgelassenheit, sondern mit deutlicher Missstimmung. Die Mädchen waren bedrückt. Verständlich, denn ein großes Stück des Weges war dunkel und führte am mitternächtlichen Friedhof vorbei. Bald schon hatte sich eine mehr oder weniger angeduselte Gruppe junger Männer gefunden, die sich in trunkener Entschlossenheit zum Begleitschutz erhoben.

Die Hauptstraße war ruhig. Ein einsamer Opel Commodore kam von der Amperbrücke heraufgefahren und bog ab Richtung Schöngeising. Die Straßenbeleuchtung säte fahle Lichtinseln auf die Hauptstraße, weiter entfernt von den Lampen wurde es wieder dunkler. Die Mädchen gibbelten nervös. Manche schmiegten sich in den Arm ihres Begleiters, manche machten halblaut »Huh!«. Wir marschierten los. Witze und forsches Gelächter überspielten das aufsteigende Unbehagen.

Niemand außer uns war zu sehen. Die Schaufensterbeleuchtungen in den Geschäften beidseits der Hauptstraße waren längst erloschen.

Sie standen in einer dunklen Hofeinfahrt, reglos, nebeneinander wie Zinnsoldaten, ein aufreizendes Grinsen in den Gesichtern. Wir taten, als hätten wir sie nicht bemerkt. Sie ließen uns passieren. Erst als wir vorbei waren, traten sie lautlos aus ihrer Nische und strichen wie hungrige Füchse hinter uns her.

Immer noch kein Wort. Keine Geste. Nur dieses Grinsen. Mir wurde unbehaglich. Ich begann mich zu fragen, was ich mit dieser Sache hier zu tun hatte – keine unberechtigte Überlegung, denn ich war unbeweibt auf diesen Ball gegangen und hatte ihn genauso wieder verlassen. Und ich fragte mich, was mich veranlassen sollte, mir eine Ladung Prügel einzufangen für eine Schar von Weibern, die ich für laut, schrill und ordinär hielt.

Andererseits, jetzt konnte ich nicht mehr weg. Mein Ruf wäre bis zum Abitur erledigt gewesen. Unruhig und in kürzer werdenden Abständen blickte ich über meine Schulter.

Sie schienen genau zu wissen, was sie wollten. Denn sie sprachen nicht, sie pöbelten nicht, sie gingen nur hinter uns her. Wenn wir die Kirche passiert hatten, neben der langen Friedhofsmauer, an der einsamsten Stelle der Stadt, da würden sie uns packen.

Aus dem Dunkel eines Ladeneingangs vor uns schoben sich drei weitere Typen und verteilten sich quer über die Kirchstraße, während ihre Kumpane uns grinsend vor sich her schoben. Es war nach ein Uhr nachts, und es war die Rede von Ehre. Angetrunkene Stimmen erhoben sich und verhakelten sich ineinander. Einer namens Hannes, der schon ziemlich viel geladen hatte, suchte zu meinem Missvergnügen das Heil in der Vorwärtsverteidigung und pöbelte Loser an, der sich in die Mitte eines lautlos entstandenen Kreises geschoben hatte. Er war nicht von unserer Schule, und ich fragte mich, wieso er eine große Lippe riskierte. Loser hatte auf den Anlass nur gewartet. Demonstrativ langsam zog er seine Jacke aus und ließ sie zu Boden fallen, ohne hinter sich zu blicken.

Light my Fire trug sein unnahbares, immer etwas süffisantes Lächeln auf dem Gesicht, ohne das ich ihn noch nie gesehen hatte. Selbst im Kindergarten, wo er mich einmal wegen einer Nichtigkeit verprügelt hatte, war mir sein kaltes Lächeln aufgefallen. Sein Vater war Kriminalbeamter gewesen. Als man ihm den Sohn zum ersten Mal in der Wohnung verhaftet hatte, hatte er einen Herzanfall erlitten.

Fotzie stand zugesoffen da, verstand nichts und sah wie üblich dumm aus. Die Natur hatte ihn mit wenig Gehirn ausgestattet, aber mit sehr viel Körperkraft, mit einem sehr geringen Schmerzempfinden und zu allem Überfluss auch noch mit einer äußerst empfindsamen Seele, die auf Kränkungen schnell und roh reagierte.

Der Huttenloher Gottfried war auch dabei, mein Klassenkamerad aus der Volksschule. Ein frühzeitig von Prügeln und rauher Atmosphäre geschädigtes Kind.

Der Ritzinger Siggi mit seinen schwarz gelockten langen Haaren hielt sich im Hintergrund. Er war eigentlich nicht gewalttätig, sondern nur froh, dass er irgendwo dazugehörte.

Der Hölzl Andy war der Einzige, der eine Schlägerpose eingenommen hatte. Sie konnte nicht darüber hinwegtäuschen, dass er seine ganze Kindheit über traurig gewesen war. Eines der Kinder, die über dem harten Schliff ihres Elternhauses heimatlos wurden. Kein schlechter Kerl ansonsten.

So standen wir uns gegenüber, und das Unbehagen auf beiden Seiten war greifbar: Die Herren Oberstufler schauten pikiert und verängstigt im Bewusstsein, dass sie die sich abzeichnende Kommunikationsform nicht beherrschen würden. Die Herren Schläger suhlten sich im sicheren Bewusstsein ihrer gesellschaftlichen Verachtung und im ewig nagenden Gefühl der Unterlegenheit gegenüber denen, mit denen sie so gerne getauscht hätten. Ich blickte nervös um mich. Nirgendwo ging ein Licht an. Auch mal wieder typisch: Bestimmt hörte man unseren Streit in den Nachbarhäusern, entschloss sich aber, anstandshalber nichts wahrzunehmen.

Ich schaute mir Loser an. Langsam wie die Ausleger eines Lastkrans bewegten sich seine Oberarme, der vierschrötige Kopf verschwand zwischen den Muskelwülsten seines Nackens, die Lippen waren verzerrt zu einem streitlüsternen Grinsen.

Vermutlich hatte Hannes am meisten von uns getrunken, zumindest hatte er die größte Klappe. Schon nach drei Minuten hingen er und Loser ineinander. Hannes, der zwanzig Kilo weniger auf die Waage brachte, hatte nicht die Spur einer Chance. Ein paar Schläge wurden gewechselt, zwei Gerade schlugen mit trockenem Knirschen in seinem Gesicht ein, dann krachte Hannes mit der Schulter auf den Asphalt. Wieselflink stürzte Loser sich auf ihn. Wir hörten Hannes aufstöhnen, als Luttenwang ihm die Faust zwei weitere Male in die Wange rammte. Und es war nur ein leises Kratzen zu hören, als er ihn mit dem Gesicht über den Asphalt schleifte.

Es dauerte. Als Loser den Reglosen umdrehte, war Hannes' Gesicht eine blutige Masse. Er wimmerte leise und atmete auffallend laut. Loser ließ sich ihm schwer auf den Brustkasten fallen, nahm in breiter Hocke darauf Platz und fuhr fort, den halb Bewusstlosen mit den Fäusten zu schlagen.

Dies war der Zeitpunkt, wo mich die Nerven verließen, und ich rannte, rannte, rannte. Mit pfeifenden Lungen hetzte ich zurück zum Jungbräusaal, wo noch ein paar Versprengte auf der Straße herumknutschten. Der Wirt hatte keine Lust, die Polizei zu rufen. »*Ich* ruf d' Polizei. Du waarst nachert weg. Und *ich* hätt 's Gfrett mit de Grüne', net!«

Zehn Minuten später tauchte endlich ein Streifenwagen auf – natürlich nicht am Tatort, sondern am Veranstaltungsort. Die erste Frage galt meinem Alter. Nach dem Bundesjugendschutzgesetz hätte ich – und dies war im Augenblick von staatstragender Bedeutung – nicht mehr auf der Straße sein dürfen. Wir diskutierten hin und her. Schließlich bequemten die Beamten sich widerwillig, den Tatort aufzusuchen. Hannes hing blutend und besinnungslos in einem Hauseingang.

Ich war aufgewühlt. Tagelang verfolgten diese Erlebnisse mich, denn über ihnen hatte ich eine neue Art von Angst kennen gelernt: die Angst vor der physischen Misshandlung, dem rohen Eingriff des Pöbels in meine Unversehrtheit. Die Bande war, das hatte man klar gesehen, unberechenbar darin, gegen wen sie ihre Wut richtete. Darum ging ich die nächste Zeit mit eingezogenem Kopf, wenn ich auf der Straße unterwegs war.

Das Erstaunliche für mich war jedoch, dass meine Klassenkameraden viel weniger betroffen von der ganzen Geschichte wirkten: Es wurde zwei Tage diskutiert, alles endete in der Erkenntnis, dass sich ja ohnehin nichts machen lasse und man so was am besten vergesse, da man »mit solchen Proleten« einfach nicht reden könne. Selbst Hannes, der mit seinem rot vernarbten Gesicht noch ein- oder zweimal in der Stadt auftauchte, schien das Vorgefallene gezielt zu verdrängen.

Keiner regte sich auf, und das regte mich am meisten auf.

Loser, mein alter Freund und Spielkamerad, mit dem mich zeit meines Lebens eine treue Hassliebe verbunden hatte, war zum echten Gewalttäter geworden. Der »Hosenbrunzer«, der gute alte Stinker Luttenwang, dem wir so oft in den Arsch getreten hatten, wollte nicht mehr von uns akzeptiert werden. Er hatte sich endgültig für seine Fäuste entschieden und erkannt, dass, wo Liebe nicht zu gewinnen war, sich Zuwendung immer noch durch Angst erreichen ließ.

Ich rang mit mir: Die autoritäre Ethik eines jahrelang eingebläuten »Du sollst nicht …!« verlangte von mir, dem Stumpfsinn dieser Burschen etwas entgegenzusetzen. Und trotzdem kam ich von meiner alten Zuneigung zum Luttenwang Peter nicht los. Immer wieder tauchten Bilder eines Nähe suchenden kleinen Jungen in mir auf, der aufgrund seiner Stigmatisierung nur Ablehnung, Hohn, Gassenjargon und Dresche geerntet hatte. Je mehr ich nachdachte, desto gespenstischer erschien mir, wie solch ein Sog ein ganzes Leben prägen konnte. Je nach dem Verlauf seiner gewalttätigen Entwicklung konnten weitere, völlig unbeteiligte Leben davon getroffen und geschädigt werden.

Und eigentlich nur, gestand ich mir halbherzig ein, weil wir ihn Stinker genannt hatten, selbst wenn wir ihn auf eine Distanz gehalten hatten, auf die beim besten Willen nichts mehr zu riechen war. Weil wir ihn Grattler genannt hatten dafür, dass das Leben ihm bessere Startchancen verwehrte. Und weil wir in ein von Natur aus weiches und liebeshungriges Kind unsere eigene Gewaltlüsternheit projiziert hatten, um sie ohne Gewissensbisse abreagieren zu können. Und wie es so ist mit der körperlichen Beschaffenheit: Ein anderes Milieu hätte ihn vielleicht als tolpatschigen Schmusebären verhätschelt, in unserem Fall waren es seine Schwerfälligkeit und seine Kraft, die ihn ausgrenzten.

Doch es ging mir ums Prinzip. Ich verfasste einen sorgfältigen Bericht der nächtlichen Ereignisse für die Landpolizei, erstattete Anzeige, nannte großspurig Tatbestände, die es im Strafgesetzbuch gar nicht gab, und verspürte dabei das satte Gefühl, Loser eine zu verpassen: Je näher ich ihn dem Knast brachte, desto abgesicherter wurde mein eigener Status. Es wurden fünf Seiten. Ich schickte sie ab und wartete, aber nichts geschah: Kein Anruf, kein Polizist, der sich erkundigte, ganz so, als hätte ich diesen Brief niemals verfasst.

Ich sprach mit meinen Klassenkameraden über meine Aktion, sie hielten nichts davon. Ich würde mir nur Ärger einhandeln, meinten sie. Vorsichtiger als sonst spähte ich hinter mich, wenn ich von der Schule kam. Nichts. Keiner zu sehen. Ob sie was wussten?

Oh Brüder, ist es nicht gut und erhebend, ein Gerechter zu sein? Erfreulicherweise gab es viele davon in Fürstenfeldbruck. Das Auffallende an den Gerechten war, dass sie sich dieses Wesensmerkmals immer gegenseitig versicherten. Gerecht sein, das hieß, nahtlos hineinpassen in den Chor der vielstimmigen Zufriedenheit mit den Umständen. Es hieß, so sein, wie die anderen es erwarteten, weil auch ihnen der Mut zum Widerspruch fehlte. Es bedeutete Anpassung vor Auflehnung. Biederkeit vor Rückgrat. Unauffälligkeit vor Individualität. Bier vor Hirn.

Es bedeutete Gesichter voller heimtückischer Harmlosigkeit. Zivilcourage nur gegen Abweichung. Es erforderte scharfe Wachsamkeit gegenüber Fragen und unbequemer Erinnerung. Gegenüber den Abwesenden. Schuf Heimattreue und Gemütlichkeit, in deren bierseligen Gesängen die Beteiligten erfuhren, dass alles in Ordnung war. Weil Uniformität möglich war auch ohne Uniform. Weil mir halt a so sind, wie mir sind, net wahr? Und daran gab es nichts Falsches. Nur etwas unappetitlich war es bisweilen.

Und Gott liebte die Stadt nicht, denn er ließ die Gerechten gewähren. Man erkannte sie an ihren Lodenjankern und feschen Schnauzbärterln. An ihrem »akk'ratt« kurz geschnittenen Haar und der rosigen Gesichtshaut, noch leicht nebelnd von der Nassrasur. Die Gerechten erkennst du am Gesichtsausdruck, denn sie mühen sich um Heiterkeit, weil alles in Ordnung zu sein hat. Du erkennst sie an ihren Bewegungen, denn sie bewegen sich zuversichtlich und immer ein wenig zu angespannt.

Und sie beten gern, die Gerechten. Sie beten in der Maiandacht oder auf der Fronleichnamsprozession, auf der Kirchweih oder auf der Erstkommunion, auf der Firmung, in der Totenmesse oder zur Silbernen Hochzeit oder auch nur am Sonntagvormittag. Und stets danken sie für etwas, das sie – folgt man ihren Ausführungen – nicht verdient haben. Und stets bitten sie um das, was ihnen nicht zusteht. Und stets bereuen sie, was sie dank ihrer Gerechtigkeit gar nicht begangen haben können. Und stets flehen sie: um Vergebung, Erhörung, Erbarmen, Gnade, Errettung, Schutz, Heilung und alles Denkbare. Das alles, obwohl sie gerecht sind. Sie sind sehr beschäftigt, sich diesen Status zu erhalten. Die Worte »Freiheit« und »Respekt« kommen in ihren Gebeten nicht vor. Den anderen sehen sie als abschreckendes Beispiel der Versündigung. Das Unglück des Einzelnen interessiert sie weniger, sofern es nicht zu offiziellen Anlässen bedauert wird.

Herr der Welt, Retter der Retter, errette mich vor den Gerechten, die dich aus Furcht besingen und nicht aus Verehrung! Süßer Heiland du, der du bist und bist und bist und hörst einfach nicht auf in Ewigkeit, erspare mir die Gerechten, denn ihrer ist das Himmelreich. Je eher, desto besser.

Ich stand mitten unter ihnen. Die Pfarrkirche war wie jeden Sonntag gefüllt bis auf den letzten Platz, von der Empore her legte der weißhaarige Organist Zieberl seinen Schaumteppich über die Singenden, und der Kooperator Zinsmeister, der auch im normalen Gespräch nur noch Singsang redete, verneigte sich nuschelnd vor dem Altar und zog, flankiert von zwei Ministranten, ab in die Sakristei. Unter den Klangkaskaden der Kirchenorgel öffneten sich die Flugeltore und erbrachen ein Gewolle aus Glaubigen auf den Vorplatz hinaus, die dort stehen blieben und zufrieden waren.

Ich hasste diese Kirchgänge. Von Kindesbeinen an hatte ich sie ertragen, die rhythmischen Leerformeln (»G'set seistubstvolldagnad'n, daherrschtmitdia und geb'deitstfruchtd'nesleibes, Amen«). Die Gesänge, schwerfällig, voll frömmelnder Gehobenheit und ohne echten Saft. Das Hin und Her der lateinischen Formeln und die vordergründig geflüsterten Freundlichkeiten, die sich auf die Billigung der eigenen Anwesenheit beschränkten: Wer sonntags ging, war gerecht. Wer nicht ging, den holte der Teufel sowieso. So einfach war das. Die Mutter vom Riedmann Sepperl überwachte alles mit Habichtsblick und rannte noch vor dem Ende der Messe zum Stadtpfarrer, um zu berichten, wer ihr aufgefallen war. Manchmal standen beide schon wie ein altes Ehepaar am Seitenportal, durch das die Kinder hinausgingen, und pickten sich, je nach dem gezischten »Der da war's!« und »Der da, der hat die ganze Zeit *trotzdem* g'schwätzt!« die pimpfigen Todsünder heraus, um ihnen Angst zu machen vor dem Fluch der ewigen Verdammnis.

Ich hasste diese Kirchgänge. Aber sie gehörten zum Leben wie Blutdruck, Nahrungsaufnahme und Stuhlgang. Man fragte nicht, wozu, man ging einfach, weil jeder ging. Vorsichtige Versuche eines häuslichen Widerspruchs wurden niedergebrüllt: »Du gehst unzonztgarnix!« Meine Stiefmutter ging praktisch nie, mein Vater schon seit dreißig Jahren nicht mehr, weil er alles hasste, was nach Pfarrern aussah. Am Mittagstisch hetzte er gerne über sie. Die Pfarrer, die G'studierten und die Juden – in wechselnder Reihenfolge.

»Wenn *i* was zum Sagen hätt, nachert waar das glei' vorbei. Aber i *hab* nix zum sagen. Gotzeidank!«

Ich hasste diese Kirchgänge.

Es war ein saukalter Tag, der Frost hatte noch mal angezogen. Meine Zehen waren taub geworden auf dem kalten Plattenfußboden, und auch über den Ministrantenköpfen waren feine Atemsäulen aufgestiegen zum Lobe des Herrn. Draußen vor der Kirche war es nicht wärmer, aber jedenfalls nicht so gedrängt, und man konnte die Zehen bewegen, sodass sie ihre Steifigkeit verloren. Ich wechselte einige Worte mit Altersgenossen und machte mich auf den Heimweg. Man wurde kontrolliert, sonntägliche Verspätungen wurden nicht geduldet.

An der Hauptstraße stand die Fußgängerampel auf Rot. Ich lehnte mich gegen das Geländer und wartete. Eine ganze Weile brauchte ich, bis ich Fotzies Grinsen bemerkte.

Er stand auf der anderen Straßenseite, stockgerade und blöde wie immer. Sein verschwollenes Gesicht mit den kleinen Augen unter den wässrig-blonden Haaren war vom Frost gerötet. Seine abgewetzte Jeansjacke zeigte ein wolliges Innenfutter, das einmal weiß gewesen sein musste. Fotzie tat nichts und grinste mich abfällig an. Sein Blick war wie ein Stück dünnen Drahts, mit dem er mich über die Straße hinweg kitzelte.

Das konnte kein Zufall sein. Ich sah nach links: Lässig gegen das Kriegerdenkmal gelehnt stand Light my Fire und massierte sich die Finger in den dünnen, hellen Lederhandschuhen, die er nie abzulegen schien. Sein Grinsen war kalt und höhnisch, eine besonders angenehme Mischung. An der Hausecke hinter mir lehnte der Huttenloher Gottfried mit seiner ondulierten Langhaar-Dauerwelle und seinen fadendünn zusammengekniffenen Lippen. Schon als wir noch in die Volksschule gegangen waren, hatte er gewirkt, als sei er mehrfach nach innen gefaltet. Es kam keiner an ihn ran.

»Hallo Gottfried«, sagte ich unsicher. Es kam keine Antwort.

Unruhig ließ ich meinen Blick kreisen. Nichts dran zu deuteln, der ganze Auftritt hier galt mir.

Selbst als ich Loser die Hauptstraße herunterwalzen sah, konnte ich mich einer Aufwallung alter Sympathie nicht erwehren. Noch immer wirkte sein Gang eine Spur zu breit. Seine Hände, groß wie Dachplatten, schlackerten etwas zu gewollt um seine Oberschenkel. Über der ärmellosen Jeansjacke, die er über einem billigen Pullover trug, baumelte eine feingliedrige Kette. Sein muskelbepackter Oberkörper federte nicht, denn wie gewohnt hatte er die Nackenmuskeln bis zu den Ohrläppchen hochgezogen. So kam er seltsam staksig daher, ein Betonblock voller Kraft, Aggression und Unsicherheit. Seine buschigen schwarzen Brauen waren tief ins Gesicht gezogen. Zusammen mit seinem Irokesenschnitt gaben sie ihm ein furchterregendes Aussehen.

Loser mit Irokesenschnitt, ich guckte zweimal hin! Der gute alte Stinkie Luttenwang mit einem zentimeterbreiten schwarzen Haarstreifen auf dem kahl geschorenen Schädelquader. Garantiert der einzige in der ganzen Stadt! Und er schob sich mir feindselig entgegen.

Die Ampel sprang auf Grün. Ich blieb stehen, denn drüben stand immer noch Fotzie und schlenkerte lässig mit den Händen. Keine Frage, dass er schon zu dieser Tageszeit einen hängen hatte.

Fotzies Bauch war fast immer voller Bier. Losers Bauch war voller Wut, das konnte man sehen.

Es ging mir also an den Kragen. Ergeben blieb ich stehen. Ich war immer ein Geistesmensch gewesen, nie ein Gewaltmensch. Ich begann am ganzen Körper zu zittern.

»Wolf!« Ein gebelltes Kommando. Resigniert wandte ich den Kopf zu Loser. Klar, der Ordnung halber ein kleiner Wortwechsel, bevor sie zuschlugen.

Er baute sich dicht vor mir auf. Komischerweise haben alle Schläger die gleiche Technik: Sie verletzen gezielt die persönliche Sicherheitsdistanz des anderen. Unwillkürlich nahm ich Haltung an.

»Okay, Loser?«, sagte ich leise.

»Schau, dass d' die Anzeig zrucknimmst! Nimm die Anzeige zruck, sag i dir!«

Ich würgte nach Worten.

»Du zeigst *mich* an! Wo mir schon miteinand im Sandkasten g'spielt ham! Ja spinnst jetz du?« Auch so was, dass die Gewalttäter um Vorwürfe nie verlegen sind.

Ich würgte immer noch nach Worten.

»Na ja, Loser …«, stotterte ich. Aus den Augenwinkeln sah ich Fotzie grinsend über die Straße schlendern. Die Ampel zeigte Rot. Light my Fire stand mit kalter Herablassung am Kriegerdenkmal und massierte seine Handschuhe. Den Blick auf Gottfried versperrte mir der Luttenwang mit seinem Körper.

»Fünf Seiten schreibt er, die Kameradensau! Fünf Seiten haargenau, was los war! Du bist mir ein sauberner Spielkamerad! Im Sandkasten warn mir miteinand, du und i! Alles fein juristisch aufg'schrieben!« Luttenwang war außer sich.

Er musste alles gelesen haben, obwohl Lesen in der Schule nie seine Stärke gewesen war. Neben Light my Fire stand plötzlich der Hölzl Andy, die Hände in die Hüften gestemmt, und peilte feindselig zu mir herüber.

»Woher …?«, hob ich hilflos an.

»I weiß *alles*. Der Loser weiß *alles*, was hier passiert. Das is *unsere* Stadt, vastehst?!«

Ich nickte schweigend.

»Ja, hast denn du net g'wußt, dass mei' Mama Putzfrau is bei der Landpolizei?!« Wie die meisten von uns sagte er »Lammbbolizzei«. Und er sagte »Mama«, der rauhbauzige alte Schläger.

Mir schnürte sich der Hals zu. Offenbar hatte einer der Polizisten Losers Mama meinen Schrieb zu lesen gegeben. Saubere Sicherheit bei uns in Bayern!

»I sag dir nur oans«, sein Gesicht schob sich breit vor das meine. »Zieh die Anzeig zruck!« Und etwas drohender: »Zieh die Anzeig zruck!« Seine Stimme wurde noch eine Spur härter. »Oder ich schlitz dich hint und vorn auf!«

Plötzlich verspürte ich einen ganz starken Harndrang.

»Und eines merkst dir: *Finden* tun mir dich überall, und packen tun mir dich auch überall!« Er drückte seinen Brustkasten gegen meinen. »Auch wenn mir ganz alte Spielkameraden waren, du und ich: I schlitz dich hint und vorn auf, du Sau! Dass das woaßt!«

Beim Wörtchen »alte« hatte seine Stimme leicht vibriert. Der gute alte Luttenwang! Er würde einen massakrieren und in Scheiben schneiden, aber er würde sich auch schlecht dabei vorkommen.

»Also!« Er wandte sich zum Gehen. »Zieh die Anzeig zruck! Du hast achtavierzg Stund!«

Loser Luttenwang walzte davon.

Ich spürte, wie mir die Knie weich wurden. Am ganzen Leibe bebend taumelte ich zum Straßenübergang, wo Fotzie sich feist, grinsend und blau gegen den Ampelmasten lümmelte. Ich roch seine Fahne in der kalten Luft. Geduckt wankte ich an ihm vorbei und drehte mich nicht um.

In finsterste Vorstellungen versunken betrat ich den Windfang meines Elternhauses und streifte die Winterstiefel ab. Solange ich mich erinnern konnte, herrschte eine unerträglich aggressive Spannung an unserem Mittagstisch. Unser Vater thronte herrisch und mit finsterem Gesicht an der Breitseite. Meist schimpfte er auf jemanden. Die Nöte und Sorgen seiner Kinder interessierten ihn nicht. Sein lebenslanges Thema waren der verlorene Krieg, die angebliche Schuldlosigkeit der Deutschen, die Juden, die angeblichen Untaten der Alliierten und die Nutzlosigkeit der heutigen Politiker, denen man es einmal richtig sagen müsse und die er gerne mit Sudelbriefen beleidigte. Es war ermüdend. Widerspruch hatte ich längst aufgegeben, allerdings genügte ihm das nicht. Er hetzte unersättlich in einen hinein, meist verbunden mit primitiven Provokationen, Beleidigungen oder persönlichen Demütigungen, was ihn auf seltsame Weise befriedigte. Der heranwachsende Sohn, dessen zunehmende Bildung seiner Despotenrolle immer gefährlicher wurde, war ihm längst zum Gegner geworden. Sein aggressives, vorwiegend von Hass geprägtes Weltbild ertrug kein friedliches Gegenüber – zumindest nicht in der eigenen Familie.

Ich wusste, dass von zu Hause Hilfe nicht zu erwarten war. Schweigend löffelten wir unsere Suppe.

Ich versuchte es trotzdem: »Sollte mir in der nächsten Zeit etwas zustoßen …«

»*Was* is?«, zischte mein Vater mich gereizt an. »Was is jetzt scho' wieder, ha?«

»Sind mir schon *so* weit!«, assistierte ihm Traudi giftig.

Ich berichtete leise von meiner Begegnung und erhielt einige Bemerkungen an den Kopf, als hätte ich mich selbst an jemandem vergangen. Eine der prägenden Komponenten meiner Jugendzeit: Geriet man in Schwierigkeiten, dann wusste man, dass der erste Schlag zwischen die Schulterblätter von zu Hause kommen würde. Nur die Augen meiner neunjährigen Schwester wurden immer größer.

Gott sei Dank gab es Dino Achenbach. Dino war ein hoch gewachsener, athletischer Schüler aus der Parallelklasse, dessen Vater ein pensionierter General war. Seine Mutter hatte der Karriere ihres Gatten zuliebe eine Ausbildung zur Opernsängerin abgebrochen und terrorisierte die mehrköpfige Familie, indem sie ständig irgendwo im Haus herumstand und lauthals Arienfragmente von sich gab. Es gibt nun mal nichts Subtileres als die späte Rache unter Ehepartnern. Dinos Schwestern hatten bereits das Weite gesucht und sich sicherheitshalber über den Kontinent verstreut.

Die bayrische Bürokratie hinwiederum hatte es gut mit Dino gemeint: Sein Vater hatte ihm erlaubt, bereits mit siebzehn einen Fahrkurs zu machen, sodass ihm der heiß begehrte Führerschein sechs Monate später, an seinem achtzehnten Geburtstag, von den

Behörden ausgehändigt werden sollte. Vielleicht war der Prüfer am Tag von Dinos Prüfungsfahrt mit den Nerven am Ende oder er pennte einfach nur: Jedenfalls achtete er nicht auf das Geburtsdatum des Prüflings und händigte dem verdutzten Siebzehneinhalbjährigen nach bestandener Testfahrt den Lappen aus. Die Story ging augenblicklich rund, hob Dinos Sozialstatus ungemein und verpflichtete ihn uns allen gegenüber: Denn nur wenn jeder an der Schule – einschließlich der Lehrer – die nächsten sechs Monate dichthielt, konnte Dino weiterhin jeden Morgen seinem VW-Käfer entsteigen und mit demonstrativer Teilnahmslosigkeit durch die Aula unserer Schule paradieren.

Klar, dass keiner ihn hinhing, und als Dino endlich achtzehn war, war das Thema sowieso erledigt. Doch hatte die mehrmonatige Ausnahmesituation zusammen mit seinem hilfsbereiten Naturell dazu geführt, dass er von allen Seiten eifrigst um kleine Gefälligkeiten angegangen wurde, denen er sicherheitshalber stets nachkam. Hinterher konnte er vermutlich nicht mehr anders, denn er war einer der umgänglichsten und hilfsbereitesten Mitschüler, die ich in Erinnerung habe.

Den ganzen Sonntagnachmittag hatte ich gebrütet. Meine Anzeige zurückzunehmen ging mir gegen den Strich. Losers großspuriges Auftreten begann mir nachträglich mehr und mehr zu stinken. Es widerstrebte mir, ihn mit seiner Tour durchkommen zu lassen. Andererseits setzten seine Drohungen mir hart zu. Ich hatte Hannes liegen sehen, das Scharren seiner reißenden Haut auf der Asphaltdecke gehört, den Einschlag von Luttenwangs Fäusten auf seinen Wangenknochen … Ich hatte keine Zweifel, dass er sich bald auch liebevoll um mich kümmern würde. Umso mehr, als in den nächsten Tagen für alle potenziellen Führerscheinkandidaten unserer Klasse ein abendlicher Erste-Hilfe-Kurs begann. Auf dem nächtlichen Heimweg, auf menschenleeren Winterstraßen konnten sie mich jederzeit bequem erwischen. Auch wenn es länger dauern sollte als die von ihm eingeräumten achtundvierzig Stunden.

Illusionslos analysierte ich meine Lage: Ich stand mit dem Rücken zur Wand. Hilfe aus meinem Elternhaus war zu allerletzt zu erwarten. Die Polizei hatte meinen Report offensichtlich nicht ernst genommen, außerdem liefen die Informationen von dort in die denkbar falscheste Richtung. Unbedachterweise, fand ich, hatte mein Gerechtigkeitseifer mich in eine ziemlich beschissene Position gebracht. Loser und seine Spezis würden mir schon in nächster Zeit auflauern und sich an meinen Eingeweiden vergnügen.

Wer alleine steht, gibt sich entweder auf oder er entschließt sich zu kämpfen. Mir lag die erste Alternative nie. Am nächsten Morgen, kaum dass er aus dem Auto gestiegen war, redete ich mit Dino Achenbach. Er hatte die Schlägerei mitbekommen und – künstlerischer Schöngeist, der er von Natur aus war – er fand sie abstoßend.

»Dino«, sagte ich. »Ich brauche eine Pistole.«

Er neigte den Kopf zur Seite. »So schlimm?«

Ich berichtete ihm von meiner Begegnung mit Luttenwang am Vortag. »Sie können mich überall kriegen«, drängte ich verzweifelt.

Dino dachte nach. »Hast du mit deinem Vater geredet?«

Ich winkte verächtlich ab. »Nichts außer den üblichen Vorwürfen. Das hilft mir nicht.«

»Und was willst du mit der Plem?«, fragte er.

»Notfalls ins Gesicht schießen«, sagte ich entschlossen. »Die ganze Ladung.«

Er schien zu verstehen. »Du meinst Gas?«

»An eine scharfe Waffe kommen wir nicht ran. Aber Tränengas … oder meinetwegen Schweineborsten …«

»Schweine-was?«, fragte Dino.

In Fürstenfeldbruck gab es einen alten Wachmann. Ein ehemaliger französischer Kriegsgefangener aus Lyon, der nach dem Krieg einfach dageblieben war und mit seinem Schäferhund nachts für seine Auftraggeber die Runden ging. Er redete viel, und er hatte mir einmal prahlerisch berichtet, dass er die Wachspfropfen seiner Gaspatronen mit geschnittenen Schweineborsten präpariert hatte, um einem Angreifer stärkere Verletzungen zufügen zu können.

»Ös schmerz' wie Säu!«, hatte er in seinem seltsamen Akzent berichtet. »Der Schwein'börst, er schmerz' wie Säu. Brönnt weg der ganz' Gesischt, isch sage dir!«

Ich versuchte es Dino zu erklären. »Du hast sie nicht alle«, antwortete er. »Wie soll ich denn an ein Schwein kommen?«

»Besorg mir wenigstens die Waffe«, bedrängte ich ihn. »Du bist über achtzehn und kriegst sie. Ich nicht. Außerdem kennt der Waffen-Günther meinen Vater!«

Dino war wirklich der hilfsbereiteste Schulkamerad, den man sich vorstellen konnte. Wir verständigten uns auf eine kleine, möglichst sechsschüssige Pistole, zwölf bis fünfzehn Schuss Tränengasmunition und ein einfaches Schulterholster.

»Ich besorg dir das Zeug heute nachmittag«, sagte er. »Bist du gegen vier Uhr zu Hause?«

»Danke, Dino«, seufzte ich erleichtert.

Dino hatte einen General zum Vater, so kam er pünktlich auf die Minute. Wir verschwanden auf meinem Zimmer, glücklicherweise waren meine beiden Alten aushäusig. Aus einem blauen Karton nahm er die Waffe. Nie zuvor hatte ich so ein Ding in der Hand gehabt – nach einer Minute hatte ich sie geladen. Dino hatte fünfzig Mark verauslagt, ich gab sie ihm unter grenzenlosen Dankesbezeugungen zurück und versteckte die Utensilien in meinem Schreibtisch. Den leeren Karton gab ich ihm mit. Selbst wenn ich ihn gleich in die Mülltonne geworfen hätte, hätte ein dämlicher Zufall mich in verdammte Erklärungsnöte bringen können.

Wie legt man ein Schulterholster an? Beult es tatsächlich das Sakko aus? Kann das Ding herausfallen? Soll ich es während des Unterrichts anlassen? Würden meine Klassenkameraden mir während der Pause in die Jacke fassen wollen? Was mach ich, wenn die Kerle kommen und ich hab meinen Wintermantel druber? Wie nah oder wie weit weg muss man die Mündung halten, wenn man schießt? Wird einer dann blind, oder verbrennt es ihm das Gesicht, oder kann man ihn damit auch umbringen? Kann ich selber auch was abkriegen? Und was mach ich, wenn *ich* das Tränengas in der Schnauze hab und die fallen alle über mich her?

Die üblichen Fragen und Probleme eines Schülerdaseins eben.

Eine Beschreibung meines Schulweges am nächsten Morgen erspare ich mir. Unter einem Vorwand war ich nach dem Frühstück auf mein Zimmer gehuscht und hatte mich bewaffnet. Keine vierzig

Stunden hatten ausgereicht, um mich halbwegs paranoid werden zu lassen. Wie eine verrückt gewordene Radarantenne spähte ich pausenlos umher, hielt mindestens anderthalb Meter Distanz zu jedem Laden- oder Hauseingang und war ein Nervenbündel, als ich fünfzehn Minuten später in der Schule ankam. Logisch, dass ich gleich als Erster an die Tafel musste. Mit der Rechten rechnete ich konfus herum, während mein linker Arm reglos herabhing wie bei einem Kriegsinvaliden.

»Was is mit dir?«, raunte mir mein Mitschüler Eric zu, während wir nach dem Klingelzeichen aus dem Physiksaal gingen.

»Mir ist schlecht«, sagte ich. »Und außerdem hab ich was unterm Arm.«

Ich stand sechs Stunden Unterricht durch. Nur zwei Freunden erzählte ich von meinem Schießeisen. Als die Schule zu Ende war, verschwand ich auf dem Schülerklo und schob die Pistole in meine rechte Manteltasche.

Meine Achtundvierzigstundenfrist war abgelaufen, und der nächste Tag verlief bereits routinierter, obwohl Luttenwangs Ultimatum mir unverändert an den Nerven zerrte. Ich ging zur Schule, die Hand am Schießeisen in der rechten Manteltasche, dann suchte ich als Erstes die Knabentoiletten auf und verstaute Waffe und leeres Holster – das ich aus einem diffusen Sicherheitsbedürfnis heraus trotzdem unter der Achsel trug – in meiner Schultasche. Den Unterricht und die Pause durchstand ich ungerüstet und ständig in alle Richtungen witternd, den Heimweg trat ich wieder mit gefüllter Manteltasche an. Mittlerweile war mir der Umgang mit dem Schießeisen etwas vertrauter. Ich hatte das sechsschüssige Magazin gefüllt, dann hatte ich durchgeladen und somit eine siebte Patrone im Lauf platziert. Mehr war nicht zu machen. Den Rest musste man abwarten.

Am gleichen Nachmittag suchte ich die Landpolizeistation auf. Der Vorgang Luttenwang war bekannt, und ein bayrisch-jovialer Polizist, ein mit sich und der heraufziehenden Frühpensionierung zufriedener Mittfünfziger, saß mir gegenüber und kommentierte meinen angsterfüllten Bericht mit einem zuversichtlichen: »Ah naaaaa, der schlitzt Eana net auf! Ah naaa!« Er winkte belustigt ab.

»Die jungen Kerl', wissen S', de nehmen an Schnabel allweil recht voll. Geh«, er schüttelte den Kopf, »der Luttenwang, der schlitzt Ihnen doch net auf! Sei' Mama, de putzt ja da herin!«

Ich bestand hartnäckig auf dem Vorliegen einer akuten Gefährdung, erntete aber nur ein wohlwollendes: »An Ihrer Stell, also net wahr, an Ihrer Stell tät i mir jetzt da einfach gar nix dabei denka! Net, denken s' Ihnen einfach nix dabei, und lassen S' Ihnen, auf gut bayrisch, net wahr, einfach am Arsch lecka.« Er überlegte einen Moment. »Und wenn er Ihnen *doch* was tut, net, ja dann sagen S' uns einfach Bescheid, und dann rucken mir aus!« Sein Kollege am Nebentisch nickte aufmunternd: »Freilich rucken mir dann aus!«

»Wenn er mir was tut?«, piepste ich und spürte die Wärme von einem Pfund Stahl in meiner linken Achselhöhle.

»Ah naaaa!«, sagte der Erste wieder väterlich. »Der Luttenwang, was soll Ihnen der schon tun!«

»Er schlitzt mich hint und vorn auf, hat er mir g'sagt. Zweimal hat er's g'sagt!«

»Is sei' Mutter, is jetzt die eigentlich herin?«, fragte der Polizist seinen Kollegen.

»Ah naaaa!«, sagte der. »Jetzt doch noch net!«

»Ich stell auf jeden Fall Strafantrag«, beharrte ich. »Wegens einer Morddrohung.«

Der Polizist bekam eine Handakte gereicht.

»Da ham ma 'n ja!«, murmelte er zufrieden. Ich erkannte meinen fünfseitigen Bericht. »Also«, sagte er, halb anerkennend, halb missbilligend, »Sie ham Ihnen ja wirklich sehr viel Mühe g'macht...«

»Ja, das haben S' schon!«, sagte sein Kollege.

Zusehends kam ich mir vor wie im Königlich-Bayrischen Amtsgericht.

»Also, wissen S' was? Geben S' uns den Strafantrag einfach schriftlich rein, dann nehmen mir den zu de' Akten!«

»Schriftlich«, sagte ich konsterniert. »Könnten Sie nicht...?«

»Ah naaaa!«, winkte er jovial ab. »Da warten S' ja über a Stund, bis mir da herin damit fertig sind!« Er hob bedauernd die Hände: »Ham ja niemand zum Schreiben!«

»Okay«, sagte ich ohne Zuversicht und erhob mich vorsichtig.

Ich hatte alle Knöpfe meines Sakkos geschlossen, damit nicht durch irgendeinen saudummen Zufall mein Holster sichtbar wurde. »Okay«, wiederholte ich, »und sonst können Sie nichts für mich tun?«

»Also, sagen mir amal a so«, ließ der zweite Polizist sich wieder vernehmen. Er war deutlich jünger als sein Kollege und wartete wahrscheinlich auf dessen Frühpensionierung. »Wenn er jetzt also quasi kimmt, net wahr. Wenn er jetzt also quasi kimmt und will Ihnen was, dann nehmen S' einfach a Zaunlatten ...«

»Jawoll!«, nickte der andere gütig, »... dann nehmen S' einfach a Zaunlatten und hauen S' ihm nauf. Das is dann a deutliche Notwehr ...«

»... und dann helfen mir Ihnen schon!«, sagte der Ältere zuversichtlich.

Auf der ganzen Hauptstraße gab es keine einzige Zaunlatte, nur durchgehende Geschäftsfassaden.

Meine Frist lief ab, nichts geschah. Auch an den folgenden Tagen nicht. Dennoch wurden die nächsten Wochen für mich ein kaum vorstellbarer Nervenkrieg. Sobald ich in der Nähe des Stadtzentrums auftauchte, bekam ich einen Schatten. Einer aus der Gang war da, war einfach nur da und tat dabei, als sehe er mich nicht. Bald schon hatte ich das Gefühl, nirgends mehr hingehen zu können, ohne dass mir jemand folgte. Am schlimmsten waren die nächtlichen Heimwege von dem inzwischen begonnenen Erste-Hilfe-Kurs für meinen Führerschein: Die Straßenbeleuchtung war noch nicht so opulent wie heute, es gab genug Lichtlöcher, in denen sich jemand verstecken konnte. Es fror, und die Straße war menschenleer. Einoder zweimal trat jemand hundert Meter vor mir aus einem dunklen Ladeneingang in einen Lichtkegel, blieb kurz stehen, ohne mich anzusehen, und verschwand wieder. Die Schweine versuchten mich weich zu kochen.

Natürlich funktionierte das auch, kein Mensch hält so was auf Dauer durch. Täglich mehr wurde ich zu einem gehetzt umherspähenden Bündel, keine Ecke mehr, kein Hauseingang, keine Hofeinfahrt, keine versteckte Bewegung irgendwo, die nicht augenblicklich alle meine Systeme auf Alarm schaltete. Zu Hause herrschte die übliche Interesselosigkeit, Traudi keifte herum und schikanierte uns wegen Nichtigkeiten, mein Vater belferte mich an oder zog sich schweigend zurück, um seinen Groll zu pflegen und gegen Abend einen Geschäftstermin vorzutäuschen, der regelmäßig bei einer willigen Gemischtwarenhändlerin am westlichen Stadtrand ausklang.

Familiärer Alltag also. Nur ich konnte ihm nichts mehr abgewinnen und hatte mehr und mehr das Gefühl, nervlich zu verfallen. Meine Schwester war die Einzige, die es bemerkte. Eines Nachmittags kam sie auf mein Zimmer. Ich redete wie ein Wasserfall. Sie klammerte sich an mich und teilte meine Angst. Als ich ihr die Waffe zeigte, reagierte sie wohltuend bodenständig: »Gott sei Dank. Damit kannst du ihn totmachen!« Das Gespräch wurde unterbrochen, als ihre Mutter kam und die Gardinen zum Waschen abnehmen wollte.

Diejenigen, denen in ihrem Leben Extremsituationen erspart blieben, werden es sich nicht vorstellen können: Nerven können tatsächlich aufspleißen wie zerriebene Seile. Ihre normalerweise glatte Oberfläche wird zusehends rauher und furchiger, bis man das Gefühl bekommt, eine Vielzahl roher Nervenfasern stehe vom Körper ab wie aufgestellte Armhaare. Mir hat mein Leben eine großzügige Menge derartiger Erfahrungen beschert, und als ich dreißig Jahre später nicht ganz zufällig einem arabischen Herrscherclan ins Gehege kam und von dessen Epigonen telefonische Andeutungen in Bezug auf meine irdische Überflüssigkeit erhielt, nahm ich es relativ gelassen. Aber bis dahin war ein langer Weg, auf dem Kaltblütigkeit sich erst noch entwickeln musste.

Rüdiger Bleck fiel mir wieder ein. Er hatte in der Konfrontation mit dem Pöbel den Kürzeren gezogen. Ganz offenbar hatte er keine Chance gehabt, obwohl er bestens gerüstet gewesen war. Ich fragte mich, was ihm damals durch den Kopf gegangen war, als er sich zu dem verhängnisvollen Treffen in dem Waldstückchen begeben hatte. Hatte er Angst gehabt? Der Täter hatte ihn von vorne erschossen. Was war Bleck durch den Kopf gegangen, als der Mörder auf ihn zugetreten war? Hatte er lange in den Lauf geblickt oder hatte sein Mörder ihn überrascht? Wie fühlte es sich überhaupt an, wenn man jung sterben musste?

Erst vor ein paar Tagen war ich zweien aus Blecks früherer Klasse auf dem Schulweg begegnet. Ich war mir seltsam vorgekommen mit meinem Eisen in der Tasche und hatte mich gefragt, was sie wohl sagen würden, wenn sie Bescheid wüßten. Edi Cedrac, der eine von ihnen, hatte sich verabschiedet und eine Abzweigung genommen. Mit seinen blonden schulterlangen Haaren und den ausgestellten Jeans stand er in starkem Gegensatz zu Luggi Dumoulin, den er mir knapp vorgestellt hatte. Der war ein großer, klobiger junger Mann, etwas eckig dazu und ausgesprochen bieder gekleidet. Mir waren seine viereckigen Schuhe aufgefallen und die eigenartige Scheu, die bei unserer Begrüßung von ihm ausgegangen war. Der kurze flüchtige Eindruck war so intensiv, dass er mir über Jahrzehnte im Gedächtnis blieb.

Ich fragte Dumoulin nach der Bleck-Sache, die nun schon einige Jahre zurücklag. Wie man als Schüler eben so redet, wenn man sich gerade kennen lernt. Dumoulin antwortete mit unbewegter Bräsigkeit: Bleck habe sich nun mal in Gefahr begeben und sei darin umgekommen. Ein anständiger Mensch laufe schließlich nicht mit einem Schießeisen in der Achselhöhle herum. Kein Mensch in unserem Alter habe so etwas nötig.

So was von rechtschaffen müsste man sein, dachte ich mir.

Dennoch bewegte unser kurzes Gespräch mich den ganzen Vormittag, es hatte eine alte Überlegung wieder wach werden lassen, die mich schon bei Blecks Tod bewegt hatte: Wieso traf er sich mit seinem Mörder so weit draußen in jenem abgelegenen Waldstück? Die badenden Mädchen, die die Schüsse gehört hatten, waren eher Zufall gewesen. Normalerweise war der Tatort eine der einsamsten Ecken in der Umgebung der Stadt. Wenn Bleck den vermuteten Münchner Zuhälter dort getroffen hatte, dann gewiss nicht, um ein Geschäft Waffe gegen Bargeld abzuwickeln. So was ließ sich in jeder Bahnhofskneipe erledigen. Mir hatte diese Theorie nie ganz gepasst. Nein, nein. Die ganze Sache sah mir mehr und mehr nach einem Showdown aus, in dem die beiden gezielt aufeinander getroffen waren, um etwas auszufighten. Es konnte eine Geldsache gewesen sein, eine Puffgeschichte oder alles Mögliche andere.

High noon also. Der Filmklassiker war auch damals ein Begriff. Ich stellte mir vor, wie der sechzehnjährige Bleck und sein Mörder sich gegenübergestanden hatten. Vermutlich war er ein naives Bürschchen gewesen, das sich selbst überschätzt hatte und einem abgezockten Münchner Puffveteranen auf den tödlichen Leim gegangen war. Aber, so dämmerte mir mehr und mehr, einer von beiden musste bewusst eine Entscheidung gesucht haben, und zwar genau an dieser Stelle. Ich fragte mich, falls es tatsächlich so gewesen war, welches Motiv dahinter gestanden hatte: Hatte einer von beiden es nicht länger ausgehalten? War einer von ihnen am Ende seiner Kraft gewesen? Wollte einer von beiden klare Verhältnisse haben und die ganze Sache war aus dem Ruder gelaufen? Oder hatte Bleck doch ganz einfach seinen Zuhälter-Spezi gelinkt und war dafür liquidiert worden?

Je mehr ich grübelte, desto mehr ergaben sich mir Parallelen zu meiner eigenen Situation. Erst einmal allerdings kassierte ich eine vierseitige Strafarbeit von unserem Mathematiklehrer wegen fortgesetzter Unaufmerksamkeit im Unterricht.

Es war halb zwei, als die Schule zu Ende ging. Wie schon seit sechs Wochen üblich, verzog ich mich auf die Knabentoiletten und schloss mich in eine Kabine ein. Ich öffnete meine Aktentasche und entnahm ihr das leichte lederne Holster, hing mein Sakko an das Türscharnier – die Kleiderhaken waren stets abgerissen –, streifte das Holster über und zog die Jacke wieder an. Dann fischte ich die Pistole unter den Büchern hervor. Mit inzwischen geübtem Griff lud ich sie durch, löste das Magazin aus seiner Halterung und ersetzte die Tränengaspatrone, die ich in die Kammer geschoben hatte, durch eine neue. Ich kontrollierte den Sicherungsflügel und schlüpfte in meinen Mantel, die Waffe stets in der freien Hand haltend. Dann schob ich sie in die rechte Manteltasche und verließ die Kabine. Zu Hause würde ich etwas essen und ein paar Schulaufgaben machen. Um halb fünf begann der freiwillige Spanisch-Unterricht, den ich belegt hatte. Er dauerte bis sechs Uhr, und wenn ich aus der Schule kam, würde es wieder dunkel sein.

Keiner war zu sehen, als ich aus dem Schulgebäude trat, aber das bedeutete gar nichts, zumindest in meinem Kopf bedeutete es nichts mehr. Unter dem ständigen Druck hatte ich begonnen mir auszufantasieren, dass Loser neue Gangmitglieder rekrutiert hatte, deren Gesichter ich noch nicht kannte, und dass diese mich jetzt ohne mein Wissen beobachteten. Irgendwann gerät man an einen Punkt, wo man sogar Rentner mit Beinprothesen für getarnte Schläger und Messerstecher hält.

Ich war allein und ziemlich am Ende, als ich zu Hause an unserem Tisch meine Suppe löffelte. Trübsinnig blätterte ich durch den Bayern-Teil des »Münchner Merkur« und stieß auf eine kleine Notiz: Ein neunzehnjähriger Schlossergehilfe war wegen Körperverletzung mit Todesfolge verurteilt worden. Im Streit um ein Mädchen hatte er einem gleichaltrigen Rivalen seine Gaspistole auf den Hinterkopf gesetzt und abgedrückt. Die austretende Gassäule hatte den Schädel des Opfers wie ein Bolzen durchschlagen und das Gehirn so schwer geschädigt, dass der Verletzte innerhalb weniger Stunden verstarb. Das überraschte mich, denn mit einer derartigen Schusswirkung hatte ich niemals gerechnet. Nach dem Essen verzog ich mich auf mein Zimmer. Morgen abend war wieder Erste-Hilfe-Kurs.

Ich war mir nicht mehr so sicher, was eigentlich lief. Bisher war außer den ständigen Einschüchterungen nichts geschehen, und immer mehr beschlich mich das Gefühl, dass Loser und seine Gang sich ein mieses Spielchen mit mir leisteten: Der eigentliche Zweck der Aktion lag möglicherweise gar nicht darin, mich irgendwo schnell zu erledigen. Luttenwang wusste ganz bestimmt, dass ich die Anzeige gegen ihn nicht zurückgezogen hatte, und er hatte Gelegenheit genug gehabt zuzuschlagen. Stattdessen machten die Kerle sich einen Spaß daraus, mich wochenlang vor sich herzutreiben, bevor sie mich griffen. Einer von ihnen war ja immer verfügbar, und da ich auf den meisten meiner Wege den Marktplatz zu passieren hatte, genügte es, ab und zu dort einen Mann zu platzieren und mich mit dieser Methode langsam müde zu machen. Nicht dass sie es nötig gehabt hätten: Sie hatten nur einfach alle Zeit der Welt und eine Menge Spaß daran.

Die Erkenntnis besaß eine gewisse Sprengkraft für mich: Handelnder war ich nur ganz zu Anfang gewesen, längst war ich einer, über den von anderen verfügt wurde. Ich begann intensiv nachzudenken, wie ich aus der Falle wieder herauskommen würde. Ich brauchte auch einen Showdown, lange hielt ich diese Situation nicht mehr durch.

Die sonntäglichen Teenagerpartys am Nachmittag im Jungbräusaal waren damals das wöchentliche Highlight für die Jugendlichen der Stadt. Obwohl auch ich zu ihren eifrigen Besuchern gehörte, hatte ich sie seit Wochen gemieden, weil Luttenwangs Haufen dort ebenfalls regelmäßig auftauchte, sich zusoff und dann gewalttätig wurde. Zwei oder drei Halbwüchsige hatten sie zwischenzeitlich aufgemischt, davon war einer krankenhausreif geschlagen worden.

»Loser und seine Leute waren da. Sie haben dich gesucht!«, hatte mir der Wehrmann Franzi, ein redseliger und wichtigtuerischer Realschüler mit Gewichtsproblemen, am vergangenen Montag noch zugeraunt. Ich entschloss mich, die Entscheidung zu suchen und machte mich auf den Weg zu meinem Kurs.

»Llega el Señor Achinger, un poco tarde como siempre«[1], begrüßte mich Professor Triebel freundlich, als ich mich fünf Minuten zu spät in meine Schulbank schob.

»Muy encantado, Señor!«[2], erwiderte ich müde.

Ficker grinste mich cool an, als ich auf dem Heimweg die dunkle Gasse an der Mädchenschule entlangschlich. Eine Bogenlampe erhellte die Straßenecke, und er lehnte entspannt an der Mauer des alten Gebäudes, in dem früher die Stadtapotheke gewesen war. Fürstenfeldbrucks erste Apotheke, das Gebäude war inzwischen offiziell geschützt. Ich war ziemlich ungeschützt, und meine Finger krampften sich in der Manteltasche zusammen. Unmerkbar schob mein Daumen den Sicherungsflügel nach vorne.

Ich sah ihn an, wartete auf eine Angriffsbewegung. Zugleich

[1] »Hier kommt der Herr Achinger, ein bißchen spät wie immer.«
[2] »Sehr erfreut, mein Herr!«

spähte ich um mich, hinter mich, vor mich, aber Ficker schien alleine zu sein.

»Ey«, sagte er leise.

»Hallo, Ficker«, sagte ich gequetscht, ging jedoch weiter, ohne mein Tempo zu verändern.

Er grinste verächtlich. Ich heftete meine Augen auf ihn, er schien immer noch nichts unternehmen zu wollen. Also ging ich an ihm vorbei, bemüht um einen möglichst neutralen Gesichtsausdruck. Ficker blickte durch mich hindurch, nicht einmal mit den Augen folgte er mir. Meine Anspannung nahm zu, als ich ihn in meinem Rücken wusste, und löste sich erst etwas, als es dort still blieb. Hätte er mich von hinten angegriffen, hätte man seine Schuhe auf dem Streusand hören müssen. Die ganze Szene spielte sich unendlich langsam ab, wie langsame Zeitlupe.

»Demnächst bist fällig!«, hörte ich eine leise Stimme hinter mir.

Langsam drehte ich mich um. Ficker lehnte noch immer an seiner Hausecke und schien mich überhaupt nicht wahrzunehmen.

Es war Sonntag und ich hatte meinen Entschluss gefasst. Mein Vater saß in seinem Büro und schrieb eine seiner Heimatgeschichten über das selige alte Bruck. Traudi erledigte den Abwasch. Meine Schwester saß in unserer Essecke und spielte versunken mit ihrer Strickliesel, einem faustgroßen Holzgerät, in das man einen Wollfaden spannte, und dann konnte man damit meterlange Wollkordeln herstellen, wozu auch immer. Ich trug meinen blauen Anzug mit einem eng am Körper sitzenden weißen Hemd und einer blauen Krawatte. Die Haare hatte ich mir mit Unmengen von Brisk nach hinten geklebt. Niemand in der Familie merkte, dass ich mein Holster trug – man interessierte sich einfach zu wenig für mich.

Wenn Loser und seine Spezis nicht zu mir kamen, dann musste ich zu ihnen gehen. Ich würde mich ihm einfach anbieten, und wenn er zuschlagen wollte, dann sollte er es. Tat er es nicht, dann konnte man seine Drohung ohnehin vergessen. Aber auf diese Weise bestimmte ich wenigstens Ort, Zeit und Umgebung, und das war besser, als wenn sie mich nachts in irgendeiner dunklen Ecke erwischten. Unser Konflikt war inzwischen Gesprächsstoff unter den

Jugendlichen geworden. Luttenwang konnte es sich nicht leisten, meine Provokation zu ignorieren.

Ich ging die Straße entlang, aufrecht wie zu meiner Hinrichtung. Meine einzige Chance war, so dachte ich mir, dass sich – falls es zu hart würde – unter den anwesenden Jugendlichen einige finden würden, die gemeinsam das Schlimmste verhinderten. Trübsinnig fragte ich mich, wie sie es anstellen würden: Einfach reinkommen, umzingeln, zuschlagen, schlitzen? Oder, wie meist bei gewaltlüsternen Schlägern, erste unfreundliche Blicke, blöde Bemerkungen, Rumstänkern, bis man sich doch zu einer Antwort hinreißen ließ, das obligatorische »Möchtst du was, ha?«, gefolgt vom rituellen »Passt dir was net, ha?«, dann die ersten Fausthiebe auf den Oberarm und ins Gesicht, ein, zwei Verteidigungsschläge, einer sprang einen von hinten an und hielt einen fest, Loser erledigte seinen Job, die anderen grinsten cool. Einige Mädchen würden kreischen, vermutlich war es das für mich.

Ich war der einsamste Mensch der Welt, als ich den Saal betrat.

Wenn er auf mich losging, war meine einzige Chance, ihm blitzschnell den Lauf auf die Stirn zu setzen und abzudrücken. Das hatte ich mir vorgenommen. Vielleicht schaffte ich es, und Luttenwang blieb mit einem Schweißloch im Gehirn liegen. Mochte hinterher kommen, was wollte!

Das einzige, was auf meiner Seite stand, war das Überraschungsmoment. Entweder würden seine Kumpane dann in der allgemeinen Panik von mir ablassen oder alle zusammen über mich herfallen. Wie es auch kam, mir war alles recht, was der Schinderei ein Ende setzte.

»Ja, da schau her, du traust di' da rein?!«, begrüßte mich der Kessel Fritzi aus der 10 b. Er war ein ebenso jovialer wie falscher Hund, der sich mit jedem gut stellte und nur an seinem Vorteil interessiert war. Ich ignorierte ihn. Einige andere Freunde kamen teilnahmsvoll auf mich zu, wir besprachen die Lage. Die blonde Heidi, ein Mädchen, das immer freundlich strahlte, gab mir einen Kuss auf die Wange: »Make love not war!« Ich erzählte keinem, was ich vorhatte.

Die Boxen gaben ihr stechendes »Gzzzzz« von sich, als Tom die Verstärker auf der kleinen Musikerbühne anschaltete. Der Haubenblas Hanse trat ein, ein einzelgängerischer Hilfsarbeiter, nach dem man seine Uhr stellen konnte: Sechs Halbe lang fiel er kaum auf. Dann packte ihn der ganze Lebensfrust und innerhalb von Minuten pickte er sich einen in seiner Nähe heraus, und der erste Tisch flog durch den Saal. Er hatte sein linkes Auge bei einer Schlägerei verloren und trug seither ein Glasauge, außerdem war er ein bekennender Nazi. Drei, vier Jahre später setzte er im Suff seinen Opel Kadett frontal gegen einen Alleebaum, was vielen Wirtshaustischen das Leben rettete.

»Töstt, töstt… one, two, three….«, blies Erwin, der Leadsänger, ins Mikrofon. Jimmy, der Leadgitarrist, ließ ein paar schnalzende Rifs hören, als er sich die Gitarre umhängte. Tom wummerte ein paar trockene Wirbel über seine Drums, Jochen hing sich den Beatles-Bass um, den er im Gegensatz zu Paul McCartney mit der Rechten zupfte. Lässig schraubten die Jungs an ihren Mikrofonständern. »Even the bad times are good!« von den Tremeloes war wie üblich der Opener.

Marina, klein, rothaarig, sommersprossig und immer quietschfidel, winkte mich an ihren Tisch und wollte tanzen. »Ist heute nicht ganz so günstig«, sagte ich kühl und setzte mich alleine an einen leeren Biertisch, von dem aus ich Tanzfläche und Eingangsbereich überblicken konnte. Marina, die den Hintergrund meiner Weigerung nicht verstanden hatte, ignorierte mich seitdem beleidigt. Erwin mit seiner Rhythm-and-Blues-Stimme kehlte den alten Spencer-Davis-Song »Sammbaddy help me yeah, sammbaddy help me now, woun't sammbaddy help me 'cause I've done wrooooooooooooooong....!« Oh yeah, dachte ich mir. Oh yeah.

Von »Gagge« Türkenfeld war nicht ganz klar, ob er zu Losers Trupp gehörte oder nicht, nach meiner Einschätzung war er kein ständiges Mitglied. Auf jeden Fall war er der Erste, der auftauchte und im Mittelgang am Rand der Tanzfläche stehen blieb. Mit seinen südländisch-schwarzen Haaren und seinem buschigen schwarzen Schnauzer, den eng zusammengekniffenen Augen unter den wulstigen Brauen, dem lilafarbenen Seidentuch um den Hals und dem schwarzen Hemd erinnerte er an einen untergeordneten Mafioso, einen kleinen Knecht für die Dreckarbeit. Diese Typen haben meist wenig Rückgrat. Wäre Gagge alleine gekommen, hätte er sich unauffällig zu ein paar Saufkumpanen gesetzt. Dass er herausfordernd stehen blieb, hieß, dass er sich stark fühlte – offensichtlich weil er eine Gruppe im Rücken hatte.

Ich erhob mich und ging mit langsamen Schritten von ihm weg Richtung Saalende. Dort gab es einen zweiten, erhöhten Saalteil, zu dem rechts und links eine schmale Treppe mit sieben oder acht Stufen hinaufführte. Man nutzte diesen Teil nur bei sehr großen Veranstaltungen, manchmal wurde er auch zur Theaterbühne umfunktioniert. Jetzt standen leere Tische und Stühle dort oben. Wie zufällig ging ich die rechte Treppe hinauf. Am oberen Treppenende gab es eine Art Nische. Stellte man sich dort hinein, abseits vom Tanzgetriebe, dann konnte man gut den schmalen Treppenaufgang unter Feuer nehmen, während man selbst von zwei Seiten her geschützt war. Außerdem war der gesamte obere Bereich menschenleer, und somit konnte keiner mir in den Rücken fallen. Wie beiläufig öffnete ich den Halteclip meines Holsters. Ich würde mich hier postieren. Sicher wie in einem Sarg, ging es mir durch den Kopf. Aber die Nische zwang jeden Angreifer, von vorne zu kommen und von unten. Darüber hinaus war sie gegenüber der Treppe etwas versetzt und von der Tanzfläche her schlecht einsehbar. Wenn Loser mit dem Messer in der Hand heraufkam, konnte ich überraschend hervorschnellen. Der erste Schuss würde ihm das Gas in die Augen jagen. Den zweiten würde ich ihm direkt auf die Stirn setzen, um sicher zu gehen, dass der Schädel brach. Immer wieder spielte ich die Szene in Gedanken durch. Er oder ich, jetzt war schon alles egal.

Scheinbar beiläufig schlenderte ich das Geländer am vorderen Bühnenrand entlang, das man bei Theateraufführungen mit wenigen Handgriffen demontierte. Für jeden im Saal war ich zu sehen.

Ich war entschlossen, Peter Luttenwang zu töten.

Ich nahm die kleine Treppe auf der linken Bühnenseite abwärts und erkannte Fotzies versoffene Visage. Er lehnte im Eingangsbereich an einer Säule und stierte ausdruckslos auf die Tanzenden. Der Huttenloher Gottfried mit seiner tuntigen Dauerwelle und seinen schwuchtelnden Röhrenhosen schlich gerade herein und stellte sich in die Nähe der Band. Nicht lange, dann trat Light my fire ein, wie üblich triefend vor kalter Arroganz. Auch jetzt trug er seine kunstledernen hellen Autofahrerhandschuhe aus dem Amper-Einkaufs-Zentrum. Ficker, Grassl Erich, Siggi Höflmaier, der Tausendschön Herbert, der Kofler Franze, den sie schon als Kind ins Heim gesteckt hatten, weil er überall klaute, die ganzen Wichser trudelten nacheinander ein und postierten sich strategisch über den Saal, wo sie herumstanden, jeder mit einem Blick wie eine Stahlrute. Mittlerweile hatte ich mir einen anderen Tisch direkt am Fuß meiner Treppe gesucht. Als wollte ich mich kratzen, griff ich unter mein Sakko und schob den Sicherungsflügel in waagrechte Stellung. Nichts mehr zu machen: Es sollte also passieren.

»Loser ist da.« Plötzlich wuchs der Kessel Fritzi neben mir aus dem Boden. »Sei vorsichtig, Mann!«

»Okay«, sagte ich. »Besser so als anders.« Erwin schmetterte den alten Easybeats-Heuler »We gonna have fun in de City. Yeah, she is my gal, she's so prettiiieee ...«

Ich stand auf und ging die Treppe hinauf. Der Song endete. Die Band machte eine Pause. Ich stand in meiner Nische. Mein Puls raste. Mein Hemd fühlte sich feucht an auf meiner Haut.

Okay, Loser, ich bring dich jetzt um. Komm hoch und ich schieß dir die Augen raus. Ich wartete. Ohne dass ich den Kopf vorzustrecken brauchte, konnte ich aus meiner Ecke heraus den größten Teil des Saales überblicken. Dann sah ich ihn.

Loser Luttenwang kam nicht hereingegangen, er schob sich herein wie eine Planierraupe. Seine ganze Körperhaltung war eine einzige Drohung. Langsam und breitbeinig setzte er die Füße voreinander. Seine hängenden Arme waren leicht vom Körper abgespreizt, die haarigen Handrücken zeigten nach vorne. Er trug Cowboystiefel und ein Paar ausgewaschener Jeans mit einem breiten Gürtel und einer großen billigen Blechschnalle. Sein verwaschenes weißes Hemd mit den aufgerollten Ärmeln war fast bis zum Bauch aufgeknöpft. Über seiner offenen Jeansjacke mit den ausgefransten Ärmellöchern hing die feingliedrige Kette. Der tief zwischen die Schultern gezogene Kopf mit dem schwarzen Irokesenstreifen ging fast nahtlos in den Nacken über. Loser blickte nicht links und nicht rechts, er schien seine Richtung zu kennen. Ein rhythmisches Pochen setzte sich in meinen Ohren fest und blieb dort einfach.

Angespannt bis zum Äußersten suchte ich den Saal mit den Augen ab. Anscheinend hatte er sich entschieden, dass er mich alleine vornehmen wollte. War kein Problem, wenn er mich hatte, konnte er mich über das Geländer werfen, die anderen würden schon dazukommen. Eine Flutwelle von Zweifeln schoss in mir hoch. War das nicht alles Wahnsinn? Ich hatte keine Chance gegen den erfahrenen Schläger! Und ich stand alleine in einer Sackgasse, jeder Fluchtweg war mir von Luttenwangs Truppe versperrt.

Verdammt, daran hatte ich nicht gedacht, dass ich hier nirgends mehr rauskonnte.

Es wurde stiller im Saal. Ich sah, wie mehr und mehr Köpfe sich nach Luttenwang drehten.

Mit einer Langsamkeit, als wüsste er genau, dass ich ihm nicht entkommen konnte, wandte Loser sich meinem Treppenaufgang zu und verschwand im toten Winkel. Heilige Scheiße, der Gedanke war mir überhaupt nicht gekommen, dass ich ihn auf den letzten Metern nicht mehr sehen würde!

Ich spürte, wie die ersten Nervenfasern in mir unter der Spannung zu reißen begannen. *Schieß!*, brüllte etwas in mir. *Reiß das Ding raus und schieß, schieß, egal wohin!* Ich kann dich nicht sehen, du Schwein, dachte ich mir. Wo steckst du? Schau dir zum letzten Mal die Leute an, denn gleich hast du keine Augen mehr! Eine andere Stimme rief mich zur Besinnung: *Kommen lassen. Überraschen. Den ersten aus kurzer Distanz in die Augen. Den zweiten fest auf die Stirn aufsetzen und abdrücken. Wie ich dir's tausendmal erklärt habe. Dreh mir jetzt bloß nicht durch, Kleiner!*

Die Sekunden dehnten sich ins Endlose. Wenngleich das Stimmengewirr nachgelassen hatte, war es immer noch zu laut, um Losers Schritte auf der Treppe zu hören. Von meinen Achselhöhlen her begannen Schweißtropfen meinen Körper hinabzurollen.

Als er endlich wieder sichtbar war, stand er schon dicht vor mir.

»Ey!«, grunzte Loser Luttenwang.

Zieh, um Gottes willen, zieh endlich und blas ihm die Schnauze weg!

Wir starrten uns an. Ich wusste, dass ich abdrücken musste, ohne noch mehr Zeit zu verlieren, denn Loser war verdammt schnell, wenn er wollte. Andererseits, er stand da und sagte »Ey!«, welchen Grund hatte ich da, ihm die Augen rauszuschießen?

Die Gespräche im Saal waren fast vollständig verstummt. Nur das Trampeln der Bedienungen und ihre Kommandoschreie am Bierausschank waren zu hören.

Komm, blas ihm die Augen raus! Tu's, bevor er den ersten Schlag rauslässt!

Wie elektrisiert starrte ich ihn an.

»Grüaß di', Wolf«, sagte er trocken und streckte mir die Hand hin.

Dieses falsche Schwein! Gib ihm die Hand und er kugelt dir den Arm aus, wie er's mit dem Typen aus Geltendorf gemacht hat! Los endlich, verpass ihm eine, bevor es zu spät ist!

Ich starrte auf Losers rechte Pranke. Sie sah gefährlich aus. Der Handrücken war voller Narben. Die Fingerknöchel waren verschorft, die Nägel zurückgeschnitten bis zum Nagelbett. Zögernd wanderte mein Blick aufwärts. Ganz langsam wuchs ein schiefmäuliges Grinsen in seinem Gesicht.

Mein Blick blieb an seinen Augen hängen. Ich sah ein Kindergesicht, über das die Tränen rannen. Einen blauen Hemdsärmel, der sich Rotz und Wasser aus dem Gesicht wischte. Die verschwollene Lippe mit dem Schorf, nachdem der Zeitler Hansi ihm den Stock über das Gesicht gezogen hatte, weil er ihn nicht mit uns spielen lassen wollte, weil seine Eltern ihm das verboten hatten. Die Haselnüsse im Laub am Engelsberg, die wir miteinander geteilt hatten. Die sechs Schilfpfeile, die er mir grundlos zerbrochen hatte. Die zahllosen Burgen aus Flusssand, die Luttenwang und ich an einem einsamen Seitenarm der Amper gebaut hatten. Den gefalteten Pappdeckel, den er sich mit zwei Wäscheklammern an die Hinterradgabel seines verrosteten Damenfahrrads geklemmt hatte, damit es laut »rrrrrrrrr!« machte wie ein richtiger Motor. Die Schalbretter und die Löschkalkwannen, die sie vor dem Barackeneingang gestapelt hatten, damit man von der Straße aus die Grattler nicht so sah.

Kruzifix nochmal, ausgerechnet jetzt! Zieh und setz ihm eine auf den Hals!

»Hallo, Peter«, sagte ich und war auf einmal ganz ruhig. Vorsichtig ergriff ich seine Rechte. *Du Arschloch bist wirklich selber schuld! Das war's dann auch!*

»Muaßt du natürli' glei' wieder zur Polizei renna, du blöde Sau!«

»Jaaaa mei…«

»Glei' wieder zur Polizei! Sofort allweil glei' zur Polizei! Traust mir net, blöde Sau!«

Ich schwieg. Luttenwang ließ meine Hand nicht los. *Siehst du, dass er deine Hand nicht loslässt!*

»Moanst wirkli', i tua dir was, ha?! Arschloch, blöds!«

»Hinten und vorne aufschlitzen!« Meine Stimme bebte. »Tu hier bloß nicht so, als…«

»Der Loser hat vor gar koam Angst, dös merkst dir! Und wenn i sag, i schlitz oan auf, dann schlitz ich 'n auf.«

Worauf will der hinaus, Mann?

»Und wenn i will, dass dir dei' Darm raushängt, dann hilft dir koa Sau, vastehst?«

Ich versuchte, wenigstens meine Hand freizukriegen. Wenigstens meine Hand.

»Oder moanst«, mit einer ausladenden Bewegung seiner Linken wies er hinunter zum Saal, »oder moanst, die da drunten, die halten mi' auf, ha?«

Ich schwieg.

»Koa Sau halt den Loser auf, vastehst mi'?«

Ich schwieg. Meine Rechte lag immer noch im Schraubstock.

Loser schwieg.

»Du und i«, sagte er nachdenklich, »war'n ma mitanand im Sandkasten und hamma Haselnüss g'fressen. Und nachert rennst du falsche Sau zu de' Gendarm.« Er schüttelte den Kopf. »Zu de' Gendarm! Moanst, du bist jetzt was Bessers worden, ha?«

Luttenwang sah zornig aus. »Hab i dir jemals was to?«

Ich schüttelte den Kopf.

»Aber g'freit hat's mi', wiast du zittert hast am ganzen Körper, depperter Kerl. Grad zittert hast, gell?«

Ich nickte.

Loser ließ meine Hand los. »Weil *i* dir nachert was taat! *Dir* taat i *nie* was, vastehst? Vastehst mi', ha?«

Mir stieg ein Kloß in den Hals. Der alte Luttenwang fand nun mal keine andere Art, so etwas zu sagen.

»Steh net so blöd rum!«, herrschte er mich an. »Sauf ma a Halbe!«

»Ui, ui, ui, Loser!«, sagte ich und ließ pfeifend die Luft raus wie ein alter Fahrradschlauch.

»Aber vorher werd g'redt! Aber net da heroben, wo s' alle scho' warten, dass was passiert.«

»Mir egal«, sagte ich müde.

»Gehn ma obi!« Unerwartet vorsichtig zog er mich aus meiner Ecke, legte wie mein ältester Freund einen Arm um meine Schultern und ging mit mir die Treppe hinunter. Jetzt hatte *ich* den Kopf zwischen den Schultern. So schiefmäulig grinsend wie nie zuvor schob Loser mich über die leere Tanzfläche. Es war wirklich sehr still im Saal. In der anderen Ecke sah ich seine Typen ausdruckslos an ihrem langen Biertisch sitzen. Aus unruhigen Augenwinkeln bekam ich mit, wie hinter mir einzelne Leute von den Tischen aufstanden. Loser schien nichts davon zu bemerken.

In der Nähe des Eingangs, dort, wo es am stärksten nach eingetrocknetem Bier und altem Männerurin roch, gab es eine graugrüne, vernarbte alte Schwingtür zu einem kleinen Vorraum, wo vom Hof her die Fässer hereingehoben und in die daneben liegende Schänke gerollt wurden.

Ging man hier durch, öffnete sich links die Tür zu den Männertoiletten. Es roch nach Brunze und Duftsteinen, manchmal auch nach Haarcreme und kaltem Zigarettenrauch.

Luttenwang schob mich auf die Toilette und winkte mit herrischer Geste zwei Vierzehnjährigen zu verschwinden. Sie zogen eilig die Reißverschlüsse hoch, schüttelten hektisch ihre Eier in Position und waren draußen.

»Jetzt sag mir, warumst du das g'macht hast?!«

»Peter«, sagte ich beherrscht, »du kannst nicht einfach nach Belieben die Leute zusammenhauen.«

»Jetzt sag mir, warum *du* das g'macht hast!«

»Hast du das Gesicht von Hannes gesehen, ein paar Tage hinterher?«

»Des Arschloch. Erst 's Maul aufreißen, und dann fallt er nach 'm zweiten Schlag um. Hast g'sehn, wie ich 'n auf d' Straß g'schmissen hab?« Der Saukerl war auch noch stolz!

»Mein Gott, Loser«, seufzte ich.

Er schaute mich lange an, lehnte sich schließlich gegen eine der Kabinen.

»Du warst damals der Oanzige, der immer mit mir g'redt hat. Als der Zeitler Bibi und der Bartel Günter mich wegtrieben haben, bist du von dene wegg'rennt und hast g'spielt mit mir. Den ganzen Nachmittag.«

»Lange her, Loser«, sagte ich leise.

»Lang«, sagte er. »Aber so was vagisst der Loser net, vastehst?«

Ich begriff mit einem Mal, dass es ihm sein Leben lang ein Beispiel für Freundestreue gewesen war.

»Zu de' Gendarm!« Kopfschüttelnd blickte er mich an.

Da war sie wieder, diese verfluchte Einsamkeit in den Augen, dieses Nichtverstehen der Ablehnung, mit der sie ihn zum Loser gemacht hatten.

»Laß *du* dich mal abstechen und geh dann nicht zur Polizei«, sagte ich hilflos und nicht ganz logisch.

Wir redeten einfach weiter. Es war kein sehr kluges Gespräch, kein gelehrter Disput unter Oberschülern. Aber ich spürte die verletzte Anhänglichkeit des gekränkten Kinderfreundes.

»Komm«, sagte er abrupt. »Vergess ma die Scheiße!«

Ich haute ihm die Hand auf die Schulter und wir gingen hinaus.

Der ganze Vorraum stand dicht gedrängt voller Halbwüchsiger, wir kamen kaum hinaus aus dem Klo. Einige von ihnen trugen Bundeswehrkleidung, die meisten normale Partyklamotten.

»Wolf, alles in Ordnung?«, rief der Kessel Fritzi, der das alles organisiert hatte. »Sollen wir dich raushauen?«

»Um Himmels willen«, sagte ich geschafft. »Um Himmels willen.«

Luttenwang legte mir erneut den Arm um die Schulter, und wir kehrten zurück in den Saal.

»Des soll fei vasteh' wer mag!«, hörte ich von weit ferne.

Am Tisch der Gang zuckte keiner mit der Wimper. »Is in Ordnung«, sagte Luttenwang trocken, bedeutete dem Huttenloher Gottfried mit einer verächtlichen Geste, dass er die Fliege machen sollte, und drückte mich auf dessen handwarmen Stuhl. Flink zog er Fotzie die frische Halbe weg, die der gerade serviert bekam, und drückte mir das Glas in die Hand. Fotzie war schon ziemlich voll und glubschte aus verschwollenen Augen über den Tisch.

»Also«, sagte der Luttenwang, »auf unser oite Freindschaft!« Er wischte sich grob etwas von der Nase. »Uroide Freindschaft«, murmelte er fast unhörbar in seine Hand.

Wir kreuzten die Arme ineinander und tranken. Als ich den Blick hob, sah ich, dass Fritzi Kessel und seine improvisierte Befreiungstruppe mit offenen Mündern um unseren Tisch herum standen.

»Wirklich alles okay, Wolf?«, fragte einer.

»Hauts ab und lassts mi' mit meim Freind alloa!«, bellte Peter Luttenwang.

Wir redeten von alten Zeiten, nur er und ich. Erwin sang »Sha-la-la-la-la-li, yeah, sha-la-la-la-la-la, oh yeah, sha-la-la …«, und die Tanzfläche füllte sich wieder. In mir fühlte es sich an, als würde jemand ein Relais nach dem anderen abschalten. Mit einem Schlag war ich so müde wie nach einem ganzen Tag im Steinbruch. Ich stand auf und verabschiedete mich.

»Fertig, ha?« Loser grinste hämisch über das ganze Gesicht.

»War ein langer Tag, Loser.« Ich tippte ihm auf die Schulter und schleppte mich nach Hause. Mürbe schob ich das ganze Waffenzeugs unter die Zeitschriften in meiner Schreibtischschublade und holte es nie wieder hervor.

Als ich mein weißes Hemd auszog, war es dunkelbraun geschwitzt, so dunkel, wie ich nie wieder ein weißes Hemd gesehen habe.

Sobald ich Loser begegnete, wurde ich mit einem breiten, wenn auch immer etwas gefährlichen Grinsen begrüßt. Und wir begegneten uns mindestens einmal pro Woche auf der Teenagerparty, um unverzüglich unsere Halbe miteinander zu trinken. Innerhalb kurzer

Zeit war ich regelmäßiger und nicht ungern gesehener Gast am Schlägerstammtisch.

»Mhmmm, man will ja gesellschaftlich vorwärts kommen?!« war noch die mildeste Form der Nachfrage aus Mitschülerkreisen. Trotz allem hielt ich auf meine Art Distanz: Ich setzte mich dazu, trank meine Halbe und ging wieder. Verständlicherweise empfand ich gegenüber den anderen Mitgliedern der Truppe nicht Freundschaft, sondern bloß Erleichterung, heil aus der Sache herausgekommen zu sein. Dazu kamen meine stets wache Neugier und das zunehmende Interesse daran, was hinter der Stirn dieser Typen tickte. Hier allerdings war nichts Aufregendes zu finden: Soweit sich überhaupt etwas bewegte, war es das schiere Elend eines von allen Seiten herumgestoßenen Selbstwertgefühls. Lediglich bei Light my Fire waren eine abgrundtief kalte Intelligenz und eine nicht zu übersehende kriminelle Energie erkennbar. Er verkörperte eine ganz andere Klasse, und an ihn war als Einzigen nicht heranzukommen.

Als ich einmal an der Schänke vorbeikam, hing dort gerade Fotzie, halb zugesoffen wie üblich. Ich vermutete, dass er der einsamste unter allen sein musste: Seine geringe Intelligenz erlaubte ihm kaum Konversation, geschweige denn andere Tätigkeiten als Gruppendasein und Raufereien.

Ich ließ mir ein Glas Bier geben und drückte es ihm in die Hand: »Hier, alter Junge, das bin ich dir noch schuldig!«

Er fiel mir fast um den Hals und lallte selig: »Dös werd i dir *nie* vagessen. Dös vagiss i dir *nie*.«

Eine banale Äußerung im Suff vielleicht. Aber doch ein Indikator dafür, wie stark der menschliche Wunsch nach Geliebtwerden ist und was er hervorbringt, wenn er unerfüllt bleibt.

»Du opportunistisches Schwein!«, sagte Fritzi Kessel, als ich verlegen grinsend an ihm vorbeiging.

Es erstaunte mich immer wieder, dass die Gangmitglieder an sich recht umgänglich waren, traf man sie alleine an. Mit dem Grassl Erich stand ich oft auf der Amperbrücke zusammen. Wir redeten dann wie normale Halbwüchsige, vereint in den Problemen unseres Alters und in unserer Abneigung gegen die bis zur Speibrühe Rechtschaffenen der Stadt, denen ihr Ansehen und ihr pathologischer Wunsch nach Nicht-verwickelt-Werden immer wichtiger gewesen waren als Zivilcourage. Wir waren uns einig in unserer Verachtung, wenngleich wir dazu aus verschiedenen Richtungen kamen.

Für einige Monate stabilisierte sich die Lage. Der Sommer kam, die Sommerferien, für mich ein fünfwöchiger Schüleraustausch in Frankreich und die heilende Kraft des Vergessenkönnens, die bei der Jugend in Monaten beseitigt, was später die Jahre nicht mehr vermögen. Als ich in die Stadt zurückkam, war es September geworden. Ich strich wieder die Hauptstraße entlang, erstaunlicherweise war von Loser und seiner Gang nichts zu sehen. Auch auf den nächsten Teenagerpartys fehlten sie.

Eines Samstagnachmittags, es war ein grau bewölkter Tag, und die ersten Herbstböen fegten über die Stadt hinweg und warfen einem den Straßenstaub in die Augen, tauchte die vertraute Gruppe wieder am oberen Ende der Hauptstraße auf und schob sich langsam abwärts. Wie stets erinnerte sie einen an eine Luftblase, die langsam auf dem Wasser trieb. Vielleicht stammt daher der bayrische Ausdruck »Blosn« für eine zwielichtige Gruppe. Langsam wie die Nasen in der Amper schwammen sie über den Asphalt und kamen näher. Zu meiner Verwunderung machte keiner von ihnen Anstalten, mich zu grüßen und sei es nur durch eine hochgezogene Braue. Ich erkannte Light my Fire in ihrer Mitte. Fotzie, der Huttenloher Gottfried und Ficker schwänzelten auffällig um ihn herum. Der Grassl Erich, der Hölzl Andy, der Tausendschön Herbert und der ganze Rest zentrierten sich um ihn. Gagge Türkenfeld mit seinem Seidenhalstuch hielt mit undurchdringlicher Miene Abstand, aber den hielt er ja immer. Am Rand des Haufens stiefelte seltsam ungelenk der Loser. Er sah geknickt aus, geknickt und verwirrt. Fragend sah ich ihn an, und er zog den Kopf ein. Gruß- und blicklos trampelte der Pulk an mir vorbei.

Ich sah Loser noch ein-, zweimal mit seinem alten Trupp, es war unübersehbar, dass er ein Paria-Dasein führte. Dann fehlte er ganz.

Unter Light my Fire wurde die Gang härter und aggressiver. Die Zahl ihrer Opfer stieg, und es wurde immer sichtbarer, dass sie jetzt gezielt loszogen, um sich jemanden einzufangen und ihn fertig zu machen, während die früheren Raufereien wenigstens spontan entstanden waren. Als ich sie wieder einmal im Pulk stehen sah, nahm ich mir ein Herz und fragte vorsichtig nach dem Verbleib von Loser.

»Geh«, zischte Light my Fire spöttisch. »Der Loser.« Er blickte durch mich hindurch.

Ab da mied ich den Kontakt mit Losers Gang.

Wochen später, auf einer Bahnfahrt nach München, rannten der Huttenloher und ich auf dem Bahnsteig unversehens ineinander. Ich versuchte ein Gespräch mit ihm, aber er bekam die Zähne nicht auseinander.

»Was ist mit Loser passiert?«, bohrte ich. »Ich habe ihn lange nicht mehr gesehen.«

Huttenloher starrte geradeaus.

»Also«, beharrte ich. »Red endlich.«

Gottfried Huttenloher, den die Natur als kleine und verkniffene Spindelfigur entworfen hatte, wurde noch eine Spur schmallippiger. Seine ohnehin feindseligen Züge verschoben sich zu einer Fratze hämischer Verachtung.

»Geh«, sagte er wegwerfend. »Geh, der Loser!«

Ich gab keine Ruhe. »Was ist mit ihm? Warum habt ihr ihn abgesägt?«

Huttenloher schwieg und schwieg. Er schwieg mehrere Bahnhöfe lang. Das Abteil war fast leer. Die Kleinhäuslersiedlungen draußen huschten vorbei, und ab Aubing verdichteten sie sich zu den Randfasern einer Großstadt. Ich war in Gedanken versunken. Erinnerungen aus Frankreich hatten mich sanft eingeholt. Ein langhaariges schwarzes Mädchen aus Grenoble namens Michelle, die ich im »Whisky-a-gogo« von Juan-les-Pins kennen gelernt hatte. Nebelhafte Bilder ihres kleinen Daf mit der singenden Automatikschaltung in einer dunklen Seitenstraße, die Scheiben von innen so beschlagen, dass wir auf der Rückfahrt alle Fenster öffnen mussten, um wieder freie Sicht nach vorne zu kriegen.

Wir rollten in Pasing ein.

»Große Fotzen«, zischte Huttenloher fast lautlos. Ich schrak auf.

»Große Fotzen. Aber koan Biss!«

Grußlos schlich er aus dem Zug. Er war einer, der sein Leben lang schleichen würde. Aber er würde auch immer dabei sein.

Monate später begegnete ich Loser in einer kleinen Seitenstraße nicht weit vom Waldfriedhof. Ich war zu Fuß unterwegs, er kam auf seinem rostigen alten Idiotenfahrrad dahergestrampelt, trug seine ärmellose Jeansjacke und wirkte so verloren, wie er den größten Teil seines Lebens auf mich gewirkt hatte. Als er mich erblickte, hob er stolz den Kopf und fuhr grußlos an mir vorbei. Von hinten sah er idiotisch aus mit seinem Irokesenschnitt. Noch ein paar Mal stießen wir auf ähnliche Art aufeinander, und jedes Mal erkannten wir einander nicht. Ich nahm es ihm nicht übel, denn es zeigte seine Verletztheit mehr als alles andere, und letztlich erklärte es auch seinen Sturz: Er hatte Gewalt versprochen, viel Gewalt, Stärke und Unbesiegbarkeit und eine Herrschaft der Angst für die Gescheiterten, die sich damit zumindest einen kleinen Teil der Stadt unterwerfen wollten, um ihr zu entreißen, was sie ihnen immer nur verwehrt hatte. Ihr wütender Ausbruch aus der Kleinstadtordnung hatte die endgültige Abwendung von den »Besseren« darstellen sollen und unbeteiligte Opfer als Selbstzweck verlangt. Loser hingegen, der stets nur nach Annahme gehungert hatte, konnte das eine Zeit lang durchhalten – am Ende musste er vor dieser Aufgabe an seiner eigenen Sehnsucht scheitern. Nicht nur in der damaligen Konfrontation mit mir, obwohl diese sicher seine größte Inkonsequenz dargestellt hatte.

Niemand von ihnen redete mehr mit mir. Auch der Grassl Erich nicht. Und Loser verlor ich einfach aus den Augen.

Zehn Jahre später, ich hatte die Stadt längst verlassen und war lange nicht zurückgekehrt, traf ich den Hölzl Andy im »Amper-Stüberl«. Ich erkannte ihn sofort, und irgendwie freute ich mich.

»Und, Andy? Wie geht's?« Freundschaftlich schlug ich ihm auf die Schulter.

Als Antwort hielt er eine Hasstirade. Andy hatte nicht nur zugenommen, er war auch unvergleichlich härter geworden. Erst vor zwei Wochen hatten sie ihn in Landsberg entlassen, wo er zweieinhalb Jahre Haft wegen gefährlicher Körperverletzung abgesessen hatte: Er hatte betrunken auf der Hauptstraße randaliert und zwei herbeigerufene Polizisten zusammengeschlagen. Dem jüngeren von beiden hatte er mit einem einzigen Schlag den Unterkiefer gebrochen, worauf er unheimlich stolz war. Ausführlich und unter eisigem Hohngelächter erzählte er mir, wie der Schwerverletzte »Verstärkung! Verstärkung!« ins Mikrofon gebrüllt hatte und wie er ihn mit zwei weiteren Schlägen bewusstlos geschlagen hatte. Mehrere Streifenwagenbesatzungen waren erforderlich gewesen, um ihn zu überwältigen, und auch das gelang nur, indem man ihn mit dem Gummiknüppel niederschlug.

»Zwoa Jahr! Zwoa Jahr!«, lachte er kalt. »Auf *einer* Backe sitz i die ab, vastehst? Auf *einer* Backe!«

Es war nicht seine erste Haftstrafe gewesen. Offensichtlich war er vollständig entgleist. Ich spendierte ihm zwei Halbe Bier und lauschte gebannt seinen Berichten aus einer völlig anderen Welt. Vom Zynismus des Knastlebens. Vom Triumph über die am Boden Liegenden. Von der Wollust des Verletzens. Von Wänden, die weicher waren als ihre Insaßen. Von der Einsamkeit aus Trotz. Andy hatte niemanden. Für eine Freundin soff er zu viel, und seine Eltern hatten sich von ihm losgesagt, da sie seine Gewalttätigkeit nicht mehr ertrugen.

»Was ist eigentlich aus Loser geworden?«

»Der Luttenwang?«, fuhr er mich feindselig an. »Der Loser, ha?«

Ich nickte vorsichtig.

Seine Lippen verzogen sich zu einem Maul voller Verachtung. »Geh«, sagte er und winkte abfällig. »Geh, der Loser!«

»Der war nie wirklich übel«, beharrte ich.

»Übel? Der?« Er lachte voller Hass. »A Mamakinderl!«

Ich zahlte und ging. Die Abschiedsworte, die er mir hinterhersandte, waren voller Bitterkeit. Er wusste genau, dass er in diesem Leben draußen bleiben würde.

Weitere Jahre vergingen. Längst hatte ich Loser vergessen. Obwohl, bei einem meiner sporadischen Besuche in der alten Heimatstadt hatte ich im Biergarten des »Martha-Bräu-Keller« eine Figur erblickt, die ich sofort wiedererkannte: Light my Fire hatte sich kaum verändert. Er hatte den drahtigen, durchtrainierten Wuchs des knasterfahrenen Gewalttäters, und von anderer Seite erfuhr ich, dass er eine ganze Reihe von Jahren gesessen hatte. Er stand an der Bierschänke. Die Frau an seiner Seite strahlte eine attraktive Härte aus, und auf den ersten Blick erkannte ich in ihr das langweilige Albertinum-Mädchen, das Light my Fire schon vor zwanzig Jahren so verfallen war, dass auch seine regelmäßigen Ohrfeigen ihrer Liebe nichts mehr anzuhaben vermochten. Sie hatte deutlich an Statur gewonnen, und beide wirkten auf sonderliche Weise miteinander verschweißt, und ich wusste nicht, ob Light my Fire mich nicht erkannte oder ob er mich genauso kalt übersah, wie er es früher getan hatte.

Irgendwann traf ich im »Klosterstüberl« auch auf Fotzie. Ich erkannte ihn erst auf den dritten Blick, denn er hatte schwer zugenommen, war jetzt ein Mann in den Vierzigern, befand sich aber noch immer in schlechter Gesellschaft. Nur von Loser habe ich nie wieder etwas gesehen.

Ich räumte endlich einmal meinen Waffenschrank auf, als mir eine kleine Gaspistole in die Hand fiel. Sie sah vergammelt aus, ich hatte sie zwanzig Jahre nicht gepflegt, und die Brünierung war hellgrau angelaufen. Im Magazin steckten sechs offenbar uralte Patronen, deren Messinghülsen schwarz angelaufen waren. Die ganze damalige Geschichte fiel mir wieder ein, der ermordete Rüdiger Bleck und die ergebnislos eingestellten Ermittlungen. Ich erinnerte mich an Blecks Bruder, mit dem man so sachlich über das Vorgefallene hatte reden können und der eine deutliche Distanz gegenüber dem Toten offenbart hatte. Edi Cedrac mit seinem schulterlangen Blondhaar fiel mir wieder ein und Luggi Dumoulin, mit dem ich mich auf dem Schulweg über die Sache unterhalten hatte. Seine kühle Selbstgerechtigkeit damals, aber auch jenes Gefühl melancholischer Scheu, das sich mir bei unserer einzigen Begegnung so intensiv eingeprägt hatte.

Eher beiläufig sprach ich eine frühere Lehrerin am Telefon auf die Geschichte an.

»Wie?«, staunte sie. »Sie wissen nicht, dass der Fall aufgeklärt ist?«

»Ich bin schon über zwanzig Jahre weg«, entgegnete ich.

»Der Mörder hat sich vor zehn Jahren selbst gestellt. Er war mittlerweile ein braver Familienvater und war mit seiner Frau und seinem Kind in die Pizzeria gegangen. Als sie fertig gegessen hatten, bezahlte er und sagte ihnen: ›Geht allein nach Hause. Ich kann nicht mehr.‹ Dann ging er zur Landpolizei und stellte sich.«

»Also kein Zuhälter?« Etwas klingelte in mir.

»Nein«, sagte sie. »Ein Klassenkamerad: Luggi Dumoulin. Ich weiß nicht, ob Sie ihn kennen?«

»Luggi Dumoulin«, sagte ich trocken, und sofort stand sein Bild wieder vor mir. »Luggi Dumoulin. Da soll einer … !«

»Ja«, berichtete sie. »Er hatte Schulden bei Bleck aus einem Waffengeschäft. Bleck hatte ihn deswegen massiv erpresst. Dumoulins Vater war ein ziemlicher Tyrann, und der Sohn hatte panische Angst vor ihm. Als Bleck ihm drohte, sich mit seiner Forderung an seinen Vater zu wenden, sah Dumoulin wohl keinen Ausweg mehr. Bleck hatte ihn in das Waldstückchen bestellt, um ihm nochmals Druck zu machen. Dort verlor Dumoulin die Nerven und erschoss ihn.«

Ich schluckte. »Und wo ist er jetzt? Lebenslänglich?«

»Nein«, sagte sie. »Er hat sich zu Tode gesoffen, als er aus dem Gefängnis kam.«

»Moment mal«, wunderte ich mich. »Er hat sich vor zehn Jahren gestellt und ist bereits wieder raus?«

»Er bekam nur zwei Jahre Jugendstrafe wegen eines minder schweren Falls von Totschlag. Selbst Blecks Eltern und sein jüngerer Bruder traten bei der Verhandlung als Entlastungszeugen auf und erklärten, angesichts der Erpressereien ihres Sohnes hätten sie Verständnis für Dumoulins damalige Situation. Sie baten das Gericht um Freispruch.«

»Leck mich am Arsch«, sagte ich.

»Seine Frau, die von der ganzen Sache nichts gewusst hatte, ließ sich noch während der Haft von ihm scheiden. Seine Eltern ließen ihn fallen. Er war völlig allein, als er herauskam. Keiner konnte ihm mehr helfen. Innerhalb kurzer Zeit nach seiner Entlassung war er tot.«

»Und warum hat man ihn damals, als es passiert war, nicht überführt?«

»Es gab eine Verschwörung in der Klasse. Eine ganze Reihe seiner Kameraden deckte ihn, und sie sagten aus, zum Tatzeitpunkt seien sie gemeinsam im Freibad gewesen. Fast die ganze Klasse wusste Bescheid über die Gewalttat.«

»Klingt wie in einem Roman«, sagte ich ungläubig.

»Es kommt noch schlimmer: Ein Großteil der Jungs aus seiner Klasse müssen damals mit scharfen Waffen im Holster in der Schule herumgelaufen sein. Bleck war nämlich ein erklärter Nazi und hatte eine Reihe der anderen um sich geschart. Bei ihren regelmäßigen Schießübungen hetzte er gegen Juden, Linke und alle sonstigen ›Besseren‹.«

»Glaubt kein Mensch«, sagte ich. »Eine richtige Gang. Was ist mit den Burschen passiert?«

»Nichts. Auf ihre Patronenhülsen hatten sie damals die Namen ihrer Lehrer eingraviert. Was passiert wäre, wenn Dumoulin Bleck *nicht* umgebracht hätte, weiß keiner. Aber als diese Geschichten bekannt wurden, waren sie längst verjährt. Die Herren sind alle arriviert. Der Freund von Dumoulin, der ihn am stärksten gedeckt hatte, ging nach der Schule selber zur Polizei.«

»Hat er gestanden?«

»Nein, nein! Er wurde Polizist und arbeitete auf der Landpolizeistation in Fürstenfeldbruck. Niemand wusste etwas.«

»Mhm.«

»Als Dumoulin sich endlich gestellt hat, hat sein Freund sich mit der Dienstwaffe erschossen.«

»Wie hieß er?«, fragte ich, auf alles gefasst.

»Edi Cedrac«, sagte sie.

5. NELLYS HASILEIN

Nelly soff wie ein Loch, was vermutlich daran lag, dass sie in ihr eigenes nichts mehr hineinbekam und auch nicht mehr bekommen würde. Gleich nachdem sie eines Sommernachmittags bei uns angekommen war, hatte sie mit ihrer rauchigen Stimme nach Bier geschrien, obwohl sie erst in der Diele stand und noch nicht einmal die ganze Familie begrüßt hatte. Mein Vater, der für ordinäre Menschen stets eine große Hochachtung empfand, war sofort beeindruckt von ihrer Direktheit, und nachdem sie innerhalb von zwei Stunden die fünfte Flasche geleert hatte, ohne auch nur ein einziges Mal pinkeln zu gehen, zeichnete sich der Beginn einer aufrichtigen Freundschaft ab.

Immer wieder erstaunlich ist, wie manche Charaktere im Suff sexualisiert werden, ohne es richtig zugeben zu können. Stattdessen flüchten sie sich in eine inbrünstige Lebensverliebtheit, die für Außenstehende arg aufgesetzt wirkt und in der vorwiegend die eigenen Defizite artikuliert, später nur noch gelallt werden. Die unterliegende sexuelle Komponente offenbart sich in der Regel erst, wenn die alkoholbedingt herabgesetzte Durchblutung der äußeren Hirnrinde die gängigen Hemmzentren so weit ausgeschaltet hat, dass das Schimpansennaturell mit ungestörter Wucht durchschlägt. Makabrerweise geschieht dies in einem Zustand, wo die physische Leistungsfähigkeit sich im krass umgekehrten Verhältnis zur frei gewordenen Triebstärke verhält. Am Ende also steht, wie häufig in den Bereichen des menschlichen Paarungsprozesses, das nackte – bisweilen auch nur halb nackte – Chaos. Nelly wenigstens blieb angezogen, was Sonja und mich ziemlich erleichterte.

Das war aber auch das Einzige, was einem an ihr gefallen konnte. Ihr Leib war tonnenförmig aufgeschwemmt und sah aus, als brauchte man sie nur irgendwo zu kneifen, wenn man sein Bierglas nachfüllen wollte. Wo andere Frauen eine Taille hatten, hatte sie einen bis zum Bersten gespannten Rockbund, und ihre stäbchenartigen Beine, die ab den Schienbeinen aus dem grauen Rock stakten, schienen kleine statische Wunder zu sein, denn auf logische Art ließ sich nicht erklären, wie sie das riesenhafte Gesäß trugen, ohne zu zersplittern wie Schwachholz. Kein Zweifel, rein volumenmäßig hätte man in der kurz gewachsenen Nelly mühelos ein Ölfass verstauen können. Aus dem Rockbund wuchs ein breiter Rücken hervor, der nach oben hin in ein mächtiges Schulternpaar überging, aus dem ein breiter, Herrschaftsanspruch kündender Quellhals ragte. Der im Verhältnis dazu etwas klein geratene Kopf mit den versenkten Schweinsaugen, der stoppeligen, aschblonden Kurzhaarfrisur und den leicht blaugrau unterlaufenen Wangen mit der wichtigtuerisch nach vorne geschobenen Unterlippe und der Fettwamme, die den Übergang vom Kinn bis zum Ansatz ihrer spärlichen Brüste abrundete: Alles das signalisierte mir Trouble. Es gibt Menschen von unersättlicher Herzlichkeit, deren Hinwendung zu anderen vor allen Dingen den eigenen Bedürfnissen dient, heuchlerisch verpackt als Gabe, wo in Wirklichkeit ein unerfüllter Liebeswunsch das eigene Verhalten triebhaft steuert.

Schon nach anderthalb Tagen raubte Nellys lärmende Freundlichkeit, die es ihr immer wieder ermöglichte, sich als Mittelpunkt der Runde zu inszenieren, mir den letzten Nerv. Nelly verfolgte einen. Stand man in der Küche, wuchs sie wie ein Pilz neben einem aus dem Boden, eine Zigarette zwischen den Fingern, und verkündete mit herber Raucherstimme ihre engstirnigen Weisheiten. Saß man im Esszimmer und versuchte, sich ins »Fürstenfeldbrucker Tagblatt« zu vertiefen, setzte sie sich an den Tisch und quakte, sie habe drei Kinder – zwei Töchter und einen Sohn –, und alle drei habe sie in Liebe empfangen. Dabei war ihr Alter, ein Steuerberater, in den Keller gegangen und nicht mehr nach oben gekommen; sie fand ihn an einem Wasserrohr mit seiner silbergrauen Seidenkrawatte um den Hals. Saß man vor dem Fernseher – es gab damals wunderschöne Sophokles-Inszenierungen –, ließ sie sich schwer in einen Wohnzimmersessel fallen, und der Kunstgenuss wurde abwechselnd unterbrochen von ihren trampelhaften Kommentaren oder vom ploppenden Geräusch eines Bierflaschenverschlusses, den sie mit der Linken aufhebelte, während ihre Rechte wie die Schaufel einer Planierraupe in einer Schale mit Erdnüssen – unseren Erdnüssen – umhergrub. Nelly war, was man heutzutage als »pain in the ass« bezeichnen würde. Logisch, dass sie selbst davon nichts bemerkte.

Es war unerträglich mit ihr: Menschen, die einen mit ihrem Hass verfolgen, kann man bekämpfen. Notfalls brät man ihnen eine über. Menschen, die einen mit ihrer Gier nach Annahme verfolgen wie ein brünstiges Reh, schieben ihren aufdringlichen Wunsch hinter einer Schutzwand von Verletzbarkeit vor sich her, sodass ihnen praktisch nicht beizukommen ist: Einerseits fühlt man sich schlecht, wenn man sie abblockt und unter der kassierten Abfuhr leiden sieht, andererseits quittieren sie jede Abwehr mit einem noch inbrünstigeren Werben, sodass jeder vermeintliche Teilerfolg des Verteidigers seine Lage objektiv nur noch verschlimmert.

Als Nelly nach einer Woche endlich abreiste, war die ganze Familie ohne Nervenkostüm und ohne Bier. Sie hatte mit steigender Intensität von ihrer Brut berichtet, und mit einigem Schaudern stellte ich mir ihre beiden Töchter als miniaturisierte, quellhälsige Nellys vor und den Sohn – soweit Nellys Beschreibungen glaubhaft waren – als genetisch nicht ganz geglückte Kopie des ohnehin etwas zispeligen Vaters. Sie hatte damit gedroht, ihre Nachkommenschaft bei künftigen Besuchen mitzubringen, und mir war klar, dass die Drohung ernst zu nehmen war. Immer wieder erstaunlich, was für Krücken sich aus Traudis umfangreicher Verwandtschaft herausschälten.

Nellys ältere Tochter Gundula, die sie uns plärrerisch als ihr »Hasilein« schilderte, hatte mit zwanzig schon einen festen Freund, mit dem alles geregelt schien: einheiraten in die Apotheke der Eltern, beim Saufen zusehen und bei gutem Betragen mit auf die Jagd gehen dürfen. Ansonsten möglichst bald werfen. Nelly war nicht zufrieden mit dieser Perspektive und hatte sich wiederholt lautstark gewünscht, »das Kind« möge doch vernünftig werden und endlich einmal eigene Aktivitäten entfalten, was mir in dem Achthundert-Seelen-Dorf, in dem sie wohnten, als nicht ganz unproblematisch erschien. Doch Nelly hatte Pläne mit ihrem Hasilein, und dies steigerte meine Befürchtungen nicht unwesentlich. Nelly wünschte sich »einen richtigen Mann, nicht so einen verkorksten Suffkopp«, für ihr Hasilein, womit unübersehbar geworden war, dass Nelly nichts von Menschen hielt, die aus Gewohnheit tranken, und dass Hasilein einen braun gebrannten, weltläufigen, charmanten, souveränen, gut verdienenden, eloquenten, mobilen, Englisch sprechenden Herrn mit Kurzhaarschnitt, gegerbtem Teint, muskulösen braunen Armen, die aus einem amerikanischen weißen Hemd mit kurzen Ärmeln ragten, einer marineblauen Hose, die einen durchtrainierten Tennisspielerkörper zur Geltung brachte, und schwarzen amerikanischen Schnürschuhen nebst schwarzen Socken, auf denen er daherzuwippen hatte, zwar nicht verdient hatte, aber dennoch bekommen sollte. Er sollte eine Sonnenbrille haben, wie die amerikanischen Highway Patrols sie trugen, mit diesen tropfenförmigen grünen Gläsern, und er sollte – wenn irgend möglich – mit Kreditkarte bezahlen, was damals in den Sechzigern fast genauso viel Ansehen verlieh wie der Titel eines Honorarkonsuls. Fehlte nur noch, dass er Kapitän in einem Jumbo war und dazu vielleicht noch frisch geschieden. Mit anderen Worten: ein Mann, der entweder wahnsinnig oder sturzbetrunken sein musste, um freiwillig Nellys Kaff im Hunsrück aufzusuchen und sich dann selbstmörderisch in diese Familie hineinzuwagen. Falls er aber eines von beiden war, durfte er keine Boeing 747 fliegen. Und selbst wenn er wahnsinnig war, sich sinnlos voll getrunken hatte und mit seinem Jumbo über diesem verdammten Kaff irgendwo im Hunsrück kreiste, würde er sich mit einem letzten Rest von Verstand eine – oder vielleicht auch zwei – seiner Stewardessen krallen statt der schweinsäugigen, stoppelhaarigen, tonnenförmigen Mini-Nelly namens Gundula mit ihrem Achselschweiß, ihren Plattfüßen und den Laufmaschen in den billigen Strümpfen. Vielleicht, wenn er von Nellys Absichten erfuhr, würde er sich samt seiner Maschine auf das Dorf stürzen, damit zwar zahllose Menschenleben vernichten, aber unzählige unschuldige Kollegen vor Nellys hypertrophen Absichten retten. Jedenfalls musste man so ein Mannsbild zwei Wochen lang in einem fensterlosen Keller misshandeln und dann immer noch mit vorgehaltener Waffe zu Nelly in den Hunsrück treiben, wenn man Hasilein auf diese Weise einparken wollte. Dachte ich.

Dass es dann doch passierte, war eine echte Glanzleistung meines alten Herrn, der sich unter Standardbedingungen nicht unbedingt durch sein diplomatisches Auftreten auszeichnete.

Pete stammte aus Dünzelbach. Eigentlich hieß er mit Vornamen Alois, und in Dünzelbach hatten sie ihn immer Loisl genannt. Mit Nachnamen hieß er Gschwandtenrieder, und seine Mutter – wieder mal eine von Traudis endlos breit gestreuten Cousinen – hatte über all ihre verschiedenen Niederkünfte hinweg stets Dirscherl geheißen. Dirscherl Maria, wie es sich gehörte, obwohl sie immer wieder Dinge tat, die sich damals gar nicht gehörten und die jeweils zur Vergrößerung ihrer Nachkommenschaft um einen weiteren Familiennamen führten. Allerdings führte Maria Dirscherls recht unsystematisch durchgeführte Familienplanung niemals zur Eheschließung mit einem der wechselnden Nutznießer und auch nicht jedes Mal automatisch zu einem Flugkapitän: Der eine wurde Fliesenleger; der andere wurde Elektriker und arbeitete dann als Kabelträger beim Bayerischen Fernsehen; Sibylle war Inspektorin bei der AOK, und Hanni, die Jüngere, fand sich, kaum sechzehn, in München auf der Ingolstädter Landstraße wieder, wo sie nicht zuletzt an durchreisenden Jumbo-Kapitänen verdiente. So schließt sich fast jeder Kreis im Leben, und dass Loisl die Vorteile der deutschen Wiederbewaffnung frühzeitig erkannt hatte, nach seiner Tapeziererlehre zur Bundeswehr ging und dort schon kurz darauf zum Düsenjägerpiloten ausgebildet wurde, an seiner Ausbildungsstätte in Nevada neben einer hartnäckigen und schmerzhaft brennenden Entzündung seiner Analregion, weil er das Reiten nicht vertrug, den Spitznamen »Pete« erhielt, jahrelang donnernd den westdeutschen Himmel durchpflügte und damit die ostdeutschen Kommunisten zu wütenden Attacken gegen den »wästdaitschn Imbralismms« veranlasste, war vermutlich das Ergebnis einer gewissen naiven Gläubigkeit an die Richtigkeit seiner Aufgabe und einer enormen persönlichen Tüchtigkeit. Dass er dann rechtzeitig den Absprung schaffte und sich von einer großen Airline anheuern ließ, war Ausdruck einer bäuerlichen Restschläue, die man bei entflogenen Dünzelbachern immer wieder vorfindet und sie diesen im ganzen Landkreis auch immer wieder vorhält. Dass er in rasender Geschwindigkeit die verschiedenen Flugzeugtypen nach oben durchlief und mit eiserner Beharrlichkeit seinen Jumbo-Kapitän anpeilte, bis er die Prüfung – nicht ohne meine Hilfe beim Erwerb der Tangens- und Cotangensrechnung – mit Bravour bestand, zeigte, was für einen Verstand und was für einen brillanten Ehrgeiz er hatte. Dass er dann an Silvester zu Nellys Wochenendhaus fuhr, um mit der ihm bis dato unbekannten Familie zu feiern, zeigte, was für ein blöder Hund er war.

Er musste es allein schon deshalb sein, weil er damit einer grinsend vorgetragenen Empfehlung meines Alten folgte und weil er diesen schließlich kannte. Pete war auf einem seiner Zwischenstopps mal wieder für zwei Tage in die Heimat gekommen, und seltsamerweise zog es ihn immer sofort von Dünzelbach zu uns in die Schöngeisinger Straße 69. Wir saßen mit offenen Mündern, wenn er vom Taj Mahal erzählte, von den Nudelsuppen in Kuala Lumpur, von den gerösteten Ameisen in Bolivien, von den Gletscherlandschaften Grönlands und von seiner eben vollzogenen Scheidung, die in ihm mehr Wüste hinterlassen haben musste, als er nach außen zeigen wollte. Jedenfalls, es war Anfang Dezember gewesen, Pete hatte noch eine Reihe von Ostasien- und Australienflügen vor sich und nach dem scheidungsbedingten Umbruch anscheinend seine private Orientierung verloren: Er erzählte, er würde am Morgen des 31. Dezember in Frankfurt landen, und er wisse noch immer nicht, wo er den Silvesterabend verbringen sollte.

Ich mache es kurz: Nach zehn Minuten hatte der Alte ihn überredet, in den Hunsrück zu fahren. Nach weiteren fünf Minuten rief er Nelly an, um ihr den Besucher anzukündigen. Diese grölte so vergnügte Zustimmung, dass der Hörer in seinen Händen vibrierte. Gegen acht Uhr abends traf Pete bei ihr ein, gegen zwei Uhr morgens schlief er mit Gundula, die so das neue Jahr auf einer unerwartet ladungsstarken Silvesterrakete sitzend empfing. Vier Wochen später verlobten sich die beiden, aber ich sagte ja bereits, Pete war ein blöder Hund.

Papa feixte tagelang, als er die Nachricht erhielt, ich war entsetzt. Selbst unter der Voraussetzung, dass Gundula nicht halb so entsetzlich war wie ihre Mutter, hätte ich mich lieber zehn Jahre bei vegetarischer Kost in einen lichtlosen Raum sperren lassen, statt mir Nelly freiwillig als Schwiegermutter aufzuhalsen. Natürlich war noch nicht bekannt, mit welcher Geschwindigkeit Pete seine Neuerwerbung flachgelegt hatte. So viel allerdings war durchgedrungen, dass Gundula ursprünglich keine Lust verspürt hatte, an der Silvesterparty mit einem völlig Fremden teilzunehmen. Erst als ihr saufender Apothekenerbe ihr wenige Tage vor dem Fest mit einer ungeschickten Bemerkung die Stimmung versaut hatte, sagte sie ihre Teilnahme am geplanten Jahresendexzess ab und verzichtete auf die beseligende Gesellschaft mehrerer alkoholisierter Verbindungsbrüder, deren bunte Kappen schräg auf ihren Köpfen hingen und deren Zipfel standesgemäß aus der Hose baumelten. Vermutlich hatte der burschenherrliche Übertritt ins neue Jahr auch ohne Hasilein in gewohnter Weise funktioniert, während Hasilein in einer unerwarteten Wendung ihres Lebensgeschicks ihre Landebefeuerung erglühen ließ und das Aufsetzen des schweren Jumbos mit einem kurzen Quietschen und einer kleinen Rauchwolke quittierte.

Mein jugendliches Weltbild wankte. Auch wenn der polyglotte Pete in mancher Hinsicht ein erstaunlicher Spießer und ein verdammter Aufschneider war, so war er doch stets ein Vorbild für mich gewesen: Er hatte das Gegenteil all dessen verkörpert, was mir tagtäglich in der Stadt begegnete. Seine sonore Weltläufigkeit, die sportliche Uhr mit dem schwarzen Lederarmband an seinem braun gebrannten Unterarm, die Beiläufigkeit, mit der er Hauptstädte in die Konversation streute, die gelegentlichen freundlichen Gesten, etwa wenn er mich in Uniform von der Schule abgeholt hatte, Pete war vielleicht das interessanteste Mannsbild gewesen, mit dem ich in den gerade siebzehn Jahren meines Daseins Kontakt gehabt hatte.

Himmel noch mal, dieser Arsch! Irgendwie hatte ich immer darauf gehofft, eines Tages werde er auftauchen mit einer schönen, geheimnisvollen Inderin mit samtener Kaffeehaut, mit großen schwarzen Augen, mit den Bewegungen einer Tempeltänzerin, und er würde dieses katzenhafte Wunderwesen in unser Haus bringen, das so einen Besuch dringend nötig hatte, denn es gab nur Traudi, die mit ihrem offenen Bein durchs Treppenhaus hatschte. Oder vielleicht eine lustig kichernde Chinesin mit ihrer flachen Nase und den Mandelaugen, die nach Asiens Essenzen roch, deren ferner Zauber den Geruch von Papas Bierrülpsern zumindest oberflächlich abtötete. Oder irgendwas. Sie würde Paweena heißen, Porntiph, Ying-Li, vielleicht Nilima oder auch Rani. Pete war uns so was schuldig oder er hätte von vornherein in Dünzelbach bleiben können, um sich mit der breithüftigen Tochter vom Hasrieder Erich zu reproduzieren, die unvermeidlich Maria hieß und die ihn um ein Haar eingefangen hätte, als er noch Alois hieß und fremder Leute Wohnzimmer tapezierte. »Ladies and Gentlemen, Tapezierkapitän Alois Gschwandtenrieder welcomes you on board our ausziehbar Tapezierleiter. Our working altitude will be eineinhalb meters above ground level and in the Treppenhaus dreieinhalb meters. Please use your oxygen masks, in case you cannot stand the smell of Tapetenkleister …«

Anjali. Ma-Mui oder Ning-Nong. Saravannee, Suthaporn oder Haya. Hasilein, Kruzifix!

Wegen meiner Koteletten hatte Pete mir den Spitznamen »Provo« verliehen, was eine Mischform aus schlichtem Weltbild und vordergründiger Toleranz verkörperte und mir meine Verehrung für ihn deutlich erschwert hatte. Selbstverständlich hatte er sein Fahrwerk viele Male auf die Pisten Amsterdams gesetzt. Einmal hatte er amüsiert davon berichtet, wie unmittelbar vor dem Endanflug eine junge Stewardess zu ihm ins Cockpit gekommen war und mit demonstrativer Geste ihre Antibabypille eingeworfen hatte. Amsterdam, sagte Pete, war ein heißes Pflaster, wo du alles kriegst. Und auf den Straßen regierten die Langhaarigen, eine Jugendbewegung, die sich den Namen »Provos« gegeben hatte und die es sogar bis in den Amsterdamer Stadtrat geschafft hatte. Traudi hatte er aus der Türkei eine Reisetasche aus Ziegenleder mitgebracht. Mir aus Amsterdam einen dämlichen Spitznamen. Wenn ich ehrlich war, hegte ich seither einen feinen Groll gegen ihn.

An Silvester hatte er Gundula Hasilein flachgelegt. Anfang Februar hatten sie sich verlobt. Ende April rief Nelly an, um uns den Besuch des glücklichen Paares anzukündigen. Es war ein Sonntagvormittag, Papa und Traudi saßen am Stammtisch im Hotel »Post«, und ich saß mit Sonja im Wohnzimmer und lauschte einem amerikanischen Volksmusiker namens Jimi Hendrix. Obwohl der Telefonwecker in unserer Diele ziemlich laut war, hätte ich das Klingeln fast überhört. Ich hastete in Papas Büro und hob ab, während Sonja die letzten Takte von »Foxy Lady« leiser drehte.

»Bissu schlimmer junger Mann heute ennlich einmal brav oder ärgerssu deine liebe Tante gleich wieder?«

Unerbittlich bezeichnete sie sich als unsere *liebe* Tante, womit sie dreist umschrieb, wie verdammt sie einem auf die Nerven ging.

»Hallo, Tante Nelly«, sagte ich distanziert. »Habt ihr im Hunsrück auch Sonntag?«

Prasselnd hustete sie ihre Raucherlunge auf Papas Schreibtisch.

»Wassitzu denn zu Hause unführsnich deine Freundin aus?« An der Aussprache ließ sich erkennen, dass sie schon gut unter Strom stand. »Mussoch deine Freundin ausführen! Am Sonntach …«

»Es ist Sonntagvormittag, Tante Nelly«, erwiderte ich geduldig, »und ich habe keine Freundin.«

»Vormittach?«

»Ja.«

»Warum keine Freundin, vormittach? Vormittach keine Freundin?«

Junge, sie schien schon eine ganze Brauerei abgefackelt zu haben.

»Mussaberdochham«, sagte sie vorwurfsvoll.

Ich hatte den Verdacht, dass sie jedes Mal einen hektischen Schluck nahm, während ich antwortete.

»Habe ich aber nicht.«

Sie stockte. »Hhhassunich?«

Rudi Blaumeisl hatte mir Gitta ausgespannt, ausgerechnet auf meiner Geburtstagsparty. Zwei Monate lang hatte ich sie bei jedem Sauwetter zweimal wöchentlich am späten Nachmittag vom Stenokurs abgeholt, der einfühlsamste Liebesbeweis, den ein Siebzehnjähriger erbringen konnte, fand ich. Manchmal hatte ich gemutmaßt, dass sie vielleicht etwas von mir erwartete. Aber, seltsam verschüchtert wie ich bei ihr war, passierte mir jedes Mal das gleiche Malheur: Wenn ich losging, um sie abzuholen, nahm ich mir fest vor, dieses Mal zärtlich ihre Hand in die meine zu nehmen und dann Hand in Hand mit ihr nach Hause zu gehen. Gitta jedoch besaß einen seltsamen Zauber, der mich paralysierte. Was mir bei Ricky so einfach zugefallen war, wurde mir bei ihr zur unüberwindlichen Steilwand. Kam sie sphinxig lächelnd aus dem Schuleingang, die schwarze Kollegtasche mit beiden Händen vor der Brust haltend, dann sank mir das Herz in die Hose, und dort verblieb es für die Dauer des Heimweges, auf dem ich nur gehemmte Belanglosigkeiten stammelte. An ihrer Haustür verabschiedete ich mich jedes Mal jovial. Bis mein Banknachbar Rudi Blaumeisl, der mich stets angefeuert hatte, die Geduld mit mir verlor. Schroff erklärte er mir, Gitta sei eine Schaufrau, und da ich offenkundig zu dämlich für sie sei, werde er sie nunmehr selbst in Angriff nehmen, und noch mehr ritterliche Geduld als bisher könne ich von ihm beim besten Willen nicht mehr erwarten. Auf meiner Geburtstagsparty im Evangelischen Jugendheim baggerte er sie unter meinen verstörten Augen unverfroren an. Ich verließ den Raum, um mit meinem Freund Haslbeck die weitere Strategie zu besprechen. Als ich mit einer klar ausgearbeiteten Marschroute zurückkehrte, lag Gitta mit Blaumeisl auf einer Schaumgummimatratze in der Ecke des Partyraums. Jedenfalls sah es so aus, als ob sich irgendwo in diesem Knäuel aus Armen, Beinen, Hälsen, Leibern und zwei rotierenden Jeansärschen meine Gitta und mein Banknachbar Rudi Blaumeisl befanden. Waidwund floh ich von meiner eigenen Party.

»Nee, Tante Nelly«, sagte ich gequetscht. »Ich bin derzeit solo.«

Blaumeisl hatte mich Stunden nach seinem Verrat zu Hause besucht, nur um mir feixend klar zu machen, wie einfach Gitta flachzulegen und was für ein begnadeter Idiot ich sei. »Astreines Petting«, laberte er immer wieder voller Jägerstolz. »Schöne saftige Muschi.« Die Kommunikation zwischen uns zeigte in der Folgezeit Frostschäden. Bis zum Abitur redeten wir nur noch das Notwendigste.

»Mussas machen wie Pete«, sagte Nelly. »Hatsie einfach gepackt.... Einfach gepackt, 'stehsu? Meine Tochter. Mein Hasilein... Solls mal sehen, wie sie jetz kommt.«

»Wie sie... was?«, sagte ich.

»Hasilein kompzu euch«, trompetete Nelly mir ins Ohr. »Issaswas? Naaa, issaswas?«

»Wer kommt wann?« Aus meinem zugeschnürten Hals pfiff die Luft. Erst würde Gundulas Doppelkinn über unserem Tisch wabern, dann unvermeidlich auch noch das ihrer Frau Mama. Ich würde morgens aus dem Bett steigen und im Treppenhaus auf einer leeren Bierflasche ausrutschen und mir den Hals brechen. Hasilein, genauso aufdringlich wie die alte Häsin, würde ihren fetten Arsch auf den abgewetzten Sessel neben meinem Schreibtisch senken und mich stundenlang mit ihren Belanglosigkeiten beharken, während ich verzweifelt versuchte, meine Schulaufgaben zu erledigen.

»Dein Hasilein kommtunbesuchtich«, lallte Nelly triumphierend.

»Mein... Hasilein?«, schluckte ich trocken. Wie ich meine Alten kannte, würde ihnen die Gelegenheit gerade recht kommen, mich richtig reinzureiten. Sie würden mich ohne jedes Feingefühl dazu verdonnern, den Trampel auszuführen und mich in der Stadt endgültig unmöglich zu machen. Gitta war längst nicht mehr mit Blaumeisl zusammen, es war nur eine kurze Affäre von ihm gewesen. Aber beide würden sie ganze Eimer von Teer auf mich herabgießen, wenn sie mich mit der flachbrüstigen Hasilein und ihrer bizarren Stoppelfrisur in Enzos »Tre Cime« vor einem Coppa Vesuvio erwischten. Solche Weiber nahmen niemals einen normalen Eisbecher, das wusste ich schon. Immer musste es etwas Eruptives sein. Etwas, das an einen Vulkan erinnerte oder an eine Südseeinsel und das in Wirklichkeit nur die gestaute Triebhaftigkeit der Hässlichen symbolisierte.

»Freussudich?«

»Auf jeden Fall«, würgte ich, denn ich hatte auch so schon hinreichend Trouble in diesem Haus.

Hasilein verspürte den makabren Wunsch, dem großmütigen Stifter ihrer vielversprechenden Verbindung mit dem Luftfahrtgeschäft ihren persönlichen Dank abzustatten und die Familie kennen zu lernen, in deren Schoß das seltsame Monstrum unbestreitbar erbrütet worden war. Schon in zwei Wochen würde sie mit Nellys cremefarbenem Opel Kadett bei uns einschlagen. Einen Tag später würde Pete aus Los Angeles landen und sich uns, respektive uns und Nellys Hasilein, zugesellen. Beide wollten sie eine Woche lang bleiben und, obwohl unverheiratet, das Gästezimmer teilen, das sich über meinem Zimmer befand. Wenn Pete dazukam, hatte ich sie vom Hals, kalkulierte ich eigensüchtig. Im Wesentlichen würde es nur noch darum gehen, den Nachmittag und den Abend von Hasileins Ankunftstag ohne seelische Verstümmelungen hinter mich zu kriegen.

»Papa wird sich auch sehr freuen, Tante Nelly«, zischte ich diplomatisch.

Kurz darauf rumpelte es in der Diele, und unsere beiden Alten kamen herein. Papa hatte sich wie jeden Sonntag in seine braune Rage hineingeredet und war voller Zorn darüber, »dass der Deitsche heitzutag, vastehst mi', kein Stolz und kein Anstand mehr hat, und eim jeden kriechen mir heitzutag im Arsch eini, vastehst, und wennst was sagst, nachert sagen s', du bist a Nazi. Aber unterm Hitler, vastehst, unterm Hitler, da *waren* mir wenigstens noch wer …«

»Weit hammas bracht …«, pflichtete Traudi ihm eifernd bei.

Ich versuchte, meine Hiobsnachricht loszuwerden, kam aber nicht dazu.

»Aber heit, heit werst ja eing'sperrt, wennst dein Vaterland liebst, von dene Schlawacken, dene dreckerten, da droben in Bonn …«

»Steckt der Jud' eh schon wieder überall drin …«, keifte Traudi.

Sie standen immer noch in der Diele. Der Sonntag war mal wieder gelaufen. Die letzten Takte Hendrix, die sie von der Straße her mitbekommen hatten, hatten ihren Volkszorn schön abgerundet.

»Was kimmt 'n schon runter von dene da droben? Außer neue Steuern und Fremdarbeiter. Einen Staat ham mir schon beinand, dass der Sau graust …«

Ich wartete immer noch auf meinen Einsatz. »Das Hasilein kimmt runter«, griff ich entnervt den Faden auf.

»Du werd net frech!«, keifte Traudi.

»Dir muss i amal wieder eine schiaßen …«, brummte der Alte drohend.

»Doch«, piepste Sonja eingeschüchtert, »ich hab's auch gehört. Gestern in zwei Wochen.«

»Gestern – was?«

»Nelly hat angerufen …«, stieg ich nochmals ein.

»Für dich heißt des immer noch *Tante* Nelly«, blaffte Traudi.

» … und lässt euch sagen, dass wir übernächsten Samstag Besuch kriegen.« Kurz und mutlos schilderte ich den Gesprächsinhalt. Inzwischen waren wir im Esszimmer angelangt. Traudi gab kleine hysterische Verzückungsschreie von sich. Papas Wut über die Knebelung des deutschen Volkes hatte sich schlagartig verflüchtigt.

»Mei«, sagte Traudi selig, »da hast jetzt jemand, dem kannst deine Eisdiele zeigen.«

Sonja rollte mit den Augen. Ich überlegte, wohin ich abhauen sollte. Ich würde einfach meine Zimmertür verrammeln und sie abdichten, bis alles vorbei war.

In den nächsten beiden Wochen war ich einfach nur stinkig. Außerdem war ich dumm genug, in einem Anfall von Unbeherrschtheit auch noch Blaumeisl von der Sache zu erzählen. Er meinte sinngemaß, jetzt könnte ich ja endlich mal zum Abschuss kommen, alt genug sei ich schließlich, und besser auf einer hässlichen Cousine als auf gar keiner. Anschließend verlor er sich wieder in schwelgerischen Beschreibungen von Gittas Muschi, sodass ich kurz davor war, ihm eine auf die Augen zu geben. Man beherrscht sich viel zu oft im Leben, das habe ich längst kapiert.

Auf dem Nachhauseweg begegnete ich Gitta. Ich hatte sie zwei Wochen nach der missglückten Geburtstagsfeier vom Steno abgeholt und ihr in einer absurden Nachholaktion meine vergangene und so herzlos gekränkte Liebe gestanden. Sie hatte meinen Schmerz mit fraulicher Sanftheit gewürdigt. Wir hatten uns ausgesprochen und einander ewige Freundestreue geschworen, dann war der Kontakt abgerissen.

Gitta strahlte ihr mausezähniges Lächeln: »Hey, ich hab gehört, du kriegst ganz tollen Besuch?«

Man haut keine Frau auf die Augen, sagte ich mir, so was macht man einfach nicht. Wir hatten den selben Heimweg, aber ich redete einfach kein Wort mit ihr.

Am Abend vor Hasileins Eintreffen beratschlagte ich mit Sonja, wie wir uns verhalten sollten. Ich hatte die Idee, noch schnell auf dem Sportplatz nebenan Fußball zu spielen und mir von Werner eine auf den Knöchel dreschen zu lassen. Das tat er ohnehin bei jeder Gelegenheit, denn er träumte von einer Mittelfeldkarriere bei 1860 München. Ich könnte mein geschwollenes Bein vorweisen, mich stöhnend auf mein Zimmer zurückziehen und mich wegen meiner offenkundigen Unpässlichkeit entschuldigen.

»Wenn du erst einmal liegst, hat sie dich«, warnte Sonja.

»Was?«

»Wenn du flachliegst, kommst du ihr nicht mehr aus.«

»Ähm???«

»Sie wird sich an dein Bett setzen und dich in den Wahnsinn schwafeln, genau wie die Alte. Und du kannst nicht aufstehen und abhauen, denn wenn du das kannst, dann kannst du sie auch ins ›Tre Cime‹ führen.«

»Du meinst …?«

»Du hängst ganz schön in der Scheiße«, nickte Sonja trocken. Sie war noch keine neun, aber das Leben in dieser Familie hatte eine scharfsinnige Situationsanalytikerin aus ihr gemacht.

»Soll ich mich so lange bei Opa und Oma verstecken?«

Nach kurzer Diskussion verwarfen wir den Gedanken wegen seiner unabsehbaren Folgerisiken.

»Ich hab einfach Angst, dass sie mich total unmöglich macht«, seufzte ich.

Den Schulvormittag des besagten Samstags verbrachte ich einsilbig. Blaumeisl geilte sich in jeder denkbaren Weise daran auf, mir den bevorstehenden Abend und die drohende Erstkopulation mit der fetten, qualligen Gundula auszumalen. Er redete wie ein Wasserfall, und in einer Geste perfider Großzügigkeit lief er herum und lud alle möglichen Leute für den Abend ins »Tre Cime« ein. Ich hasste ihn. Als der Unterricht vorbei war, griff ich mir voller Wut meine Tasche. Es war kurz vor eins, und gegen vier sollte Hasilein da sein.

»Schön' Abend noch!«, zwitscherte Bablusch, der hinterfotzige Hund.

»Lass dir's gut gehen!« Heuchlerisch schlug Haslbeck mir seine schwitzige Pranke auf die Schulter. Die anderen begafften mich feixend, anstatt mich zu trösten. Ich sehnte mich nach einer großkalibrigen Schusswaffe.

Zu Hause eingetroffen, durchlief ich eine Art militärischen Wochenendappell, in welchem mir aufgetragen wurde, was ich zu tun hatte: freundlich sein, ausführen, keinesfalls selbst bezahlen lassen, Taschengeld für anderer Flugkapitäne Weiber opfern. Verbittert verzog ich mich auf meine Bude. »Wenn sie willig ist, dann besorg's ihr auch, du blöder Hund«, hatte Blaumeisl mir noch mitgegeben. »Mach das Licht aus oder mach die Augen zu, wenn sie dir nicht gefällt, Hauptsache, du bringst es endlich.« Seit er mit Gitta herumgemacht hatte, war sein großes Mundwerk überhaupt nicht mehr zu stoppen. Saugrantig machte ich an meinen Hausaufgaben herum. Der Nachmittag verstrich besonders langsam, weil er mich quälen wollte. Ich ließ einen fahren und weigerte mich trotzig, das Fenster zu öffnen.

Irgendwann tat ich es doch. Es besserte meine Stimmung nicht, und die verdammte Trigonometrieaufgabe war auch versemmelt. Mein Leben lang war ich alles andere als ein Feinmotoriker gewesen, und dass man mir zumutete, ausgerechnet heute ein gleichschenkliges Dreieck zu konstruieren, betrachtete ich als persönlichen Affront. Ich knallte den Zirkel auf das Heft und ging nach nebenan ins Badezimmer. Früher war es einmal die Küche der ewig schwäbelnden Abeles gewesen. Hier oben hatten sie zwei ewig schwäbelnde Töchter aufgezogen, die beide wider Erwarten hübsch geworden und nett geblieben waren. Genau wie bei der unseren, hatte sich auch von der Abeleschen Küche aus eine kleine Wandnische zu einer Speisekammer geöffnet, die durch eine rumpelnde weiße Schiebetür abgetrennt war. Als wir nach dem Auszug der Abeles unser Bad in ihre Küche bauten, hatte dies ein unerwartet komplexes eheliches Konfliktpotenzial aktiviert: Traudi hatte auf dem Einbau einer Toilettenschüssel bestanden, Papa den Vorschlag unter Hinweis auf die beiden funktionstüchtigen Klos im Treppenhaus erzürnt abgewiesen. Traudi hatte sich kreischend gegen die Vorstellung gewehrt, mit nassen Haaren aus dem Bad ins Treppenhaus rennen zu müssen, um zu müssen, und da sie eine hochgradige Hysterikerin war, brunzte sie ja zu allen möglichen Zeiten und Unzeiten.

Gleichwohl hielt ich ihren Vorschlag für vernünftig. Papa jedoch, der für den Fall eines gegnerischen Obsiegens seine Machtposition desavouiert sah, wurde gewohnt schnell cholerisch und brüllte mit bebender Unterlippe, er setze sich zum Scheißen nicht in eine Speisekammer, »so weit wären mir ja nachert ja doch noch nicht, net!« – »Und ich setz mich dazu nicht ins Treppenhaus!«, kreischte Traudi tränenüberströmt, was tatsächlich keiner von ihr verlangt hatte und im Ernstfall jeder sich auch verbeten hätte. Sonja und ich hatten uns der Auseinandersetzung fern gehalten, denn es bestand Gefahr, dass wir instrumentalisiert würden. Das Ergebnis war wie meist, wenn keine Seite stark genug war sich durchzusetzen, ein absurder Kompromiss: Traudis »saudumme Kloschissel« wurde eingebaut, aber die weiße Speisekammerschiebetür der Abeles blieb, »allein schon, weil i dafür net auch noch a Geld ausgeb, so schmeißen mir 's Geld ja nachert doch net naus, Kreizkruzefix!«, und bis zu Papas Ende mehr als dreißig Jahre später musste man die Schiebetür auflassen, wenn man auch nur einigermaßen bequem abprotzen wollte.

Ich setzte mich auf das Becken, zog die Schiebetür zu, lehnte meine Stirn dagegen und schiss auf die ganze Geschichte. Von unten schrillte die Türklingel. Aufgeregtes Getrampel. Traudis gekreischte Willkommensschreie. Mir war schlecht. Den Kopf tief zwischen die Schultern gezogen, entschloss ich mich, einfach sitzen zu bleiben.

Es dauerte ziemlich lange, bis Sonjas trippelnde Schritte die Treppe heraufkamen. Ich rührte mich nicht. Ein uralter Totstellreflex, der Millionen von Generationen deutscher Reptilien das Überleben ermöglicht hatte. Bei Sonja half er nichts, sie wummerte gegen die Schiebetür.

»Du kannst hier nicht ewig sitzen bleiben.«

»Ich kann«, knurrte ich feindselig und drückte die Spültaste.

»Lass den Quatsch, sie ist da.«

»Nein!«

»Du kannst hier nicht eine ganze Woche sitzen bleiben.«

»Doch.« In meinem Rücken geiferte der Spülkasten.

»Du brauchst was zu essen, zwischendrin.«

»Du wirst es mir bringen.«

»Hör auf, komm endlich!«

Resignierend zog ich meine Hosen hoch, schob die Tür zur Seite und blickte in ein ausdruckslos lauerndes Gesicht.

»Und?« Ich wusch mir die Hände.

Sonja rollte bedeutungsvoll die Augen. »Sich selbst!«

Ich schluckte würgend. »Let's go.«

Das Erste, was ich sah, war ihr himmlischer Arsch.

Es gab nichts zu diskutieren. Es war einfach nur ein verdammt hübscher Arsch. Er steckte in eng sitzenden Blue Jeans und peilte durch unsere Küchentür in die Diele. Sonja linste mich von der Seite her an.

»Da isser!«, jauchzte Traudi. »Das is jetzt unser Bub!«

Irgendwo vorne an diesem Wahnsinnsarsch musste jemand hängen, zu dem Traudi sprach.

Es war etwas von trotziger Lässigkeit in der Bewegung, mit der Hasilein sich umdrehte. »Hey!«, strahlte sie, »schön!«, fiel mir um den Hals und küsste mich auf die Wange.

»So. Jetzert!«, hörte ich Traudi sagen, während mir die Sterne vor den Augen tanzten. Dicht neben mir prustete Sonja.

Es war einfach so, dass ich mich damals für nicht sonderlich attraktiv hielt. Jahre von Pubertätsakne hatten mich entmutigt und ihre Spuren in meiner Seele hinterlassen, selbst als meine Haut sich wieder gebessert hatte. Meine Beziehungen mit Mädchen waren regelmäßig im verkorksten Versuchsstadium stecken geblieben, und der enttäuschte Schmerz war mir wesentlich vertrauter als das Glücksgefühl einer funktionierenden Teenagerpartnerschaft. Wenn ich ehrlich war, traute ich mir nicht besonders viel zu.

Hasilein ließ mich mit Schwung los, und ich entdeckte, dass ich hilflos mit den Armen gerudert hatte.

Ich muss ziemlich fassungslos ausgesehen haben. Traudis Gefeixe war nicht zu überhören, und Sonja hatte sich zwischenzeitlich in meine Beine gekrallt und prustete mir in den Rücken. Um Hasileins Mund zuckte ein feines, verständnisvolles Lächeln. Nicht unfreundlich. Eher abschätzend. Ihre Wangen hatten sich gerötet.

Sie war gertenschlank. Ein schmaler, durchproportionierter Leichtathletinnenkörper. Kein Mädchen, nach dem man sich spontan pfeifend umdrehte, sondern eines, das man erst auf den zweiten Blick hübsch fand, dann allerdings umso nachhaltiger. Kein Gramm Fett, fand ich, nicht der Ansatz von Fett, sondern alles präzise dort, wo es hingehörte. Sie strahlte mich an, aber es lag auch etwas Forschendes in ihren Augen. Sie waren graublau, seltsam verhangen unter feinen dunklen Brauen. Da sie sich nicht schminkte, hatte ihre anfangs gerötete Haut wieder die ursprüngliche Blässe angenommen und kontrastierte mit ihrem aschblonden Kurzhaar. Ihre Nase war fein und energisch. Ihr für das schmale Gesicht relativ breiter Mund formte sich aus einem Paar trotziger Lippen, die mir verrieten, dass Hasilein total auf stur schalten konnte, wenn man nicht wollte, wie sie wollte. Ihre Bewegungen waren kontrolliert, und trotz ihrer Herzlichkeit schien mir auch ein spontaner Gefühlsausbruch nur in einem vorgegebenen Rahmen ablaufen zu können. Eine junge Frau mit einem attraktiven inneren Widerspruch. Und dennoch zeigte ihr Lachen etwas mädchenhaft Ausgelassenes, bei dem sich ihr Gesicht blitzartig rötete und ebenso schnell wieder entfärbte.

Hasilein schien meine Verlegenheit sofort erfasst zu haben und sie ebenso schnell zu genießen. In ihren Augenwinkeln blitzte es schalkhaft auf, und während sie erneut auflachte, vibrierte ihr filigraner Jadehals, sodass ich immer weiter ins Schwimmen kam. »Komm endlich rein!«, gibbelte sie vergnügt. Ich fühlte mich stoned.

Sie nahm Platz im Winkel unserer Eckbank, als hätte sie noch nie im Leben woanders gesessen. Ein kurzer, abschätzender Blick streifte mich, und mich beschlich das nagende Gefühl, dass sich hinter dem freundlichen Lächeln eine herausfordernde Beobachterin verbarg. Das Gespräch drehte sich um Nelly und die Autobahnfahrt zu uns und um Petes Flug. Sie nahm an, dass er jetzt am Hotelpool in Los Angeles lag, und ich fühlte, wie mich ein weiterer verstohlener Blick von Hasilein durchbohrte. Was zum Teufel hatte Pete ihr über mich erzählt?

Nur um etwas Land zu gewinnen, entschuldigte ich mich und zog mich zurück zu meinen Schulaufgaben. Es dauerte keine zehn Minuten, bis ich weibliche Stimmen und das Rumpeln der Badezimmertür vernahm. Gleich darauf rauschte Wasser.

»Sie duscht!« Gewichtig streckte Sonja ihren Kopf durch die Tür. Traudis schrille Stimme befahl sie nach unten, um eine Besorgung zu erledigen. Als ich mich zerstreut wieder über mein gleichschenkliges Dreieck hermachte, stach ich mich in den Finger. Es blutete. Nebenan wurde das Wasser abgestellt.

Ich war mir sicher, dass sie die Tür nicht abgesperrt hatte. Das alte Schloss war laut, und man hörte es durchs ganze Haus, wenn jemand den Schlüssel umdrehte. Aber ich hatte nichts gehört, obwohl ich es auf jeden Fall genau gehört hätte. Sie stand nebenan unter der Dusche und war höchstwahrscheinlich nackt dabei, und sie hatte den Schlüssel nicht umgedreht. Und die Wasserstrahlen würden über ihren wahnsinnigen kleinen Hintern rollen, einen Hintern, wie unsere Dusche ihn noch niemals gesehen hatte, und sie würden sonst wohin rollen, was außer Pete wahrscheinlich auch so gut wie niemand gesehen hatte, und die ganze Entwicklung, die diese Geschichte hier genommen hatte, war alles andere als fair, und sofort stach ich mich zum zweiten Mal in den Finger und tröpfelte erhitztes rotes Pennälerblut auf ein ziemlich ungleichschenklig gewordenes Dreieck. Schmerzvoll wimmernd saugte ich an meinem Finger, als es klopfte und die Tür sich einfach öffnete.

Sie hatte die Beine, die ich befürchtet hatte, das war schon mal klar. Es waren *zwei* frisch geduschte nackte Beine, zählte ich verstört, und irgendwo weit oberhalb der hellen Haut mit dem kaum sichtbaren Flaum begann ein Minirock aus blauem Jeansstoff. Außerdem war sie barfuß und trug eine kurzärmelige weiße Bluse, nur halb zugeknöpft, unter der sie eindeutig keinen BH trug, und ihre nassen Haare klebten an der Stirn, an meiner auch – ich meine, meine Haare klebten an meiner Stirn –, und ein einzelner Tropfen löste sich rechts aus ihrem Haar, sprang auf die Spitze ihres Ohrs, wurde für einen kurzen Moment unsichtbar, tauchte am Ohrläppchen wieder auf, sprang von da aus zielsicher auf ihr Schlüsselbein, von wo aus er provozierend langsam und in schäbiger Weise genüsslich abwärts kugelte. Ich wusste genau, wohin.

Nicht etwa, dass sie gefragt hätte, ob sie eintreten dürfe. Sie trat stirnrunzelnd auf den alten Wohnzimmersessel zu, der mitten im Raum stand und dem ich vor kurzem beim verzweifelten Versuch, ein modisches Möbel herzustellen, die Armlehnen abgesägt hatte. Die vier Schnittflächen starrten nackt und hell in den Raum, als Nellys Hasilein die Rückenlehne des Torsos ergriff, diesen zu mir hindrehte und sich provozierend langsam darauf niederließ.

»Wenn sie nicht will, die hässliche alte Kröte, dann wend einfach etwas Druck an, aber leg sie flach und besorg's ihr!«, hatte Blaumeisl gesagt. »Schließlich bist du mehr als alt genug dafür!«

In etwa so fassungslos wie auf einen eben eingeschlagenen Meteoriten blickte ich auf die kleinen Zehen, die sich unmittelbar neben meinen Schuhspitzen gegenläufig auf und ab krümmten und die in den Zwischenräumen noch nass waren. Die Nägel waren unlackiert.

»Gerade *weil* sie hässlich ist, wird sie verdammt dankbar sein, wenn du ihr dranfasst«, hatte Blaumeisl gesagt. »In dem Alter brauchen sie's schließlich alle.« Quer über ihre linke Kniescheibe lief eine helle Narbe. Sie sah mich an, und ich fragte mich, also eigentlich fragte ich mich gar nichts mehr. Blaumeisl, dieser Sack, würde was von mir zu hören kriegen. Sie sah mir unverwandt ins Gesicht, aber ich ihr nicht, denn sie wippte mit den leicht geöffneten Schenkeln.

»Und?«, fragte Hasilein.

»Wie geht … wie geht es deiner Mutter …?«, stammelte ich. Ein einzelner Tropfen löste sich rechts aus meinem Haar, sprang auf die Spitze meines Ohrs, wurde für einen kurzen Moment unfühlbar, tauchte am Ohrläppchen wieder auf, sprang von da aus zielsicher auf mein Schlüsselbein und rollte langsam abwärts. Hasilein verfolgte ihn mitleidlos mit den Augen.

»Mama ist weit weg. Gott sei Dank«, sagte sie.

»Dank …«, echote ich.

»Praktisch werden sie in dem Moment feucht, wo du sie anfasst«, hatte Blaumeisl mir unaufgefordert auf den Weg gegeben.

»Du brauchst gar nicht viel zu tun, damit sie's wollen.« Gitta hatte nicht gewollt. Sie hatte es mir erzählt, damals bei unserer Aussprache. Wo Blaumeisl seine Kenntnisse herhabe, sei ihr schleierhaft, hatte sie gesagt, so wie er sich bei ihr angestellt habe.

Gundula legte den rechten Fuß auf das linke Knie. Der Minirock trat die Flucht an und schenkte einem weißen Slipdreieck die Freiheit. Über meine Stirn schwappte eine warme, salzige Brandungswelle. Gundula steckte ihren Zeigefinger zwischen große Zehe und zweite Zehe und fuhr damit geistesabwesend hin und her. Meine Augäpfel sprangen hin und her, als hätten sie einen Lagerschaden.

»Ach, Blaumeisl«, hatte Gitta gesagt. »Er hat an mir herumgeknautscht, als wäre ich keine Frau, sondern eine Teppichrolle. Deshalb bin ich auch nicht ins Bett mit ihm.«

»Du musst ihnen nur ein bisschen an den Schenkeln rummachen, dann verlieren sie die Kontrolle über sich.«

Hasileins Fingerkuppen strichen die Innenseite ihres rechten Oberschenkels entlang.

»Sie geht mir auf den Sack«, sagte sie energisch.

»Sa …?«, ächzte ich.

»Mit ihrem ›Hasilein‹, ›Hasilein‹, ›Hasilein‹! Wenn Pete nicht so ein Mann wäre, wäre ich heute noch nicht weiter.«

»N-nicht wei …?«

»›Hasilein‹, ›Hasilein‹«, knurrte sie.

»Ja«, sagte ich, »sie kann …«

Ihre Stirn zog sich in steile Falten. »Ech kann dech jädärzeit zom Arzt schecken«, äffte sie Nellys pathetische Stimme nach. »Schwör mir's, dass ech dech jädärzeit zom Arzt schecken kann. Je-den-Tag-drei-mal!«

»Was sollst du denn beim Arzt?« Ich brachte den ersten ganzen Satz zustande und war mächtig stolz auf mich.

»Dabei hab ich mein Jungfernhäutchen schon vor Jahren beim Sport verloren!«

»Jungfglumpf«, bäumte ich mich auf.

Nellys Hasilein nahm den Fuß von ihrem Knie, was mich sehr erleichterte. Dann zog sie beide Beine bis zum Kinn und stützte die

Füße auf den Sesselrand, was mich ganz und gar nicht erleichterte. Sie kratzte sich den linken Unterschenkel und zog ihn dabei leicht nach außen. Ich verfiel in eine Art Schreckstarre. Feine dunkle Härchen lugten links und rechts aus ihrem weißen Slipstreifen hervor. Im rechten Winkel zu den Dreiecksschenkeln, dachte ich. Parallel zur Hypotenuse. Durch den trigonometrisch zu ermittelnden Mittelpunkt *M*. Hilflos tastete ich nach meinem Zirkel und stach mich ein drittes Mal. Ihr Slip hatte ein löchriges Muster und wölbte sich nach außen. »Letztlich sind sie nicht anders als wir«, hatte Blaumeisl gesagt. »Sie denken auch den ganzen Tag an nichts anderes.«

Ihr Mund nahm das leicht spöttische Lächeln an, das ich schon bei unserer Begrüßung bemerkt hatte. »Mich wundert sowieso, warum sie bei Pete nicht dazwischengegangen ist.«

»Dazw…«

»Sonst war sie hinter meinem Jungfernhäutchen her wie besessen.« Sie schüttelte sich. »Wie besessen.« Verächtlich blickte sie abwärts, dorthin wo irgendwann einmal das besagte Häutchen gesessen haben musste. Wie machen sie es eigentlich, wenn sie pinkeln, dachte ich. Pinkeln sie dann über das Häutchen drüber oder was?

»Wenn sie dich zappeln lässt, kaust du ihr am Ohrläppchen herum. Da fangen sie immer an zu seufzen, und dann darfst du natürlich nicht nachlassen. Einfach rumkauen, verstehst du?« Gundula kaute trotzig auf ihrer Unterlippe herum und legte ihr Kinn auf die Knie. Blaumeisl, der Arsch, hatte mir nicht verraten, wie ich meine verklebte Zunge vom Gaumen lösen sollte, um meinen Mund zu öffnen. Hasilein drückte das Kinn fester auf die Knie und schob nachdenklich ihre nackten Füße auseinander, bis ihre Unterschenkel mit den Knien ein Dreieck bildeten, dessen zwischenzeitlich ermittelter Mittelpunkt *M* mir…

»Die Summe der Innenwinkel eines Dreiecks beträgt stets einhundertachtzig Grad«, stöhnte ich.

»Ach?«

»Ja«, nickte ich schwach.

»Und damit beschäftigst du dich zur Zeit.«

»Dreieckskonstr…«

»Trigo-Scheiße«, konstatierte sie unerbittlich.

Ich schluckte.

»Und sonst?« Die feinen Härchen vibrierten. Ihre Zehen waren so lebendig wie eine Anglerdose voller Würmer.

»Sport«, ächzte ich und starrte hypnotisiert auf den Schnittpunkt der drei Innensenkrechten.

Ihr rechter Zeigefinger spielte mit ihrer vorgeschobenen Unterlippe.

»Bei Pete war sie wie ausgewechselt. Von Anfang an. Hätt ich nie gedacht. Wenn ich's mit nem anderen unter ihrem Dach getrieben hätte… aber Pete ist natürlich ihre Traumpartie.« Sie hatte mehr vor sich hin gesprochen. Jetzt schoss sie mir einen Blick genau zwischen die Augen. »Und du? Weißt du, was du spürst, wenn du abspringen musst?«

Mir war, als hätten sie mir einen glühenden Draht unters Hemd geschoben.

Ein zarter Hauchlaut war alles, was ich noch hervorbrachte, und ich verfluchte Nelly für ihre Falschheit. »Beide meine Töchter sind ordentliche und anständiche junge Mädchen«, hatte sie posaunt, »so wie *ich* sie jeden Tach erzogen habe. Jaa-woll!«

Hasileins Reptilienblick zielte zwischen meine Augen. »Also, weißt du es?«

Verzweifelt keuchte ich in meinem Stuhl. Ob sie bei Pete genauso vorgegangen war, damals am Silvesterabend? Guten Tach, ich bin Gundula. Wissen Sie, wann Sie abspringen müssen?

»Ehrlich gesagt, ich habe… ich habe bisher… eher… na ja, weniger…«

»Du hast noch nicht«, konstatierte sie mitleidlos. »Ach so, du hast noch nicht.« Ihre falsch platzierten Katzenhaare vibrierten. Sie überlegte. »Warum fragst du nicht Pete?«

»Was?«, keuchte ich.

»Du fragst Pete«, sagte sie. »Morgen kommt Pete, und dann fragst du ihn, wann du…«

»…abspr…?«

»Genau.«

»Hallo Pete«, murmelte ich vor mich hin. »Schön, dass du da bist. Hasilein möchte wissen, wann ich abspr…«

Sie rammte beide Füße in den Boden. »Ich geh mal nach unten!« Sie ließ die Tür offen, und ich hörte das Patschen ihrer Fußsohlen auf der Holztreppe.

Ich hätte nicht aufgelöster sein können, wenn eine vierstrahlige Passagiermaschine durch mein Zimmer geflogen wäre.

Es war sonderbar, dass ich die Dreiecksaufgabe ruck, zuck gelöst kriegte. Wahrscheinlich hatte es mit der Verbissenheit zu tun, mit der ich nach Gundulas spontanem Abgang darüber hergefallen war. Einige Schweißtropfen waren auf das Heft gefallen und hatten das Papier gewellt, was ich verkniffen ignorierte. Ich sortierte Bücher und Hefte für den kommenden Schultag und stellte mir vor, wie Pete morgen an unserem Esstisch sitzen und laut herumtönen würde, wenn ich von der Schule kam. Der Gedanke bereitete mir eine Gefühlsmischung aus der Erleichterung, Hasilein dann vom Hals zu haben, und dem Ärger, sie an ihn abgeben zu müssen. Gramgebeugt stellte ich mir vor, wie ich in wenigen Stunden mit ihr im »Tre Cime« sitzen würde. Enzo würde über seinen Tresen linsen. Blaumeisl würde da sein. Gitta vermutlich. Die ganzen anderen Fischköpfe mit ihren Glubschaugen. Schlimm genug, wenn sie fett und hässlich gewesen wäre, aber so war es noch viel schlimmer. Blaumeisl würde sie anstieren und sich ein Vergnügen daraus machen, sie unter meinen Augen anzugraben. Böse grinsend würden sie mich unter Erwartungsdruck setzen. Gitta würde ihre dunklen Mäuseaugen vor lauter hinterhältigem Wohlwollen rollen. Repressive Laszivität. Von allen Seiten. Ich einsam im Mittelpunkt *M*, dem Schnittpunkt aller Senkrechten auf alle beteiligten Schenkel.

Unser alter Herr war blendender Stimmung, als ich mich hungrig und vor Verlegenheit gekrümmt zum Abendbrot begab. Er hatte eine Halbe Bier vor sich und anscheinend gerade an einem seiner Stammtische das jüngste Starkbierfest aufgearbeitet. Seine Augen hatten sich zu schmalen Lachschlitzen verengt, aus denen ein spitzbübisches Vergnügen an anderer Leute Missgeschick und eine zutiefst bayrische Art von Lebensfreude sprühte – seine andere Seite, mit der er einen immer wieder einfangen konnte. Traudi saß neben ihm und himmelte ihn an, während er schnaufend an einem Stück

Lyoner Wurst herummetzgerte. Hasilein trug das unschuldigste Gesicht der Welt und knabberte prüfend an einer Brezen herum.

»Ja, hast jetzt das g'hört, vom Obendank?«

Seine Standardmethode, wenn er etwas anbringen wollte, was bisher nur er gehört hatte.

»Vom Obendank Michi, den kennst doch auch, hast jetzt des noch nicht g'hört, ha? Ja, Kreizkruzefix, wo ham mir jetzt mir den Senf?« Er lief rot an und begann zu prusten.

Den Obendank kannte ich. Er war ein pensionierter Kommunalbeamter, der einen ebenso engstirnigen wie friedfertigen Lokalpatriotismus lebte und dafür an allen Stammtischen beliebt war. Die Stadtchronik, die er handgemalt verfertigt hatte, galt im Kreis des Heimatvereins »Ampergilde« als Kleinod.

»Also«, er zerquetschte die Senftube in seiner Pratzen, bis sie aufquietschend eine gekörnte Ladung auf seinen Teller schiss, »also, der Obendank, der war am Samstag aufm Starkbierfest halt wieder b'suffa, net.« Das war er schließlich jedes Jahr bei diesem Anlass. In den Kreisen der besseren Brucker Gesellschaft hätte er wie jeder andere sein Gesicht verloren, wenn er die Veranstaltung auch nur einmal im steuerungsfähigen Zustand verlassen hätte.

»Sauft er immer an Haufen Starkbier und vertragt's net! Net?«

Ich verschluckte die Bemerkung, dass er damit nicht der Einzige war. Ein Großteil der städtischen Geschäftswelt nämlich rastete im Mittelwert nach der dritten Maß Starkbier aus: Der eine, ein Konditor, patschte regelmäßig an den Ehefrauen seiner Tischnachbarn herum, bis seine Frau einen Anfall kriegte und laut weinend vorzeitig flüchtete. Später unternahm sie deswegen tatsächlich einen Selbstmordversuch, der immerhin dazu führte, dass die Konditoreiumsätze wochenlang nach oben schnellten, weil ein jeder sie hinterher sehen und besonders freundlich grüßen wollte. Der andere, ein ausladend korpulenter Hendlbrater, wurde erst weinerlich, »dass mir Deutschen heut nix mehr gelten«, und fing dann an, über die Jugend zu hetzen, die heutzutag ja überhaupt nicht wüsst, »was der Jud' für einer is, net wahr, weil s' ihn ja nicht kennt, net wahr«. Zur Frage, woher es kam, dass praktisch keiner mehr einen Juden zu Gesicht bekam, äußerte er sich nicht. Zuverlässig schlief er jedes

Mal noch vor Mitternacht ein, seine wulstige Unterlippe vibrierte im Rhythmus seiner Schnarchgeräusche, und dazu trenzelte er sein weißes Hemd voll. Der Dritte schließlich, ein geltungsbedürftiger Fliesenleger, absolvierte bei jeder Veranstaltung der »Ampergilde« einen eher mauen rednerischen Auftritt, versteckte seinen Gram über den dünnen Applaus unter einer dicken Lage Bierschaum, wurde daraufhin zunehmend streitsüchtig und prügelte irgendwann in den Morgenstunden seine Ehefrau nach Hause, eine hübsche, sanfte Dunkelhaarige, die den ganzen Abend nur schweigend dabeigesessen hatte und von der niemand wusste, wie es hinter ihrer scheuen Fassade aussah. Bis auch sie ihren Suizidversuch unternahm und gerettet wurde. »So, Annemie, gut schaust aus!«, wurde sie mit bewährter Verdrängungskunst begrüßt, als ihr Alter sie kurz danach wieder zum Stammtisch mitnahm. Man wollte »da in nix einikomma, gell«, das war seit jeher das oberste Prinzip. »Mir san freundlich zu jedem, den mir kennen, aber mir mischen uns da grundsätzlich in nix nein. Sonst vertragen sich die anderen zum Schluss noch, und mir wären schuld, net!«

Also, der Obendank Michi hatte wie üblich so viel Starkbier angesaugt, dass er's gerade noch mit letzter Kraft auf die Toilette des Hotels »Post« schaffte, wo er sich erst die Seele und dann sein nigelnagelneues künstliches Gebiss aus dem Leib kotzte. Die Seele fand er am nächsten Tag stückweise wieder. Das Gebiss hingegen hatte er »in seim Surri, net wahr, hahaha« heruntergespült. Es war sozusagen aus fehlerhaftem Anlass nach außen getreten und den Weg dessen gegangen, was es sonst liebevoll zerkleinert hatte. Und der Obendank Michi hatte einen sauschweren Kopf und eine trockene und dazu überaus leere Mundhöhle, und seine im Laufe des Sonntags zusammen mit seiner Seele bruchstückhaft wiederkehrende Erinnerung an seinen teuren dentalen Ersatz verstärkte die üblichen, in aller Regel mörderischen Nachwirkungen des dickflüssigen Mönchsgetränks. Als er sich nur halbwegs wieder bei durchbluteter äußerer Hirnrinde fand, suchte er praktisch auf allen vieren die Postwirtin auf und mümmelte in der Küche – in die Gaststube traute er sich nicht, zahnlos wie er war – seine verzweifelte Bitte: Seine

Pension sei zu schmal für solche Verschwendungen, und die Krankenkasse würde nicht sechs Wochen nach der teuren Anschaffung schon wieder für eine Prothese bezahlen wollen. Einen Tag lang hatte er getrauert und sich von Brei ernährt. Aber da er mit Leib und wiedergekehrter Seele Bayer war und die Küche seines Heimatlandes vergötterte, stand der Brucker »Ampergilde« unzweifelhaft der nächste Suizidversuch ins Haus, wenn die Stadt ihn wirklich zahnlos lassen wollte.

Die Wirtin erhörte ihn. Schon am Montagmorgen um halb acht stand das nagelnde Gefährt vom Dickgießer Toni auf dem Hof. Anton Dickgießer, Versitzgrubenentleerung nach Vereinbarung, ein bescheidener, klein gewachsener Mann, der sein Leben damit bestritt, das abzupumpen, dessen seine Brucker Mitbürger sich plumpsend entledigt hatten, indem er zwei dicke schwarze Saugschläuche aneinander klinkte, sie mit dem Hintern seines blaugrau gestrichenen Tankwagens verband und einen Hebel an der Außenseite des dieselnden Unikums umlegte. Augenblicklich hob sich der dumpfe Ton des Pumpenmotors zu einem weinerlichen Singen, während es am unteren Ende des Schlauchs zu schmatzen begann und Legionen verdauter Schweinskoteletts, Hendln, Kartoffelknödel, Salatgurken, Dampfnudeln, Apfelstrudel, Fleischtomaten, Brezen, Weißwürste, Krautsalatportionen, Bratensülzen, Käsescheiben und Regensburger einen gurgelnden Aufstieg antraten, hinter den ovalen Schaugläsern am Tankwagenende unergründlich zu schwappen begannen, sich mit einer geheimnisvollen Schaumkrone verzierten und den verschweißten Stahltank täglich mehrmals mit Tonnen dessen anfüllten, worüber man eigentlich nicht sprach, auch wenn es überall in Bruck zu finden war. Der kleine Dickgießer unterdessen stand gelassen an seinen Tankwagen gelehnt, ein eher besinnlicher Charakter, vielleicht berufsbedingt, so wie ein Totengräber, rauchte versonnen eine Zigarette, sog abwechselnd den Tabakrauch und den Duft der Brucker Gesellschaft in sich hinein und lauschte dem Glucksen und Platschen, Schmatzen und Pfotschen, Schlürfen und Saugen, das sein Leben ein um den anderen Tag durchschallte und es ihm auf eigene Weise lebenswert und bewusster machte als das Dasein vieler anderer. Toni Dickgießer war beliebt in der Stadt.

Man achtete ihn für seine Unaufdringlichkeit und für die Entlastung, die sein Auftauchen – ähnlich wie der Besuch eines Beichtvaters – mit sich brachte. Und ähnlich wie beim Chefarzt des Brucker Krankenhauses, beim Stadtpfarrer Schrallhammer oder beim Totengräber Sedlmaier war am hinteren Ende ein jeder für ihn gleich und wurde mit derselben professionellen Fürsorge behandelt.

Es fand sich also ein selbst für das Brucker Stadtleben eher bizarres Ensemble im Hinterhof der »Post«: der heulende Tankwagen und sein Herr, der berufsbedingt beim Reden den Mund nur so weit wie nötig öffnete, was seiner Stimme einen quarrenden Farbton verlieh. Neben ihm in ihrem Trachtenrock die Postwirtin, die sich gestikulierend mühte, gegen den Maschinenlärm anzuschreien und dem schweigsam nickenden Dickgießer die menschlichen Hintergründe der abgelaufenen Starkbiertragödie zu erläutern. Zwischen ihnen aufgeregt hin und her hüpfend der Obendank Michi, der zwar seine Gesichtsfarbe, nicht aber seine Zähne wiedergefunden hatte und darob ein verzweifeltes Gurren von sich gab, während er sich – rüstiger Endsechziger, der er war – das Schreckensbild eines mehr oder minder entkernten Lebensabends ausmalte und darüber laut und unverständlich zu klagen begann.

Der Dickgießer besaß kräftige Unterarme, die er nachdenklich ineinander verschränkte, während er abwechselnd den Erörterungen der Postwirtin lauschte und dann wieder mit zusammengekniffenen Augen den umherhüpfenden Obendank musterte. Schließlich kletterte er oben auf den Tank und brachte alsbald einen geflochtenen Weidenkorb hervor, der bisher zwischen Tank und Führerhaus verborgen gewesen war. Es dauerte nicht lange, und er hatte an beide Henkel des Korbes zwei meterlange Seile geknotet. Flink hob er den Deckel der hoteleigenen Versitzgrube ab, legte den Saugstutzen in den Korb und winkte die darob entsetzte Postwirtin zu sich heran, die sich, obwohl allgemein als eher herrisch charakterisiert, seiner Allmacht mit angewiderter Miene unterwarf. Er drückte ihr ein Seilende in die Hand, und schon standen beide am Rand der Grube und hielten den Korb mit den Seilen auf der jeweils angemessenen Füllhöhe. Im Korb steckte der Saugstutzen. Durch die Korbwände sickerte schlürfend das Leerungsgut. In oder unter hochselbigem wurde eines der wichtigsten Besitztümer des pensionierten Verwaltungsobersekretärs Michael Obendank vermutet.

Ab da gehen die Schilderungen auseinander, was sich letztlich deckt mit der unterschiedlichen Bewertung der Langzeitwirkungen bayrischen Starkbiers. Jedenfalls führte der anschließende Skandal in nicht unerheblichem Maße dazu, dass die Gesellschaftsfähigkeit des Ampergilde-Mitglieds Obendank nachträglich immer wieder mal durch aller Munde ging.

Der Obendank, insoweit besteht jetzt doch wieder Einigkeit, hatte sich auf die Knie niedergelassen und stützte sich mit den Händen am Grubenrand ab, von wo aus er aufgeregt wimmernd in die kochende Tiefe starrte, während der Dickgießer und die Postwirtin den Korb Stück für Stück tiefer in die Grube hinabließen, je nachdem, wie der Grubeninhalt absank. Bisweilen stieß Obendank kurze, truthahnhafte Schreie aus, wenn er vermeinte, das helle Aufleuchten einer Zahnreihe zu erkennen, ließ aber jedes Mal wieder entmutigt den hervorgeschnellten Arm sinken. Es bedurfte schon einer vollständigen, um nicht zu sagen ratzekahlen Grubenentleerung, um das schmerzlich vermisste Teil auf dem Grubenboden zu orten. Auch das geschah erst, nachdem Toni Dickgießer den unwilligen Obendank zur Seite geschoben hatte und selber, auf dem Bauch liegend und den Kopf tief in die Grube gesenkt, den Hohlraum mit einer Werkstattlampe ausleuchtete. Der Saugstutzen hatte prustend seine Tätigkeit eingestellt und war mitsamt dem vorgeschalteten Korb wieder ans Tageslicht gezogen worden, wo er noch ein paar Mal unwillig vor sich hin rüsselte und dann per Hebelklick zum Schweigen gebracht wurde. Der Korb landete daneben. Toni Dickgießer versank mit dem Oberkörper in der quadratischen Versitzgrubenöffnung. Der Obendank hüpfte, inzwischen kopflos geworden vor Aufregung, neben ihm hin und her.

»Da hamma's!«, hallte Dickgießers Stimme aus dem Halbdunkel.

Obendank stieß einen Jubelschrei aus. Was ein gesundes Gebiss bedeutet, das kann ein junger Mensch ja gar nicht ermessen.

Dickgießer erhob sich, klatschte sich die dick behandschuhten Hände auf die Oberschenkel und schritt gelassen zu seinem Wagen.

Die Postwirtin, die sich mehr und mehr als Unbeteiligte in eine sehr persönliche Angelegenheit hineingezogen fühlte, hielt ihre Hände, die eben noch das Seil geführt hatten, unnatürlich steif von sich und starrte mit immer länger werdendem Gesicht auf die beiden Herren. Dickgießer hatte aus einer Halterung auf dem Rücken des Tanks eine meterlange Stange geholt, an deren Ende eine Art Schöpfkelle befestigt war. Obendank wieselte ihm die ganze Zeit hinterher wie eine Promenadenmischung, die auf ein Radl Wurst wartete. Vor Aufregung hatte er inzwischen einen hochroten Kopf. Der Versitzgrubenentleerer Anton Dickgießer, Versitzgrubenentleerung nach Vereinbarung, jedoch ließ sein Gerät erst einmal fallen und sagte: »Hamma neine etza!«, womit die morgendliche Tageszeit und Brotzeitpause festgestellt waren.

Obendank wurde fast wahnsinnig, aber es half ihm gar nichts. Der Zymolka von der Malerei Weidenhiller, der gerade die Fensterstöcke der rückwärtigen Hotelküche im Erdgeschoss strich, sagte später, wenn der Dickgießer Obendanks Frau mit dem Tankwagen überrollt hätte, dann wäre der nicht so außer sich gewesen wie jetzt. Unbeirrt hingegen zog Dickgießer seine Handschuhe aus, holte ein Brotzeitpackl und ein Flaschl Bier aus dem Fahrerhaus, vertilgte beides überaus bedächtig und zündete sich eine Ernte 23 an, während der mehr und mehr außer Rand und Band geratende Obendank eine volle Viertelstunde lang hektische Verrenkungen vollführte. Als Toni Dickgießer schließlich seine Kippe in die Grubenöffnung schnippte, kläffte Obendank empört auf, obwohl seinem Gebiss davon ja gar nichts passieren konnte.

Es hat überhaupt keinen Zweck, so was jetzt rekonstruieren zu wollen, weil praktisch sämtliche Beteiligte sich widersprechen. Klar ist nur, dass der Dickgießer irgendwie so lange mit seiner Schöpfkelle im Bodenbelag herumschabte, bis er es tatsächlich fertig kriegte, Michi Obendanks Zahnprothese einzufangen und sie ans Tageslicht zu befördern. Das Nächste, was noch einigermaßen feststellbar bleibt, ist, dass der Zymolka seinen Fensterstock fast fertig gestrichen hatte und dann einen lauten Jubelschrei vom Obendank hörte und praktisch sofort hinterher einen gellenden Aufschrei der Postwirtin, und wie er sich umdreht, liegt der Dickgießer schon bewusstlos am Boden. Im gleichen Moment, sagt der Zymolka, habe er irgendwie instinktiv den Obendank angeschaut und dann hätte er sofort über den praktisch fertig gestrichenen Fensterrahmen gekotzt und wieder ganz von vorn anfangen müssen.

Jetzt ist es so, der Obendank war kein gebildeter Mensch, sondern aus dem öffentlichen Dienst. Aber andererseits galt er schon als ein feiner Mensch und als einer, den du überall mit hinnehmen kannst. Und ausgerechnet so einer geht daneben hinaus. Der Zymolka jedenfalls erzählt, er hätte sich umgedreht, als er den Obendank Michi schreien hörte und gleich darauf die Postwirtin. Letztlich hätte er nicht mehr gesehen als Obendanks glücklich leuchtendes Gesicht und den Schokoladenrand um seinen Mund und, wie gesagt, den im gleichen Augenblick bewusstlos zu Boden sinkenden Dickgießer, während die Wirtin ihn, also den Zymolka, hilflos angestarrt habe, und da sei es ihm schon selber gekommen, und hinterher habe er den Fensterstock nochmal neu streichen müssen.

Den Rest kann man sich eigentlich sparen. Der Dickgießer erwachte aus seiner schockgeborenen Bewusstlosigkeit, spuckte vor dem Obendank aus und machte sich augenblicklich aus dem Staub. Die Wirtin verfiel in eine Art von hysterischer Starre, bei der sie ihre Arme wie eine Moriskentänzerin von sich hielt, und wurde dann von zwei herbeigeeilten Serviererinnen schwer atmend ins Haus geführt, wo sie einen krampfartigen Anfall erlitt, eine so genannte Hyperventilationstetanie. Der Zymolka strich seinen fast fertigen Fensterstock neu, wobei, sagt er, es ihm immer wieder hochkam. Zur Ehrenrettung des Obendank Michi sei gesagt, dass er hinterher zweieinhalb Tage lang praktisch unentwegt selber kotzte, nachdem er eingesehen hatte, dass er in seiner menschlich ja durchaus nachvollziehbaren Begeisterung über die Heimkehr seiner Zahnprothese vielleicht doch etwas unüberlegt gehandelt hatte.

Hasilein blickte nicht mehr ganz so selbstsicher in die Runde, ein wenig blass vielleicht um die Nasenflügel. Für einen kurzen Moment hatte sie diesen herumirrenden Blick, den viele Besucher bekamen, wenn sie etwas tiefer in die Abgründe unseres Familienlebens schauten.

»Da hat s' g'schaut, die Postwirtin! Vastehst, da hat s' g'schaut!«, prustete unser alter Herr schenkelklopfend.

Hasileins Augen wanderten über den Tisch, auf meine Brust, wo sie ein glühendes Loch sengten, meinen schmurgelnden Hals hinauf, und landeten schließlich in meinen Augen. »Was ist das?«, sagte ihr Blick. »Was ist das hier? Seid ihr hier alle so?«

»Ja, vastehst!«, wieherte mein Alter. »Geht der Dickgießer Toni dreiß'g Jahr lang mit nix anderm um, dass d' meinertst, es hauert ihn nix mehr um in dem G'schäft, net wahr, haha, und nachert schafft's ausg'rechnet der Obendank Michi mit seine' falschen Zähn, ja mi' leckst am Arsch, hahaha!«

In seiner immer maßloser werdenden Begeisterung fuhrwerkte er so lange mit den Händen umher, bis er sein Bierglas umschmiss. Es war nicht mehr viel drin, aber das verschüttete »Noagerl« rann Blasen werfend auf Hasilein zu.

»Da lauft's hin!«, schrie Traudi vergnügt. »Gell, da schau her, jawoll, da lauft's hin! Jetzt wissen mir es! Da kommt der nächste Bams!«

»Bams?«, fragte Gundula verwirrt.

Ich zuckte mit den Achseln. Den sprunghaften Wechsel zwischen Jovialität und Hochpathologie kannte ich in dieser Familie nur zu gut.

»Einen Bamsen gibt's, haha, jaaaa-woll, einen Bamsen gibt's! Dann pass nur auf, dass er dich auch heirat, gell, dein Kapitän!«

Hasilein biss sich auf die linke Unterlippe, was niemand außer mir bemerkte. »Gehen wir heute Abend irgendwo hin?«, wollte sie wissen. Ich ächzte. Traudi steckte feixend ihren Kopf in den Durchgang zwischen Küche und Esszimmer. »Klar«, sagte ich schließlich gedehnt. »Sobald ich mein Gebiss gefunden habe.«

»Also, dann führst deine Cousine heut Abend schon noch aus?«, bohrte Traudi.

»Ja. Jaaaaa«, sagte ich, betont unaufgeregt.

Hasilein wirkte unbeteiligt. Papa erhob sich schnaufend von seinem Stuhl und ging über den Balkon und durch die Gartentür nach draußen. Obwohl wir einen Gast im Haus hatten, ließ er sich seine abendlichen Kundenbesuche nicht nehmen. »Abends sind d'

Leut daheim«, pflegte er zu sagen, wenn Traudi meuterte. Er hatte einen ganz bestimmten Leut im Auge, aber davon wusste Traudi nichts.

»Also gehen wir«, seufzte ich. »Ich zieh nur noch ein anderes Hemd an.«

»Ich mach mich frisch«, sagte Hasilein entschlossen und stakste hochärschig an mir vorbei.

Aus einem dumpfen Bedrohungsgefühl heraus putzte ich mir die Zähne und wusch mich unter den Achseln – etwas, das ich sonst nur ungerne gleich zweimal am Tag erledigte. Ich zog ein weißes Hemd an, das ich vorne weit aufgeknöpft ließ, und wartete in meinem Zimmer. In Gedanken sah ich ihre dummen Schnauzen feixend von den Nebentischen leuchten.

Die Badezimmertür polterte. Den Schritten nach hatte Hasilein noch was Körperliches zu erledigen. Ich hörte das Grollen der Schiebetür und gleich darauf die bullerige Lautfontäne, die sich fast immer erhob, wenn eine Frau sich auf ein Becken setzte.

Unwillkürlich stellte ich sie mir vor.

Das Zischen des Spülkastens wurde abgelöst vom Rauschen des Wasserhahns. Aus dessen Dauer folgerte ich, dass sie sich nicht nur die Hände wusch, sondern vielleicht auch … und gab mich vor mir selbst betont uninteressiert. Wieder hatte sie den Schlüssel nicht umgedreht. Wahrscheinlich stand sie da und … Aus meinen frisch gewaschenen Achseln trat erneut der Schweiß.

»Hei«, sagte ich lässig, als sie aus dem Bad trat. Ich lehnte so ausdruckslos im Türrahmen, als hätte ich den ganzen Tag nichts anderes getan. Ihre nackten Füße steckten in roten, hochhackigen Sling Sandaletten mit sehr schmalen roten Riemchen über Gelenken und Zehen. Sie hatte ein leichtes Make-up aufgelegt und dazu einen ganz leichten Hauch von Lippenstift, irgendwie lila, leicht glänzend. Ihre weiße Bluse war ziemlich dünn, sodass man fast alles durch sie hindurch sah. Der rote Gürtel über dem kurzen Jeansrock war fast genauso breit. So breit wie ihr erwartungsfrohes Grinsen, mindestens.

»Pete kommt morgen und sagt dir, wann du abspringen musst«, lächelte sie strahlend und schwang kurz die Hüften. »Gehen wir?«

»Blau«, sagte ich, dann blockierte mein Adamsapfel.

»Wie?« Sie trat etwas enger an mich heran. Parfüm hatte sie also auch aufgelegt.

»Blaum«, kickste ich hilflos.

»Blaum?«, imitierte sie mich mit sanfter Stimme.

»Ja«, sagte ich, nach Atem ringend. »Bl.«

»So, so.«

»Blaum ... Blaumeisl ist ... ist ... wahrscheinlich auch da«, ächzte ich schließlich.

Hasilein legte zwei teuflische Natternarme um mich – um meinen Nacken, genauer gesagt – und zog die Falle zu. Ich spürte eine sanfte Berührung in der Hüftgegend. Die Berührung verstärkte sich, bis sie meinen ganzen Oberkörper elektrisierte.

»Verrätst du's mir?«, säuselte sie.

»Ja«, seufzte ich kraftlos.

»Verrätst du's mir, wer Blaumeisl ist?«

»Ähm, mein ...«

Sie drückte sich noch enger an mich. Für eine Frau, die demnächst verheiratet werden sollte, war sie sehr zutraulich, fand ich.

»Sitzt«, quetschte ich schließlich hervor.

»Sitzt?«, gurrte sie.

»Ja«, antwortete ich mit bellendem Atem. »Neben mir.« Ich holte Luft. »Neben mir. Rechts.«

»Ah«, sagte sie.

»Neben mir. Rechts«, schnappte ich unter dem Druck gegen meinen Brustkasten, der für Derartiges einfach nicht gebaut war. »Neben meinem Klass ... neben mir, eben.«

»Nein, wie süß«, perlte sie. »Ein richtiger kleiner Klassenkamerad!« Elegant wie eine Tänzerin schwebte sie von mir weg und schob mich zur Tür. »Lass uns gehen.« Sie wippte verspielt mit den Knien. »Blaumeisl gucken.«

»Blaum«, antwortete ich. Dann ging mir endgültig die Luft aus.

Traudi stand selig die Hände ringend in der Diele, als wir aus dem Haus gingen. Was genau in ihr vorging, war mir unklar, aber das war es eigentlich schon, solange ich Traudi kannte.

Es war fast leer im »Tre Cime«, als wir über die schmale Treppe nach oben gingen. Nicht einmal die Musikbox quäkte aus dem kleinen Nebenraum. In aller Regel spielte sie »Pictures of Matchstick Man« von Status Quo, egal wann einer reinkam. Auf den schwarzen italienischen Eisdielenstühlen prangten wie üblich jede Menge Fingerabdrücke, Brandlöcher von Zigaretten und Kaugummireste. Carletta wischte sie nur, wenn sie unbedingt musste, und sie musste eigentlich nie. In den gläsernen Aschenbechern mit der Aufschrift »Cinzano« lagen Gallonen von Kippen in hellgrauen Aschehäufchen, manche davon mit Lippenstiftspuren. Gittas Lippenstift war auch rot. Vermutlich hatte sie extra eine ihrer Knallfarben aufgelegt, mit der sie damals auch Blaumeisl rumgekriegt hatte.

Ich quetschte mich verlegen nickend auf einen Stuhl am anderen Ende des Raums, nicht ohne Gittas anerkennend hochgezogene Braue zu bemerken. Sie setzte ein honigsüßes Lächeln auf, das in etwa bedeutete: »Na, schau jetzt mal einer an, das hätte ich dir ja wirklich nicht zugetraut, aber ich gönne es dir. Meinst du, du kriegst sie flachgelegt?« Ihr enges Synthetikwollkleid leuchtete in einer giftgrünen Schockfarbe. Mit ihrem linken Daumen fuhr sie scheinbar beiläufig ihren Ausschnitt entlang und über ihre rechte Brust hinweg, dazu schürzte sie die Lippen. Ich hätte sie erwürgen können.

Hasilein schien von alledem nichts zu bemerken. Sie schob sich einen Stuhl zurecht und schlug die Beine übereinander. Man sah ziemlich viel Bein und ziemlich wenig Stuhl. Als ich mich hilflos zur Seite wandte, hatte Gitta genau die gleiche Position eingenommen. Ihr Kleid schien eher eine Art von kurz geratenem Wollunterhemd zu sein. Ein Sonnenstrahl, der sich durchs Eisdielenfenster bohrte, leuchtete ihr geblümtes Slipdreieck aus. Sie studierte die Eiskarte, als ginge sie das ganze hier nichts an. Aber es ging sie sehr wohl was an.

»Kannst du hier was empfehlen?«, fragte Hasilein.

»Ich, äh …«

»Coppa Vesuvio«, sagte Gitta von ihrem Tisch zu uns herüber. »Das hat er mir immer spendiert.«

»Ich, äh … ich …«

»Danke«, antwortete Hasilein schneidend. Ihr Blick strich über meinen Scheitel wie eine Zaunlatte. Mein Blick strich abwechselnd über Gittas Slipdreieck und Hasileins Slipdreieck.

»Was ist da drauf?«

»Äh …«

»Schokolade, Nuss, Erdbeere, Sahne, Schokokrümel, etwas Portwein und ein hübscher kleiner Papiersonnenschirm«, antwortete Gitta strahlend.

»Nehm ich«, sagte Hasilein mit einem giftigen Blick.

»Was machst du denn hier?«, würgte ich viel zu spät hervor.

»Ach, du bist auch da?«, sagte Gitta mit dem unschuldigsten Gesicht der Welt. Hasilein legte einen kühl forschenden Blick auf mich und ließ ihn da liegen. So wie man eine Eisenstange ablegt.

Carletta notierte unsere Bestellung und servierte uns mit einem unfreundlichen »Pronto!« zwei Eisbecher. Ihr schwarzer Damenbart und die kräftigen Oberarme, die verschwitzt aus dem blauen Serviererinnenkittel ragten, verliehen ihr etwas bedrohlich Fleischiges. Die dünnen Papiermanschetten um die feuchten Becherfüße waren voller Schokoladenkrümel. Außen an den Bechern lief die Sahne herunter. Blaumeisl lief die Treppe hoch und machte das unschuldigste Gesicht der Welt, als er den Raum betrat. Bablusch und Haslbeck genauso. Sie nahmen den Ecktisch, von wo aus sie gut auf Hasilein blicken konnten. Und auf mich.

»Also, du hast noch nie«, sagte Hasilein ziemlich ungeniert. Und ziemlich laut. Gitta hob verständnisinnig eine Braue. Bablusch, dem seit einem Skiunfall ein Stück Schneidezahn fehlte, stieß ein überraschtes Zwitschern aus.

»Ich … nein«, errötend senkte ich den Blick auf den Tisch.

»Bei Pete werde ich immer total verrückt«, sagte Hasilein trocken. Im Hintergrund reckte Blaumeisl anerkennend den Daumen nach oben und nickte mir aufmunternd zu. »Bei Pete verlier ich total den Verstand. Total.«

»Das ist … äh … das ist … gut, glaube ich.«

»Kannst *du* doch gar nicht beurteilen«, entgegnete sie schnippisch, während Ole hereinkam und sich derb rumpelnd einen Stuhl zurechtrückte. Gitta sah ihn erstaunt an, als er sich an ihrem Tisch grußlos mit dem Rücken zu uns niederließ.

»Oder?«, beharrte Hasilein unnachsichtig. Babluschs Miene verriet, dass er ihre Ansicht teilte. Haslbeck, der eh schnell zur Verlegenheit neigte, war schon seit Minuten in die Eiskarte vertieft. Auch als die Mitschüler Gfüllner Sebastian, Bichlmaier Walter und Rotbucher Hildegard den Raum betraten, blickte er nicht auf. Ganz wohl schien keinem von ihnen zu sein, denn sie saßen alle an ihren Tischen, starrten auf mich und mein Hasilein und sagten praktisch nichts.

Dafür redete Hasilein weiter. »Unsere Mutter war immer dagegen, dass ich's mit einem mache.« Ihre Stimme hatte einen schmollend-empörten Unterton. »Aber Pete hab ich mir einfach genommen.«

Blaumeisl nickte beeindruckt.

»Nur«, fuhr sie fort, »wenn du natürlich nie angreifst, dann kommst du auch zu nichts.«

Gitta sandte mir einen Blick, der sagte: »Siehst du!«

»Es … es hat sich eben noch nicht ergeben«, stotterte ich. »So was muss … so was muss sich ja auch ergeben …«

»Er hat noch keine z'rissen«, dröhnte Oles gnadenloser Bass vom Nebentisch. Er machte sich nicht die Mühe, sich umzudrehen. Ich sank in meinen Stuhl hinein, tiefer und tiefer. Dort fanden mich die eintreffenden Mitschüler Wiesmeier Lolita, Zengerle Hans-Martin, Suchadolski Dorle und Kreitlmeier Gerhard vor, als sie die Treppe heraufkamen.

»Er ist einfach viel zu zurückhaltend«, sagte Gitta sanft.

»He ain't got no balls«, dröhnte Ole, von dem jeder wusste, dass er sich vor einer US-Kaserne bei Germering eine Nutte gekauft hatte. Hinter mir wurden Stühle gerückt. Die neu eingetroffenen Zuschauer machten es sich bequem.

»Du läufst natürlich auch ganz schön rum«, sagte Hasilein. Haslbeck, der grundsätzlich nur lederne Kniebundhosen trug, runzelte missbilligend die Stirn. »Kauf dir doch mal andere Klamotten!« Gitta und die anderen Girls setzten zustimmende Mienen auf. »So wie du rumläufst, kriegst du doch keine aufgerissen!«

Ich hatte sie anfänglich gemocht. Jetzt überlegte ich, warum sie mir auf solch perfide Weise in den Rücken fiel. »Ich hab schon, seit ich fünfzehn war«, sagte sie entschlossen. »Mehr oder minder regelmäßig.«

»Ach?«, sagte ich erstaunt. Auch Blaumeisls Züge wiesen Anzeichen echter Überraschung auf. Er nickte mir anerkennend zu. Die anderen tauschten halblaute Kommentare.

»Ich hab's einfach gebraucht«, sagte Hasilein seltsam trotzig. »Wenn einer mal tatsächlich zu schüchtern war, hab ich mir's hinterher selber gemacht.«

Ich spürte, dass mein Kopf glühte wie ein Lavabrocken beim Austritt aus einem Vulkanschlund.

»Versteh gar nicht, wie du so was aushältst.« Sie schüttelte den Kopf. »Du musst doch manchmal gar nicht richtig einschlafen können!«

Da hatte sie was gesagt. Aber mir war nicht danach, das Thema vor einem größeren Auditorium zu vertiefen. Hilde Rotbucher schaute mich mitleidig an. Sie war ein eher pferdhafter Typ, und ich fragte mich grimmig, wie es sich anhörte, wenn *sie* sich's selber machte. Bisher hatte ich noch nie so weit bei ihr gedacht.

Ich saß mit verschränkten Beinen und fragte mich, wie ich aus der Situation herauskam. Im Laufe der nächsten Stunde würde ich für die restliche Spanne meiner Schulzeit meine gesamte Reputation einbüßen.

Carletta und Enzo schleppten tablettweise Gelato Misto und ihre verdammten Coppas die Treppe hoch. Hasilein war gut fürs Geschäft, unübersehbar. Nur Bablusch hatte sich eine Cola bestellt. Angeblich, so jedenfalls Oles Theorie, weil der Strohhalm genau durch die ausgeschlagene Ecke seines Schneidezahns passte.

»Dann weißt du gar nicht, wie so was ist …«, konstatierte sie gnadenlos.

»Ich … ich … können wir nicht …?«

»… wenn man richtig ins Schwitzen kommt.«

»Der hält doch nix aus!«, brummte Ole dröhnend.

»Bei Pete komm ich ins Schwitzen«, sagte Hasilein. »Da läuft's mir richtig runter.«

Blaumeisl grinste schief. Aus Daumen und Zeigefinger seiner Linken formte er einen Ring, in den er seinen rechten Zeigefinger steckte. Mit diesem arbeitete er dann feixend drin herum. Hasilein konnte ihn nicht sehen. Dorle Suchadolski blickte sehnsüchtig auf Blaumeisls kreisenden Finger und schob sich schnell einen Löffel voll Sahne zwischen die Lippen, an dem sie versonnen herumnagte. Haslbeck zwickelte mit zwei Fingern an seiner Kinnspitze herum. Obwohl wir alle wussten, dass er der Erste in der Klasse war, der es mit einer gemacht hatte, und das über längere Zeit hinweg ziemlich regelmäßig, war ihm jede Offensichtlichkeit unangenehm. Vielleicht, weil er es gut verborgen gehalten hatte. Nur, als bei Dorle Suchadolski die Periode ausgeblieben war, wurde für die Klassengemeinschaft unübersehbar, dass beide ein Problem hatten; als Dorle vier Wochen später doch noch ihre Tage kriegte, brauchte keiner mehr zu rätseln, warum beide leuchteten vor Glück.

»Ich versteh nicht, wie du damit klar kommst. Echt!«

Aus dem Nebenraum ertönte ein rhythmisches Klingelzeichen, gepaart mit metallenen Stößen: Irgendeiner hatte gerade am Spielautomaten gewonnen.

Eine halbe Stunde später war allen Beteiligten und Unbeteiligten klar, dass Hasilein ein Tier im Bett sein musste. Ebenso war nunmehr bekannt, über welche besonderen Leistungsmerkmale Pete verfügte und dass er anscheinend mit äußerster Präzision abspringen konnte. Hasilein schätzte die verschiedensten Stellungswechsel, wobei sich Petes Erfahrung und Hasileins Fantasie in vorteilhafter Weise zu ergänzen schienen. Ebenso nahmen wir mit zunehmender Bewunderung zur Kenntnis, dass sie bei Pete jedes Mal mehrfach kam, während der zu Recht abgelegte Apothekenerbe sie selten im nüchternen Zustand bestiegen habe, und sie »fast regelmäßig halb trocken liegen ließ, dieser versoffene Arsch«.

Mehr und mehr entfaltete sich das Bild einer jungen Frau, die von den eigenen, bisher ungeahnten Triebressourcen in jeder Weise überwältigt war und die das Bedürfnis hatte, dieses urgewaltige Erlebnis mitzuteilen. Auf diese Weise verschob sich der Schwerpunkt von Hasileins halb öffentlicher Darstellung: weg von meinen eigenen Defiziten und hin zu Hasileins eruptivem Liebesleben – für mich eine gewisse Erleichterung. Nicht uninteressant war auch, was sich im Mienenspiel der Mitschülerinnen Rotbucher Hildegard, Wiesmeier Lolita und Suchadolski Dorle vollzog. Die ursprüngliche Mischung aus Neugier und Schadenfreude, die sie ins »Tre Cime« gelockt hatten, war bald hinübergeschmolzen in ein züchtig gedämpftes Interesse, dem wiederum der Augenglanz einer nur noch mühsam verhüllten Wissbegier und schließlich die geweiteten Pupillen eines ungläubigen Staunens folgten. Wobei nicht klar war, ob dieses Staunen sich auf Hasileins Kopulationsfrequenz bezog oder auf die unbescholtene Freimütigkeit, mit der sie sich in ihren Schilderungen verlor. Gundula, die Tochter der versoffenen und zutiefst entsexualisierenden Nelly, genoss es einfach, auf eine bisher nicht bekannte Weise gigantisch gut gevögelt zu werden. Die Art, wie sie davon berichtete, stand im verwirrenden Gegensatz zum Objekt ihrer Erläuterungen: Je mehr sie erzählte, desto mehr schien sie nach innen zu blicken und sich von der Außenwelt abzusondern. Ihr Gesicht war auf eine sehr ernste Weise konzentriert und wirkte auf mich, als sei Hasilein dabei, ein bisher unbekanntes Verhaltensphänomen zu beschreiben, das sie an einer fremden Person erstmalig beobachtet hatte. Offenbar war es das auch: Ihre früheren Erkundungen auf diesem Gebiet schienen mehr von trotziger Selbstbehauptung bestimmt gewesen zu sein als von Unbeschwertheit und Leichtigkeit, die gutem Sex über alle Kulturen hinweg seine Einmaligkeit gibt.

Hilde, Lola und Dorle strichen fast simultan mit den Fingern an den Stielen ihrer Eisbecher auf und ab. Auf und ab. Ihre Blicke hatten sich irgendwo weit draußen in der Ferne verfangen. Bei allen dreien hatten die ursprünglich übereinandergeschlagenen Schenkel sich voneinander gelöst und sich geöffnet, die Körper eine leicht nach vorne drängende Spannung angenommen. Man tut gut daran, sich zu erinnern, dass die damalige Jugend zwar regelmäßig als moralisch haltlos beschimpft wurde, es tatsächlich jedoch in erschreckend geringem Ausmaße war. Sexualität beschränkte sich bei der krassen Mehrheit von uns auf sehnsuchtsvolle Fantasien, die umso heißer waren, je strenger die Brucker Erziehungsinhalte an uns verübt wurden.

Hasilein legte erneut den rechten Fuß auf das linke Knie, ließ sich wohlig in die Rückenlehne fallen und verschränkte langsam die Arme hinter dem Kopf, bis ihr Brustkorb sich hob und die weiße Bluse sich explosionsgefährdet darüber dehnte. Ihre handlichen Brüste schienen mir voller zu sein als vorher. Von irgendwo aus dem Raum kam ein gequetschtes Aufstöhnen. Blaumeisl presste mit glasigen Augen die Lippen aufeinander.

»Ach ja«, seufzte Hasilein genüsslich.

»Hauptsache, dir schmeckt's«, sagte ich trocken. Langsam stank es mir. Hier saß das schärfste Wesen, das die Nachpubertät mir bisher beschert hatte, in einem Minirock, dessen unterer Saum inzwischen in der Nähe ihres Bauchnabels hing. In einem weißen Slip, dessen durchbrochener Zwickel einem genug verriet, um jeden halbwegs intakten Siebzehnjährigen an den Rand des Wahnsinns zu treiben. Mit Sliprändern, die sich bei jeder Schenkelbewegung dehnten und zusammenzogen wie ein Dutzend atmender Riesenmuscheln. Mit Armen, schmal und muskulös wie die schlankeste Verführung, die diese Stadt je gesehen hatte. Mit einem Hals, der vor schamfreier Unbeschwertheit zu glitzern schien und an dem Petes Lippen morgen abend auf und ab wandern würden. Gott lasse dir deinen Schwanz abfallen, Pete!

Erstmalig in meinem Männerdasein regte sich so etwas wie Eifersucht in mir. »Sie wird dir noch dankbar sein, wenn du ihr drangreifst«, hörte ich Blaumeisls dämliches Gequake. »Versetz dich doch mal in ihre Lage: hässlich wie die Nacht und so unerotisch wie verschimmeltes Brot. Nachts liegt sie wach und reibt sich dran rum, weil tagsüber jeder davor abhaut. Und dann kommst endlich du und greifst sie dir. Sie wird ein bisschen rumtun, aber das tun sie immer, weil sie so erzogen sind. Und dir kann es egal sein, Hauptsache, du kommst endlich mal zum Schuss!« Ich hatte mich mutlos dreingefügt. Schließlich war einzusehen, dass es endlich einmal passieren musste. Und wenn Ole in den Ferien eine Woche lang für zwei Mark pro Stunde auf dem Bau arbeitete, um sich hinterher eine der beiden Germeringer Nutten zu leisten, dann konnte ich's auch umsonst mit dem glubschigen Hasilein und erledigte damit noch eine Art von Pfadfinderwerk. Hatte ich gedacht.

Die Girls aus meiner Klasse saßen mit roten Köpfen da. Bablusch zischelte etwas, legte eine Mark fünfzig für die Cola auf den Tisch und verschwand mit gesenktem Blick. In unübersichtlichen Situationen neigte er stets zu spontanen Rückzügen. Durchaus denkbar, dass er jetzt in seinen Keller ging und wieder mal versuchte Nitroglyzerin herzustellen. Haslbeck schob versonnen seine Segelohren hin und her, und Blaumeisl wirkte angestrengt. Der vorliegende Fall war erkennbar in seinem erotischen Handbuch nicht aufgeführt.

Ein Stuhl rumpelte derb. Ole hatte sich einfach umgedreht, der sprachlosen Gitta den Rücken zugewandt und fläzte sich breitbeinig und mit hängenden Armen in den Raum. Da es wenig gab, wofür er sich genierte, blickte er Hasilein ungeniert zwischen die Beine. Sie schloss für einen Moment die Augen und sah ihm dann so lange ins Gesicht, bis er eine nervöse Grimasse zog und anfing sich lautstark über Haslbecks lederne Kniebundhosen lustig zu machen. Hasilein rieb sich versonnen mit den Fingerkuppen an den Schenkeln herum. Blaumeisl blickte kurz nach ihr und wirkte dann irgendwie abwesend. Hilde Rotbucher blickte sehnsüchtig auf Ole, der sie wie üblich ignorierte.

»Ich verschwind mal kurz«, sagte Gundula.

Sie erhob sich. So langsam, dass man die Kontraktion jeder einzelnen Muskelfaser beobachten konnte. Der Minirock glitt abwärts wie eine fallende Visierklappe. Sie drehte sich einmal selbstverliebt um ihre Mittelachse. Die Herren seufzten auf, als ihre Nippel durch den Raum rotierten. Mit Tänzerinnenschritten trippelte sie zu der Tür mit dem Messingschild »Damen« und dem handschriftlichen Zusatz »Meist nur Weiber!« und verschwand.

Die Stille, die sich über den Raum gebreitet hatte, erinnerte an das Schweigen unmittelbar nach einem nächtlichen Landstraßenunfall, bevor die Verwundeten zu schreien beginnen.

»Du Glückspilz!«, raunte die Mitschülerin Wiesmeier Lolita schließlich halblaut.

Es stank mir immer mehr.

»Ein Waaaahnsinnsgerät!«, stimmte der Repetent Kreitlmeier Gerhard, ihr zu.

Ich stierte missmutig in meinen halb vollen Eisbecher.

»Junge, das wird vielleicht eine Nacht!«, sagte Zengerle Hans-Martin, der zu Schuljahresbeginn von der A-Klasse in unsere B-Klasse verschoben worden war, weil außer ihm niemand in der »A« Latein weitermachen wollte. Er war blondgeschneckelt, fetthäutig und untersetzt und trug bei jeder Temperatur den gleichen grünen Pullover, aus dem eine Woche lang derselbe Hemdkragen lugte. Klar, dass so einer auf Latein stand.

»Aaaberrr auch von hinten!«, grinste Blaumeisl anzüglich.

Gfüllner Sebastian, der Rothaarige aus Olching, und der Fahrschüler Bichlmaier Walter aus Geltendorf waren diejenigen, die sonst immer nur dabeisaßen, die Schnauze hielten und froh waren, dass sie dabeisitzen durften. Jetzt fühlten sie sich stark. Beide grinsten, und Bichlmaiers Achselschweiß wehte bis zu mir herüber. Beim Umziehen nach dem Sport war mir einmal seine gelb verfärbte Unterhose aufgefallen, weißer Feinripp. Beim nächsten Sport, eine Woche später, war es immer noch dieselbe Unterhose, nur noch etwas gelber. Und so einer grinste mich an! Haslbeck runzelte die Stirn. Es war ihm anzusehen, dass er die Situation nicht mochte. Ebensowenig wie er selbst sein Gefühlsleben zur Schau stellte, mochte er es, wenn man andere entblößte. Hilde Rotbucher kicherte. Normalerweise schwafelte sie jeden nieder mit ihrer Hirnlosigkeit, nur wenn es brenzlig wurde, wurde sie albern.

»Ich glaub, sie scheißt«, sagte Ole mitleidlos, da die Wasserspülung auf sich warten ließ.

Ich schwieg. Meine Ohren glühten.

»Fürs erste Mal kannst du dir doch überhaupt nix Besseres wünschen, hihi!«, kicherte die Rotbucher, deren Arsch in einem Sportdress so ähnlich wirkte wie eine Abrissbirne. Arsch und Gehirnvolumen im umgekehrt proportionalen Verhältnis, hatte Bablusch zwitschernd konstatiert: »… umge(zwtsch) Verhältni-(tschwwwiep)….« Auffallend nur, dass er jedes Mal von ihrem Hinterteil redete, wenn wir im Sommer Leichtathletik hatten. Vielleicht war er grade deshalb scharf auf sie, weil er selber so rachitisch aussah.

»Jetzt stell dich halt net a so an«, sagte Haslbeck trocken. »Mein Gott!«

Immer fester presste ich die Zähne aufeinander.

Walter Bichlmaier zog den Rotz hoch, das tat er ständig, wenn er bemerkt werden wollte. »Mmst halt auch a bissm mollen …«, mahnte er durch seine verengten Nasenlöcher. Ich nickte düster. Sie würden im Kreis um mich herumstehen, wenn ich es das erste Mal tat, und dazu rhythmisch klatschen, damit ich nicht aus dem Tritt kam. Ich sollte buchstäblich in die Frau hineingeredet werden, im höheren Interesse der Klassengemeinschaft.

»Wenn du so gut bist, schnapp dir Dorle und steck ihn ihr rein«, quetschte ich mit bebender Brust zwischen den Zähnen hervor. »Dann brauchst du dich nicht mehr um mich zu kümmern.«

Der Knall, mit dem Dorle Suchadolskis Löffel auf dem Eisbecher einschlug, war vermutlich noch in Geltendorf zu hören. »Also …«, schnappte sie, »… also …«, ihr kleiner Busen wogte pumpend auf und ab. »Also«, stieß sie schließlich hervor, »warum denn ausgerechnet *er* …?«

Die Frage konnte offen bleiben, denn das Rattern des Abzugsventils kündigte uns Hasilein an, und schon erschien sie strahlend.

»Macht ja Lärm wie ein Panzerangriff«, sagte sie zu Hilde Rotbucher. »Die ganzen Leitungsrohre vibrieren mit.«

In das ratlose Schweigen der anderen platzte Oles Bass: »Die z'reißt du nicht. *Du* nicht.«

»Wollen wir gehen?«, wandte Gundula sich abrupt an mich. Über Blaumeisls Visage breitete sich ein triumphierendes Glimmen.

»G-gleich«, knurrte ich, während die anderen leise feixten. »Gleich.« Ich rammte störrisch den Löffel in meinen Becher.

»Also wirklich«, maulte Dorle Suchadolski, »was du dir eigentlich denkst!« Der Schlag mit Bichlmaier hatte gesessen. Genüsslich stellte ich mir vor, wie sie ihn aus seiner verbrunzten Unterhose schälte. Vermutlich benötigte sie erst einmal einen Spachtel für das, was sie darunter fand.

»Habt ihr hier irgendwo 'ne Apotheke?«, fragte Hasilein überraschend.

»Die haben alle schon zu«, antwortete Blaumeisl eilfertig. »Was brauchst du denn?«

»Drop one nickel in the automaaaat…«, trällerte Ole. Er hatte das Feingefühl einer Häckselmaschine.

»Die Stadt-Apotheke hat Dienst«, plapperte Hilde Rotbucher, »du gehst einfach zweihundert Meter hier die Straße hoch. Die haben so was auch…«

Es war zum Kotzen mit ihrem dämlichen Mundwerk. Haslbeck legte missbilligend seine Segelohren nach vorne. Gitta schenkte mir ihr wärmstes Lächeln, das in etwa sagen sollte: »Ich wusste immer, dass du unwiderstehlich bist. Du musst nur einfach selbst daran glauben.«

Ich zerstampfte meinen letzten Eisklumpen. Als ich den Löffel fahrig zum Mund führte, klatschte mir ein Batzen Eis auf die Brust und lief mir den Bauch hinunter. Lolita reichte mir ein Papiertaschentuch. Servietten gab es hier nicht.

»Oh!«, sagte Hasilein, winkte lächelnd und huschte über die Treppe davon.

Sie fielen über mich her wie ein Rudel Iltisse über ein beinamputiertes Kaninchen. Seither halte ich nicht mehr allzu viel von Männern: Es gibt eine spezielle Art von geifernder Männerfeigheit. Ein gewichtiges Aufplustern, das sich aus der Gewissheit nährt, andere in den Kampf schicken zu können. Konrad Lorenz beschreibt es bei Erpeln. Ich hingegen kenne es von Klassenkameraden, die auf eine Frau scharf waren, bei der sie selbst nicht anzutreten brauchten.

»Man, you're not gonna make it«, grunzte Ole in das Stimmengewirr hinein.

»Lasst ihn doch endlich!«, mahnte Gitta sanft. »Das muss er doch alleine entscheiden!«

Die Aufregung begann sich zu legen. Schließlich wusste keiner von ihnen so richtig, was er mir empfehlen sollte: Sie taten alle, als hätte Hasilein nichts anderes im Sinn, als mich möglichst bald flachzulegen. Tatsache hingegen war, dass morgen Pete kam; Pete, von dessen Künsten sie so ungekünstelt zu berichten gewusst hatte. Selbst wenn ich gewollt hätte, hätte sie mich nie gelassen. Abgesehen davon, dass Pete mir das Kerosin ablassen würde, wenn er dahinter käme. Und außerdem wollte ich nicht. Obwohl mir der Schweiß aus allen Poren troff.

»Du bist a schöner Arsch, wennst du so was sausen lasst«, sagte Haslbeck aus dem Nichts heraus. Haslbeck, auf dessen Freundestreue ich noch am ehesten gerechnet hatte. Auch Freundestreue zählte schließlich. Pete war zwar nicht mein Freund, aber er war das exotischste Wesen in meinem Freundeskreis, und ich achtete ihn.

Ich mahlte mit den Zähnen.

»Wennst du nicht aufpasst, dann kannst du am Schluss nicht, vor lauter Er... Anspannung«, dozierte Hilde Rotbucher. Ich hasste es, wenn sie immer wie eine kaputte Puppe herumsaß: Kerzengerade und den rechten Fuß so stark abgeknickt, dass der Knöchel den Boden berührte und die Fußsohle rechtwinklig abstand.

»Dann nimm die Finger«, sagte Blaumeisl, und die Rotbucher kreischte hysterisch auf. Bichlmaier saß da und roch einfach nur.

»Vielleicht führt sie dich ja auch ...«, kicherte Dorle Suchadolski albern.

»Sie ist verlobt«, knurrte ich, einfach um irgendetwas zu sagen.

»Das sind die Schärfsten«, tönte Blaumeisl.

»Auf jeden Fall bist du hinterher aus dem Schneider«, säuselte Gitta sanft. »Verlieben wird sie sich ja kaum in dich.«

»In *den* nicht!«, dröhnte Ole unerbittlich und kratzte sich mit breitem Grinsen zwischen den Beinen. Hilde Rotbucher folgte seinen Bewegungen mit einem schmachtenden Lidschlag.

»Wieso nicht?«, brummte ich aufgebracht. »Was soll ...?«

»Geh!«, winkte die Suchadolski ab. »In *dich*!«

Ich schwieg gekränkt.

»Du merkst doch, dass sie will«, sagte Zengerle.

»Dass sie was ...?« Ich fuhr von meinem Stuhl hoch.

Alle saßen da und grinsten. Ausnahmslos alle.

Als Hasilein die Treppe wieder hochgetänzelt kam, war mir richtig leichter. »Na?«, strahlte sie.

»Was, na?«, bellte ich unfreundlicher, als ich beabsichtigt hatte. Sie trug ein weißes Tütchen in der Hand, das sie sorglos auf den Tisch legte, während sie sich mit einem Schnaufer niederließ.

»So«, sagte Ole trocken. »Dann hamma's ja.«

»Wollen wir gehen?«, strahlte Hasilein mich an. Es ging eine beunruhigende Vorfreude von ihr aus. Lolita, Hilde und Dorle steckten wispernd die Köpfe zusammen.

»Nachert kann's ja losgehen«, hämmerte Ole.

»Muss noch zahlen«, nuschelte ich voller Unbehagen.

»Ein Fenfleman fahlt nicht«, näselte Bichlmaier. Ich wünschte ihm immer inniger, dass Dorle Suchadolski über ihn herfallen würde. Hilde Rotbucher sollte sich auf sein Gesicht setzen und ihn ersticken. Lolita Wiesmeier sollte ihn begraben.

»Pronto«, sagte Carletta, als sie mir mein Wechselgeld herausgab. Hasilein wirkte auf beunruhigende Weise beflügelt. Mit einem kräftigen Schwung ihrer Fleischerhände nahm Carletta die beiden Tabletts von unserem Tisch und schmiss Hasileins Tütchen auf den Boden. »Scusi«, sagte sie.

Sie knallte die Tabletts zurück auf den Tisch, beugte ihren mächtigen Fleischerrücken und hob das Tütchen auf. »Scusi!«, sagte sie ein weiteres Mal. Erst als sie sich wieder aufgerichtet hatte, fiel das längliche Päckchen aus der Papiertüte.

Es lag auf dem Boden und war mit großen Lettern beschriftet.

»Patentex oval«, las Ole ungerührt.

»Scusi!«, flüsterte Carletta mit roter Birne, legte das leere Tütchen auf den Tisch, griff sich die beiden Tabletts und zischte ab.

Das Schweigen im Raum dröhnte wie die lautlose Bedrohung, die hinter einer Staumauer lauerte.

»Hm«, sagte der Mitschüler Gfüllner Sebastian. Haslbeck klickerte nervös mit einem Markstück auf der Tischplatte herum. Hasilein blickte interessiert zu Boden.

»Möchtest du es nicht aufheben?«, fragte sie mich schließlich.

»Ich, äh …«, sagte ich und bückte mich eilig.

»Morgen kommt nämlich mein Verlobter«, sagte Hasilein ernst. Hilde Rotbucher kicherte nervös.

»Freilich«, sagte Zengerle trocken.

»Ah«, sagte Gitta sanft, »du bist verlobt!«

Hinter Blaumeisls Stirn arbeitete es. Ich spürte bis in die letzte Haarzelle, wie der Druck in mir nachließ. Lolita Wiesmeiers Gesicht war wunderbar lang geworden. Hildes Finger hatten aufgehört, den Becherstiel zu streicheln. Ole kratzte wortlos an seinen

Eiern herum. Er hatte eine Stelle im Hosenschritt entdeckt, wo das dünngescheuerte Gewebe gebrochen war, und bohrte mit einem Finger darin herum. Die Blicke der anderen brannten mir Schweißnähte in den Leib.

»Pete kommt morgen«, sagte ich tonlos.

»Man, what a blow«, sagte Ole. Er hatte ein Stück Haut zwischen die Finger bekommen, das er durch das Hosenloch herauszupfelte und interessiert beäugte. Vermutlich Sackhaut. Hilde Rotbuchers Lippen vibrierten.

»Also?« Hasilein nahm ihre Patentex oval und schob sie zufrieden in das Tütchen zurück. »Wollen wir?«

»Woll…?«, sagte ich geduckt.

»Klar will er«, sagte Ole.

Wir erhoben uns gleichzeitig.

»Na, dann schönen Abend noch«, sagte Lolita spitz.

Blaumeisl grinste schief. »War nett. Erzähl ihm noch was Schönes.«

»Also tschüs«, sagte Dorle grinsend. Zengerle grinste ebenfalls. Bichlmaiers Miene verriet, wie sehr er mir den ganzen Flop gönnte.

»Ich zahl dann unten«, murmelte ich. Wir wandten uns der Treppe zu.

»Du hast schon!«, protestierte Hasilein.

»Ich hab noch nie!«, widersprach ich, völlig durcheinander.

»Be-zahlt«, sagte Hasilein gedehnt.

Der ganze Trupp wieherte sich einen Ast ab.

»Lasst's euch gut gehen«, lächelte Gitta freundlich.

»War wie üblich großartig mit euch«, knurrte ich, als wir uns der Treppe zuwandten.

»Jetzt sag amal…«, hörte ich plötzlich Haslbecks gedehnte Stimme hinter mir. Ich wandte mich um und blickte in sein valentinisch vergrinstes Gesicht.

»Ja?«, sagte ich tonlos. Die anderen blickten überrascht.

»Meinst du…«, sagte er voller Anteilnahme, »…meinst du, du schaffst es noch bis heim?«

Es hatte keiner damit gerechnet. Ich am allerwenigsten. Aber als Haslbecks Gesicht sich unter dem Einschlag meiner Faust sichtbar verformte, war mir für einen Augenblick wie einem Weltmeister. Es hob ihn seitlich vom Stuhl, er fiel gegen Hilde Rotbuchers mächtiges Gesäuge und dann mit dem Gesicht auf den Tisch, wobei er zwei geleerte Coppas abräumte. Tabletts, Becher und Löffel verstreuten sich mit Blechgesang auf dem Boden. Irgendein Mädchen kreischte. Die Jungmänner schrien aufgeregt durcheinander. In meinem Rücken hörte ich Getrampel auf der Treppe und Enzos schweres Schnaufen. Haslbeck lag mit dem Gesicht auf dem Tisch, er schien groggy zu sein. Hilde Rotbucher rückte empört ihren verschobenen BH zurecht. Enzo hatte die letzte Treppenstufe erklommen.

»Sage, hatte du die noch alle oben deine Tasse in die Schranke?!«

»Was du Schranke, deine Tasse auf Fußboden, ha?«, bellte ich zornbebend zurück.

Enzo fühlte sich verarscht und baute sich breitschultrig vor mir auf, eine gute Kopfe kürzero als mich. »Willse du eine auf Kopfe von mir, ha? Willse du ich dir rauseschmeißen, ha? Eine Hauseverbote für du verrückte Hunde ganz bekloppte, ha?«

»Fu fepperte Fau«, sagte Haslbeck benommen. Er hatte Sahnereste auf der Stirn und sah auch sonst eher indisponiert aus. Seine Lippen schwollen schon wunderbar zu.

»Wer Sau? Wasse eine Sau, ha?«, begann Enzo zu brüllen und schoss auf Haslbeck zu, der im Moment noch nicht begriff, wie ihm geschah. Der Rest der Gruppe verhielt sich still. Sie waren in sich zusammengesunken. Eine Bande verlegener Pennäler nun wieder.

»Ha? Wer hier ista eine Sau? Sag du Enzo eine Sau, ha?«

Das Erste, was die Italiener bei uns in Bruck gelernt hatten, war das bayrische »Ha?« gewesen, meist in der unfreundlichen Version. Man war ihnen mit Verachtung begegnet, weil sie stets so gut aufgelegt waren, obwohl sie genau wie wir den Krieg verloren hatten. »Aber des macht dene anscheinend gar nix aus, ha?« Außerdem sangen sie, wenn sie abends spazieren gingen, und sie riefen den Mädchen quer über die Straße hinterher, meist auch noch Nettigkeiten. Die Arbeitertöchter, die sich als Erste mit ihnen einließen, wurden zu Aussätzigen in der eigenen Stadt, tituliert als »Spaghetti-Flitscherln«.

Trotzdem: Enzo war in der Stadt binnen kurzer Zeit zu einem

hoch geachteten Mitbürger geworden. Er war der erste Ausländer, der in der Stadt einen Laden aufgemacht hatte. Außer dem Matusowicz. Aber der war ja ein Jud', und damit praktisch doch ein Deutscher, jedenfalls zwar ein Jud', aber auch wieder kein Ausländer und damit irgendwie wieder mehr als der Italiener, obwohl er ja ein Jud' war, und, Kreizkruzifix, verreck, am End kommst ganz durcheinander mit dem ganzen Zeugl und weißt hint und vorn nicht mehr Bescheid, was richtig ist, und als einfacher Mensch, net wahr, was hätterten mir da zgegens den Jud', soll er a Ruh geben, dann tut ihm *kein Mensch* was, mir tun ja auch keinem was, wenn's uns in Ruh lassen, nur seit der Adolf nimmer da is, sagt dir kein Mensch, was richtig is. Mir ham ja durchaus gar nix gegen eine Demokratie, aber, vastehst mi' jetzt net falsch, gell: Wenn am End dabei rauskommt, dass der Jud' auf einmal mehrer Wert is als der Italiener, net wahr... also, nachert wird ma' ja doch noch amal fragen dürfen, als anständiger Mensch, was jetzt überhaupts los is! Wennst mich persönlich fragst, net, also wennst *mich* fragst, net, also a so geht des bei uns ja eh wieder alles in den Graben eini. Ha? Ja, weil dir keiner mehr sagt, was gut is und was schlecht. Das is jedenfalls *meine* Meinung, net wahr, haha.

Erst jetzt erkannte Enzo Haslbecks verschwollenes Gesicht und stutzte. Für einen Moment der Verwirrung stoppte sein Zornesausbruch. »Komm!«, flüsterte Hasilein und zog mich am Ärmel die Treppe hinunter.

»Wasse lose seine da oben?«, fragte Carletta.

»Nichts«, sagte ich im Vorbeigehen. »Haslbeck hat durchgedreht.«

»Iste sonsta imma eine Stille«, sagte sie.

»Der beruhigt sich schon wieder.« Oben setzte Enzos Gebrüll wieder ein und Hasilein zerrte mich hastig hinaus.

Schweigend gingen wir die hundert Meter bis zum Kriegerdenkmal vor dem damaligen Rathaus. Später würden sie das Rathaus niederreißen und ein Bankgebäude hinstellen, das wegen seiner Fassadengestaltung höhnisch als »Kachelofen« bezeichnet wurde. Eines der verunglücktesten Gebäude der Stadt. Hasilein zog mich zu den Stufen des Denkmals, wir setzten uns. Ich druckste unsicher herum, das Ganze war mir im Nachhinein peinlich.

»Mann!«, sagte sie. Über ihren Augen hing ein warmer Schleier. »Mann!«

»Tut mir Leid«, sagte ich. »Die haben mich einfach …«

»Du bist ja ein richtiges Tier!« Die Sonne eines wirren Sommertages hatte sich längst verzogen, die letzten Lichtstrahlen irrten verloren über den westlichen Nachthimmel. Mir war gar nicht aufgefallen, dass es schon dunkel war. Sie legte kurz ihren Kopf auf meine Schulter. »Ein richtiges Tier!«, hauchte sie.

»Aah was!«, wiegelte ich ab.

»Doch!«, flüsterte sie.

»Das legt sich alles wieder, wenn du …«

»Wenn?«

»Äh …, na ja.«

»… wenn ich wieder weg bin?« Ich spürte Finger in meinem Nacken. Auf der anderen Straßenseite lief Blaumeisl. Die Neonröhre über der Kreuzung spiegelte sich in seinen weit aufgerissenen Augen, als er uns so sah. Hasilein blieb davon gänzlich unberührt. »Noch nie hat sich ein Mann für mich geschlagen«, hauchte sie. Die Betonstufen unter mir begannen zu glühen.

»Ach …«, stammelte ich verlegen.

Ein einzelner Finger massierte meinen Haaransatz. Unsicher blickte ich mich um. Gitta schwebte vor dem Rathaus vorbei und schenkte mir ein honigsüßes Lächeln, als sie meinen Blick bemerkte. Wenn jemals eine Frau selbstlos alle ihre guten Wünsche in ein einziges Lächeln gepackt hatte, dann in diesem Augenblick. Das machte es mir nicht unbedingt leichter.

»Woran denkst du?«

»Ich weiß nicht.«

»Du musst doch wissen, was du denkst.«

Plötzlich war ich deprimiert. »Haslbeck war immer mein bester Freund in der Klasse.«

Ich spürte eine Schulter an meiner. »Du hast deinen besten Freund geschlagen. Für mich.« Sie atmete schwer.

»Geschlagen«, seufzte ich. »Ich hab ihm den halben Kopf weggefegt.«

»Es war wahnsinnig!«

»Wahrscheinlich gibt Enzo mir jetzt Hausverbot.«

»Mann!« Es schien sie zu begeistern. »Frauen mögen so was!«

»Ach ja?« Die Nacht war schwarz inzwischen. In mir war auch alles schwarz. Morgen kam Pete, und ich saß mit seiner Frau am Kriegerdenkmal, vor den Augen der Stadt sozusagen. Sie hatte ihren Kopf auf meiner Schulter, und ich hatte keine Ahnung, wie ich ihn da wieder wegkriegen sollte.

»Das hätt ich wirklich nicht von dir gedacht«, sagte sie verschmust. Dem Geruch nach schien Bichlmaier hinter uns vorbeizugehen. Beim nächsten Sport würde ich ihm empfehlen, die Wäsche zu wechseln.

Ich rang mit mir. Der Finger in meinem Nacken gab Ruhe. Gedanken gingen durch meinen Kopf, langsam wie Spaziergänger. Bilder von Katastrophen unterschiedlichen Schweregrades. Von unnötigen und vermeidbaren Komplizierungen meines nicht ganz beschwerdefreien Familienlebens. Eine Balkengrafik baute sich vor meinem geistigen Auge auf, die die gegenwärtigen familiären Machtverhältnisse darstellte und die zu erwartenden, falls Pete hinter die sich abzeichnende Geschichte kommen würde. Mein eigener Balken sah ziemlich mickrig darin aus.

»Mir ist frisch.«

»Wenn sie dir sagen, dass ihnen kalt ist oder so ähnliches Zeugs, dann heißt das, dass du sie angraben sollst, klaro? Im Prinzip hast du sie dann schon. Du brauchst nur noch den Arm um sie zu legen, damit ihnen warm wird. Wenn du ihnen dann von oben her an die Brust packst, ist das völlig okay. Sie warten darauf.« Ich fand es überhaupt nicht kühl. Nicht sehr warm, nicht sehr kalt. Eher angenehm.

»Ja, mir ist auch kalt«, sagte ich und stand auf. »Lass uns mal besser gehen.« Zum ersten Mal sah ich sie ihre trotzige Selbstsicherheit verlieren, als sie aufstand. Ich ging ihr einen Schritt voraus, sie holte mich ein und lief einen Schritt vor mir her.

Als wir die Straße überquert hatten, wartete sie. Sie sah ernst aus. Hinter ihrer hübschen Stirn arbeitete es. Hinter meiner auch. Beide hielten wir die Köpfe gesenkt. Sie griff nach meiner Hand, während wir still nebeneinander herliefen, und ich entzog sie ihr hastig. Fragend blickte sie mich an. Ich wollte nur noch nach Hause. Vorbei an der großen Auslage vom Trachten-Wolf, an Farben-Dachl, an Spielwaren-Josef-Britzlmaier, an Damenhüte-Therese-Gümperlein, links von uns das Schuhhaus Schlammerl, das Café Donderer und Sanitätsartikel Gsottschneider. Nicht einmal dafür interessierte sich Hasilein: die herrlichen rosa-fleischfarbenen Stützkorsetts mit den Einziehstangerln und dem Schnürlzug am Rücken; die wunderbaren Oberschenkelprothesen, von denen jeder Kriegsinvalide nur träumen konnte. Zum Gsottschneider gingen sie alle gern, wenn die AOK es genehmigt hatte; die Betteinlagen und aufblasbaren Scheißpfanderln für die, die nicht einmal dazu mehr aus dem Bett herauskamen. Auch die Scheißerei ließ sich politisieren: »Ja, kennst jetz den Witz mit dem zweistöckigen Haus? Kennst den net, ha? Also pass auf, haha, da is a zweistöckigs Haus, und im ganzen Haus kein einzigs Klo drin, wie gibt's jetzt des, ha? Ja no, pass auf: Im Erdgeschoss, da wohnt a Nazi, der hat sowieso ausg'schissen, gell? Im ersten Stock wohnen zwei Juden, da b'scheißt einer den andern, haha! Und oben im zweiten Stock, da wohnen a paar Flüchtling, die laufen eh wegen a jeder Scheiße zum Bürgermeister, hahahahaha! – Is der guat, ha? Ja, sag, is der net guat, ha? Oben droben de Flüchtling, gell … Ja, sag halt, der is doch guat, ha …?!«

Hasilein kannte ihn nicht, und ich erzählte ihn ihr auch nicht. Ich war dabeigesessen, als der fette Hendlbrater ihn am Stammtisch in der »Post« von sich gelassen hatte.

»Sag mal«, sagte sie plötzlich.

»Ja?«

»Hast du dich jemals vorher für eine Frau geschlagen?«

»Für wen denn?«

Sie schwieg. Unsere Schritte wurden langsamer.

»Bist du glücklich?«, fragte sie und blieb stehen.

»Ich … was?«, fragte ich.

»Du kannst doch unmöglich glücklich sein, in diesem Haus …?«

»Na ja«, sagte ich vorsichtig. Morgen würde Pete kommen, und vielleicht würden sie auch reden im Bett. »Na ja. Ich bin es so gewohnt.«

»Lüg mich nicht an.«

»Doch«, sagte ich schroff.

In der Auslage neben unserem Haus hatte der Riebsamer Franz seinen Krempel ausgestellt: Ölschinken. Möbel unklarer Herkunft. Medaillen und Orden. Ehrendolche und Briefmarkenalben. Die alten Möbel renovierte er sorgfältig. Die alten Medaillen polierte er liebevoll. Die alten Bilder rieb er mit Brotrinde ab, um sie zu reinigen. Seinen jungen Sohn schlug er zusammen, wenn er gereizt war. Ein alter SS-Mann eben, der wusste, wo er hinhauen musste. Der Dreizehnjährige war blass, schweigsam, introvertiert, nach Liebe hungernd. Er wartete verzweifelt auf die Anerkennung seines Vaters, aber der trat ihn nur bewusstlos.

»Also, a sturer Hund is er schon, der Riebsamer, aber zu uns is der allweil freundlich! Da gibt's nix! Und das ander, also das is sei' Privatsach, da mischen mir uns in gar nix hinein, ja woher!« – Diese Scheißfreundlichkeit des alten Schlägers, die so leicht zu durchschauen war. Die starre Maske des ewigen Peilers, der instinktgetrieben immer damit rechnete, dass irgend einer zu fragen anfing. So was ließ sich nur mit Freundlichkeit unterlaufen. Sicher war er auch eine Seele von Freundlichkeit gewesen, als er die Kinder in die Viehwaggons getrieben hatte.

»Guck mal!«, sagte Hasilein. »Guck mal! Das kauf ich dir morgen!« Im Fenster lagen ein paar braune Boxhandschuhe. Die Schnüre fehlten an den Bünden. Wer verkaufte seine Boxhandschuhe? Ich ging weiter und schloss die Haustür auf. Das Haus war dunkel, das Garagentor geschlossen. Sie schliefen schon alle.

»War schön«, sagte Hasilein und küsste mich.

Na ja, denk ich mir, eben ein Dankeschön für den Abend. Selbst verheiratete Frauen sollen ja zwischendurch mal einen küssen.

Ihre Lippen blieben ziemlich lange auf den meinen. Na ja, denk ich, allmählich könnt sie ja wieder Ruhe geben.

»Danke«, hauchte sie.

»Bitte, bitte«, murmelte ich verlegen, bevor sie mich erneut küsste. Ihre Zunge schob sich in meine Mundhöhle wie ein Tunnelbohrgerät.

Ich entwand mich ihr irgendwie und ging die Treppe hoch. Auf dem ersten Absatz, direkt vor der kleinen Klotür, um die mein Vater und Traudi so hingebungsvoll gestritten hatten, fiel sie mir um den Hals und küsste mich zum dritten Mal. Damit ich ihr nicht erneut entkommen konnte, schlang sie ihre Arme fest um meinen Hals. »Lass dich bloß nicht verunsichern, wenn sie uninteressiert tun«, hatte Blaumeisl mich instruiert. Für den anderen Fall hatte der falsche Hund mir nichts mitgegeben, was mir hätte helfen können.

Erst glaubte ich es nicht, aber dann stimmte es doch: Hasilein rieb ihre Brüste an mir. Mein Hemd war vorne noch so offen wie zu Beginn des Abends, und was ich auf meiner Haut spürte, ließ keinen Zweifel zu.

Mist, dachte ich. Mist, Mist, Mist, jetzt legt sie mich flach.

Aber es fühlte sich zu schön an, als dass ich einfach abhauen wollte. Hasilein hatte butterweiche, geschmeidige Brüste, die sich einem an den Körper passten wie Fließmasse. Ich spürte meinen Widerstand schwinden. Hasilein gab einige kräftige Atemstöße von sich.

Ich ergab mich dem Rausch für eine Weile und küsste sie scheu zurück. Na ja, küssen, denk ich mir. Na meinetwegen küsst du sie halt. Mehr wird eh nicht draus. Schließlich kommt morgen ihr Frischverlobter. Es sah so aus, als sähe Hasilein es anders, denn sie beabsichtigte nicht, mich loszulassen. Sei bloß vorsichtig, sage ich mir, sie schlägt dir langsam die Kondition raus. Stattdessen nahm sie mein Gesicht in ihre Hände und streichelte mich. »Du«, sagte sie leise, als sie Luft holte.

»Ich?«, fragte ich benommen.

Junge, sage ich mir, Blaumeisl ist das eine, dein physisches Überleben in diesem Haus das andere. Und es muss ja nicht unbedingt heute abend passieren. Muss ja nicht.

Eher ungeschickt legte ich meine Rechte in ihren Nacken und begann sie zu streicheln. Mehr eine Verlegenheitsgeste. Als Antwort presste sie ihr Becken gegen meines und begann zu kreisen. Die Dinge begannen offensichtlich kompliziert zu werden. »Du schwitzst ja«, raunte sie, »mein Gott, du bist ja patschnass geschwitzt!«

Ich riss sie an mich.

Obwohl ich Ricky damals ganz gut geküsst hatte, hatte ich Mühe, mit Hasileins mahlenden Lippen Schritt zu halten. Draußen schlug der Hund vom Plachinger an. Man hörte sein hölzernes Gebell über den Fluss hinweg, es drang durch das offene Klofenster hinter uns ins Treppenhaus. Wie üblich hatte Traudi die Toilettentür einen Spalt weit offen gelassen. Niemand hatte je begriffen, welchen Zweck sie damit verfolgte. Sogar wenn sie sich zum Brunzen niedersetzte, ließ sie die Tür sperrangelweit offen. Es war ausgesprochen lästig, doch sie schien es regelrecht zu genießen. Von ihrer erhöhten Warte aus spähte sie über Treppenhaus und Flur, ohne dass ihr etwas entgehen konnte, während es in dem Becken unter ihr leise zirpte und klingelte. Die fleischfarbenen Strapse hielten die billigen Perlonstrümpfe. Die fleischfarbene Unterhose, eine hässliche, formlose Altweiberhose, hing an ihren Knöcheln. Wenn man vorbeiging, starrte sie einem kühl ins Gesicht, ohne etwas zu sagen. Manchmal kamen Kunden aus Papas Büro und erstarrten verwirrt, wenn sie sie so sitzen sahen. Traudi wartete jedes Mal, bis der arglose Allianz-Versicherte ihrer ansichtig geworden war, dann schob sie die Tür zu – bis auf einen Spalt.

Hasilein presste ihren Körper gegen meinen, bis ich zu schnaufen begann. Sie hob ihr rechtes Bein und schlang es um mich. Ich blickte in ihr gerötetes Gesicht, auf die bebenden, geöffneten Lippen. Sie lächelte mich an. »Gefällt es dir?«

Ich küsste sie wild. Trotz aller Benommenheit war mir klar, dass sie ein Spiel mit mir trieb und dass es eine Grenze für mich geben würde. »Gefällt es dir?«, wiederholte sie.

Ich nickte und versuchte sie loszulassen. Sie presste sich nur noch enger an mich, zog ihr rechtes Bein um mich wie eine Schlauchschelle. Ich spürte den Druck ihres Venushügels zwischen meinen Beinen. »Oooooh«, seufzte sie.

»Das geht nicht«, sagte ich plötzlich. »Verdammt noch mal, das geht nicht!«

Als Antwort presste sie ihr Dreieck gegen mich, so fest sie konnte, und ließ es stöhnend kreisen. Mir wurde unheimlich. »Komm!«, flüsterte sie.

Es ist ja bei weitem nicht so, als würde einen so etwas kalt lassen in diesem Alter. Aber ich bekam einfach Schiss: Sosehr ich meinen jungen Kopf auch anstrengte, ich fand keinen Weg, der mich an der Katastrophe vorbeiführen würde. Die Treppe ins Speichergeschoss war laut und knarzend. Wenn wir beide zusammen dort hinaufgingen, würde Traudi, die selbst im Tiefschlaf noch mit den Ohren spähte wie eine Füchsin, es mitbekommen. Es war mehr als wahrscheinlich, dass sie uns wie eine Furie hinterherhetzen würde. Mein erstes Mal würde zum Koitus interruptissimus brutalis werden – gerade halb aus den Klamotten, schon in dieselben zurückgekeift und ins eigene Bett abkommandiert. Wahrscheinlich würde sie die halbe Nacht vor meiner Bude Posten stehen. Sie würde meinen Vater und meine Schwester wachkeifen und schrill rapportieren. Während Hasilein auf bedrohliche Weise immer heftiger und heftiger schnaufte und den Schweiß auf meiner Haut mit ihren Händen verteilte wie warmen Tortenbelag, fiel vor meinem illusionslosen geistigen Auge ein aufgeheizter Familienclan über mich her. Sobald Pete im Haus war, würden sie ihm alles brühwarm erzählen. Pete, dessen erste Ehe daran gescheitert war, dass er seine Gattin Thea wiederholt im Bett mit einem seiner früheren Kollegen aus der guten alten Boeing 737 angetroffen hatte, würde Amok laufen. Wahrscheinlich trug er irgendwo noch sein altes Tapeziermesser bei sich, mit dem er mich durch den Garten jagen würde. Die Rückkehr ins Haus würde mir versperrt sein.

Ausgeschlossen, sage ich mir, ich bin ja nicht wahnsinnig.

»Ich will deinen Schw…«

»Neiiiin!«

»Tu's!«

»Hör mal, du, morgen kommt dein…«

»Morgen ist morgen!«

»Ich…«

»Mach's mir!«, sagte sie bestimmt.

»Ich kann nicht!«, keuchte ich, während sich zu meinen Füßen eine Lache aus Schwitzwasser bildete.

»Du hast für mich gekämpft, jetzt mach es auch…«

»Ich weiß nicht, wann ich abspr…«

»Quatsch!«

»Ich muss erst Pete fragen…!«

»Komm!«, stöhnte sie. »Komm endlich! Komm mit nach oben!«

»Junge, du musst eben auch mal ein bisschen Interesse signalisieren!«, hatte Blaumeisl mir mitgegeben. »Woher sollen sie sonst wissen, dass du willst?«

»Ich will …!«

»Jaa!«

»… nicht!«

»Komm mit hoch!«, gurrte sie. »Komm zu mir!« Sie keuchte. »Komm zu mir! Nimm mich in deine Arme!« Ihre Umklammerung lockerte sich, und ich nutzte die Chance, mich ihr wenigstens halb zu entwinden. Hier hilft nur List, denke ich mir. Ich lass mich von dir in nix reinreiten. Damals gab es noch nicht diese ganzen Filme und lediglich zwei – mehr oder minder halbamtliche – Fernsehkanäle. Ich hatte keine klare Vorstellung, wie ich es mit ihr hätte machen sollen. Ich legte meine Arme um sie und zog sie mit mir. Eng umschlungen schafften wir es die nächsten Stufen hinauf, bis wir zu meiner Erleichterung im ersten Stock angekommen waren. Links von uns die alte, grauweiße Etagentür mit dem Oberlicht, die zu den Schlafzimmern unserer Familie führte. Rechts die Treppe, die hinauf ins Speichergeschoss führte, zwischen Hasileins wartende Schenkel und in meinen familiären Untergang. Mittendrin wir. Sie inzwischen mit beiden Händen unter meinem Hemd, auf meinem Rücken. Zwei Stunden solche Hände, denke ich mir, und meine ganze Akne ist verschwunden. Mein Widerstand sackte erneut ein wenig ab, so wie ein Hang, der noch einmal innehielt, bevor er sich endgültig zum Rutschen entschloss und ein Dorf verschüttete.

Hasileins Trotz und Willensstärke verdichteten sich zum Generalangriff. Auf einmal waren ihre Hände überall, oder vielleicht besaß sie auch einfach mehr Hände als zuvor. Jedenfalls spürte ich mindestens zwei von ihnen in meinem Nacken und zwei auf meinen Gesäßbacken, dazu noch zwei auf meiner Brust, und den Aufenthaltsort weiterer Hände Hasileins lasse ich hier bewusst unerwähnt. Jedenfalls ging ich endlich in die Knie. Jetzt hat sie mich, denke ich mir. Verdammte Hacke, sie legt mich gerade flach. Im Treppenhaus. Vor der Eingangstür. Volle Treppenhausbeleuchtung. Kann ja heiter werden. Ihre Lippen saugten sich an meinen fest. Plachingers Hund hörte endlich auf mit der Kläfferei. Tagsüber war er an sich ein ganz umgängliches Tier, das pausenlos aus den Lefzen trenzelte wie der fette Hendlbrater.

Es war so unbeschreiblich schön, eine leidenschaftliche Frau in den Armen zu halten. Unsere Münder verschmolzen, Hasileins gierige Atemstöße entwichen durch ihre Nase, und selbst ihre kleinen Ohren glühten unter meinen ungelenken Berührungen. Jetzt passiert es also, denke ich mir. Ständig habe ich mich gefragt, wo ich es zum ersten Mal treiben werde. Also im Treppenhaus, auf dem gelben Linoleum, vor Oma Topfmachers altem Vertiko mit Papas Urlaubsdias aus Südtirol drin. Mit allem habe ich gerechnet, aber nicht mit so was. Absurd. Egal. »Halt mich nicht so steif«, raunte Hasilein. Ich küsste ihren Hals auf und ab. Auf und ab. Auf und ab. Sie schüttelte sich in wohligen Schauern.

Hasilein löste sich halb von mir, stand nun auf Ellenlänge vor mir, hielt meine Arme, aus ihren Augen sprühte es. Ich atmete schwer. Die erste Frau, die sich mir ergeben würde – meine Cousine! Die Verlobte meines Cousins Pete. Langsam, unendlich langsam, knöpfte Hasilein sich die Bluse auf.

Ihre Brüste waren alabasterweiß, nicht sehr groß, tropfenförmig, angefüllt mit Leidenschaft und von rot leuchtenden Knöpfen gekrönt. Hasilein nahm ihre rechte Brust behutsam in die Hände und bot sie mir dar wie eine Frucht. Seltsam, denke ich mir, eben noch so außer sich, und jetzt so anmutig. Wie sie das können? »Küss sie!«, befahl sie leise.

Es war der Moment, in dem ich begriff, warum Generationen von Dichtern von Honig gesungen hatten. »Schön!«, seufzte sie.

Ich verschlang sie und wollte in diesem einen Moment nur noch diese eine Frau. Und dennoch hämmerte in meinem Hinterkopf die Frage, wie es sich würde bewerkstelligen lassen, ohne dass man uns beide noch in derselben Nacht aus dem Haus warf. Hasilein wand sich stöhnend vor mir. Meine Lippen wanderten halb scheu, halb neugierig an ihr weiter. Ich schloss die Augen.

Ein Reißverschluss zirpte. Wie selbstverständlich ergriff Hasilein meine Hand und schob sie in ihren Rock. Ich erspürte ihre zuckende Bauchdecke, den Saum ihres Slips, den glatten Dschungel ihres Dreiecks, und meine spähenden Finger eröffneten, was mich in wenigen Momenten zum echten Mann machen würde. Mochten sie toben. Mochte Pete wütend das Haus verlassen, ohne es jemals wieder zu betreten. Mochte Traudi monatelang ihre Gemeinheit über mich ausgießen. Dies würde mir niemand mehr nehmen können. Für einen kurzen Moment blitzte eine ungekannte Gelassenheit in mir auf, mit der ich Blaumeisl künftig begegnen würde: Er würde mir nie mehr als Experte gegenübertreten. Ich würde lächeln und wissen. Gitta würde ich nunmehr von gleich zu gleich behandeln. Ole, der nur bei einer Hure gewesen war, würde mich um meine Erfahrung beneiden. Ich würde von nun an der kleinen Gruppe der Erwählten angehören. Hasileins Finger nestelten an meinem Gürtel und suchten sich ihren Weg, und eine zügellose Aufgeregtheit befiel mich, die mir trotz allen Rausches klar machte, dass ich dabei war, eine Lebensschwelle zu übertreten.

Gegenseitige glückliche Berührung. Wir keuchten. Hasilein stöhnte. Viel zu laut. Komisch, dass Traudi nicht wach wurde.

Ein dumpfes Rumpeln und Dröhnen, fern wie drohendes Donnergrollen, das mir nur zu bekannt vorkam. Das mich jede Nacht einmal aus dem Schlaf hob. Ein patschendes Ochsentrampeln, barfuß über billige Orientbrücken, von dem das Haus erzitterte: Der Alte ging pinkeln.

Bis zu seinem Ende habe ich nie verstanden, warum er nachts immer erst gegen seine Zimmertür rumpelte, bevor er sie öffnete. Vermutlich einfach Schlaftrunkenheit. Traudi hatte sich oft beklagt, wie laut er durch ihr Schlafzimmer walzte, und »jeeeedesssmal rumpelt der Mann dann auch noch bei *mir* gegen die Tür, bevor er s' aufmacht, und dann haut er s' von draußen wieder zu wie a Waggontür, vastehst?! Jeeeeede Nacht wer' i von dem Mann wach, vastehst?! Jeeeede Nacht! Und jedesmal daschreck i wieder, vastehst? Der rumpelt ins Bad, als müssert er noch amal Norwegen besetzen, dabei muss er bloß bieseln, glaubst es? Glaubst es? Ja, mein Gott, wie oft *hab* jetzt ich dem Mann schon g'sagt, geh, sag i, nimm halt a *bisserl* Rücksicht, bloß a *bisserl.* Ja meinertst jetzt, des nützt was, ha? *Gar nix* nützt des, vastehst?! Gar nix. Der Mann, der kennt keine Rücksicht. Keine Rücksicht! Wenn ich da tot aufm Boden lägert und er müssert nachts zum Bieseln, *der* hebert mich nicht auf, *der* steigert glatt drüber! Wenn *der* Mann bieseln muss, dann interessiert den gar nix. Rücksicht für kein Fünferl, vastehst? Für kein Fünferl …!«

Unüberhörbar, der obligatorische zweite Schlag, jetzt gegen das vibrierende Türblatt von Traudis Schlafgemach. Bedrohliches Näherkommen rohen Fußsohlengepatsches durch die kleine Diele, von der aus man das Bad, mein Zimmer oder das Treppenhaus betrat. Papa entschied sich für das Treppenhaus.

»Ha?«

»Rrrrghhhh«, sagte ich hilflos. Hasilein war wie ein Blitz davongewutscht, lehnte sich mit vor der Brust verschränkten Armen gegen eine Ecksäule des Treppengeländers, sodass man ihren verrutschten Rock nicht sehen konnte, und sah äußerst unschuldig aus.

»Ha?«, sagte der Achinger Bazi und sah so hoffnungslos verpennt aus wie jede Nacht, wenn der Achinger Bazi brunzen ging. »Was habts 'n?«

Über die Schönheit des männlichen Kriegers sind viele Hymnen geschrieben worden, über verpennte Männer in gestreiften Schlafanzügen meines Wissens keine einzige. Ich hatte mich panikartig von ihm weggedreht und blickte ihn über die Schulter an, sodass er meine offenen Jeans hoffentlich nicht bemerkte.

»Wir wollten grade ins Bett«, sagte Hasilein zuckersüß. »War richtig schön.«

»Ha?«, brummte der Achinger Bazi.

»Ich, äh … ins Bett …«, stammelte ich.

Er stand in der halb geöffneten Tür, mit verwuschelten Haaren und zusammengekniffenen Augen, die sich beleidigt gegen das helle Treppenhauslicht wehrten. Er war immer gegen eine Fünfundsiebzigwatt-Lampe gewesen, Traudi immer dafür. »Is das Treppenhaus eh immer so dunkel. Werd's uns die Birn dann doch noch daleiden, ha?«

Seine Arme hingen schlaff herab. Unübersehbar, dass der größte Teil des Mannes einfach weiterschlief, während der dazu unabdingbar erforderliche Teil mit ihm bieseln ging. Sein hellblauer Schlafanzug mit den schwarzbraunen Längsstreifen schimmerte verloren im Treppenhauslicht. Sein schlaftrunkenes Gemächte, nicht minder gnadenlos ausgeleuchtet, hing ihm wie üblich vorne heraus. Hasilein schenkte ihm einen halb faszinierten, halb verlegenen Blick, der mich eifersüchtig machte. Seine Schamhaare spitzten aus dem weit offenen Hosenstall wie ein ungemähtes Grasbüschel. Der unbenutzte weiße Hosenschlitzknopf blinkte zufrieden. Noch nie in meinem Leben hatte ich gesehen, dass er seine Schlafanzughose zuknöpfte. So prüde er sonst auch war, mit seinem baumelnden Gemächte lief er unbeschwert durchs ganze Haus. »Ein einzigs Mal hab ich vergessen, dass ich ihm da an Knopf wieder annäh«, hatte Traudi sich bei mir beschwert, *»ein einzigs Mal!* Ja mei, hat der Mann mich z'sammg'schissen!«

»Was gehts 'n nachert nicht ins Bett, ha?«, brummte er unfreundlich.

»Wir wollten grade ins Bett«, strahlte Hasilein ihn an, bevor sie mit wachsender Gebanntheit auf seinen schläfrigen Pimmel starrte. Anscheinend, dachte ich mir erzürnt, war ihr jeder Schwanz recht, wenn es nur ein Schwanz war.

»Ja«, sagte ich, »wollten wir eigentlich grade«.

»Ja, dann gehts halt«, knurrte er, griff sich mit der Linken an die Eier und kratzte schläfrig daran herum. Mir entging nicht, dass Hasilein erschauderte.

»Ja Himmmmellll-Herrrrrrgott-Saaakrament!«, ertönte eine schrille Stimme aus dem Hintergrund. »Muss ich jetzt da wieder wach werden, damits ihr euch gut unterhalten könnts, ha? Muss *ich* jetzt da deswegen wieder wach werden, ha?! Ja, warum muss jetzt da nachert *ich* wieder wach werden, ha, bloß weilts ihr euch mitten in der Nacht im Treppenhaus unterhalten müssts, ha? Da arbeit ma und arbeit, und dann gehert's mitten in der Nacht zu in dem Haus wie sonst noch bei wem, ha? Naaa, naaa, mitten in der Nacht gehert's da grad zu in dem Haus, ha, und unsereiner wird wach, aber so was interessiert *euch* ja einen *Scheißdreck*, gell, aber so weit sind mir fei noch nicht, dass *ich* deswegen mitten in der Nacht aufwach, und eines sag ich euch eh, i geh noch amal auf und davon, wenn das a so weitergeht, nachert geh i noch amal auf und davon, wennst eh den ganzen Tag nur arbeitst und arbeitst und arbeitst und arbeitst, und dann wirst nachts *auch* noch wach g'macht, und Rücksicht für kein Fünferl, vastehst, aber zum Arbeiten, da waar ich nachert wieder recht, ha, aber Rücksicht für kein Fünferl, ja *ich* geh ja noch amal auf und davon, Kreizkruzifix, Kruzifix, vastehst …«

»Mamaaaa …?«, weinte Sonja und war jetzt endlich auch wach. Hasileins Blick sprach Bände. Nervös fingerte ich an meinem Jeansknopf herum, bevor mir vielleicht plötzlich die Hosen zu den Knien sanken und der Alte ganz wach werden würde.

Ein Feuer spuckendes Gespenst erschien. Es stand mit weit ausgebreiteten Armen im Rahmen von Traudis Schlafzimmertür, trug ein verwaschenes weißes Flanellnachthemd, hatte Krampfadern und ein offenes Bein, senkrecht abstehende Haare und einen heiligen Zorn auf alle Formen nächtlicher Kommunikation zwischen den Generationen. Eine Flut von Verwünschungen schwappte die Diele entlang. Hasilein schlug die Augen zu Boden.

»Mamaaa, ich hab Hunger!«, flennte Sonja. »Ich hab Hungerrrrrr, Mama!«

»Ja, bist jetzt du nachert ganz blöd, ja mitten in der Nacht a so ummarander schreien, ja schämst dich du jetzt nachert ja gleich gar nicht, ha?«, keifte Traudi in den Raum zurück.

»Ja, *i* geh jetzt bieseln«, brummte der Alte mürrisch und verschwand im Bad. Traudi wirkte durch seinen abrupten Abgang aus dem Konzept gebracht, kniff die Zähne auf die Unterlippe und spähte ihm angriffslustig hinterher. Sonja wurde dramatisch lauter. »Ich will schlafen, Mama, ich hab so ein Hunger, Mama, ich will schlaaaafen, ich will schlaaa …«

»Ja gibst jetzt du gleich a Ruh, ha? Saufratz!«

Der Achinger Batzi tauchte unversehens wieder auf, eindeutig ungebieselt. »Dir hab i zum sagen«, er baute sich vor Hasilein auf, die ihren Blick unverhohlen auf seine ungeschützte Frontpartie senkte, »dir hab i zum sagen« – au backe, denke ich mir, jetzt hat er was gemerkt und wirft sie mitten in der Nacht raus, das sieht ihm ähnlich –, »deine Mama hat ang'rufen: Sie kommt übermorgen mitm Zug!« Er ignorierte Hasileins offenen Mund oder er bemerkte ihn gar nicht und wandte sich abrupt von ihr ab. »Jetzt bin i g'spannt, ob i heut nacht noch zum Bieseln kimm, ha …?« Er walzte an mir vorbei. »Jede Nacht werd i wach von dem Plachinger seim saudummen Hund«, brummte er und verschwand im Dunkel des Badezimmers. Die Rolltür rumpelte, und wir hörten sein Gepullere.

»Is ja allerhand!«, sagte Traudi halblaut und verschwand. »Und *du* gibst jetzt endlich amal a Ruh! Die ganze Nacht schreist rum!«, hörte ich sie noch, bevor sie die Tür zuschlug. Papa ließ einen fahren.

»Ich geh dann schlafen. Tschü-hüs!«, trillerte Hasilein und jagte panisch die Treppe hoch.

Sie stieß einen spitzen, glücklichen Schrei aus, riss die Arme weit auseinander und flog die Treppe herab, leuchtend vor Glück und Verlangen, als Pete am nächsten Nachmittag durch die Haustür trat. »Oh, Pete«, seufzte sie, als er sie in seine dämlichen, braun gebrannten Chefpilotenarme mit der dämlichen Pilotenarmbanduhr an ihrem dämlichen schwarzen Lederband nahm. Jeden Einzelnen von uns begrüßte er herzlich. Mich auch. Wir saßen alle zusammen. Es war Sonntagnachmittag, Traudi strahlte, übertraf sich selbst an charmanter Freundlichkeit und servierte Kaffee mit Nusszopf. Hasilein hing an Petes Arm wie ein Pavianjunges an seiner Mutter und himmelte ihn an. Zehn Jahre später warf er sie hinaus, weil ihm ihre ständige Herumvögelei auf die Nerven ging.

Sie verschwanden frühzeitig an diesem Abend und zogen sich zurück in das kleine Dachzimmer mit der grünen Doppelcouch, direkt über mir, nachdem Pete vorher noch geduscht hatte. Ich rannte in meinem Zimmer im Kreis herum. Der Sommerabend war noch hell, aber die gesamte Familie hatte Verständnis dafür geheuchelt, dass Pete nach dem langen Flug aus Los Angeles erst mal müde war und Hasilein aufpassen musste, dass er auch wirklich einschlief. Bei mir war an Einschlafen gar nicht zu denken. Es war einfach zu viel Verkehr vor dem Haus, und es quietschte und rappelte, wenn die Autos vorbeifuhren. Eine Zeit lang versuchte ich in Schlaf zu kommen, dann schloss ich trotz der warmen Sommerluft das Fenster.

Es war deutlich stiller im Raum. In dem Raum über mir knackste ein Bett. Wahrscheinlich drehten sie sich gerade um und schliefen ein. Pete musste saumüde sein von dem langen Flug. Aber das Bett knackste weiter, und es knackste und knackste und knackste, und keine Sau wusste, warum ich einfach nicht einschlafen konnte, obwohl ich praktisch die ganze vorige Nacht wach gelegen war. Und es knackste und knackste und knackste über mir, und ich döste halb vor mich hin, mit aufgestellten Ohren und in stiller, müder Wut. Aber er war nun mal Pilot und ich Pennäler. »Wenn sie dann mal kommt«, hatte Blaumeisl mir gesagt, »Junge, dann kannst du sehen, ob du es ihr richtig gemacht hast. Denn wenn du es ihr richtig gemacht hast, dann ist es wilder als jedes Erdbeben.«

»Oh Pete«, hörte ich über mir. »Oh Pete, oh Pete, oh Peeete. Ooooh!« Verdammter Hund, dachte ich mir und drehte mich ruhelos auf die Seite. Bei mir hat sie auch »Ooooh!« gesagt.

Haslbeck übrigens hatte seit dem besagten Vorfall bei Enzo Hausverbot. Völlig zu Recht.

6. CALL ME SUE!

Sie war eines jener 68er Girls, bei deren Anblick man unwillkürlich an 69 dachte. Ich war damals zwanzig und im ersten Semester. Ich wohnte immer noch in meinem Elternhaus, soweit sich dieses als solches bezeichnen ließ, denn meiner bis zum Hemdkragen reichenden Haare wegen und nicht zuletzt auch wegen meiner öffentlich bekannten Aktivitäten bei den Jungsozialisten der Stadt war ich in meinem kräftig braun schillernden Zuhause menschlich erledigt. Ich bekam noch mein Essen serviert, dies allerdings schon seit über einem Jahr erst, nachdem die Familie gegessen hatte. Das bedeutete, dass ich morgens manchmal den Zug zur Universität versäumte, wenn die anderen noch nicht fertig waren. Mein Zimmer verdiente den Namen kaum: Im Jahr zuvor hatten Traudi und Papa neue Fenster einbauen lassen und sich geweigert, den mörtelverschmierten Raum streichen oder gar tapezieren zu lassen. Es sah mehr nach Bauhütte aus denn nach Studentenbude. Ein schäbiger Schreibtisch, den die Sparkasse vor Jahren ausgemustert und den ich mit dem Leiterwagen nach Hause geholt hatte, war neben einem Stuhl und meinem Bett das einzige Mobiliar. Abgesehen von einem riesigen dunklen Kleiderschrank, dessen Ausmaße den Raum erschlugen. Auf dem Boden knarzte das alte, ausgetretene Linoleum, ein Fußbodenbelag, den man seiner Strapazierfähigkeit wegen damals gerne verlegte. Das Heim meiner frühen Studentenzeit war ohne Ofen oder sonstige Heizung und atmete den kalten Charme einer Isolierzelle.

Klar, dass ich keine eigenen Anstrengungen mehr auf die Verschönerung dieser Heimstatt verwandte. Ich war die Atmosphäre satt, die Gesichter, die Streitereien. Ich wollte raus, nur noch raus. Das klappte allerdings nicht, da mir die Finanzen für eine eigene

Wohnung fehlten und mit Unterhaltszahlungen nicht zu rechnen war.

Auch heute noch habe ich ein ausgeprägtes Misstrauen gegenüber jeder Art von Leuten, die ihre Leidenschaft für die politische Parteiarbeit entdeckt haben, egal welcher Couleur. Nach meinen Beobachtungen steckt fast immer ein persönliches Manko dahinter: Soweit es sich nicht um pure Machtgier handelt, habe ich fast ausnahmslos Minderwertigkeitsgefühle, Geltungssucht, Wichtigtuerei, eine blockierte eheliche Beziehung, berufliche Stagnation oder was sonst noch alles als dominierendes Handlungsmotiv der emsigen Wasserträger beobachtet. Meine tiefe Abneigung dagegen, Andersdenkende als Gegner zu betrachten und nicht als Diskussionsbeteiligte mit einem honorigen Standpunkt, stammt aus jener Zeit. Denn ein prägender Grund auch meiner damaligen Aktivität war in der Tatsache zu suchen, dass ich mir in der Gruppe der Parteiorganisation holte, was mir zu Hause schmerzlich fehlte: Anerkennung und soziale Akzeptanz.

So stieg ich bald in verschiedene lokale Führungspositionen auf, und auf einer unserer revolutionsschwangeren Versammlungen im »Martha-Bräu« sah ich sie: Gertenschlank, schulterlanges Brünett, hoch gewachsen, saumäßig hautenge Jeans, kniehohe Boots, siebenundzwanzig (wie ich bald herausfand), die typische Intellektuellenbrille auf der Nase und knapp drei Handbreit darunter zwei orangengroße Brüste, die ungeheuer keck unter ihrem leichten, beigen Pullover hervorblinzelten und mich förmlich anzupfeifen schienen. Unter dem breiten Ledergürtel wölbten sich zwei Hüften, als seien sie hingemalt. Sie zog sich einen Stuhl zurecht, wobei sie mir den Rücken zuwandte und nicht nur diesen. Ich geriet ins Stottern mit meinem Diskussionsbeitrag, fing mich aber schnell wieder.

Natürlich war sie frisch geschieden und studierte Pädagogik. Natürlich fuhr sie einen 2CV. Und zu alledem war sie auch noch sehr gescheit und ausgesprochen nett. Vom geringfügigen Altersunterschied mal abgesehen, passte einfach alles. Nur meiner Freundin passte es nicht.

Goldie war nämlich rasend eifersüchtig. Sie war überhaupt nicht gescheit und auch nicht übermäßig attraktiv, aber ich bin inzwischen längst der Meinung, dass die Palette der Eigenschaften eines jeden Menschen eine Art Gesamtsumme bildet. Entscheidend für den Lebenserfolg ist demzufolge nicht, wie stark seine einzelnen Eigenschaften ausgeprägt sind, sondern zu welcher Endzahl sie sich addieren. Ist ein stinkdummer Typ etwa extrem verschlagen, so kann er von der Endsumme her faszinierende Ergebnisse erzielen – auch das kann man gerade in der Parteipolitik beobachten. Verfügt ein hochintelligenter Typ über keine weiteren Pfunde wie Ausdauer, Zielstrebigkeit, Zähigkeit oder was weiß ich, so erreicht er eine relativ niedrige Endsumme und bleibt irgendwo hängen – der Typ des intelligenten Versagers. Wichtig ist auch nicht, dass es sich um eine Auswahl ganz bestimmter Eigenschaften handelt, es kommt nur darauf an, dass es mehr als eine ist und wie ausgeprägt jede einzelne ist.

Bei Goldie verhielt es sich so, dass es kaum etwas Auffälliges an ihr gab, es sei denn ihre Einfalt und ihr ausgeprägtes Geschick bei der Erzeugung peinlicher Situationen. Sie konnte buchstäblich bei jeder Gelegenheit mittels zweier dahingeplapperter Bemerkungen die Leute dazu bringen, mich für einen Idioten zu halten. Doch, doch, es gibt solche Frauen. Anlässlich einer Parteiparty erklärte sie den umstehenden Parteigranden einmal unaufgefordert, sie liebe mich so sehr, dass sie notfalls jederzeit für mich auf den Strich gehen würde. Dieses Ansinnen hatte ich ihr weiß Gott niemals vorgetragen, auch wenn alle mich jetzt ziemlich schief beäugten, während ich mich verzweifelt und nicht mehr ganz nüchtern um eine ideologische Bewertung ihrer Äußerung mühte. Ein anderes Mal hatte ich ihre Mutter bei mir in meinem neu erworbenen Auto, eine überaus feine Frau, an der ich sehr hing. Während wir uns unterhielten, suchte ich nach einem Eiskratzer und öffnete das Handschuhfach. Goldies Strumpfhose fiel heraus und ihrer Mutter auf die Knie, wo sie sich entfaltete. Ich weiß, was jeder jetzt denkt, aber es war nicht so. Goldie in ihrer verdammten Schusseligkeit hatte das Ding drei Wochen lang in ihrer Handtasche herumgetragen, weil sie sie zur Reparatur bringen wollte, und sie dann grund- und instinktlos in mein Handschuhfach gelegt, während ich noch mit irgendwas an der Heckklappe beschäftigt gewesen war. Es war wirklich ein verdammtes Kreuz mit ihr. Den Wagen stieß ich kurz danach zum Schrottpreis ab, weil mir der Kühler geplatzt war.

Rückblickend betrachtet lässt sich Goldies Persönlichkeitsstruktur am besten als defizitär beschreiben. Doch kompensierte sie diese Schwäche auf zwei Weisen: Sie war schier unersättlich im Bett – wobei sie sich gerne bei Licht und offenen Vorhängen auszog, was mir jedes Mal wieder über alle Maßen stank –, und sie war das Rasendste an Eifersucht, dem ich je in meinem Leben begegnet bin. Wegen irgendwelcher Nichtigkeiten (die richtigen Anlässe erfuhr sie nie) konnte sie sich in eine völlig groteske Form von Eifersuchtsschaum hineinquirlen und einem den Putz von den Wänden kreischen. Bisweilen entwischte sie mir auch, und ich musste sie mehrmals von den Bahngleisen zerren, wohin sie demonstrativ röchelnd getorkelt war. Ein andermal war sie auf der Straße so hysterisch, dass ich sie wie eine komatöse Diabetikerin zu meinem Wagen schleppen musste, wo sie wie bewusstlos mit dem Oberkörper über den Kühler sank und mit geschlossenen Augen liegen blieb. Schon nach kurzer Zeit hatten sich mehrere Bewohner eines Wohnblocks um uns versammelt. Goldie wartete, bis es genug waren, bevor sie aufjaulend hochfuhr: »Du liebst mich nicht, du liebst mich nicht, oh du Schuft, du betrügst mich, oh, oh!«

Noch Wochen später fragte mich Mannie von der Freien Tankstelle um die Ecke mit seinem goldblinkenden Zahnlückengrinsen, wie es denn meiner Alten so gehe und ob ich nicht imstande sei, es ihr ordnungsgemäß zu besorgen. Das war allerdings weniger das Problem, denn fast jede dieser Radikalszenen endete schlussendlich im Bett, wobei Goldie darauf bestand, dass ich sie beschimpfte. Ich hätte jede Menge Lust dazu gehabt, aber natürlich nicht so. Selbst den Spaß ruinierte sie einem noch.

Um zu meiner Theorie von der Endsumme zurückzukommen: Goldie erreichte eine beeindruckend hohe Gesamtwertung und hatte mich damit verdammt im Griff.

Ich hatte also einigen Grund zu überlegen, wie ich an Susan – so hieß Genossin 68/69 nämlich – herankommen sollte und vor allen Dingen, wann. Goldie bestand unnachgiebig auf abendlicher Zweisamkeit, und da sie jeden meiner Versuche, einen Abend ohne sie loszuziehen, mit den oben beschriebenen Anfällen quittierte, war die Flucht aus einem sibirischen Straflager wahrscheinlich einfacher und vor allen Dingen nervenschonender. Aber wo ein Wille ist, ist immer ein Weg, dessen war ich mir sicher, und ich gab meinen Traum nicht freiwillig auf.

Die von der demokratischen Basis zu Recht kritisierte Ämterhäufung der Mandatsträger kam mir in den folgenden Wochen sehr zustatten, denn ich hatte aufgrund meiner unterschiedlichsten Funktionen viele Versammlungen zu besuchen, und Susan entpuppte sich als überaus eifrige Genossin, die an unserem politischen Leben rege teilnahm. Nicht, dass sie viel mitdiskutiert hätte, die Abende wurden ohnehin von geschwätzigen Hauptschullehrern dominiert. Aber sie saß da und trug diese Jeans und diese unmenschlich leichten Pullover, und wenn sie etwas sagte, dann lächelte sie, was sie von der Mehrheit der reichlich verbiesterten Linken deutlich abhob. Sowieso komisch: Ich habe an vielen Versammlungen teilgenommen im Laufe meines Lebens. Nirgendwo wurden abweichende Meinungen auf so gnadenlos persönliche Weise niedergesudelt wie in meiner ursprünglichen linken Heimat. Als ich zehn Jahre später an der Hauptversammlung eines Unternehmerverbandes teilnahm, betrat ich den Saal mit angelegten Ohren und erwartete die vertrauten Geifereien. Stattdessen lief alles mit geschäftsmäßiger Freundlichkeit und Heiterkeit ab. Und ich dachte mir, eigentlich klar, warum die weltanschaulichen Fundamentalisten in der Regel nicht vorwärts kommen. Total klar.

Die echten Lücken im virtuellen Absperrgitter ergaben sich für mich jedoch daraus, dass Goldie einmal wöchentlich die Abendschule besuchte und dass sie außerdem vier Schwestern hatte, von denen immer eine mit einem Problem herumlief. Das beschäftigte dann die ganze Familie und es gab häufig abendliche Aussprachen des Clans, bei denen Goldie anwesend sein musste: Die jüngste Schwester brachte miserable Lateinnoten nach Hause und zeigte darüber Anzeichen einer depressiven Verstimmung. Lindie, die zweitjüngste, war mit dreizehn von ihrem dreißigjährigen Schwimmtrainer verführt worden, obwohl sie noch gar nichts in der Bluse hatte.

Da der Lump sie auch noch unter Druck setzte, ihm weiter zu Willen zu sein – was ihm aufgrund seiner herausgehobenen Position im Vereinsleben der Stadt nicht schwer fiel –, packte sie endlich zu Hause aus, und die Familie wurde von einem mittleren Erdbeben erschüttert. Der Vater zeigte den Sportsfreund an und las hinterher das Vernehmungsprotokoll seiner Tochter. Als er schwarz auf weiß sah, dass das Verhältnis nicht nur schon über ein Jahr ging, sondern auch noch neue, ihm bisher nicht bekannte Praktiken beinhaltet hatte, erlitt er einen schweren Herzanfall. Die Tochter wurde akut selbstmordgefährdet und der Täter für zwei Jahre ohne Bewährung eingebuchtet, also knapp die doppelte Zeit, die er die Kleine ausgenutzt hatte. Kein schlechter Tarif eigentlich. Das Mädchen fing sich danach nicht mehr richtig: Nach zwei gescheiterten Ehen und vier Kindern entdeckte sie ganz unerwartet unser liebes Jesulein. Ab da war mit ihr kein vernünftiges Wort mehr zu reden, aber seither ist sie seltsamerweise ständig gut drauf.

Blieben noch zwei weitere Schwestern: Die hübscheste von ihnen, die sich im Pool gerne von mir an die Schenkel fassen ließ, begann sechzehnjährig ein Verhältnis mit einem verheirateten Bundeswehroffizier, was den kardialen Befund ihres Vaters nicht gerade verbesserte. Ansonsten war sie ein sehr nettes Mädchen, das gerne kurze Röcke und weiße Slips trug. Die älteste Tochter schließlich war so grundsolide, dass sie darüber zum problematischen Fall wurde: Sie war relativ früh von einem Schulkameraden verführt worden, der sich nach einer jahrelangen Beziehung von ihr ab- und dem baptistischen Priesterstudium zuwandte, was sie sich unübersehbar als persönliches Versagen anrechnete. In ihrer Verbitterung heiratete sie einen Geologen, der als Einziger nicht begriff, dass er als Ersatz herhalten musste. Vier Jahre später erklärte sie dem Verdutzten, sie habe den inzwischen fertig ordinierten Hochwürden wieder regelmäßig getroffen, werde nunmehr die gemeinsame Tochter mit zu ihm nehmen und die Familiengründung erst dort fortsetzen. Der sprachlose Wissenschaftler, ein ziemlich langweiliger Typ, begann daraufhin zu trinken, seidene Schwuchtelhalstücher und schrille Ringelsocken zu tragen und einen Porsche zu fahren, den er nach zehn Monaten gegen die Betonwand einer Unterführung setzte.

Ich bin etwas abgeglitten, dennoch möchte ich nicht, dass hier ein falscher Eindruck entsteht: Es waren alle vier sehr nette Mädchen, das problematische fünfte hatte ich am Hals.

Wenn Susan auf unsere Versammlungen kam, wurde sie meist von Thea begleitet, natürlich ebenfalls Pädagogin. Das machte es einfacher und schwieriger zugleich, an sie heranzukommen: Einfacher, weil wir hinterher zu dritt in Francos Pizzeria gingen – warum es gleichzeitig schwieriger war, dürfte klar sein. Wir führten ziemlich geistvolle Unterhaltungen, und da ich mein Auto nicht mehr hatte, bot Susan sich an, mich nach Hause zu bringen. Das war genau betrachtet Unsinn, denn es waren nur fünfzehn Minuten Fußmarsch, aber ich verstand es als ermutigendes Zeichen. Susan setzte mich vor unserer Einfahrt ab. Ich versuchte sie zu küssen. Ihre Lippen spitzten sich neckisch, und als die meinen sie berührten, zog sie sich blitzschnell zurück. Ich verzog mich mit Ohrensausen.

Klar, dass ich mich in der nächsten Zeit in sie verliebte. Da ich mich ihr aber unterlegen fühlte, bekam ich irgendwie nicht die richtige Strategie zusammen. Sie hatte eine irre interessante Lebensgeschichte, war in Peru aufgewachsen, hatte die Welt gesehen, hatte in München und Freiburg studiert, hatte einen Medizinstatistiker geheiratet und gerade wieder verlassen, hatte unter vielen Mühen ihr Examen begonnen, hing vor Stress in den Seilen und lächelte trotzdem, wann immer man ihr begegnete. Eine bewunderungswürdige Frau voller Geist, Energie, Stärke und Weiblichkeit.

Goldie hingegen hatte zwischenzeitlich einen neuen Fettnapf entdeckt: Sie war auf die Idee gekommen, sich bei Familienfesten, Partys oder anderen Anlässen halb vor mich zu stellen, mir mit nach hinten geschobener Hand heimlich zwischen die Beine zu greifen und sich dort festzukrallen. Hämisch glucksend genoss sie es, wie ich mich vor Verlegenheit und Wut wand. Sie war wirklich eine verdammte Psychopathin. Immerhin hielt ich es insgesamt zweieinhalb Jahre mit ihr aus, bevor ich sie in einem Wutanfall hochkant hinauswarf.

Es war ein seltsamer Konflikt, den ich damals auszutragen hatte:

hier die gedrungene, ausschließlich instinkt- und triebgesteuerte Goldie, deren geschwätziger Flachsinn mich von einer Verlegenheit in die nächste jagte. Dort die gewinnende, charmante und gescheite Susan, die aus ihrer Sympathie keinen Hehl machte, mir aber immer wieder die Grenzen zeigte.

»Du könntest mir gefährlich werden«, sagte sie eines Abends, als wir in ihrer Wohnung saßen. Sie zog an ihrer Gitanes. Ich antwortete mit einem schmachtenden Blick. »Verdammt gefährlich, obwohl du so viel jünger bist als ich.« Nervös fingerte ich mir eine Stuyvesant aus der Packung. »Man merkt dir an, dass du sehr sensibel bist«, lächelte sie und lehnte sich zurück, wobei ihre braunen Jeansschenkel sich leicht öffneten. »Ich mag sensible Männer. Deine politische Aggressivität ist nur ein Schutz, weil du dich nach einem Zuhause sehnst.« Ich sehnte mich nach ihren Armen, nach ihrer Haut, nach dem Geruch ihrer Haare, der selbst die aufdringlichen Gitanes überduftete. Nach diesem verdammten Hintern, der stets aussah, als hätte man ihn mit acht Atmosphärenüberdruck in diese verdammten Jeans gejagt.

»Hast du dir jemals überlegt, dass du Schriftsteller werden könntest?« Ihr Daumen strich an ihren Schlüsselbeinen hin und her. Hin und her, verdammich. Unwillkürlich suchten meine Augen nach ihren Brustspitzen unter dem Pullover.

»Aaaah, ja, vielleicht, wieso?«, stotterte ich verwirrt.

Sie legte ihr rechtes Stiefelbein über das linke Knie. Dadurch öffneten ihre Schenkel sich weiter und durch die Jeans im Schritt drückte sich ab, was keine zwei Meter entfernt war. Sie fixierte mich, ich verdampfte in meinem Korbstuhl.

»Irgendwann, wenn du mehr erlebt hast, wirst du Romane schreiben«, sagte sie.

»Hatte ich immer vor«, gab ich zu. »Aber ich fühl mich noch nicht so weit.«

»Bald bist du so weit«, lächelte sie, und ich hätte meine politische Karriere darum gegeben, zu wissen, was sie meinte.

Sie wippte mit ihrem Stiefelbein. Der Rauch zog in zwei feinen Fäden aus ihren Nasenlöchern. Verlangend streckte ich eine Hand nach ihr aus.

»Okay, mein Lieber«, sagte sie sachlich, »ich habe morgen ein Referat.«

»Erst morgen?« Schon wieder mal hatte sie mich aus dem Konzept gebracht.

»Und wenn ich morgen nicht fit bin, kann ich meine Examensnote vergessen.« Sie drückte ihre Zigarette aus. »So«, sagte sie, »bisschen Frischluft«, und machte das Fenster auf, um den Rauch zu vertreiben.

»Ach Mensch!«, sagte ich geknickt. Von draußen wehte der Nachtfrost herein.

Sie brachte mich zur Tür. »Mach's gut, Genosse!«, hauchte sie. Ihre Lippen waren spröde, als ich sie überfallartig in die Arme nahm. Auf den Versammlungen laborierte sie ständig mit einem Fettstift herum.

Die Rolle der Schleimhäute in der zwischenmenschlichen Kommunikation ist bisher so gut wie nie untersucht worden. Dabei können sie ein ebenso produktives wie zerstörerisches Potenzial entfalten. Etwas sorgfältiger betrachtet nämlich sind sie nicht nur Körperorgane, sondern hoch konzentrierte energetische Ladungsträger. Jeder, der in seinem Leben schon mehr als eine Frau geküsst hat, wird es bestätigen können. Denn letztlich sind die Lippen nur ein kurzes Einstiegsstadium auf dem Vormarsch zu den Mundschleimhäuten der Partnerin. Dort spielt sich das tatsächliche sensorische Kussgeschehen ab, in der Regel bei gleichzeitiger starker Aktivierung des Zungenmuskels. Und es gibt Frauen, bei denen der geringste Kontakt mit ihren Mundschleimhäuten wahre Kaskaden von Elektroblitzen im Gefühl eines Mannes auslöst – von den weiteren Schleimhäuten gar nicht zu reden, obwohl es für diese noch viel stärker gilt –, und andere, bei denen wartest du und wartest du, und so gut wie nichts passiert.

Susans Mundschleimhäute schienen frisch von der Steckdose zu kommen. Seltsamerweise wehrte sie sich nicht, sondern flog mir nach dem ersten Moment überraschten Innehaltens entgegen. Sie war geladen wie ein ganzes Gezeitenkraftwerk. Ihre Hände schlossen sich auf meinen Schulterblättern, während ihr Körper sich weich in meine Arme fallen ließ. Ihr Mund sandte seine Botschaft in sanften Wellen, und immer mehr spürte ich, wie Susan sich an mich schob, und ich fühlte die beiden Dellen an meiner Brust, mit denen sie sich gegen mich drückte. Glücklich, berauscht und voller Vorfreude schob ich eine Hand auf ihren Hintern – auf die Mutter aller Hintern, auf acht atü Reißfestigkeit in braunen Jeans.

Beim leidenschaftlichen Küssen fließt etwas ineinander über. Ich jedenfalls merkte, dass sich in Susans Armen meine inneren Umrisse auflösten.

»Susan!«, hauchte ich atemlos.

»Call me Sue!«, lachte sie seltsam schwermütig, und im gleichen Augenblick entwand sie sich mir.

»Geh!« Sie schob mich zur Tür. »Komm, hau ab! – Bevor ich schwach werde.«

Ehe ich mich richtig versah, stand ich allein im Treppenflur. Es roch nach abgestandenem Leben und nach angebranntem Fisch. Aus einer halb offen stehenden Wohnungstür zogen Zigarettenrauch und fremdländische Stimmen. Die trübe Funzel an der Decke hatte ein verschmutztes Milchglas, von dessen Innenseite her sich die unscharfen Umrisse toter Insekten abzeichneten. Von den ausgetretenen schwarzen PVC-Fliesen auf dem Boden hatte man drei oder vier erneuert – in Grau.

»Call me Sue!« Ich verstand überhaupt nichts mehr. Während ich benommen nach Hause wanderte, begann es zu schneien. Unter meinen vorsichtigen Schritten veränderte sich die nächtliche Stadtlandschaft. Ein scheckig lackierter Renault kam aus der Augsburger Straße. Als er an der Ampel bremste, rutschte er auf dem Neuschnee knirschend auf die leere Kreuzung. Der Fahrer gab Gas, die Räder drehten kurz durch, und er rollte weiter. Aus dem »Römerkeller« kamen drei angetrunkene Typen, die sich aufdringlich laut unterhielten, um türenknallend in ihren Autos zu verschwinden.

Ich kam mir ziemlich begossen vor. Begossen und doppelt alleine. Und ich fühlte, dass es mir verdammt schwer fallen würde, Goldie wieder zu küssen. Jahre später würde ich auf ein Zitat von Sigmund Freud stoßen: »Eine bestimmte dieser Berührungen, die der beiderseitigen Lippenschleimhaut, hat als Kuss … einen hohen sexuellen Wert erhalten, obwohl die dabei in Betracht kommenden

Körperteile nicht dem Geschlechtsapparat angehören, sondern den Eingang zum Verdauungsapparat bilden.« Manchmal wirklich kaum zu glauben, wozu Wissenschaft imstande ist.

Die folgenden acht Wochen waren anstrengend, denn in der Juso-Gruppe gab es politische Probleme. Getrieben von unversöhnlichen Differenzen hatten sich zwei einander befehdende Fraktionen gebildet und die Arbeitsgemeinschaft bis kurz vor die Spaltung getrieben. Die Ursache war weniger ideologischer denn andrologischer Art: Genosse Sepp und Genossin Rita Schmuttermaier waren eifrige Versammlungsteilnehmer, was nicht unbedingt mit sozialistischer Ideologietreue zu tun hatte – Sepp war selbständig –, sondern mit der Tatsache, dass ihre Ehe wegen eines Fehlers beim Sepp bisher kinderlos geblieben war und Rita obsessiv nach einer Aufgabe für sich suchte. Sie war im Vereinsleben der Stadt gefürchtet und hatte bereits einen Schriftführerjob bei den Wanderfreunden und einen Kassiererinnenposten beim »Bund Brucker Kulturleben« geschmissen. Es lief jedes Mal nach demselben Prinzip: Da Rita unentwegt redete und mit ihrem Geltungsdrang erst einmal alles gegen die Wand drückte, wurde sie zu Beginn ihrer Vereinsmitgliedschaft fast zwangsweise gewählt, nur damit sie endlich Ruhe gab. Da sie danach aber genauso penetrant weiterredete und dank ihrer eher schlichten Geistesgaben schon innerhalb kurzer Zeit vor den gestellten Aufgaben versagte, kam es regelmäßig zum Eklat und einem scheppernden Rücktritt, über den das »Brucker Tagblatt« dann ausführlich im Lokalteil berichtete. So war sie vor einiger Zeit bei uns gelandet, eine durchaus ansehnliche Frau mit einem resigniert schweigenden Gatten, die mit ihrer blechernen Stimme schon bald jedes Gespräch an sich riss. Was Uwe Samorski an ihr gefunden hatte, war mir unerfindlich. Ich selbst hatte sie nur mit Mühe und mit dem ganzen Gewicht meines Amtes daran hindern können, sich als innerparteiliche Gegenkandidatin gegen den stramm rechten Bezirksrat der Partei, Bartel Prozorrek, aufstellen zu lassen.

Uwe hingegen hatte sie einfach flachgelegt. Er war eine sehr geschliffene, wenngleich immer etwas undurchsichtige Figur. Dr. Uwe Samorski war Skispringer im Nationalkader der DDR gewesen, hatte deren diplomatischem Dienst angehört, hatte freudestrahlend erzählt, wie seine junge Ehe schon sechs Monate nach Antritt seines Attachépostens in Bujumbura angesichts des lokalen Frauenüberangebotes in die Pfeife gegangen war, hatte für Walter Ulbricht mal gedolmetscht und war der mit Abstand weltläufigste Genosse, der in der Stadt herumlief. Ein Mann von brillantem Intellekt, geschliffenen Manieren und der zugehörigen Borniertheit. Als ihm der Kommunismus stank, hatte er Kopf und Kragen riskiert und war von Afrika aus abgehauen. Jetzt arbeitete er als Verhaltenspsychologe in der wissenschaftlichen Forschung. Später kandidierte er erfolglos für den Bundestag.

Aber erst einmal hatte er Rita flachgelegt. Jeder von uns hatte mitbekommen, wie sie ihn im vergangenen Herbst angebaggert hatte, weil sie mit ihm auf sein Segelboot wollte. Komischerweise wusste hinterher die ganze AG, dass sie es auf dem Boot miteinander gemacht hatten. Nur Sepp wusste es nicht, er kriegte es erst jetzt heraus.

Was mich zu Anfang verwunderte, das war, dass Sepp sich nun nicht etwa tief verletzt aus der politischen Arbeit zurückzog, sondern sein Engagement im Gegenteil um ein Vielfaches steigerte: Es gab keine Konferenz mehr ohne den Sepp. Selbst wenn er nicht Delegierter war, saß er als zuhörender Genosse dabei und überwachte mit giftig blitzenden Augen den Versammlungsablauf. Aber Sepp warf auch sein ganzes bisheriges Verhalten über Bord. Aus dem schweigsamen, friedfertigen und scheuen Zuhörer wurde ein streitlustiger und scharfzüngiger Diskutant, der aufsprang und Brandreden hielt – sobald Uwe Samorski einen Vorschlag unterbreitete oder einen Antrag stellte. Es war nicht mehr auszuhalten. Rita war anfangs noch deprimiert und verlegen dabeigesessen und hatte gar nichts mehr verlauten lassen, später ließ sie sich immer seltener sehen.

Bei Delegiertenversammlungen jedweder Art beginnt der Versammlungsleiter mit der Frage an die Anwesenden, ob die Tagesordnung genehmigt sei oder ob es hierzu Anträge gebe. Sofort stand Sepp im Raum, auch wenn ihn vorher keiner gesehen hatte: »Ich beantrage, die Ordnungsgemäßheit der Wahl des Delegierten Dr.

Uwe Samorski zum Delegierten für die heutige Versammlung zu prüfen.« Es folgte eine ebenso geschliffene wie verdrehte Begründung, warum Uwe der Delegiertenstatus abzuerkennen und er aus der Versammlung auszuschließen sei.

Bei den ersten Malen wurde noch sachlich diskutiert. Aber nach zwei, drei Versammlungsniederlagen dieser Art wurde Sepp immer reizbarer, und nachdem ein unsozialistisch mahnendes »Geh Sepp, jetzt gib halt a Ruah, in Gotts Nam'!« bei der nächsten Versammlung keine Wirkung zeigte, wurde antragswidrig Sepp selber ausgeschlossen. Daraufhin bildeten sich zwei Lager, sauber über den gesamten Landkreis verteilt. Den einen ging Sepp auf die Nerven, die anderen stellten sich hinter den Unterlegenen, alles wurde ausschließlich politisch begründet. Schon nach kurzer Zeit gab es eine formlose Gruppierung »Solidarität mit Genossen Sepp Schmuttermaier!«, die eigene Einladungen verschickte. Schließlich eskalierte die Auseinandersetzung so, dass Sepp seinen erneuten Ausschluss von einer Delegiertentagung mittels ordinärer Gewalttätigkeit zu verhindern suchte, was bei zwei Genossen zu Hämatomen im Augenbereich und bei Sepp zu Nasenbluten und gesteigertem Hass auf Uwe führte. Logisch übrigens, dass die zwei Schmuttermaiers längst nicht mehr verheiratet sind. Rita zog aus, aber komischerweise fand sie hinterher keinen mehr. Sepp wurde mit verschiedenen Genossinnen im außerpolitischen Bereich gesehen und ging später auf Alkoholentzug. Uwe Samorski ging in den wissenschaftlichen Dienst des Deutschen Bundestages nach Bonn und übernahm danach die Leitung eines obskuren Institutes im Ausland, ein typischer Frühstücksdirektorenposten für verdiente Parteigänger.

Leicht vorzustellen also, was damals los war im Genossenkreis. Teilweise ging es ebenso hektisch wie unproduktiv zu.

Ich schlich in das leere Büro meines Vaters und rief Susan an, weil ich sie auf den Versammlungen vermisste, obwohl das ganz gut war, denn Goldie war jedes Mal mit dabei, was mir die Politik nicht gerade einfacher machte. Aber niemand ging ans Telefon. Ihr Schweigen beunruhigte mich, und außerdem sehnte ich mich nach ihr. Seit jenem stürmisch-abrupten Abend hatte ich nichts von ihr gehört oder gesehen. Ich klingelte Thea an, die sich ebenfalls schon seit einigen Wochen bei uns rar gemacht hatte, sie redete etwas von lange kein Kontakt und von Examensstress, und außerdem sei bei Susan noch etwas abzuwickeln mit dem Exgatten.

Goldie hatte eine relativ friedliche Phase in der ganzen Zeit. Wir waren viel unterwegs, stritten uns wenig, und ich musste sie kein einziges Mal vom Bahnkörper entfernen. Ich war oft bei ihr zu Hause, wo ich die Gegenwart ihrer blonden Schwestern genoss. Regine, die mit dem Offizier, machte mir so unverhohlen den Hof, dass ihre Mutter ärgerlich wurde. Ich besorgte ihr einen Job als Babysitterin bei einem kanadischen Ingenieur, was meine Referenzen bei ihr noch fühlbar verbesserte.

»Hallo, Genossin!«, sagte ich verdutzt, als ich tags darauf in den Abendzug stieg, der mich von der Universität nach Hause brachte. Thea saß rauchend im Zweite-Klasse-Abteil, zwei Einkaufstaschen zu ihren Füßen. Thea war vierzig und das krasse Gegenteil der agilen Susan: kurzhaarig, damenhaft gepflegt, eher brav angezogen. Sie war so schüchtern, dass man immer genau hinhören musste, wenn sie mit ihrer leisen Stimme sprach. Ihre Welt war immer klein gewesen, sowohl vor ihrer Ehe mit einem Schadensregulierer bei der Berlinischen als auch danach. Ihr ganzes Auftreten zeigte die Zurückhaltung eines Menschen, der geduckt durchs Leben geht und nur kleine Fragen stellt. Als Frau hätte sie mich niemals interessieren können, dachte ich mir, sie hatte nichts, aber auch gar nichts von Susan.

Trotzdem war interessant, was man in einer halben Stunde Bahnfahrt alles über einen Menschen erfahren konnte. Über Susan dagegen erfuhr ich so gut wie nichts. Studium eben und so Sachen, wurde mir knapp beschieden.

Theas ganze Art brachte einen dazu, Rücksicht auf sie zu nehmen. Sie wirkte wie eine Pflanze, die zu wenig Licht abbekommen hatte und sich scheute, so blass wie sie war, aus dem Fenster zu blicken. Vielleicht lag es an der sanften Resignation, die sie vermittelte, und an der leisen Sachlichkeit, mit der sie den katastrophal langweiligen Verlauf ihrer Ehe in kurzen Sätzen skizzierte. Jedenfalls bot ich ihr an, ihr die schweren Taschen nach Hause zu tragen, es war ohnehin kein großer Umweg, und es war knapp nach neunzehn Uhr. Unterwegs kamen wir an unserer Pizzeria vorbei. Wir entschlossen uns spontan, essen zu gehen. Als ich um halb drei Uhr morgens wie ein geprügelter Hund ihre Wohnung verließ, war ich um eine Erkenntnis reicher.

Goldie rannte havoc. Um kurz nach acht klingelte sie meinen Vater vom Frühstückstisch weg und machte ihm eine Szene. Traudi, die ihn aus gutem Grund ständig verdächtigte, bekam die schrill keifende Frauenstimme aus dem Telefonhörer mit und machte ihm spontan ebenfalls eine Szene, sodass er nicht mehr wusste, welcher er sich zuwenden sollte, da er mit nichts weniger klar kam als mit weiblicher Emotionalität. Ich bekam nichts davon mit. Überdreht wie ich gewesen war, war ich erst gegen vier eingeschlafen, und nur das wütende Knallen unserer Haustür schreckte mich kurz auf. Der Alte war abgehauen und so geladen, dass er wenige hundert Meter weiter einen parkenden Polizeiwagen beschädigte, was seine Schwierigkeiten an diesem Tag noch unwesentlich verstärkte.

Da wir schon seit über einem Jahr nicht mehr miteinander redeten, hatte er auch keine Möglichkeit, sich bei mir über Goldie zu beschweren. Gegen elf Uhr stand ich auf. Traudi war vergleichsweise lammfromm. Goldie hatte noch zweimal angerufen, war beim ersten Mal bei unserer Sekretärin und beim zweiten Mal bei ihr gelandet. Sie hatte sich von Frau zu Frau bei ihr ausgeweint und musste sie darüber ziemlich in Verlegenheit gestürzt haben. Mein Alter schwieg mich wie üblich feindselig an, nur sein Kopf leuchtete tagelang wie eine Signalbirne, wenn ich seinen Weg kreuzte. Begreiflicherweise hatte er einen argen Zorn auf mich, auch mit Traudi redete er nur das Nötigste.

Von all den Scherereien erfuhr ich in einigen hingeschleuderten Giftsätzen beim Frühstück. Über meiner unerwarteten Begegnung mit Thea hatte ich total vergessen, dass ich am Vorabend um acht mit Goldie verabredet gewesen war. Mein mangelnder Gehorsam wurmte sie ungemein. Noch mehr wurmte sie, dass Regine nach dreißig Minuten Warten mit ihr um eine Strumpfhose (!) gewettet hatte, dass ich sie draufsetzen würde.

Während ich frühstückte, rief sie ein weiteres Mal an. Ich log etwas zusammen, ich sei nach dem Strafrechtsseminar noch mit Vico Rundstedt zusammengesessen, und er hätte mich spontan nach Hause zu sich und seiner Frau eingeladen. In ihrer Studentenbude hätten sie kein Telefon gehabt, und überhaupt sei ich unheimlich besoffen gewesen. Goldie kannte Vico aus meinen Erzählungen, ruderte allerdings nur eine kurze Strecke zurück.

»A feiner Student!«, blaffte Traudi dazwischen. »A feiner Herr Sohn und a feiner Herr Student! Jede Woch mindestens einen Rausch, der feine Herr, da wär mir ja deine Schicksen noch liaber!« Ich verschwieg Goldie die charmante Bezeichnung.

Es gab die üblichen drei Tage Terror, bis Goldie sich beruhigt hatte. Meine Nerven litten sehr darunter. Erfreulicherweise telefonierte Thea mir wenigstens nicht hinterher. Außerdem rief Regine an und fragte mich, ob ich ihr bei einem Englischtext helfen könnte, ihre Mutter sei allerdings wegen eines Einkaufs in Friedberg nicht zu Hause. Ich sagte begeistert zu. Dann hing den ganzen Nachmittag ihre kleine Schwester Mambo bei uns im Zimmer herum. Regine hatte sich vor der abfahrenden Mutter verplappert, und diese hatte die Göre streng instruiert. Wir machten brav Englisch, und Goldie freute sich, als sie vom Dienst nach Hause kam. Es gab ein gemeinsames Abendessen im Familienkreis, das sehr harmonisch verlief.

Nicht, dass mich die Nacht mit Thea nicht beschäftigt hätte. Ich hatte noch nie zuvor mit einer Frau dieses Alters geschlafen, und da Thea sehr sportlich war, besaß sie den geschmeidigen Körper einer Fünfundzwanzigjährigen. Irgendwie fühlte ich mich stolz. Wenn man zwanzig war, machte es verdammt etwas aus, mit wie vielen Frauen man geschlafen hatte und welcher Altersklasse sie angehörten. Auf nicht ganz erklärbare Weise hatte ich immer das Gefühl gehabt, gar kein richtiger Mann zu sein, solange ich nur mit Gleichaltrigen schlief. Ich dachte gern an die Nacht mit Thea. Es war eine gute Erfahrung gewesen, und so scheu, wie sie im Leben war, war sie auch im Bett gewesen. Sie war nur mit einem leisen Kickser gekommen. Aber ich hatte es als angenehm empfunden nach Goldies lärmender Zügellosigkeit.

Es gab eine Kreiskonferenz mit der üblichen Tagesordnung: Während Brandt und Scheel in Moskau um die Ostverträge und in Bonn mit dem Rücken zur Wand gegen die Schwarzen kämpften, beschäftigten wir uns mit einem Antrag für die Landeskonferenz zur Stamokap-Theorie. Was der Quatsch bedeutete, braucht heute kein Mensch mehr zu wissen. Die Diskussion jedenfalls dauerte bis nach Mitternacht. Die Bedienung wurde sauer, weil zwar viel diskutiert und geraucht, aber wenig getrunken wurde, schließlich waren wir nicht der Trachtenverein und auch nicht die »Ampergilde«, wo die Geldleute saßen. Verschiedene Genossen gingen wie die Wahnsinnigen aufeinander los, wobei sie sich ausschließlich in Fragen der sozialistischen Theorie verbissen, während uns die Niederungen der Kommunalpolitik schlichtweg zu proletenhaft waren. Die Schlacht war mitten im Gange, meine Augen brannten vom Zigarettenqualm und mein Hirn von den gegenseitigen Gemeinheiten, als Susan strahlend den Versammlungssaal betrat. Sie trug schwarze Jeans, die noch eine Nummer enger zu sein schienen. Sie zog sich einen freien Stuhl heran, wobei sie mir wieder demonstrativ den Rücken zudrehte, aber diesmal hatte ich mich im Griff. Dann setzte sie ihren Stuhl neben Goldies, zwinkerte mir burschikos zu und streckte die Stiefelbeine lang von sich. Ich hatte das Gefühl, nicht mehr auf einem Stuhl, sondern auf einem elektrischen Tischgrill zu sitzen. Thea lächelte leise vom Nebentisch herüber und nickte mir aufmunternd zu.

Die ideologische Streiterei zog sich über Stunden hin, natürlich ohne Ergebnis, es war zum Kotzen. Ich beantragte Schluss der Debatte. Der Antrag wurde abgelehnt und wir beschlossen Schluss der Rednerliste. Der Beschluss kam noch zustande, dann machte die Bedienung uns das Licht aus und schrie grantig ins Dunkel: »I will schließlich aa amal hoam! I studier ja net, dass i bis in d' Nacht nei diskutieren kannt!«

Draußen auf der Straße vor dem »Martha-Bräu« begrüßten Thea und Susan mich liebevoll. Thea hauchte mir einen Kuss auf die Wange, während Goldie sich Susan krallte und sie mit irgendwelchem Zeug zuschwafelte. Susan erzählte ihr von einer Ballonfahrt, die sie vor wenigen Tagen gemacht hatte. Ich hielt es nicht länger aus und zerrte Goldie zum Taxistand, während Thea und Susan untergehakt davonstiefelten. Wir fuhren zu ihr nach Hause, die Familie schlief schon. Gegen vier Uhr kam ich nach Hause.

»Jede Woch an Rausch!«, keifte Traudi beim späten Frühstück. »Und immer öfter sogar schon *unter* der Woch!«

Es war Ende Mai inzwischen. Der Monat der Verliebten war für mich ohne jeden Fortschritt bei Susan vorübergegangen, und auch Regine hatte mich nach der letzten Pleite mit der Kleinen nicht mehr angerufen. Ich vermutete, dass die Mama ihr die Leviten gelesen hatte oder dass die Kleine für ihr Fernbleiben zu saftige finanzielle Forderungen gestellt hatte. Sie war verdammt gerissen für ihr Alter. Einmal war sie abends an Goldies Zimmertür gekommen, als es gerade sehr unpassend war. Goldie, die manchmal verblüffend praktisch denken konnte, hatte sich schnell einen Bademantel übergestreift und ihr eine Münze in die Hand gedrückt, um zu verhindern, dass sie losbrüllte und das ganze Haus rebellisch machte. Von da an wartete Mambo in aller Seelenruhe ab, bis wir auf Goldies Zimmer verschwunden waren und klopfte zwanzig Minuten später an unsere Tür. Goldies Zimmer lag im Keller, sodass die unschuldig gelächelte Erpressung und die Übergabe des Schweigegeldes ohne Zeugen vonstatten gingen. Ich fühlte mich betrogen, denn ich war es gewesen, der Mambo mit kostenlosen Nachhilfestunden aus der Lateinmalaise herausgeholfen hatte. Sie war jetzt Einserschülerin, und die Zweimarkbeträge summierten sich mit den Monaten.

Um diese Zeit kriegte ich Susan wenigstens mal ans Telefon. Sie war bester Dinge, so nett wie immer, und wir redeten ziemlich lange miteinander. Aber je länger das Gespräch dauerte, desto mehr deprimierte es mich. Ich kam keinen Millimeter weiter bei ihr. Sie gab sich, als seien wir die besten Freunde. Ratlos und unglücklich legte ich den Hörer auf. Dann rief ich bei Goldie an und ließ ausrichten, ich hätte eine Bronchitis und müsste mich heute Abend hinlegen – bevor ich mich auf den Weg zu Susans Wohnung machte.

Sie fiel mir überrascht um den Hals, als sie mich erblickte. Ich versuchte sie in die Arme zu nehmen, doch sie entzog sich mir schlangenhaft. Einen weiteren Überfall wollte ich nicht riskieren, ich war kein Typ, der gerne über Frauen herfiel. Ihre Wohnung war rauchgeschwängert, Tisch und Fußboden lagen voller Bücher und Skripten. Die Schreibtischlampe brannte. Unübersehbar, dass sie wie eine Verrückte arbeitete. Sie glitt in die Kochecke und machte uns frischen Tee. Aus einer Schublade holte sie Schokolade, die sie in kleine Stücke brach und auf einen Teller legte. »Bisschen Frischluft!«, sagte sie unschuldig, als sie das Fenster öffnete, und sah mir dabei in die Augen. Die warme Luft eines Maiabends strömte herein. Jetzt saßen Hunderte von Halbwüchsigen in der Maiandacht, taxierten sich gegenseitig mit den Augen und sangen »O Maria hilf!«.

»Gitanes?« Sie hielt mir ihre Packung hin, bevor sie sich eine neue an der noch glimmenden alten entzündete. Ich streckte die Hand nach ihr aus, sie übersah es.

»Was ist los, Susan?«, fragte ich. Sie erhob sich und ging lächelnd auf mich zu. Dann legte sie mir einen Finger auf den Mund, bevor sie das Fenster bis auf einen Spalt schloss.

»Komm!«, drängte ich leise und legte einen Arm um ihre Hüften. Weich nahm sie meine Hand auf und strich mir über das Gesicht. Tolle Frau, dachte ich mir. Richtig tolle Frau zum Leben. Goldies Eiertänze waren nicht dazu angetan, dass einem die Zukunft mit ihr als die Erfüllung eines Lebenstraumes vorkommen musste. Mit Susan dagegen würde alles Künftige einen Rahmen haben. Man konnte nächtelang mit ihr reden. Sie hörte nicht nur zu, sondern man erntete klugen, liebevollen Widerspruch, der einen bereicherte, weil er aus einem geschulten Verstand kam. Ein unklares, völlig verschwommenes Gefühl von Zuhausesein breitete sich beunruhigend in mir aus, ich konnte nichts dagegen tun. Manchmal hat man das als Mann: Statt sich mit Plänen, Strategien und praktischen Erwägungen abzugeben, liegt man plötzlich auf einem warmen, schaukelnden Luftkissen mitten in einem spiegelnden See, dessen Uferwald im weichen Nebel eines von der Sonne hinweggestreichelten Morgenregens fast verschwindet.

Der Partner ist das Tier mit der Heimvalenz, schrieb Konrad Lorenz einmal trocken. Aber bei ihm ging es ja auch nur um Gänse.

Ich lief ausgerechnet Thea über den Weg, als ich zwanzig Minuten später nach Hause schlich. Beide Frauen wohnten im selben Block, wenn auch in verschiedenen Eingängen. Susan hatte mich unnachsichtig hinauskomplimentiert. Sie hatte nur noch zweieinhalb Tage bis zur Abgabe ihrer Arbeit. Danach würde sie drei, vier Wochen unterwegs sein. Ihren Andeutungen entnahm ich, dass es sich wohl um eine Art Lehrerpraktikum handeln musste. Die Anfänger schickten sie immer an den Arsch der Welt – ins Allgäu zum Beispiel oder nach Niederbayern.

Thea führte ihren Dackel aus. Sie sah auf den ersten Blick, dass ich furchtbar in den Seilen hing.

»Kommst du von Susan?«, fragte sie mitfühlend wie eine Mutter.

Ich nickte und schluckte.

»Und Goldie?«

»Goldie«, sagte ich unglücklich. »Goldie – ist eben Goldie.« Es klang wie die Unterschrift unter meinen Konkursantrag.

»Komm mit hoch!«, sagte sie.

Nicht das, dachte ich mir und folgte ihr mutlos. Nicht jetzt. Bitte nicht jetzt.

Theas blonder Sohn Werner, von allen Zickie genannt, lümmelte sich auf der Couch im Wohnzimmer. Er war gerade elf geworden und schmökerte in der »Bravo«. Thea holte uns beiden ein Bier. Zickie nahm an der Unterhaltung teil, die ebenso belanglos wie wohltuend war. Sie lenkte einfach ab. Als er kurz nach draußen ging, erklärte Thea mir, er habe diese Woche Stubenarrest, weil er seine Bio-Lehrerin in einem Wutanfall als blöde Fotze bezeichnet hatte. Zickie holte seine »Bravo« und verzog sich auf sein Zimmer.

Thea schien nicht die Spur eifersüchtig zu sein, sie wirkte sogar gelassen. Es war auch nicht so, dass wir jetzt über Susan redeten. Sie verstand die Lage ohnehin und schien einfach nur da sein zu wollen. Und sie schien völlig zufrieden mit dem Stück, das sie sich vor kurzem aus dem Kuchen gebissen hatte, ohne weitere Forderungen zu stellen. Ungewollt verglich ich sie mit Rita Schmuttermaier und grübelte über dem Unterschied zwischen hohler Selbstdarstellung und stillem Format. Sie küsste mich fleischig auf den Mund, als ich ging, und in ihren Augen blitzte es lustig auf.

Es war noch nicht einmal neun Uhr, und die Nacht war immer

noch lau. Die Balkontür stand offen, Traudi blickte mich sorgenvoll an, und mein Vater saß schwer atmend auf dem Balkon. Er hatte wieder einen seiner Herzanfälle. Sie hatten ihn zwanzigmal aufs Ergometer gesetzt und nichts gefunden, er hatte sie stolz zitiert, er habe »a Herz wia a Stier!«. Wenn er nicht gerade seine Anfälle hatte, dann hatte er auch Kraft wie ein Stier. Ohne es zu wollen, sah ich auf die Terrasse hinaus, wo ich ihn um Atem kämpfen hörte. Die kleine Funzel an der Außenwand ließ sein Gesicht noch fahler erscheinen, als es jetzt ohnehin war. Er saß mit vorgeschobenem Kopf, hielt sich mit beiden Händen am Geländer und biss gierig große Stücke aus der Luft, die er ungeteilt in sich hineinschlang, bevor er sie in gehackten kleinen Stößen von sich gab. Riesige Mückenschwärme tanzten zuckend über dem Nasenbach. Sein Problem war nie das Einatmen gewesen, sondern das Herauslassen. Seine Züge waren voller Angst und ungestüm anflutender Verzweiflung, und ich wusste längst, dass die Angst nicht vom Herzen kam, sondern die Herznot von der Angst.

Für einen Augenblick begegneten sich unsere Blicke. Hilf! sagten seine Augen, bevor kalter Trotz sich darüber schob und er sich abwandte, als hätte er mich nicht bemerkt.

»Irgendwann dastickt er! Dann bist z'frieden!«, zischte Traudi. Ich antwortete nicht.

Sie hatten ihm gesagt, dass Stalin Europa versklaven wolle, und mit dieser Lüge hatten sie Europa versklavt. Sie hatten ihn zum »Mariner« gemacht und ihn losgeschickt, um Norwegen zu überfallen. Er war ausgelassen mitgezogen wie zu einem Halbstarkenausflug. Schon auf der ersten Tour waren seine beiden besten Freunde vor seinen Augen in brennendem Öl krepiert, neunzehnjährig. Auf der zweiten Tour hatten sie ihm sein Schnellboot versenkt, und während im Eiswasser um ihn herum der Tod erigierte, hatte er so verzweifelt mit den Händen um sein Leben gerudert, dass er es jede Nacht noch immer tat. Ein deutscher Zerstörer zog ihn heraus. Während man ihn gerade in warme Decken hüllte, versenkten sie den Zerstörer, und keine fünf Minuten nach seiner Rettung musste er wieder ins Wasser.

Wenn er Atem hatte, redete er fast unentwegt vom Krieg. Wenn er keinen hatte, durchlebte er ihn gerade wieder. Er hatte Hunderte von treibenden Leichen eingesammelt, ein Meer gewölbter Rücken und nass wehender Haare, alles Zivilisten, alle schon steif in der letzten Verzweiflung, nachdem die Russen die mit Flüchtlingen überladene »Wilhelm Gustloff« versenkt hatten. Während er die durchnässten Kadaver in seine kleine Barkasse zerrte, leuchteten die Bordscheinwerfer des toten Schiffes noch den ganzen Tag lang vom Meeresgrund herauf. Das hatte ihn völlig fertig gemacht, dass der stählerne Kadaver, so zerfetzt wie er war, noch immer lautlos um Hilfe schrie, während die Menschenleiber aus ihm herausperlten wie Gasblasen. Das Eigenartige an der Sache war, dass all der Menschenfraß nicht seine Einsicht förderte, sondern nur seinen Hass. Er kam halb um vor Hass. In der englischen Gefangenschaft hatten sie ihm das Bein zerschlagen, und auf der Flucht nach Hause hatten besoffene GIs ihn mit Gewehrkolben bewusstlos gedroschen und dazu vergnügt gejohlt, bevor sie ihn auf dem Bahnsteig in seinem Blut liegen ließen. Die Krone der Schöpfung – das Schwein, der Mensch. Er hatte nie darüber geredet, wie viele hinter *ihm* liegen geblieben waren. Aber nach seinem Tod fanden wir eine handschriftliche Notiz: »Da wird man zum Soldaten gemacht und ausgebildet und lernt zu töten und zu töten und zu töten. Und dann ist auf einmal alles vorbei, und man soll plötzlich wieder Leben wie ein Lämmchen!«

Ich warf mir etwas Wurst auf eine Scheibe Brot und verschlang sie im Stehen. Dann ging ich nach oben auf mein Zimmer.

An manchen Tagen roch man den frischen Mörtel in der Bude immer noch. Ich fragte mich, ob Hitlers Zelle in Landsberg komfortabler gewesen war. Die Neonlampe, die vor meinem Zimmer über die Straße gespannt war, sudelte ihr billiges Gelb in den Raum. Unten auf der Straße quietschten die Autoreifen, wenn wieder einer nach links abbog in die Kapuzinerstraße. Ich ging ans Fenster, um die verwaschenen alten Vorhänge zu schließen. Auf der anderen Straßenseite stand der Walch Edi am Wohnzimmerfenster und winkte mir kurz grinsend zu. Edi war fast immer gut aufgelegt. Die Vorhänge drüben schlossen sich und ich warf mich auf mein Bett. Irgendwann wurde ich wach, als mein Vater schnaufend durch den kleinen Korridor vor meinem Zimmer rumpelte, auf dem Weg durch Traudis Schlafzimmer in sein eigenes, wo damals Oma Topfmacher den wartenden Tod verdroschen hatte. Sie schliefen schon längst getrennt. Sie hatte ihn ausquartiert, weil er so schnarchte und weil er jede zweite Nacht stöhnend um sich schlug und seine Schwimmbewegungen machte. Dösig zog ich meine Jeans aus und warf sie über den Schreibtisch. Ich war sofort wieder weg.

»Ja, wie hamma's denn da?«, fauchte Traudi, als sie mir am nächsten Morgen die Bettdecke wegriss. »Schlaft der feine Herr jetzt scho' mitm G'wand?«

Ich hatte Stress. Irgendeiner von uns hatte irgendeinen von den Black Panthers aufgegabelt, und der sollte bei uns einen Vortrag halten. Er hieß Luther DragoDrago und kam aus Washington, kein Mensch wusste, wo er den Namen herhatte. Einer der Genossen hatte irgendwie alles gedreht, und wir klebten Plakate und verteilten Handzettel und waren neugierig, ob der Versammlungsraum im »Martha-Bräu« sich füllen würde. »Hoffentlich frisst nachert *wenigstens der* a paar Schweinswürstel!«, hatte die stets unfreundliche Bedienung mich angebellt, als ich den Raum bei ihr reservierte. »Net, dass wieder den ganzen Abend lang zwoa Mann an oaner *Halben* ummanand zuzeln!« Das mit dem Klassenbewusstsein war echt ein Problem, gerade bei der Arbeiterklasse, die ums Verrecken nicht kapieren wollte, was gut für sie war.

Ich war richtig aufgeregt. Die Black Panthers waren amerikanische Revolutionäre, die auch bayrische Herzen höher schlagen ließen: Sie trugen schwarze Lederkluft und ihre Haare im damals gerade erst populären wuscheligen Afrolook. Sie posierten mit automatischen Gewehren vor den Kameras der internationalen Presse und erschreckten die amerikanische Middle Class, dass es eine wahre Freude war. Und sie hatten immer die schärfsten Weiber dabei. Wahnsinnsmäuse mit irre kurzen schwarzen Lederröcken, die sich alle bewegten wie Tina Turner im Lifekonzert. Ich malte mir aus, wie eine Bande revolutionärer Schwarzer und vor allem ihre Girls sich quer über dem Marktplatz aufbauten, ausgestattet mit ein paar schwarz lackierten Pumpguns. Wie der SPD-Bürgermeister, der

Buchauer Willy, ratlos ans Fenster treten und endlich begreifen würde, was die Stunde geschlagen hatte. Wie die Idioten von der Landpolizei mit ihren VW-Käfern dahergespotzt kamen und kein Englisch konnten. Oh man! Wir verteilten am Bahnhof noch eine Ladung Handzettel an die Pendler, die abends um sechs aus München zurückkamen. Und wir setzten für den nächsten Nachmittag eine Pressekonferenz im »Klosterstüberl« an. Es war der ausdrückliche Wunsch von Uwe Samorski gewesen, den sie inzwischen mit mir zusammen in den Ortsvorstand gewählt hatten.

»Du, mei Liaba, mit deine Neger da, da bleibst mir fei dahoam!«, war der Häuslmeier Franz, der Elektromechaniker von gegenüber, mich frontal angegangen. »Ja, spinnst jetzt du nachert, wos bringst denn du jetzt de Neger zu uns raus nach Bruck, ha? Ja, was sollen mir jetzt nachert auf oamoi mit am Haufa Neger, ha? Ja, seids jetzt ihr de Jungsozialisten, oder seids jetzt ihr de Negersozialisten, oder wia hamma 's denn do, ha?« Nach seiner gescheiterten Bundestagskandidatur würde Uwe Samorski resigniert feststellen, dass es in Bayern »unmöchlich« sei, rationale Politik zu machen, geschweige denn sozialistische, und sich wieder vorrangig seiner wissenschaftlichen Arbeit zuwenden.

Mir ging irgendwie die Flatter, als ich nachmittags zum Bahnhof tippelte, denn ich hatte keine Vorstellung, was mich erwartete. Luther sollte um vierzehn Uhr zwölf ankommen, um fünfzehn Uhr war die Pressekonferenz im »Klosterstüberl«, zu der sich aus mir unbekannten Gründen auch eine Vertreterin der Münchner Sozialistischen Arbeiterjugend angesagt hatte. Insgeheim hoffte ich auf einen Helden wie von einem Jimi-Hendrix-Plakat, umgeben von einer süßen Schar glucksender schwarzer Jungrevolutionärinnen, egal ob sie bewaffnet waren oder nicht. »Hey man!«, sagte ich freundlich-cool, als Luther mit seinem Hendrix-Haarschnitt lässig den Bahnsteig entlangschlenderte.

Er war keinen Meter siebzig groß, trug einen seidig glänzenden Anzug mit Krawatte, hatte ein cooles Grinsen unter dem dünnen Schnurrbart, und sein Englisch war so breit, dass ich es kaum verstand. Nicht unsympathisch, aber irgendwie mehr ein Examenskandidat als einer, der für uns die revolutionären Volksmassen in

Gang bringen sollte. Falls der Buchauer Willy wirklich aus seinem Bürgermeister-Amtszimmer schauen sollte, war Luther auf jeden Fall anlassgemäß gekleidet.

Mein Englisch war ebenfalls dem Anlass entsprechend, und mit gebotenem Respekt briefte ich den Vertreter der Black-Power-Bewegung über den geplanten Tagesablauf und die politische Lage überhaupt. Er lauschte höflich, wenngleich ein wenig distanziert, stellte kurze, präzise Fragen und war sich seiner Bedeutung für den heutigen Abend wohl bewusst. Der klassische Berufsrevolutionär, dachte ich mir bewundernd. Ein kleiner schwarzer Lenin; und das bei mir in Fürstenfeldbruck. Langsam spazierten wir die Bahnhofstraße hinab. Ein ziemlich fetter Radler in einem viel zu engen Polohemd strampelte rotgesichtig und schwitzend den Hang hinauf. Sein Bauch waberte vor ihm her wie eine gefüllte Kunststoffblase. Kurz vor uns blickte er auf, und seine Züge erhellten sich: »Jessas, da Lutter! – Radiradibumm heut Abend, ha?« Und vorbei war er.

»Matthias, grüaß di'!«, schrie ihm DragoDrago hinterher, und der Fette hob nochmals grüßend die Hand.

Ich schiss fast in die Hose, als ich das hörte. »Speak Bavarian?«, nuschelte ich verdattert.

»Scho'. Ja. Freili'«, sagte Luther ungerührt. Ich schwieg ziemlich lange. Mir war etwa so zumute wie einem bayrischen Verwaltungsangestellten, der im Kreißsaal entdeckt, dass das Kind von seiner Anni schwarzhäutig ist und Kräusellocken hat.

»Mhm«, brummte ich und überlegte lange. »Where ya from?«

»Mering«, antwortete DragoDrago trocken.

»Mering«, I said hesitantly and very zerknirscht. »Ah so, Mering. But you are A-me-ri-can, are you?«

»Got an American passport«, he says, net wahr. »M' dad was a soldier, see.«

»Ah so, now I understand!«, sagte ich erleichtert. »So you lived with your dad in Washington, gell? How long you lived in Washington?«

»Eight months«, he says unbewegt. »'d rather stay with my mom in Mering.«

»Ja, Kruuuuzefix!«, brachte ich nur noch heraus. »Du schau fei bloß, dass d' dei' Maul haltst!«

»Haut scho'«, sagte Luther unbeirrt. »I hab allweil mein Standardslang drauf, wenn i die Black-Panther-Nummer mach.« Aber wenigstens bei den Black Panthers war er, das schwor er mir Stein und Bein.

Es wird mich jeder jetzt einen schamlosen Macho nennen, aber ich bleibe dabei: Hausfrauen Anfang bis Mitte dreißig sind das Schlimmste, vor allem wenn sie noch keine Kinder haben. Sie landen fast unweigerlich entweder in Selbsthilfegruppen, wo sie stundenlang aus einem Leben erzählen, in dem sich so gut wie nichts ereignet hat. Oder sie drängen mit Macht ins Vereinsleben, wobei gesellschaftsverändernde Gruppierungen auf der Vorzugsliste ganz oben stehen. Nur Ruhe geben sie nicht.

Die Dame aus der Sozialistischen Arbeiterjugend war genau so eine. Sie tauchte einfach im »Klosterstüberl« auf, setzte sich zu uns an den Referententisch und fing, ohne meine Eröffnung abzuwarten, an, vom Weltfaschismus und der Franz-Josef Strauß und die CSU begrenzenden Kraft des revolutionären Weltsozialismus zu schwafeln, dass uns die Münder offen blieben. Die beiden Typen vom »Brucker Tagblatt«, die sowieso nur ständig darauf warteten, uns Jusos an den Eiern zu erwischen, schrieben eifrig mit. Der Fotograf vom »Münchner Merkur« schoss ein Foto, auf dem die Dame mit ihrem ausgeleierten Spaghetti-T-Shirt voll ins Bild kam. Auch Uwe und ich waren noch mit auf dem Bild, nur zu Ton kamen wir praktisch gar nicht mehr. Ich schob einen regelrechten Hass, aber es war nichts zu machen: Sie redete einfach weiter.

Schließlich rettete Luther die Szene. Er entschuldigte sich für sein schlechtes Deutsch und erzählte dann in gehackten Sätzen von den Zielen seiner Bewegung, welche Gemeinsamkeiten die Jungsozialisten Fürstenfeldbruck mit den Black Panthers in Washington verbanden und was für ein gemeiner Hund der kalifornische Gouverneur Ronald Reagan sei. Er freue sich »hoite here zu syne in disse ssöne Sstadt and bin … äh, very sure that this will be a erfolgreich Versammlung.« Zang! Junge, dachte ich mir, gut ist er ja!

Es wurde wirklich eine tolle Versammlung. Die schnatternde Krampfhenne war gleich nach der Pressekonferenz in einem alten VW-Bus abgefahren und wir waren heilfroh. Der »Martha-Bräu« war gerappelt voll mit Publikum aller Altersklassen, wenngleich vorwiegend schulischer oder studentischer Herkunft. Selbst der Vorsitzende der SPD-Fraktion im Stadtrat, ein angenehmer und sehr offener Berufsrichter, gab uns die Ehre, »weil ma' ja ruhig auch amal über den kommunalen Tellerrand hinausschauen kann, net.« Und sogar die Bedienung wurde freundlicher und grüßte mich beim Reinkommen.

Luther DragoDrago war astrein. Sein deutsch-amerikanischer Slang war so überzeugend, dass er allein damit schon die Zuhörer für sich vereinnahmte, weil sie ihn alle für sein hervorragendes »Doitsh« bewunderten. Goldie hielt für ziemlich lange Zeit die Klappe, und Luther verstand es meisterhaft, die langen Jahre seines Leidens als unterdrückter Afro-American an vielen kleinen Beispielen darzustellen. Aber damit sei jetzt Schluss, und deshalb sei er »hoite Abent« nach Fürstenfeldbruck gekommen um »to all of you, my Bavarian brothers and sisters« eine Botschaft zu bringen, an deren Inhalt ich mich nicht mehr genau erinnere. Der gemeinste Hund sei sowieso der kalifornische Gouverneur Ronald Reagan, und wäre der heute Abend »here by uns in de ›Martha-Broi‹«, dann hätte er nichts zu lachen. Gemeinsam hoben wir abschließend die Fäuste zum Gruß der Black-Power-Bewegung. Der einzige Missklang kam auf, als eine Besucherin eine Frage an ihn richtete, und der inzwischen völlig zugeduselte Genosse Sepp Schmuttermeier wutend schrie: »Wenn scho' allweil d' Weiber reden!« und darauf hin von zwei Mann als Vertreter der Reaktion hinausgeschmissen wurde.

Susan war nicht im Saal, ich hatte alle Tische verzweifelt mit den Augen abgesucht.

»Oiso«, raunte DragoDrago mir am Taxistand zu, während die Zuhörerscharen sich diskutierend zerstreuten. »Oiso, war doch guat, oder?«

Ich wischte mir den Schweiß von der Stirn. »Astrein, Luther«, seufzte ich. »Spitzenklasse, echt wahr.«

»Auf uns boarische Neger is allweil Verlass«, grinste er cool und schob sich in ein Taxi. »Macha S' mir an g'scheiten Preis nach Mering?«, hörte ich noch halblaut.

»Nur nach Tarif«, kam die unfreundliche Antwort.

Zweieinhalb Jahre später wurde Luther DragoDrago morgens um fünf Uhr in einer Überraschungsaktion in Abschiebehaft genommen. Er stand kurz vor seinem Examen. Die bayrische Staatsregierung jedoch war der Meinung, »dass er mit seinen politischen Aktivitäten die traditionell freundschaftlichen Beziehungen zwischen der Bundesrepublik Deutschland und den Vereinigten Staaten von Amerika belastet«. Schon Stunden nach seiner Verhaftung saß er in einer Maschine, die ihn »in seine amerikanische Heimat« zurückbrachte, »da er offensichtlich zur Integration in die deutsche Gesellschaftsordnung nicht bereit war«. Meine Abneigung gegen Bürokraten ist mit den Jahren eher stärker geworden.

Es war Ende Juni inzwischen. Die Tage waren warm geworden, was bedeutete, dass es in meinem Zimmer immer stickiger wurde, da man wegen des Straßenlärms die Fenster nicht aufmachen konnte. Der Konflikt mit meinem Vater war außer Rand und Band geraten. Um endlich wegzukommen und einigermaßen zu überleben, hatte ich eine Unterhaltsklage eingereicht. Natürlich wurde ich daraufhin endgültig behandelt wie Abschaum. Ich hatte einen Aushilfsjob in der Briefabfertigung des Postamts angenommen, wo ich im Schichtdienst einmal morgens um viertel vor fünf Dienstbeginn hatte, dann wieder nachmittags um halb drei. Ich stand jedes Mal gerädert auf, und kurz vor fünf rollten wir zu dritt mit dem gelben Kombi auf den Bahnhof und luden die Postsäcke aus dem Frühzug. Der ständige Schichtwechsel schlauchte mich unheimlich, und ich begann abzumagern. Mehr und mehr bekam ich das Gefühl, dass ich keine Heimat mehr hatte. Von der Atmosphäre her betrachtet, war der Strafvollzug in einem Jugendgefängnis humaner als mein häusliches Milieu. Goldie, die ich nur noch wenig sehen konnte, war völlig hysterisch und machte mir am Telefon regelmäßige Heulszenen. Ich wollte weg von ihr, aber angeschlagen wie ich war, fand ich nicht mehr die Energie zu einem Bruch. Also versuchte ich nachmittags etwas zu schlafen und sie abends zu treffen. Sie dachte vorwiegend an sich selbst.

Mein Großvater hatte irgendwo ein altes Moped für mich gekauft, eine schwarze, knatternde DKW Hummel. Kein Vergleich mit den heutigen Maschinen. Wenn sie warm gelaufen und die Straße eben war, erreichte man nach einer längeren Aufbauphase vierzig Stundenkilometer. Einerseits genierte ich mich für meinen Knatterkasten, andererseits war er eine erhebliche Erleichterung. Und auch die unerwartete fürsorgliche Geste hatte mir gut getan.

Goldie hatte mir beim letzten Mal irgendwelche Schulhefte von sich aufgehalst, die sie jetzt natürlich dringend benötigte. Ich war eben von meinem Nachmittagsschlaf aufgestanden und fühlte mich wie Schlamm, als sie anrief. Sie brauchte die Sachen unbedingt am nächsten Tag, kam heute aber erst spät von einer Firmenveranstaltung zurück. Ob ich sie ihr schnell nach Hause bringen könnte? Ich bejahte müde und startete meine Hummel. Am Haus ihrer Familie klingelte ich längere Zeit vergeblich. Erst nach einigem Warten machte Regine auf. Sie sah verdöst aus, war in einem rosa Bikini, und die Träger hingen ihr über die Schultern. Die Körbchen waren so weit unten, dass die Höfe ihrer Brustwarzen erkennbar waren. Sie war allein und hatte sich im Garten gesonnt. Natürlich bat sie mich herein, goss mir eine Cola ein und legte sich bäuchlings zurück auf ihre Liege, während ich mir das Hemd aufknöpfte und mich erschöpft in einem Stuhl zurücklehnte. Regine hatte stets einen leicht provozierenden Ton an sich, wenn sie mit mir redete. War nicht zu übersehen, dass ich ihr gefiel. Wie beiläufig hakte sie ihren BH auf und drückte mir die Tube mit der Sonnencreme in die Hand. Bedächtig begann ich, das weiße Zeug auf ihrem Rücken zu verstreichen. Nach einiger Zeit arbeitete ich mit beiden Händen. Sie schnurrte. Als ich mit dem Rücken fertig war, nahm ich mir erst ihren Hals und dann die Schenkel vor. Die Außentemperatur stieg fühlbar an, in einer kaum wahrnehmbaren Bewegung schob Goldies Schwester mehr und mehr ihre Schenkel auseinander. Sie war eine eifrige Tennisspielerin und hatte muskulöse, wohlgeformte Beine, gazellenschlank, ohne jedes Fett. Lange Beine, fand ich. Sonnengebräunt.

Ich war wie gerädert und fragte mich, worauf ich mich jetzt wieder einließ, aber ich verdrängte den Gedanken. Gine schien alles zu gefallen. Der schmale rosa Bikinistreifen zwischen ihren Beinen wurde zur Herausforderung, und bald wurde Regine lauter. Nicht, dass ich sehr forsch vorgegangen wäre, dazu war mir letztlich zu unwohl bei der Sache. Dennoch arbeitete ich mich unvermeidlich vor, bis ich sie spürte. Sie war heiß wie eine Pfütze, die den ganzen Tag in der Sonne gestanden hatte, und schmiegte sich gegen meine tastenden Finger. Ich sah, wie sie die Lippen zusammenpresste. Ihr Becken begann sich zu heben und wieder auf die Liege zu plumpsen, und Gine begann zu seufzen und zu stöhnen, sodass ich mehr und mehr auch meine eigene Vorsicht fahren ließ. Unter Regines wohlig hervorgestoßenen Lauten verfiel ihre Vulva in ein stetiges sanftes Kreisen.

»Fünf Mark! Mindestens!«

Wir fuhren hoch. Mambo stand neben uns und grinste uns altklug an. Mit einem wütenden Aufschrei schoss Regine in die Höhe. Sie hatte zauberhaft hübsche Brüste, fand ich noch, während sie wie ein schimpfender Blitz hinter ihrer kleinen Schwester herjagte. Die Spitzen standen so fest ab wie die Ziermuttern an einer Radnabe. Ich hörte Schreien aus dem Haus und das Klatschen von Ohrfeigen. Das Bikinioberteil lag mit den Innenkissen nach oben auf der Schaumstoffmatratze.

Regine kam allein zurück. Sie schnaufte vor Wut. Ihre Brüste sprangen auf und ab, als sie durch den Garten stakste, aber die Radmuttern waren verschwunden.

»So ein verdammtes Biest!« Schnaubend zog sie ihr Oberteil an. Die langen blonden Haare fielen darüber.

Ich zuckte die Schultern und ging ins Haus. Von igendwoher erklang gedämpftes Weinen. Nach einigem Suchen fand ich Mambo auf der Kellertreppe sitzend. Ihr Gesicht war von den Schlägen gerötet. Die dünnen Beine schauten blass aus ihrer blauen Turnhose. Sie hatte sich die flachsblonde Mähne hinter die Ohren geklemmt und strich jammernd über ihre Wangen. Zwei Tränen kullerten aus ihren Augen. Angstvoll sah sie zu mir hinauf. Sie war einfach wieder Kind. Als ich die Hand nach ihr ausstreckte, zuckte sie zusammen.

Ich setzte mich neben sie und legte den Arm um sie. Sie schlang panisch die Arme um meinen Hals und bekam einen Weinkrampf. Ich streichelte ihren Kopf.

»Komm«, sagte ich beruhigend. »Schon alles okay.«

»Bist du nicht böse?«, fragte sie mich.

Ich mochte sie sehr, und sie wusste es. Ich küsste sie auf die Wangen und wischte ihr das Gesicht ab.

»Hasst du mich jetzt?«, fragte sie ängstlich. »Ich ertrag es nicht, wenn du mich hasst.«

Seit ich ihr aus der Lateinpatsche geholfen hatte, war ich ihr großes Vorbild. Besonders groß kam ich mir in diesem Moment allerdings nicht vor.

»Ich verrat nichts«, flüsterte sie. »Wirklich. Aber nur, wenn du mich nicht hasst.«

»Mambo!«, sagte ich liebevoll. »Jetzt geh und wasch dir dein Gesicht.«

Sie fiel mir um den Hals und zischte die Treppe hinauf. Als ich ins Foyer kam, stand Regine in der Küche. Sie trug hellblaue Jeans, ein weißes T-Shirt und halbhohe dunkelblaue Slipper. Ihre rot lackierten Zehen guckten aus den Schuhspitzen und die beiden Radmuttern aus dem T-Shirt. Sie hielt ihren Bikini unter die Wasserleitung.

Nachdenklich führte ich meine Finger zur Nase. Sie rochen nach Regine, und es war ein schöner Geruch. Sie starrte mich verloren an, ihr Gesicht war traurig und zugleich verlegen. Wortlos wusch ich mir die Hände und sprang auf meine Hummel. Als ich auf die Straße hinausrollte, stand Mambo am Fenster. Sie winkte mir strahlend und warf mir eine Kusshand zu. Und ich wusste, ich würde ihr niemals böse sein können.

Es war Hochsommer. Wir arbeiteten in der Post bei weit geöffneten Fenstern, und mein Kollege, der Breit Isi, erzählte mir freudestrahlend, wie der Oberbacher Schorsch aus dem ersten Stock voriges Jahr zerstreut in unseren Raum gekommen war und eine offene Stahlkassette mit »viarasechz'gtausend Markl« den ganzen Tag über im offenen straßenseitigen Fenster hatte stehen lassen. Erst als der

Geldbote die Kassetten mit den Rentengeldern abholen wollte, um sie über die Landpostämter zu verteilen, vermisste der Schorsch sein Sach. Es kostete ihn ein Tragel Weißbier, und der Vorfall ward großzügig vergessen und nicht nach oben zum »Alten« gemeldet.

Ich war zweimal bei Susan gewesen, jedes Mal hatte ich unangemeldet geklingelt. Es waren schöne Abende gewesen. Sie war so nett und so geheimnisvoll wie immer, wir redeten viel, und die Harmonie zwischen uns war tief und innig wie seit jeher. Mehr war nicht passiert. Zwar hatte sie mich beide Male zum Abschied auf die Lippen geküsst, doch hatte sie sich auch beide Male schnell davon zurückgezogen. Ich hatte überlegt, ob sie irgendein Spielchen mit mir trieb. Aber da ich nichts Falsches an ihrem Charakter entdecken konnte, verwarf ich den Gedanken. Susan war, wie sie war. Man musste sie so akzeptieren. Und dennoch wurde mein Gefühl immer drängender, dass mir die Felle davonschwammen, obwohl ich es mir nicht erklären konnte. Mir schien, dass sie mich weder ganz halten noch ganz loslassen wollte, und es machte mich sehr unglücklich. Ich litt still vor mich hin, denn begreiflicherweise gab es niemanden, mit dem ich darüber sprechen konnte: mein Elternhaus ohnehin nicht, die Genossen ging es nichts an, Thea war die falsche Adresse, und Goldie davon zu erzählen hätte bedeutet, mit einer Vietcong-Fahne quer über einen CSU-Parteitag zu laufen.

Also begann ich mich mit der Lage abzufinden. Schließlich hatte ich relativ früh im Leben begreifen müssen, dass die Lizenz zu leben nicht den Anspruch auf persönliches Wohlergehen, geschweige denn Glück beinhaltete. Dass es Susan zu mir zog, war nicht zu übersehen. Dass sie sich gegen irgendetwas wehrte, auch nicht. Vermutlich war das mit der Scheidung zu frisch gewesen. Vielleicht trug sie zu viele Verletzungen mit sich herum, die sie hinter ihrer sonnigen Fassade verbarg. Aber es wunderte mich, denn verletzte Menschen wärmen keine anderen, selbst wenn sie äußerlich strahlen. Sie saugen eher ab. Susan hingegen sprühte vor so viel gewinnender Wärme, dass ich mir meiner Theorie immer weniger sicher war. Wie es auch war, ich musste es akzeptieren, selbst wenn ich darunter litt wie ein Hund.

Ich fühlte mich immer ausgemergelter. Der häusliche Krieg an allen Fronten hatte mich psychisch so weit breitgeschlagen, dass ich, wenn überhaupt, nur noch in einem fortwährenden Alarmzustand schlief. Der Schichtdienst begann an meinen Magenschleimhäuten zu fressen, und Goldie wurde wegen unserer weniger häufigen Treffen immer unbefriedigter und überschüttete mich mit launischen Stimmungen und verheulten Anklagen der absurdesten Art. Mein Gewicht sank unter die Siebzigkilogrenze, für einen jungen Mann von über hundertneunzig Zentimetern ein ziemlich dünnes Polster. In einer Änderungsschneiderei ließ ich mir meine Jeans enger nähen, am Bund und vor allem an den Beinen.

Verloren strich ich durch die Stadt, versonnen in düsteren Gedanken und gedrückt von schwarzen Gefühlen. Ich brauchte Schutz, aber es gab niemanden, der mich schützte.

Es hatte eine Beschwerde über mich gegeben: Vom Lallinger Gucki, der zwar bei der Post war, doch ums Verrecken zum Briefeaustragen keine Uniform anziehen wollte, stand eine Dienstmütze zum Verkauf. Denn nicht einmal Mützen setzte er auf, er trug ausschließlich Zivilkleidung aus einer Münchner Boutique, da war er eigen. Da die dienstlichen Kleiderabnahmevorschriften jedoch so waren, wie sie waren, stand ihm von Amts wegen nach einem komplizierten Schlüssel zweijährlich eine Dienstmütze zu, wetterfest, postblau mit Goldkokarde, die er natürlich auch bezahlen musste. Der übliche bürokratische Unsinn eben. Zehn Mark wollte er dafür, und ich kaufte sie mehr aus Jux. Mit meinen inzwischen schulterlangen Haaren und dem rupfigen Vollbart kam sie prima rüber. Es wirkte etwa so wie Frank Zappa im Trachtenanzug. Klar, dass ich meine Neuerwerbung auch auf dem Weg zur und von der Arbeit trug. Klar, dass bald einer den Amtsstellenleiter, einen gewissen Amtmann Dörfl, anrief und sich heftig über den Anblick beschwerte.

Der Herr Dörfl war, da stimmten alle im Amt überein, postalisch völlig unfähig, aber aufgrund amtsinterner Streitereien an höherer Stelle als Kompromisskandidat auf den Posten gehoben worden. Da er ein sehr unsicherer Charakter war, neigte er zu autoritärem Auftreten, und seine rotköpfigen Brüllanfälle waren gefürchtet. Andererseits, vor Leuten mit politischen Beziehungen hatte er einen Höllenrespekt, was dazu führte, dass mehrere SPD-Landtags- und Bundestagswahlkämpfe praktisch vollständig aus dem Brucker Postamt heraus organisiert wurden: Der SPD-Wahlkampfleiter war Postbeamter, und Dörfl stellte sich einfach blind und taub, weil er es sich mit niemandem verderben wollte, der potenziellen Einfluss hatte. Dass ich auch aktiv war, hatte er natürlich den Lokalzeitungen entnommen, und er behandelte mich stets mit erlesenstem Respekt.

Jetzt war er in den Abfertigungsraum gekommen, wo ich gerade ein paar Postsäcke – »Beutel« hießen sie im Amtsdeutsch – verplombte. Er begrüßte mich höflich mit Handschlag, dem Breit Isi schenkte er nur ein knappes Nicken.

»Aaaah ja, Herr Achinger, wie geht's Ihnen?« Er war über dreißig Jahre älter als ich und klang mir eine Spur zu eilfertig. Freundlich betonte ich, wie überaus wohl ich mich hier fühlte. Irgendwas war im Anmarsch. Jetzt, bei dem ganzen Trouble zu Hause, bloß nicht noch den Job verlieren! Bloß nicht!

»Oiso, zufrieden sind mir schon mit Ihnen, das muss i, net wahr, oiso das muss i schon sagen. Schon sagen, net.« Wenn er sich unsicher fühlte, neigte er zu bruchstückhaften Wiederholungen. Das hatte ich schon beobachtet.

Ich dankte ihm erfreut für die unerwartete Anerkennung.

»Ja, oiso schon, doch. Sie machen Ihre Sach, Ihre Sach, net wahr, oiso, die machen S' sehr ausgezeichnet …«

»Sehr schön«, sagte ich verlegen. »Ich geb mir auch Mühe, auch wenn ich mich manchmal frag, ob ich damit nicht indirekt das kapitalistische System stabilisier.«

Er lachte nervös. »Ah ja, der Kapitalismus. Der Kapitalismus, ja mei … hehe.« Ich hatte ihn auf dem völlig falschen Fuß erwischt, das sah ich daran, wie er die Augäpfel nach oben rollte, während er hektisch nach einer Antwort suchte. Sprach er sich für den Kapitalismus aus, war er politisch einseitig, was unter einem SPD-Postminister gefährlich werden konnte; sprach er sich dagegen aus, fiel er sofort unter den Radikalenerlass. »Ja mei … äh, oiso vom Kapitalismus, haben S' g'sagt, net, oiso da verstehn mir nix. Mir sind ja Beamte, sozusagen, hehe.« Dass er Hochdruckpatient war, hatte ich schon gesehen. Jetzt schwitzte er leicht.

Mir wurde sauunwohl. Was wollte er von mir? War ich politisch missliebig geworden? Hatte er einen Wink aus München bekommen? Andererseits, der Staatssekretär im Bundespostministerium war auch ein SPD-Genosse, wieso ließ der so etwas zu? Und wer würde mich hier raushauen?

»Die Systemfrage stellt sich ja praktisch täglich – das erforderliche Klassenbewusstsein vorausgesetzt…« dozierte ich geduckt.

»Ah ja, geh, System! Mitm System halt immer wieder, freili' …! Oiso, jetzt wollen mir hier nicht so systematisch sein, net wahr, überhaupts nicht systematisch, weil mir sind ja Postler. Alle mitaranand.«

Er lachte zusehends fahriger. »Ja, der Herr Achinger, hehehe. Ja, oiso, a g'scheiter Kopf is er schon, unser Herr Achinger.«

»Aber?«, fragte ich müde.

»Ja, aber woher! Ja, aber woher! Aber kein ›aber‹ doch! Ja, überhaupts kein ›aber‹! Ja, geh, wos denn! Ja, aber wieso denn ein ›aber‹? Ahehehehehe!«

»Wolf, du muasst deine Beutel zukriegen!«, ging der Breit Isi mahnend dazwischen. »Sonst bleibt de ganze Post liegen.« Er wandte sich an den Amtmann Dörfl. »Stellen S' Ihnen amal vor, was da los wär, im Bahnpostamt München!«

»Jessas naa!«, schrie Dörfl auf und schlug die Hände vorm Gesicht zusammen. Er war nämlich vom Bahnpostamt München gekommen, und da drinnen warteten sie nur drauf, dass sie ihm eine verpassen konnten. »Ja, oiso dann, Herr Achinger, oiso dann, dann machen S' nur schnell weiter.« Sein Kopf war karmesinrot. Wenn man jetzt mit einer Nadel hineinstach, war er fällig. »Ja mei«, stieß er gewichtig hervor, »sonst bleibert ja am End noch die Post liegen. Da wärn mir ja sauberne Postler, net wahr, oiso hehehehehehehe.«

Er schüttelte mir voller Hochachtung die Hand und rauschte schnell hinaus.

»Da kuscht er, de Sau!«, sagte der Breit Isi grimmig. »Bei de' Politischen, da kuscht er!«

Es war höchste Zeit. Ich verplombte hektisch ein Dutzend Beutel, und da kam auch schon der gelbe Postlaster angefahren.

»Bin i hier… bin i hier richtig auf dem Bosdamd Fürstenfeldbruck?«, schrie der Fahrer, als er den Kopf zum Stahltor hereinsteckte. Jeden Tag um die gleiche Zeit kam er mit dieser Frage daher, und jeden Tag sagte einer zu ihm: »Naa, Sie… jetzt passen S' auf…!«, und die anderen lachten.

Vergnügt luden wir unser Postgut auf den Dienstweg und ich hatte das komische Gespräch mit meinem Chef schon vergessen, als der Lallinger Gucki mit roten Ohren daherkam. Mit roten Ohren und saugrantig.

»Du bist mir a scheene blöde Sau!«, fuhr er mich an. Ich verstand überhaupt nichts mehr. »Jetzt gib die Mützen her, und da hast deine zehn Mark, Scheiße, vastehst!«

Ich muss ziemlich blöde geguckt haben. »Mei' Mützen?«

»Jetzt gib's scho' her!«, fauchte Gucki wütend und riss sie mir vom Kopf. Gleichzeitig schob er mir einen Zehnmarkschein in die Hemdtasche.

»Ja Kruzefix…!«, wollte ich protestieren.

»Geh, halt dei' Maul!«, schimpfte Gucki und zog stinksauer davon. »Taat er mit meiner Mützen rumlaufen!«

»Au weh!«, sagte der Breit Isi mitfühlend. »War er grad oben beim Alten!«

Es war nach zehn Uhr abends, als ich aus dem Dienst kam. Deprimiert zog ich meine seltsame Meteoritenbahn, auf die das Leben mich so frühzeitig geworfen hatte, aß noch etwas aus dem Kühlschrank und verzog mich auf meine Bude. Nachdenklich kratzte ich mit dem Daumennagel etwas Mörtelstaub von der Wand. Es war feiner weißer Flusssand, mit dem sie verputzt hatten, und wenn man die Lampe darauf richtete, dann schimmerte er. War es das eigentlich, überlegte ich? In einer besseren Baubude pennen und wie Dreck behandelt werden?

Meine Turnschuhe stanken, aber man konnte das Fenster nicht aufmachen, ohne dass einem die Lastwagen über die Bettdecke fuhren.

Um kurz vor fünf musste ich wieder am Bahnhof sein. Wie ein

Stück morsches Holz kroch ich unter meine Decke. Mir war zum Heulen, und ich war verbittert. Viel zu verbittert für meine zwanzig Jahre. Zwar hatte ich gemerkt, dass ich ziemliche Nehmerqualitäten entwickelt hatte, aber ich hatte auch gelernt, dass die Striemen immer erst mit Verspätung brannten. Dumpf sinnierend taumelte ich hinüber in meinen angespannten Halbschlaf. Das Haus war ruhig und döste. Die Garage stand offen und leer. Mein Kopf wurde leer. Endlich.

Ich erwachte davon, dass jemand meine Tür öffnete. Erschrocken fuhr ich zusammen. Bei der Situation im Haus musste man immer auf alles gefasst sein.

Sie stand im Nachthemd am Fußende meines Bettes. Der Elektrowecker, den ich mir extra für den Job gekauft hatte, zeigte viertel nach zwei.

»Wo er nur is, wo er nur is …?«, sagte sie eindringlich. »I mach mir solche Sorgen. So a Nebel is draußd, a so a Nebel!«

Todmüde hob ich den Kopf. Seit wann redete man mit mir? Ich wusste, wo er war, aber ich hatte keine Lust es zu sagen. Undeutlich brummte ich etwas und drehte mich um. Sie verschwand aus meinem Zimmer.

»Macht der nachts um zwoa bei der aa no' Bauleitung?«, hatte mein Cousin Willy mich gefragt, nachdem er den Wagen meines Vaters vor ihrem Haus gesehen hatte. Sie baute gerade ihren Laden um. »Kriagt er da wahrscheinlich Schichtzulage, ha?« Sie sollten mich am Arsch lecken mit ihrer verdammten Heuchelei.

Als der Wecker schnarrte, sprang ich hektisch in meine Jeans, schnürte meine weißen Turnschuhe und knatterte los. Der Breit Isi mit seinem unerschütterlichen Grinsen stand schon auf der Laderampe. Der gelbe »Packelwagen« fuhr scheppernd vor. Jedes Mal schepperte er, wenn er schneidig durch das Hoftor jagte. Der Brenner Andy am Steuer war bester Dinge – war er immer um diese Zeit. Er war nach eigenen Angaben »a leidenschaftlicher Autofahrer«, und es gab keinen schöneren Beruf für ihn. Der Himmel färbte sich schon hell, und ich sah die Stadt sich gemächlich erheben mit ihrem täglichen arschigen Rülpsen.

Ich musste sie sehen. Ich musste sie endlich wiedersehen, sonst wurde ich verrückt.

Vor dem Tresen des Oberbriefträgers gab es eine Diskussion, nachdem wir die Säcke ausgeleert hatten. Beim »Ober« holte sich morgens jeder Zusteller die Einschreiben, Wertbriefe, Postzustellungen und sonstiges Zeug ab, das er an diesem Tag zu verteilen hatte. Heute hatte der »Ober« von einer dienstlichen Fortbildungstagung in Freising berichtet, zu der sie ihn geholt hatten, obwohl er nicht gerne hinter seinem Tresen hervorkam. Sie hatten dem Lehrgang eine Ausstellung gezeigt, die den Entstehungsgang einer Briefmarke dokumentierte: Von der Themenfestsetzung durch eine Findungskommission beim Bundespostminister über die gezeichneten grafischen Rohentwürfe bis zu den stählernen Druckmatrizen und ersten Probeandrucken vergingen Monate, berichtete der »Ober« tief beeindruckt. Monate! Die umstehenden Postboten waren auch beeindruckt, teilten sich jedoch bald in zwei Lager. Die sozusagen Königstreuen fanden es gut, dass es so lange dauerte, und waren gegen jede Form von Hektik, die der Beruf, so anfangs die einhellige Ansicht, nicht vertrug. Der Seethaler Sepp allerdings, Zustellbezirk vierzehn, sagte giftig: »Is ja …, is ja koa Wunder, net, dass d' Briefmarken so teuer san, wenn de …, wenn de in Freising so …, so lang damit braucha!« Das kippte die Stimmung bei zumindest einem Teil der Versammelten. Stimmen wurden laut, dass man es leid sei, sich ständig wegen der hohen Postgebühren kritisieren zu lassen, während »de da oben« sich ein halbes Jahr lang mit ihren Zeichenstiften vergnügten. Der Seethaler kam in Rage: »Jetzt frag *i* dich: Brauchertst *du* …, brauchertst *du* sechs Monat Zeit für a …, für a *so* a kloane Briafmarken, ha?! Was waar nachert …, was waar nachert so schwer an a *so* a kloaner Briefmarken, dass du da …, dass du da … da sechs Monat lang dran … dran rummalertst, ha?« Die Argumentation war schwerwiegend und bewirkte, dass neben dem eigentlichen Thema auch noch alte Konflikte auftauchten, so der Konflikt zwischen Zustellerin elf und Zustellerin eins, die sich gegenseitig ihre Kinderlosigkeit vorwarfen. (»Du bist ja z' hysterisch zum Kinderkriagn, drum kriagst aa koane …!«) Als dann noch der Klein Franzi, den sie gerade erst in Grunertshofen aus dem Vorstand des Fußballvereins abgewählt hatten, sich seinen Schmerz vom Leib schrie, ging der »Ober« im letzten Moment mit einer Kartonrolle dazwischen, sonst hätte es Verletzte gegeben.

Die Diskussion ging lautstark an den Sortierwänden weiter, wo die Zusteller ihre Touren »steckten«. Der Kröpfl Heini, Zustellgang einundzwanzig, war eigentlich ein eher Stiller, der wie jeden Morgen zusammen mit drei Kollegen losradelte. Er kam zwanzig Minuten später ganz verlegen zurück, weil er – erstmalig in seiner Karriere – über der hitzig geführten Auseinandersetzung seinen postgefüllten Lederranzen auf seinem Arbeitstisch vergessen hatte. Es war ihm erst aufgefallen, als er mit dem Austeilen beginnen wollte und sich wunderte, warum es sich heute so leicht bergauf radelte. Der Vorfall gab Heini einen bleibenden Imageschaden, immerhin.

Barhäuptig, aber mit zehn Mark in der Hemdtasche, fuhr ich nach Hause. Ich war hundemüde. Die Sommersonne brannte herab, es war halb zwei Uhr nachmittags, sechs Schwäne glitten lautlos über das Wasser der Amper, als ich verbotenerweise die schmale Passage am Silbersteg entlangtuckerte. Halb versunken, halb gierig zog ich an meiner Zigarette. Mein Kopf juckte. Meine Haare waren so lang geworden, dass sich Schuppen bildeten.

Auf dem Herd stand ein Topf mit Schinkennudeln. Ich machte mir eine Portion warm, vertilgte sie hastig und warf mich in meine Koje. Irgendwie hatte mein Leben sich darauf reduziert: auf den Wechsel zwischen Koje und Abfertigungsraum. Sonst gab es kaum noch etwas, ich war einfach zu hinüber. Goldie gab es noch – mein Gott, Goldie.

Doch – es gab noch etwas. Sobald ich die Augen schloss, sah ich es: Es gab dieses offene und kluge Brillenlächeln aus den stets wachen und ein wenig verschleierten Augen. Es gab diese Stimme, die so akzentuiert und in so gepflegtem Deutsch artikulierte. Und es gab diese hauchzarten Pullover, die einen so viel von dem erahnen ließen, was sich ganz simpel mit dem Wort »Glück« umschreiben ließ. Darunter war Haut, träumte ich. Gewiss fühlte sie sich so zart an wie der Mohairflaum, in den sie sich hüllte. Oh Mann, Susan, dachte ich, und eine erschöpfte Fantasie legte sie einfach neben mich. Und es war nichts Lautes darin und nichts Forderndes, nichts Angestrengtes und nichts Verleugnetes, und es war kein Spiel und kein Druck und keine Macht. Es war einfach Susan, und es war das Ende aller meiner Wünsche. Ich spürte sie dicht an mir, als ich mit immer schnellerer Geschwindigkeit abwärts sank, und als ich erwachte, dämmerte der Abend, und die Wolken hatten sich schwarz aufgetürmt, und die Luft war nicht mehr Luft, sondern aufgeheiztes Gelee, und als ich das Fenster öffnete, fiel sie schwarz und feucht über mich her, und der Himmel nahm dieses fahle Schwarzgelb an, das einem das Gehirn dunkelleuchtete, und bald würden schwere Tropfen auf den Asphalt platschen wie Wurfgeschosse, und die Reifen quietschten hitzig, wenn die Autos abbogen in die Kapuzinerstraße, und man brauchte nur die Kapuzinerstraße hochzufahren, bevor der Platzregen einsetzte, und noch zehn Minuten weiter, und dann war ich bei ihr.

»Oh!«, sagte sie spitz.

»Hallo Susan«, sagte ich aufleuchtend. »Hallo Susan!«

Sie legte die Arme um meinen Hals, hauchte mir einen kurzen Kuss auf die Lippen, verharrte einen halben Atemzug und ließ für den anderen halben Atemzug ihr Gesicht an meine Brust sinken.

»Ich freu mich«, sagte sie. »Jetzt freu ich mich aber.«

»Ja?«, sagte ich. Goldie würde wohl grade bei mir anrufen, und ich war nicht zu Hause.

»Ja«, sagte sie, und ein zweites Mal legte sie verstohlen ihr Gesicht an meines, und noch nie war ich innerhalb so kurzer Zeit gleich zweimal von ihr geküsst worden.

»Keine Versammlungen?«, fragte sie strahlend.

»Sommerpause«, stammelte ich verlegen. »Die Genossen sind alle im Urlaub.« Wir redeten über dies und das, und ich hielt ihre Hand für eine ganze Weile, und sie ließ es zu und zog sie erst zurück, nachdem ich sie auf die Fingerspitzen geküsst hatte.

»Komm«, sagte sie. »Ich habe Hunger.« Die Stadt war klein damals, und Franco mit seiner Pizzeria lag praktisch schräg gegenüber. Der Kellner mit dem tätowierten Handrücken, der einem immer wieder unaufgefordert erzählte, wie er von der Fremdenlegion abgehauen war, lächelte uns an, als er uns servierte. Er merkte, dass die Atmosphäre zwischen uns eine besondere war. Ich hing an Susans Lippen. Sie erzählte von Peru. Von ihrer Jugend als Auswandererkind. Von ihrem Umzug nach Deutschland. Von einer kurzen Ehe, die ziemlich schnell schief gelaufen war. Von der erneuten Ballonfahrt, die sie kürzlich gemacht hatte, und von der Ruhe, die die Welt ausstrahlt, wenn man die Menschen hinter sich lässt. Sacht streichelte ich ihren Handrücken, sie ließ es geschehen. Glücklich nahm ich ihre Hand in meine, und als ich den leichten Druck ihrer Finger verspürte, mit dem sie mein Fragen beantwortete, spürte ich in mir eine neue Art von Gefühl. Das hier brauchte keine Definition. Das hier war meine Susan.

»Noch ein Bier, die Herrschaften?«, fragte der Ober.

»Okay«, sagte ich glücklich. Wenn man nein sagte, fing er an zu diskutieren, über irgendwas, und ich wollte keine andere Stimme hören jetzt.

»Komm«, sagte sie nach einiger Zeit. »Trink aus und lass uns gehen!« Ich war glücklich. Dass man mit so einfachen Worten ein ganzes Leben verändern konnte: Austrinken und gemeinsam gehen, was anderes bedeutete Liebe schon, genau genommen?

Wir traten auf die Straße. Komisch, es hatte immer noch nicht geregnet. Die schwarzen Wolkentürme waren ostwärts gezogen. Die stickige Hitze war geblieben. Mein Hemd klebte mir auf der Haut, und erst jetzt fiel mir auf, dass Susan keinen Pullover trug, sondern ein sportliches Polohemd. Ihre Füße steckten in goldfarbenen Riemchenschuhen mit hohen Absätzen, und die Nägel waren dezent lackiert. Was man alles entdecken kann an einer Frau, dachte ich. Ich muss die ganze Zeit nur auf ihr Gesicht gesehen haben.

Susans Hand suchte die meine. Hand in Hand, während unsere Schultern sich immer wieder leicht berührten, schlenderten wir die Straße entlang. Ein glückliches Paar, dachte ich mir. So muss es sein, wenn man glücklich ist. Susan schob ihren Arm in meine Achselhöhle und legte den Kopf auf meine Schulter. Mir stockte der Atem vor Gefühl. Vom Himmel her grollte es, aber es würde anderswo herunterregnen. Auf irgendwelche Unbeteiligte weiter östlich. Nicht auf sie und nicht auf mich.

Ein Citroën 2CV war kein Auto, sondern ein Lebewesen. Es hatte große glubschige Augen, mit denen es einen typisch französisch anstarrte, und es besaß Stelzenbeine, auf denen es die Straße entlangpromenierte. Und eine große, faltige Nase, die ihm seinen Charakter verlieh. Susans 2CV stand vor ihrem Wohnblock und starrte uns an. Ich wollte ihn ignorieren, denn mir war nicht nach einem Gespräch mit einem Dritten. Aber Susan schob mich darauf zu. Sie strahlte vor Glück.

»Lass uns irgendwohin fahren und noch etwas trinken«, sagte sie.

»Jetzt?«, stammelte ich, als hätte man mich mit allen Wurzeln aus dem Erdreich gerissen. »Jetzt irgendwohin?«

Ich hatte keine Chance, diesem Lächeln zu widerstehen. Es winkte mich auf den Beifahrersitz, und dort blieb ich kleben. Susan rollte das Verdeck auf. »Lass uns in die ›Rodelbahn‹«, sagte sie und startete die Maschine, ohne meine Antwort abzuwarten. Mein Gott, dachte ich mir, was hat die für einen Kopf. Ich werde glücklich werden mit ihr, aber werde ich sie jemals verstehen können?

»Ich muss noch etwas trinken«, schrie sie gegen das jammernde Motorgeräusch an. »Ich hab noch nicht genug Mut!« Ganz fest hielt ich ihren rechten Arm. Sie legte die Hand auf meinen Oberschenkel und streichelte ihn. Fahr in den Graben, dachte ich mir, aber hör doch endlich auf zu fahren.

Doch Susan fuhr weiter, und wir landeten in der »Rodelbahn«. Die einzige Intellektuellenkneipe der Stadt, konnte man sagen. Mit anderen Worten, es war die Kneipe, wo angehende, abgeschlossene und gescheiterte Akademiker sich lärmend voll soffen und dazu ein überbackenes Käsebrot aßen. Hätte man auf der schmalen, sandigen Zufahrtsstraße entlang der Bahngleise Alkoholsünder abkassiert, man hätte in kurzer Zeit Bill Gates und sein Empire aufkaufen können. Die langen schweren Holztische mit den fest montierten Bänken waren gut besetzt, und wir quetschten uns dazu. Es hatte den wunderbaren Vorzug, dass unsere beiden Körper sich fast über die gesamte Länge seitlich berührten.

Ich fühlte mich wie ein Starkstromkondensator am Tag seiner ersten Ladung. Verzaubert legte ich einen Arm um sie, und ich fühlte nicht nur ihren Kopf an meiner Schulter und ihre Lippen an meinem Hals. Ich fühlte einen leichten Druck ihres Schenkels gegen den meinen, und für einen Atemzug träumte ich davon, jetzt einfach den Tisch abzuräumen und …

»Du bist nett!«, sagte Susan leise. »Richtig nett.« Ihre Finger streichelten über meine Wangen.

»So, die Herrschaften, a Bier oder a Weizenbier, was derfert's denn sein?«, fragte der studentische Aushilfskellner. Zur Abwechslung bestellte ich Weißbier, obwohl ich davon immer Schluckauf bekam.

»Was zum Essen?«, fragte der matratzenbärtige Studentenober.

»Oh, Gott, nein!«, lachte Susan. »Nur etwas zu trinken!«

Verschwörerisch blinzelte sie mich an. »Ich brauche keine Mahlzeit, ich brauch nur Mut!«

»Ach, geh!«, sagte ich verliebt. »Den finden wir schon.« Sie rückte noch enger an mich heran. Ich legte meine Linke auf ihren Schenkel und streichelte ganz behutsam die Innenseite.

»Zwoa Weißbier, wenn's recht is«, sagte der aufdringliche Ober, Herrgott noch mal!

Ich beugte mich zu Susans Ohr hinab. »Es genügt ein Wort von dir, und Goldie ist Vergangenheit.« Die Luft war stickig, und es wurde viel zu viel geraucht hier herin.

Sie zwinkerte. »Du Draufgänger!«

»Ich meine es ernst«, beharrte ich. »Morgen habe ich Nachmittagsdienst. Übermorgen Fünfuhrschicht. Danach trenne ich mich von ihr.«

»Du Spinner!«, sagte sie sanft, und ein Tischnachbar sagte »Öha! Öha!«, als ich sie an mich riss.

»No' a Weißbier, der Herr?«, fragte der umsatzgeile Kellner. Ich bejahte mit einer kurzen Winkbewegung und unterdrückte meinen aufkommenden Schluckauf. »Ich bin verrückt nach dir, Susan!«, sagte ich.

»Deswegen brauchst mir net meine Zigaretten obischmeißen!«, sagte einer vom Tisch.

Die verdammte Hitze machte mich fertig, und es wollte und wollte einfach nicht regnen. An unserem Tisch erhob sich fröhliches

Gejohle, und als ich Susan für einen Augenblick losließ, bekam ich mit, dass jemand eine Runde Jägermeister bestellt hatte. Der Anlass war unklar, auch wir bekamen jeder einen.

»Schade, dass du so nett bist!«, hörte ich Susan sagen. »Ich werde dich vermissen.«

»... missen?«, fragte ich schwerzüngig. Susan wollte keinen Jägermeister und hatte mir den ihren hingeschoben. »... missen mich?«

»Ja, da schau her, es regnet!«, sagte einer. »Ja eeeeendlich!«, grölte die Menge. Ich musste sowieso mal raus, und hinterher starrte ich lange durch die offene Eingangstür auf den Platzregen, der den sandigen Vorplatz des Hauses mit einer Kaskade kleiner Tropfenexplosionen übersäte. Ein Körper schmiegte sich von hinten gegen mich. Susan stand hinter mir.

»Ich hab schon bezahlt«, flüsterte sie, und ihre Finger kneteten meinen Nacken. »Wird Zeit, dass wir nach Hause kommen.« Sie legte beide Arme um mich, und durch den Platzregen stolperten wir eng umschlungen zum Wagen. Die kleine Innenbeleuchtung ging an, als sie die Tür öffnete. Die beiden hübschesten Brüste der Menschheitsgeschichte lachten durch ein nasses Polohemd. Es überfiel mich einfach: Ich stürzte mich auf sie und küsste ihre Nippel. Sie heulte leise auf, schob mich von sich und fuhr los.

»Nicht!«, sagte sie, als ich ungestüm meine Hand zwischen ihre Schenkel schob. »Nicht, ich muss fahren. Und ich bin auch nicht mehr ganz nüchtern.«

»Fahr einfach rechts ran!«, drängte ich.

»Du spinnst!«, antwortete sie. »Das hier ist eine Ente und kein Mercedes!«

Sie schob meine Hand von sich, aber ich hatte schon gespürt, dass sie heiß war. Noch niemals, seit es schriftliche Aufzeichnungen gibt, hat sich eine Autofahrt dermaßen gedehnt. Außerdem spürte ich das verdammte Weißbier. Die Scheibenwischer wurden der Sturzfluten nicht mehr Herr. Langsam wühlte Susan sich durch die Wassermassen. »Regnet«, sagte ich müde. »Ganzen Tag nicht geregnet. Ach Sue, ich hab dich so gern!«

»Zum ersten Mal sagst du Sue zu mir.«

»Call me Sue, hast du zu mir gesagt, als ich dich zum … zum ersten … ersten Mal geküsst hab …«

»Ist was mit dir?«

»Halt mal«, sagte ich. »Ich muss dringend pinkeln.«

Ich stellte mich in den Regen und schiffte auf ein Stoppelfeld. Die Autos, die vorbeifuhren, blendeten hämisch auf, wenn sie mich sahen.

Als ich in den Wagen zurückstieg, war sie es, die mich überfiel, es war ein Kuss, fleischig, warm und feucht, mit weit geöffneten Lippen. Ihre Zunge war das lebendigste Teil auf diesem Planeten. Mein verschwitztes Hemd klebte an meinem Körper. Irgendwie bekam ich eine Brust von ihr zu fassen. Susan wimmerte. Meine Susan wimmerte. Mit beiden Händen streichelte ich sie wild. Es erwies sich als ziemlich schwierig in einem 2CV, und außerdem war ich auch ziemlich müde. Es war kein guter Tag gewesen, ein ziemlich mieser Tag eigentlich. Aber ich verscheuchte meine aufkommende Mattigkeit und spürte Susans Fleisch in meinen Händen.

»Hör auf!«, wimmerte sie. »Bitte hör auf! Bitte!« Sanft befreite sie sich und legte den Gang ein. Ganz fest hielt sie meine Hand, nur mehr zum Schalten ließ sie mich los.

Das ist der glücklichste Tag in meinem Leben, dachte ich mir. Ich kann kaum mehr den Kopf oben halten, aber glücklicher als heute werde ich nie wieder sein.

Körper an Körper huschten wir zum Hauseingang. Der Regen hatte nachgelassen, und Francos Pizzeria hatte zu. Es war kurz vor eins, doch in dieser Nacht war Zeit völlig unwichtig geworden. Susan schob eine Hand in mein Hemd, als ich sie im Treppenhaus küsste. Als wir in ihre Wohnung kamen, schmiss ich einen Stuhl um. Ihre Schreibmaschine stand darauf, und es tat einen Knall, als sei ein ganzes Werkstattregal voller Kugellager umgestürzt.

Mit einigen Handgriffen richtete Sue das Bett her. Es war ein schmales Bett, ein Bett für eine einsame junge Frau, und es würde das breiteste Bett werden, in dem jemals ein Paar sich das erste Mal geliebt hatte. »Ich bin sofort zurück«, lächelte sie und verschwand im Bad. Müde riss ich die nassen Klamotten von mir und sank auf das Laken. Es roch nach Susan. Ich roch nur nach Bier. Als sie wiederkam, trug sie einen weißen Bademantel, und ihr frisch gebürstetes Haar war wie Engelshaar. Reines Engelshaar. So wie es in meiner Kindheit von den Christbäumen geleuchtet hatte. Von den Christbäumen der Nachbarn. Mein Vater hatte nie was von Engelshaar gehalten. Es war ihm zu kitschig. Er bevorzugte Glaskugeln, Sternwerfer und Lametta. Es war nach ein Uhr nachts, verdammt noch mal, und vor mir stand Susan in einem sehr, sehr kurzen weißen Frotteemantel und strahlte mich an, wieso dachte ich über Weihnachten nach? Stumpf blickte ich an ihren Beinen hoch. Helle Haut. Die längsten Beine der Welt, und oben drüber saß, wovon ich monatelang... Immer wieder hatte ich überlegt, welche Farbe ihr Dreieck hatte. Mit offenen Lippen sank sie zu mir herab. Ich wollte einen Arm um sie legen, aber irgendwie plumpste er nur über sie.

»Hey!«, hörte ich leise. Es war überhaupt das Letzte, was ich hörte.

Ich erwachte, weil ich Schluckauf hatte und weil ich dringend mal raus musste. Ich hatte einen furchtbaren Geschmack im Mund. Wo zum Teufel war ich hier, und wer atmete neben mir? Und wieso war es so dunkel? Groggy tastete ich um mich. Ein Bademantel neben mir. Durch ein Scherengitter aus Übelkeit, Kopfschmerz und sengendem Nachdurst drang die schmerzlichste Erkenntnis, die einem Mann widerfahren konnte.

Susan atmete tief und rührte sich nicht. Verstohlen rappelte ich mich auf, mein Kopf rotierte wie ein Wälzlager. Irgend etwas war mit Weihnachten gewesen, grübelte ich und trat auf die Schreibmaschine. Es machte ein unfreundliches »Rattack-dling!« Wenigstens den Weg zum Bad musste ich finden. Mir war elend. Mir war so verdammt elend.

Als ich zurückkam, trat ich nochmals mit demselben Fuß auf die Schreibmaschine. Sie sagte nichts mehr, aber meine Zehen taten weh. Die Wasserspülung rabäderte, dass das ganze Haus davon wach werden musste. Noch während ich Zentimeter für Zentimeter meinen Weg zu Susans Bett suchte, setzten zwei weitere Spülungen im Haus ein. Es war ein Radau wie an der Abfüllanlage einer Limonadenfabrik. Pfeifend schloss sich ein Spülkastenventil nach dem anderen.

Langsam arbeitete ich mich unter die Decke zurück. Ich spürte den Frotteemantel neben mir. Eine Strähne von Susans Haar kam mir ins Gesicht. Sie roch nach »Rodelbahn« und nach Zigarettenrauch. Hilflos legte ich eine Hand auf ihre Schulter. Ein Wort von ihr hätte genügt, und ich hätte mich freiwillig an die Wand stellen lassen. Ganz langsam drehte meine Susan sich weg, nicht einmal eine Achteldrehung war es. Mit zuschwellendem Hals berührte ich ihren Rücken. Er zuckte rhythmisch. Bis heute weiß ich nicht, ob sie weinte oder in sich hineinlachte.

Restlos entmutigt und im tiefen Unfrieden mit mir selbst ließ ich den Kopf auf das Kissen fallen, schlagartig war ich wieder weg. Ich erwachte vom Geräusch eines Weckers und glotzte verwirrt in die Morgensonne.

»Guten Morgen, Brüderchen!«, sagte jemand fröhlich zu mir und schmatzte einen Kuss auf meine Lippen. Ich war nicht imstande zu antworten. Meine Züge mussten vollständig entgleist sein, denn Susan hörte augenblicklich auf zu scherzen. Die Züge, die pausenlos über meinen Kopf rollten, waren nicht entgleist und unter Volldampf. In Susans Gesicht las ich ausdruckslose Freundlichkeit – ein Lehrerinnengesicht.

Das war das Schlimmste: diese milde Nachsicht mit dem Gescheiterten.

»Du musst gehen!«, sagte sie unverbindlich. »Ich muss gleich los.« Sie kroch über mich hinweg. Als sie aufstand, schimmerte kurz ihr Dreieck zwischen den Schößen ihres Bademantels hervor. Es war brünett, und der schmale Haarstreifen war so hingehaucht wie der erste Begrüßungskuss, den sie mir vor Monaten auf die Wange gegeben hatte. Ich war sicher, dass sie mir den Einblick mit Absicht gewährt hatte. Es machte meine Schmach vollkommen.

»Susan, ich …«, wollte ich sagen, als sie mich eilig zur Tür hinausschob. Der laute Schmatz, den sie mir kalt lächelnd auf die Wange knallte, hätte auch ein Faustschlag sein können. So musste sich ein Autofahrer fühlen, der von seiner eigenen Lenksäule durchbohrt wurde. Ich weiß nicht, wie ich nach Hause kam. Aber als ich gegen halb acht auf allen vieren durch unsere Diele krabbelte, fand ich einen Zettel auf dem Beistellschrank im Treppenhaus: »Regine hat mehrmals angerufen.«

Es interessierte mich ebensowenig wie die Nachricht vom Tod eines Kammerjägers in Tegucigalpa. Am Boden zerschmettert, ein Wrack an männlichem Selbstbewusstsein, schlich ich die Treppe hinauf. Die obere Etagentür flog rumpelnd auf, und mein Vater schoss wie ein Bulle heraus, frisch gebadet, die Haare nass am Kopf klebend. Beide zuckten wir für einen Augenblick zusammen. Dann gingen wir ohne uns anzusehen aneinander vorbei.

Ich schlief bis Mittag, immerhin knappe fünf Stunden. Der Tag war genauso heiß wie der vorige, nur mein Gesicht im Spiegel sah so elend aus wie nie zuvor. »Sauber, sauber!«, zischte Traudi scharf. »Werd immer später, dass der feine Herr sein Rausch heimbringt. A Schand is so was! A reine Schand!« Ich aß zwei trockene Brezen und kippte ein Haferl schwarzen Kaffee. »Saufst irgendwo umanand, und deine Schicksen rufen pausenlos an und wollen wissen, wo d' bist. Ja soll i nachert vielleicht sagen, mir wissen S' net, gehen's vielleicht am besten in d' ›Rodelbahn‹ und schaun S' unter d' Bänk', ha?!«

Das mit der »Rodelbahn« war ein Zufallstreffer, beruhigte ich mich. Dennoch, ich ertrug ihr Gekeife nicht länger, heute schon gar nicht, und machte mich auf in den Dienst.

»Au weh!«, sagte der Breit Isi, als ich hereinkam. »De Nacht war lang, ha!«

Ich knurrte etwas Unfreundliches und setzte mich erst einmal. Eine gewisse Regine hätte eben angerufen, erzählte er mir. Schien ganz schön was los gewesen zu sein. Ich hoffte, dass mir weitere Anrufe heute erspart blieben.

Es dauerte drei oder vier Stunden, bis Isi mich grinsend an den Hörer winkte: »Für dich. Werden immer jünger!«

Mambo war dran, sie hatte aufs Geratewohl im Postamt angerufen und sich mit mir verbinden lassen. Sie war völlig aufgelöst, denn Goldie hatte über meiner erneuten Geringschätzung zu Hause alle Register gezogen: Erst habe sie einen hysterischen Schreikrampf bekommen, dann habe Regine kühl gesagt, sie begreife gar nicht, wie man eine so attraktive und intelligente Frau versetzen könne. Darauf sei Goldie ihrer Schwester durchs ganze Haus hinterher, habe sie aber nicht erwischt. Schließlich sei sie heulend im Bademantel ins Wohnzimmer gestürzt, habe eine Großpackung Mon Chéri in sich hineingestopft und sei in Schweigen versunken. Ganz plötzlich, einfach aus dem Nichts heraus, habe Gine gesagt: »Ich kann verstehen, dass er dich satt hat.« Aufbrüllend habe Goldie sich vor der sprachlosen Familie den Bademantel vom Leib gerissen und gekreischt, ob es irgendetwas gebe, was an ihr nicht dran sei. Regine habe spitz erklärt, man könne sich auch an den edelsten Kunstwerken einmal sattsehen, auch das Exklusive werde irgendwann gewöhnlich, dies sei jedenfalls ihre Meinung. Darauf sei Goldie nackt ins Obergeschoss des Hauses gerannt und habe theatralisch gedroht sich vom Balkon zu stürzen. Dies habe innerhalb kürzester Zeit zu einer Art Familienauflauf auf dem Balkon des Nachbarhauses geführt und habe dort das große Interesse der beiden halbwüchsigen Söhne gefunden, von denen einer seine Kamera geholt habe. Natürlich ist dies alles hier eine stark geraffte Darstellung.

»Das wurd immer schlimmer, das sag ich dir, und Gine hat den ganzen Abend versucht, dich zu erreichen. Aber du warst nicht zu Hause, Mensch. Ich hab aber nicht gepetzt, ehrlich. Sie hat bestimmt nicht so gebrüllt, weil ich etwa gepetzt hab, ganz ehrlich. Sag mal, wo warst du denn eigentlich, jetzt sag schon?«

Was den Redefluss anging, waren die Schwestern sich ziemlich ähnlich. Ich antwortete ausweichend.

»Mensch, pass bloß auf, das sag ich dir. Goldie bleibt heute Nacht in München bei ihrer Freundin, hat sie heut früh gesagt. Wenn sie dich erwischt, zerkratzt sie dir das ganze Gesicht, hat sie gesagt!«

Ich musste meine Beutel für den Neunzehn-Uhr-Zwölf zukriegen.

»Hör mal«, fragte sie scheu. »Wenn das kracht, zwischen euch, du bleibst doch mein Freund, oder? Du lässt mich doch nicht hängen mit Latein, oder?«

»Kümmert sich jemand darum, ob *ich* hänge?«, fragte ich eine Spur zu unfreundlich.

»Oh Mann!«, fauchte sie. »Männer!« Beleidigt legte sie auf.

Es war noch nicht ganz dunkel, als ich um halb elf aus dem Postamt kam. Auf der gegenüberliegenden Straßenseite bewegte sich jemand, und für einen Moment gefror ich. Dann erkannte ich Gines blondes Haar. Sie fiel mir mit einem theatralischen Stöhnen um den Hals, und der Breit Isi auf seinem Radl machte »öha! öha!«, als er mit zwitscherndem Dynamo vorbeizischte. Ich holte mein Moped aus dem Unterstand und schob es müde neben mir her, während Gine mir ihre Sicht des vergangenen Abends vermittelte. Langsam durchquerten wir den Stadtpark. Regine, die nicht minder wortgewandt war als Mambo, schilderte mir Goldies Auftritt in seinem gesamten Farbenreichtum. Der Vater war nach einer Stunde verstört in seinem Sessel zusammengesunken und hatte von nichts mehr wissen wollen, die Mutter hatte bekümmert auf ihr Kind eingeredet, die beiden Schwestern hatten genüsslich gehetzt.

»Ach Gine, ich hab alles so satt!«, sagte ich niedergeschlagen, als wir uns an der dunkelsten Stelle des Parks auf einer Bank niederließen. Sie legte einen Arm um mich. Ich tat das Gleiche, und wir redeten über eine Stunde miteinander, einfach nur so. Es tat verdammt gut, den ganzen Frust herauszulassen, und Gine hörte zu und verstand. »Nimm es nicht so schwer«, sagte sie aufmunternd. »Und das mit neulich, das vergisst du einfach!«

»Jawohl, Schwesterchen!«, seufzte ich, umflutet von zwei gegensätzlichen Erinnerungen, und gab ihr einen freundschaftlichen Kuss. Nur freundschaftlich, nach mehr war mir nämlich nicht, und ich wollte auch langsam nach Hause.

Aber Gine war nach mehr, oder jedenfalls wurde ihr plötzlich nach mehr, denn der Kuss hörte nicht mehr auf, und unsere beiden Verdauungssysteme trieben's ganz schön miteinander.

Irgendwann legte sie die Beine auf die Bank, und ich hatte noch immer Susans knallenden Abschiedskuss auf der Wange und die jüngere Schwester meiner Freundin im Arm und schon lange kein richtiges Zuhause mehr, und müde war ich zum Umfallen, und eigentlich, dachte ich, fehlte jetzt nur noch, dass auch die Mutter hinter mir her war. Regine begann schon wieder schwer zu atmen, und ohne es darauf anzulegen, hielt ich unerwartet ihren Slip in der Hand. Verstört stellte ich fest, dass es nicht ohne mein Zutun geschehen sein konnte und dass ich im Leben wohl überall hinkommen würde, nur nicht zu Susan.

»Nicht!«, keuchte Gine. »Nicht, nicht, das darf nicht passieren!« Mit einem Rest von Vernunft beherrschten wir uns. Eine aufkommende Abendbrise raschelte in den Büschen, als Gine ihren Slip wieder anzog. Wir gingen eng umschlungen bis zum Marktplatz, und sie verabschiedete sich mit einem geflüsterten »Lass es zwischen uns!«

»Fällt eigentlich nicht auf, dass du weg bist?«, fragte ich.

»Ich bin zur Kellertür raus. Ich hatt einfach gedacht, jemand müsste dir Bescheid sagen.«

»Originelle Art, einem Bescheid zu sagen«, brummelte ich müde.

Regine überhörte es. »Die beiden Alten waren von gestern noch so geschafft, dass sie schon um acht Uhr nach oben gegangen sind. Mambo macht mir auf, wenn ich zurückkomme.«

Das stimmte nicht ganz, wie sich herausstellte. Mambo war fest eingeschlafen und die Kellertür von außen nicht zu öffnen. Mambo hatte ihr Zimmerfenster angelehnt, und als Gine einstieg, wurde die Kleine wach und begann zu schreien. Ihre ältere Schwester geriet in einen gewissen Erklärungsnotstand, als die Eltern in das Zimmer gestürzt kamen.

Komisch ist so was ja schon: Bei Frauen, die einen nicht so sehr interessieren – das heißt, interessieren schon, schließlich ist man ja Mann, aber unter die Haut gehen sie einem nicht –, also, bei denen klappt's praktisch immer problemlos. Manchmal wird es einem sogar förmlich aufgedrängt. Man ist ganz entspannt, präsentiert seine besten Seiten auf die überzeugendste Art, und irgendwann kommt bei ihr diese seltsame Färbung in den Blick, und du weißt, du hast sie. Der Rest ist letztlich Routine, oft genug für beide Seiten. Ich glaube, ein Mann ist nie wieder so gut, wie er bei einer Frau ist, von der er so gut wie nichts will. Aberrrrr: Sobald du das Gefühl kriegst, dass die da eine Wahnsinnsfrau für dich wäre, aber dass sie leider eine Nummer zu groß für dich ist, schon geht dir die gesamte Unbefangenheit zum Teufel! Falls du überhaupt einen Ton herauskriegst – in der Regel sowieso eher *nicht* –, dann stotterst du herum wie ein Depp; trittst in jeden Fettnapf wie ein Trampel; zeigst deine Schokoladenseite wie ein klebriger Aufschneider; beginnst völlig unnötig zu lügen, obwohl das nicht deine Art ist, und wirst dabei ertappt; versuchst sie zu küssen und greifst ihr dabei total unbeabsichtigt in die Handtasche; oder sie sagt dir trocken: »Du hältst mich wie einen Besenstiel!« Du versuchst es ein zweites Mal, legst dein ganzes Gefühl hinein, und in dem Moment, wo eure Zungen sich berühren, verlierst du eine Plombe im Oberkiefer und fängst an zu spucken. »Dz – dzzzz – dzzp – hrrfrrrp – dzzpp!«

Spätestens dann liegt ihre Zunge so trocken in der Mundhöhle wie ein dehydrierter Bartwels in der Wüste vor Umm al Quain.

Jedenfalls, erzählst du ihr was Interessantes, dann macht sie ein Gesicht, als müsste sie Eisenbahnschotter auskauen. Bringst du ihr für deine letzten Dollars was mit, ist es garantiert etwas, was sie hasst, weil dein Vorgänger – ihre große Liebe – es ihr geschenkt hat, aber alle seine Versprechungen waren nur Lüge. Und kommst du ihr endlich näher, dann fragt sie dich voller ehrlichem Interesse: »Warum putzt du dir eigentlich nicht die Zähne, ist das so eine weltanschauliche Sache?« Obwohl du vor Aufregung zweieinhalb Stunden unter der Dusche gestanden hast – die Zähne hast du in der Hektik vergessen. Ich meine, du hast sie dabei, klaro, und du kannst auch nichts dafür, dass es ausgerechnet heute Bückling zum Abendessen gab und dazu irgendein giftgrünes Fasergemüse.

Das ist das Murphy'sche Gesetz des Fortpflanzungsverhaltens: Wenn dir an einer Frau ehrlich und tugendhaft liegt, dann geht nicht nur alles, was schief gehen kann, schief. Auch alles, was *nicht* schief gehen kann, weil dafür jede theoretische Basis fehlt, geht *erst recht* schief. Selbst deine Uhr läuft auf einmal gegen den Uhrzeigersinn, und sie versäumt deinetwegen den Zug nach Oslo. Oder so.

»Ich möcht mit dir reden, Susan …«, sagte ich gepresst.

»Das geht jetzt nicht, ich hab grade Besuch!«

»Ich … ich wollt doch nur …, ich wollt halt nur …«

»Es geht jetzt wirklich nicht. Ruf mich ein andermal an, Genosse!«

Genosse? Wieso nannte sie mich auf einmal »Genosse«? Während ich noch in die tote Leitung horchte, befiel mich der Verdacht, dass Susan einen anderen Kerl in der Bude hatte. Sollte es wieder mal Uwe Samorski sein, würde ich ab morgen seine Abwahl betreiben. Mit allen Mitteln.

Goldie hatte Rauch abgesondert wie eine in Brand geschossene Ölraffinerie. Sie hatte mich tagelang von oben bis unten abgeflämmt, erst telefonisch, dann bei einem herrisch angeordneten Treffen in ihrer Bude. Ihre Eltern und ihre Geschwister fixierten mich bekümmert, als ich eintraf. Mambo schmiegte sich kurz an mich und murmelte: »Du bist echt ein Idiot. Echt!« Dann zischte sie davon. Regine kniff mich diebisch grinsend und mit einem betont herzlichen »Na du? Auch mal wieder da?« in den Hintern.

Entgegen ihren sonstigen Gepflogenheiten sprach Goldie halblaut mit mir. Ihre Wort- und Satzgranaten waren genau präpariert. Erst ging es um die moralische Qualität meines Verhaltens. Dann um den Zustand unserer Beziehung überhaupt. Dann um die Nacht, die sie nach meiner Nacht mit Susan in München verbracht hatte: Sie war nicht bei ihrer Freundin gewesen, sondern bei einem portugiesischen Finanzmakler, der sie schon längere Zeit im Büro angebaggert hatte. »Ich bin aus lauter Wut mit ihm ins Bett, ehrlich! Aus lauter Wut, hihihi. Damit du's auch mal spürst!«

»Okay«, sagte ich müde. Der Fünfuhrdienst steckte mir in den Knochen, und zu Hause hatten sie wieder mal laut bedauert, dass meine Mutter mich nicht abgetrieben hatte. So wia sie's mit die anderen zwei g'macht hat!

»Okay«, sagte ich. »Und jetzt?«

Sie schnaubte und schnaubte, während es in ihrem Kopf arbeitete. »Ich war eigentlich entschlossen«, sagte sie spitz, »mich von dir zu trennen.« Sie blickte mich herausfordernd an, und irgendwie wurde mir klamm. »Aber ich habe Jesus gesagt …«

»Jesus?«, fragte ich. »Jesus? Habt ihr's etwa in der Kirche getrieben?«

»So heißt er nun mal! Ich hab ihm gesagt, dass er es als einmalige Nacht betrachten soll und dass wir Freunde bleiben sollten.«

Ich seufzte. Ihre Züge wurden weich. Ein seltsam triumphierendes Psychopathenweich. »Ich liebe dich nun mal!«, erklärte sie fordernd und fiel mir um den Hals. Unnötig zu erwähnen, wo die ganze Geschichte endete.

Es wuchs mir immer mehr über den Kopf, ehrlich! Und damals verstand ich auch so gut wie nichts vom Fortpflanzungsdruck der Evolution, ich spürte ihn lediglich. Aber irgendwie bekam ich mehr und mehr das Gefühl, dauernd an den falschen Frauen herumzulaborieren. Ob Goldie, Gine oder Thea – klar dass man in meinem Alter ständig schwach wurde, man war schließlich erst am Anfang. Aber das mit der Heimvalenz, also gewissermaßen das, was ebenso funktionierte wie das Ding mit den Graugänsen, das hatte sich bei keiner von ihnen eingestellt. Mit Goldie hatte es einmal gut angefangen, aber es war völlig aus dem Ruder gelaufen und kostete mich nur noch Kraft. Gine mochte ich verdammt gerne, und wenn ich ehrlich bin, fingerte ich auch ziemlich gerne zwischen ihren Beinen herum, aber ansonsten war sie eben doch eine unbeschriebene höhere Tochter, ein Schulgirl, wenn auch eines von der ganz lieben Sorte. Und Thea imponierte durch ihre erwachsene Überlegenheit, aber bei ihr war natürlich nichts mit Gefühl oder so. Ich begann zu empfinden, dass man es als Mann doch verdammt schwer hatte.

Das mit Susan war schon ein Treffer gewesen, dessen wurde ich mir immer sicherer. Dass sie sieben Jahre älter war als ich, störte mich nicht, sondern es bereicherte mich: Ich war immer ein ziemlich tiefer Denker gewesen, der mit den Leuten seiner Altersklasse nie sehr gut zurechtkam. Und längst war ich mir auch sicher, dass es nicht ihr Aussehen war, das mich so stark anzog, sondern ihr Wesen. Es tat einfach irre gut, mit einer Frau reden zu können, die einem vom Kopf her Paroli bieten konnte und einen auch mal scharfsinnig widerlegte. In gewisser Weise, überlegte ich, war es sogar gut, dass ich bisher nicht mit ihr geschlafen hatte. Es gab einem einfach mehr Sicherheit im Hinblick auf das eigene Empfinden. War wohl ein richtig erwachsenes Gefühl, was ich da gerade entwickelte. Jedenfalls anders als die Regungen, die ich bisher für Frauen gehegt hatte.

Okay, Susan oder Sue, was bedeutete schon der Name! Ich glaube, ich mag dich wirklich, Sue. Vielleicht zieh ich zu dir, oder wir nehmen uns eine gemeinsame Wohnung, und ich werde notfalls noch zwei Jahre Briefbeutel verplomben. Und das mit der verkorksten Nacht bringe ich in Ordnung, auch menschlich, ich versprech es dir.

Die letzten Monate waren von niederschmetternder Trostlosigkeit gewesen, doch auf einmal wurde es silberhell am Horizont. Ich begann mir vorzustellen, dass ich schon in Kürze endgültig die Welt der Erwachsenen betreten würde. Heraus aus einem Haus, wo man mich schon viel zu lange, schon eine ganze Jugend lang, als Feind betrachtet hatte. Und eigentlich nur »zwegen der Sach da«, dass meine Mutter mit diesem Kapitän abgehauen war.

Und endlich raus aus der kindischen Beziehung zu Goldie, die sich allein übers Bett nicht länger halten ließ. Nicht mehr Getriebener sein, sondern Fordernder! Es würde sich rentieren, für Sue eine ganze Menge zu tun, und schließlich würde ich auch nicht mein Leben lang Student bleiben! Egal was einmal aus mir wurde, Sue war eine, auf die man überall stolz sein konnte.

Ich musste sie bald sehen und die Sache in Ordnung bringen.

Goldies Vater feierte seinen Fünfzigsten mit einer Gallenkolik und mit der Mitteilung seiner Firmenleitung, er habe entweder einen zwanzigprozentigen Gehaltsschnitt zu akzeptieren oder seine betriebsbedingte Kündigung. Außerdem war der Prozess gegen Lindies Schwimmtrainer angesetzt worden, und alle passten wie panisch auf, dass Lindie keinen Selbstmordversuch unternahm. Die ganze Familie war in hellem Aufruhr und neigte zur geschlossenen Kopflosigkeit. Auf Bitten der Mutter redete ich mit Lindie. Wir gingen eine halbe Nacht lang Arm in Arm über die Felder in der Nähe des Hauses, und sie weinte sich stundenlang den Schmerz von ihrer viel zu jung missbrauchten Seele. Es war eine ziemlich schwierige Zeit auch für Goldie, die arg angeschlagen aussah und weniger hysterisch war als sonst. Ich hatte Hemmungen, sie gerade jetzt in die Kniekehle zu treten, nahm es mir ein ums andere Mal vor und schob es ein ums andere Mal auf. Außerdem kriegte ich Susan nie an den Hörer. Ich vermutete, die Kultusbürokraten hatten sie schon wieder mal nach Untergrunzelbach oder Oberbirnstingl oder wohin sonst geschickt, um ihre Stunden voll zu kriegen.

Ein voller Monat verging. Ich war zu stolz, um Thea nach Susans Verbleib zu fragen. Außerdem wusste ich nicht, ob meine Tiefschlafattacke nicht schon als Anekdote des Lehrerinnenlebens bei ihr gelandet war, und ich genierte mich. Denn, so hatte ich früh herausgefunden, was Bettgeschichten anging, waren Frauen nicht weniger offen als Männer, nur viel diskreter.

Mein Job bei der Post ging dem Ende zu. Der Beginn des Wintersemesters stand an, und ich würde bald meinen letzten Beutel aus dem Fünfuhrzug laden. Vorher jedoch hatte ich noch einen gänzlich unerwarteten Fight mit dem Holzer Alisi, dem Zusteller von Gang sechsundzwanzig. »Dr Alisi«, wie sie ihn im Amt spöttisch nannten, verfügte über das begnadete Talent, jedem binnen kürzester Zeit auf die Nerven zu gehen. Er schaffte das, indem er sich unerwartet vor einem aufbaute und ungefragt eine Diskussion zu den bizarrsten Themen losbrach – etwa zu den Eintrittsgebühren für Wehrpflichtige im Hallenschwimmbad. Im Grunde war es mehr ein Monolog, in dessen Verlauf er die abstrusesten Verschwörungstheorien zusammenzimmerte: vom Brucker Hallenschwimmbad zu den internationalen Ränkespielen des Weltjudentums, des Freimaurertums und der Pujja-Buddhisten, die er aus irgendeinem Grund besonders gefressen hatte. Dazu trat er ganz nahe an einen heran und sabberte Speichel von den Lippen. Die meisten speicheln ja aus den Mundwinkeln, der Alisi jedoch, ein pensionsnaher Endfünfziger, legte sich in Sekundenschnelle einen wogenden Schaumteppich auf die Mitte beider Lippen, den er dem Gegenüber dann in kleinen Wölkchen auf den Latz sprühte. Es war widerlich.

Alisi hatte unstrittig den seltsamsten Kopf auf, dem ich je begegnet bin: Er sah aus wie ein Schlittschuhrennläufer mit seinem aerodynamischem Rennhelm, nur dass Alisi keinen Helm aufhatte.

Ziemlich genau auf mittlerer Höhe seines eispitzenförmig nach oben ausgebeulten Schädels hing ein schütterer Reifen abstehender dunkelgrauer Haare, der einen immer an ein Paar halb heruntergezogener grauer Unterhosen erinnerte. Die voller Argwohn umherspähenden Augen in der Gesichtsmitte wirkten zu tief eingebaut. Gewohnheitsmäßig erwartete man sie einfach weiter oben, sodass man nach einer Begegnung mit ihm immer mit dem Gefühl herumlief, ihm sei das gesamte Gesicht zu weit nach unten gerutscht. Zusätzlich hatte Alisi einen streitlustigen schmalen Mund, mit dem er unentwegt feucht zuckte, und eine unangenehm hackende hölzerne Stimme. Er suchte mit wirklich jedem Streit, und er galt als »total blääd«, weil er als Einziger unter den Zustellern Trinkgelder ablehnte: »Ich bi' schließlich jemand! Ich bi' e Amtsperson. Ich braach keene Almosen, e su was nehm ich nit!«

An dem besagten Morgen hatte er sich mich herausgepickt. Ich leerte schlaftrunken und missmutig meine Beutel mit »Langholz« auf den Sortiertisch. Das waren alle überformatigen Kuverts, zum Beispiel DIN-A-4 oder Warenproben, Rollen und alles mögliche andere Zeugs. Ich war ziemlich schlechter Stimmung, denn ich sehnte mich nach Susan wie sonst noch was. Alisi baute sich vor mir auf und schoss ein paar provozierende Fragen ab, wie »einr wie du, nit, alsso du als Sozialisst«, der es ja bekanntlich gut mit den Negern könne, denn nun zu den jüngsten Greueln in Angola stehe. Es war das alte Problem: Er gab und gab keine Ruhe, seine Stimme wurde immer lauter. Die anderen blieben neugierig in der Nähe stehen und täuschten Beschäftigung vor. Sie rochen etwas.

Zwei-, dreimal versuchte ich ihn mit schläfrigem Sarkasmus auszuhebeln, doch das reizte ihn nur noch mehr. Alisis Spitzen wurden schärfer, und sie begannen mich zu ritzen. Er witterte es und feuerte hartnäckig weiter. An manchen Tagen aber verspürt man ganz aus dem Nichts heraus das Bedürfnis, jemanden hinzurichten, vor allem, wenn eine Frau im Hintergrund steht.

»Alisi, jetzt sag amal«, fragte ich schließlich laut. »Is das jetzt eigentlich wahr, was deine Kollegen immer erzähln?«

»Ach wass!«, bellte er. »Ach wass! Wenn's die Kolleeeechn sachen, nit, alsso wenn's dann schon die Kolleeeechn sachen, nit, dann weiß ma' ja, was das fier Leite sind!«

»Ah so«, sagte ich scheinheilig. »Ja, nachert stimmt's dann net.«

»Du suchst dr ja nur widda e Opfer!«, bellte er angriffslustig. »Du bist ja auch nit andrs als die andrn Kolleeechn!« Aus welcher Gechend er ursprünglich stammte, hatte ich nie herausgefunden. Vertriebener war er, das war schon klar.

»Jaaa, so«, sagte ich scheinbar uninteressiert. »Dann war's eh net wichtig.«

»A, a, a, a, a!«, kläffte er kurz. »E su was intrissiert mich iebrhaupt nit. Dafier bin ich ma zu intelligent, weißte?!«

»Scho' recht«, sagte ich. »War eh nur a Frage.«

»Die sparste dr bessr.« Er wandte sich mürrisch ab, drehte sich aber nach zwei Schritten wieder um. Unhörbar kam Bewegung in die anderen. Sie richteten sich aus wie Satellitenschüsseln.

»Was saachen se denn, die teiren Koleeechn, hä?«, fragte er gefährlich gedehnt. »Was saachen se denn? Was wollteste denn wissen vum Alisi, hä? Du suchst ja doch widda nur e Opfer!«

»Naa, naa«, sagte ich trocken, »eigentlich nicht. Ich wollt jetzt eigentlich ja nur wissen, ob des jetzt wahr is, dass du im Krieg einen orthopädischen Stahlhelm tragen hast.«

Es war leichenstill im Raum, bevor Alisi, weiße Speichelfahnen vor sich herblasend, mit beiden Fäusten auf mich losging. Ich kassierte zwei Volle auf die Jochbögen, bevor ich ihm mit einer rechten Verzweiflungsgeraden die Brille von der Nase holte, und dann standen schon sechs, sieben Mann dazwischen und fingen den Tobenden ein.

»Unser Herr Achinger, hehe«, sagte der Amtmann Dörfl am nächsten Tag, »unser Herr Achinger, ahe, also mir waren schon sehr zufrieden mit Ihnen, net, schon sehr zufrieden. A g'scheiter Kopf is er schon, unser Herr Achinger, da Herr Achinger, jaha, aus dem wird noch was, da bin i mir ja ganz sicher, ganz sicher, grad in der Politik. Und die Kollegen …, die Kollegen, die waren ja auch praktisch alle, oiso ja praktisch fast alle, net wahr, auch eigentlich recht angetan, net.« Er hüstelte nervös. »Ja mei, net wahr, a bissel was, net wahr, a bissel was, des gibt's ja immer, ahehehehehe!« Und verschwand.

Alisi redete nie wieder ein Wort mit mir.

Ich wählte mir die Finger wund, in immer kürzeren Abständen. Erfolglos. Mir war, als hielte jemand einen Küchenquirl in mein Gehirn. Zwei Tage, nachdem ich meinen Postlerjob beendet hatte, hielt ich die Wählerei nicht mehr aus. Ich war wieder halbwegs ausgeschlafen – eine unausgeschlafene Begegnung mit Sue wollte ich unter allen Umständen vermeiden – und warf mich abends auf meine Knatterkiste. Meine Haare wehten im Wind und ich fröstelte. Es war Ende September, die Abende wurden kühl. Von Wünschen und Hoffnungen zernagt, bog ich in die Straße ein, die ich später, als erfolgreicher Anwalt, einmal aufkaufen und nach ihr benennen würde. Wenn ich schon Sue nicht sehen konnte, dann wenigstens ihr Auto. Irgendetwas von ihr. Und sei es ein ausgespuckter Kaugummi.

Ich sah stattdessen Sue. Sie stand an ihrem Auto! Die Abendbrise hob ihre Haare an. Sie hob auch meinen Herzschlag an. Sue hob gerade zwei Reisetaschen ins Auto. Ich steigerte meine Fahrgeschwindigkeit auf vorher nie erreichte zweiundvierzig Stundenkilometer. Mit einer Henkerkehre schoss ich auf die Gegenfahrbahn, ein jägerfarbener Mercedes hupte wütend, und Sue schrak auf. Ich winkte wie ganz Amerika bei der Rückkehr der ersten Mondlandefähre. Dann riss ich sie in meine Arme.

»Hei!«, strahlte sie. »Oh Mensch!«

Mehr war auch nicht erforderlich. Sues Lippen waren die beste Begrüßung. »Sue«, flüsterte ich nur leise. »Mein Gott, Sue! Mein Gott, Sue!« Ich spürte ihre Finger in meinem Haar. So musste ein Todeskandidat sich fühlen, dem man Minuten vor seiner Hinrichtung mitteilte, soeben sei der Beweis für seine Unschuld aufgetaucht.

Sue weinte. Meine kleine Sue weinte. Aber das würde ich alles wieder hinkriegen. Ich stand mitten auf der Gegenfahrbahn, saß immer noch halb auf meinem Moped und hing in den Armen meiner Frau. Mein ganzes Leben hing mit drin, und ein paar Idioten hupten in so einem Moment! Es war belanglos, denn Sue ließ mich nicht los, ließ mich einfach nicht mehr los. Alles wird gut, Baby, komm hör auf zu weinen, alles wird gut!

Als wir beide wieder zu Atem kamen, stellte ich den Motor ab und lehnte die Maschine gegen den Gartenzaun. Sue stand unschlüssig da und sah mich an.

»Ach Wolf, ach Wolf!«, sagte sie und sank an meine Brust. Es war die breiteste Brust, die je ein Mann besessen hatte.

»Krieg ich keinen Tee?«, fragte ich zärtlich. Sie schüttelte den Kopf.

»Es geht nicht. Ich bin eh schon zu spät. Und ich kann nicht so verheult ankommen!« Sie begann erneut zu schluchzen.

Liebevoll streichelte ich ihr Haar. »Macht nichts, Kleines, wir holen es nach. Wir haben alle Zeit der Welt, ab jetzt.« Sue schluchzte laut auf. »Sei ganz sicher, dass ich dich nicht mehr loslasse«, sagte ich leise. Ihre Finger krallten sich in meinen Rücken.

»Oh mein Gott«, klagte sie. »Oh mein Gott, oh mein Gott!«

Sie riss sich los. »Ich muss jetzt. Ich kann sonst überhaupt nicht mehr fahren!« Fahrig fingerte sie nach einem Taschentuch und trocknete ihre Tränen. Ihre Haare waren zerzaust.

»Wann bist du zurück?«, fragte ich lächelnd.

Sie zögerte. »Ich … ich weiß nicht. Mein Gott, ich weiß es doch wirklich nicht!« Schon wieder rannen Tränen über ihre Wangen.

»Wann?«, drängte ich.

»Es … es können Wochen werden.«

»Es kann ein ganzes Leben werden«, sagte ich fest.

Sue verstand. Noch nie zuvor in meinem Leben hatte ein Mensch mich so voller Zuneigung angesehen. Langsam trat sie zwei Schritte zurück. Dann, plötzlich, flog sie mir entgegen und küsste mich hingebungsvoll.

»Ich werd einfach noch ein bisschen warten«, sagte ich ganz leise. »Warten ist das Letzte, was mich an dir stört!«

»Warum lässt du mich nicht endlich weg?«, fragte sie verzweifelt. Dann schrie sie auf. »Sonst komm ich doch nie weg!«

»Bleib einfach!«, lächelte ich.

»Es geht nicht!« Sie wandte sich um und stürzte zu ihrem Wagen. In der offenen Tür blieb sie stehen.

»Rufst du mich an?«, fragte ich sie.
»Klar«, lächelte sie traurig. »Ich hab deine Nummer.«
»Mach's gut, Liebes!«, sagte ich.
Sie rannte noch mal auf mich zu und umarmte mich.
Dann stürzte sie zum Wagen. An der Tür legte sie zwei Finger auf die Lippen und hauchte mir einen Kuss zu. »Es tut mir Leid«, weinte sie.
Ich winkte ihr hinterher und blickte so lange auf ihre winkende kleine Hand, bis der Wagen verschwunden war.
Es gibt Momente im Leben, in denen die Einsamkeit so stark wird, dass sie euphorisiert. Vielleicht gibt es ein Körpersignal, das gegensteuert und die Ausschüttung von Endorphinen veranlasst, wenn der Schmerz grenzwertig wird und andernfalls das gesamte System zusammenbricht. Man fühlt sich in solchen Momenten auf befremdliche Weise angehoben, bewegt sich entrückt von den Dingen, die einem nahe gehen, die Realität wird noch wahrgenommen, aber sie besitzt keine subjektive Bedeutung mehr. Der Einsame braucht keine Realität, er könnte sie ohnehin nicht mehr verarbeiten. Im Gegenteil flieht er ihre Verarbeitung aus Selbstschutz, weil sie ihn in diesem Augenblick sonst zerstören würde.
Ich war der glücklichste Mensch der Welt, als ich mich nach einigen Minuten völliger Erstarrung wieder auf meine Maschine schwang. Eine Saite vibrierte in mir wie von einem sanften Hammer geschlagen, eine Saite, die nie zuvor jemand auch nur berührt hatte. Ich hatte mit kühler Zurückhaltung gerechnet, mit unverbindlicher Freundlichkeit vielleicht, aber nicht mit dieser Offenbarung eines tief empfundenen Gefühls. Sues Offenheit hatte mich ebenso überrascht, wie sie mich in meinem tiefsten Innersten beglückt hatte. Ich spürte, wie die Anspannung der letzten Wochen in sich zusammensank und mein ganzer Körper zu zittern begann. Es würde vorübergehen. Viel wichtiger war mir, welche Intensität ihres Gefühls Sue mir geschenkt hatte. Die Dinge würden sich regeln, und auf eine gute Frau wartete man schon mal länger.

Ich wartete ziemlich lange, und es ging mir ziemlich gut dabei. Nach drei Wochen begann ich täglich die Sekretärin meines Vaters zu fragen, ob jemand für mich angerufen hätte. Ich argwöhnte, dass man mir den Anruf gezielt verschwieg. Nach vier Wochen hörte ich besorgt auf zu fragen. Zwei Tage darauf erhielt ich eine Postkarte. Das Einzige, was sich darauf befand, war der Abdruck zweier roter Lippen. Ich erkannte die Farbe sofort. Zwanzig Minuten lang drehte ich sie in den Händen, um noch irgendwo eine Mitteilung zu finden.

Meine Adresse war in Sues Handschrift geschrieben. Die Karte sagte »Greetings from Florida!«. Briefmarke und Poststempel waren amerikanisch.

Und ich stand einfach da.

Drei weitere Wochen, und ich stand vor Theas Wohnungstür. Mein früheres Glück hatte sich ins Gegenteil verkehrt. Sues Fenster waren schon zu lange dunkel gewesen. Thea sah mich an wie ein krankes Kind.

»Komm schon rein«, sagte sie mit ihrer leisen, leicht heiseren Stimme. Ich fragte mich, wie sie es machte, wenn sie eine Klasse zusammenbrüllte.

Sie küsste mich auf die Wange und fuhr sanft mit den Händen über meinen Hinterkopf. Ich fühlte mich wie ein krankes Kind.

»Was macht sie in Florida, Thea?«

»Sie ist nicht mehr in Florida.«

»Wo ist sie? Um Himmels willen, wo ist sie? Ich kann nicht mehr. Thea, ich kann nicht mehr.«

»Möchtest du ein Bier oder soll ich Tee machen?«

»Keinen Tee. Ich will wissen, wo sie ist und warum sie sich nicht meldet.«

»…«

»Was heißt das? Verdammt noch mal, was ist passiert mit ihr? Hatte sie einen Unfall? Soll ich sie irgendwo raushauen?«

»Sie hatte keinen Unfall. Sie ist okay.«

»Wieso okay, Mann? Wieso okay? Wenn sie okay ist, wo ist sie?«

»…«

»Du weißt es. Du weißt es doch! Also verdammt noch mal, sag's mir. Sag's mir! Bitte! Bitte, Thea!«

»Es ist vielleicht besser, wenn du es nicht weißt.«

»Alles ist besser als dieser Zustand. Sag's mir endlich!«

»Na ja … Na ja. Es tut ihr alles unheimlich Leid. Deshalb hat sie sich auch nicht mehr gemeldet.«

»Leid? Es tut ihr Leid?«

»Susan wird nicht mehr lange hier sein. Sie hat schon das meiste aus ihrer Wohnung geholt, und die Wohnung ist gekündigt. In vier Wochen gibt sie sie auf und zieht ganz weg.«

»Ich fass es nicht! Warum?«

»Na ja. Sie sucht eben ihre zweite Chance …«

»Zweite …?«

»Sie hat im Mai diesen Adeligen kennen gelernt. Diesen Amerikaner. Diesen Millionär.«

»Amerikaner? Adelig? Uraltes Grafengeschlecht aus Miami oder was?«

»Mensch, schrei halt nicht so!«

»Du bist vielleicht gut!«

»Na ja, eben, wie das so ist. Er trägt sie auf Händen. Du hast ja gesehen, wie sie hier herumgeknapst hat nach ihrer Scheidung. Und er hat ihr versprochen, dass sie nie wieder Sorgen haben wird. So was überzeugt halt eine Frau. Schließlich hatte sie es immer sehr schwer.«

»Ein Adeliger. Klar. Wenn ich mir meine ausgelatschten Turnschuhe anseh, komm ich natürlich nicht mit.«

»Jetzt schau doch nicht so traurig. Komm, schau doch nicht so traurig.«

»Warum sagt ihr eigentlich alle immer ›komm‹ zu mir, wenn ihr mich nicht haben wollt? Sue hat es auch immer gesagt, bevor sie mich aus der Wohnung geschoben hat. Selbst meine Mutter hat ›komm‹ zu mir gesagt, am Tag bevor sie abgehauen ist.«

»Mööööönsch! Ich kann dich gar nicht so ansehen. Komm, schau doch nicht so!«

Ich stierte vor mich hin.

»Komm. Komm doch. Du bist doch erst zwanzig.«

»Hör auf!«

»Weißt du, es wäre ein Mann, der mich nie reizen könnte. Ich mag ihn nicht besonders. Aber für sie ist er wohl das große Los im Leben. Nach ihrer ganzen Vorgeschichte …«

»War eigentlich … ich meine, war eigentlich von Liebe auch mal die Rede?«

»Bei ihm auf jeden Fall. Sie ist wohl *die* Frau für ihn.«

»Wenigstens das kann ich verstehen.«

»Nun wein doch nicht!«

»Und sie? Liebt *sie* ihn wenigstens, dieses hochwohlgeborene Schwein?«

»Hmm. … Hmm. Wenn ich das wüsste. Sie hat mir mal gesagt, sie ist sich sicher, dass es mit der Zeit kommt. Lieber Himmel, nun sieh mich doch nicht so an!«

»Wir hätten sie alle vor ein Volksgericht stellen sollen, damals neunzehnhundertachtzehn, den ganzen beschissenen Hochadel …«

»Das hätte wohl nicht viel genützt. Wenn du mich fragst, hat er seinen Titel gekauft.«

»Und? Wie nennt er sich?«

»Lach nicht: Edler und Ritter von und zu … Aber er ist eben ein paar Millionen Dollar schwer. Und dann hat er dieses ausgefallene Hobby, diese Ballonfahrerei …«

»Ballon? Ballon sagst du?«

»Also bitte brüll nicht so. Hier wohnen noch andere Leute im Haus!«

»Ballon? Dieses Arschloch fährt Ballon!«

»Du, das geht so nicht. Wenn du so weiterbrüllst, musst du gehen.«

Ich hielt den Mund.

»Das mit den Ballons ist sein großes Hobby. Er hat es aus den USA mitgebracht. Und als er Susan zum ersten Mal einlud, da war sie ganz hin und weg.«

»Also Amerikaner. Aber deutschen Adelstitel. Und einen großen Ballon.«

»Und einen großen Bauernhof in Niederbayern.«

»Und meine Frau.«

»Komm. Wein nicht. Oder meinetwegen lass es raus. Ich hab nicht gewusst, dass sie dir so viel bedeutet.«

»Alles. Alles. Ich hab das ganze Jahr überhaupt nur durchgestanden, weil ich mich immer auf sie gefreut hab …«

»Ich weiß, dass sie dich auch sehr mochte. Ich glaube, du bist ihr im denkbar falschesten Moment in die Quere gekommen. Hier sind Taschentücher.«

»Du hättest sehen sollen, wie sie sich von mir verabschiedet hat, unten auf der Straße.«

»Ich weiß es. Sie hat hinterher die halbe Nacht mit mir telefoniert, von seinem Bauernhof aus. Und auf dem Flug nach Miami am nächsten Tag hat sie immer wieder geheult. Heinrich war ziemlich sauer.«

»Heinrich heißt der Arsch.«

»Er ist von den Eltern her deutschstämmig, aber er hat einen US-Pass.«

»Und meine Frau.«

»Irgendwie so.«

»Seit wann ist sie zurück?«

»Seit zwei Wochen.«

»Und seither immer bei ihm auf dem Bauernhof.«

»Ja.«

»Und ruft nicht an.«

»Nein. Schmeiß die Taschentücher hier rein.«

»Und wird auch nicht mehr anrufen.«

»Richtig.«

»Wird einfach verschwinden und zu ihm ziehen.«

»Versuch doch, sie zu verstehen!«

»Nein.«

»Sei doch nicht so verbittert!«

»Sie liebt ihn nicht.«

»Tja. Ich fürchte, da hast du nicht ganz Unrecht.«

»Glaubst du, ich hab noch eine Chance? Ich fahr einfach rüber und hol sie.«

»Wolf, du hast keine Chance mehr.«

»Ich hab keine Angst vor ihm.«

»Es ist besser, du hast welche.«

»Wieso?«

»Na ja … er macht Geschäfte. Er hat Freunde eben. Du musst vorsichtig sein.«

»Ich hab auch meine Verbindungen …«

»Er hat ganz andere. Ich bitte dich, riskier nichts!«

»Ich werd sie nie wiedersehen.«

»Stimmt. Leider.«

»Jetzt versteh ich, warum sie gesagt hat, es tut ihr leid.«

»Es tut ihr auch leid. Sie kommt sich ziemlich beschissen vor, dir gegenüber.«

»Muss ich jetzt Mitleid haben?«

»Ich sag dir's jetzt zum letzten Mal: Brüll hier nicht so herum! Und Zickie, du gehst bitte zurück auf dein Zimmer!«

»Ich hab das Gefühl, mir bricht der ganze Boden unter den Füßen weg. Es ist irgendwie wie in … wie in … in einem Ballon!«

»Du wirst darüber wegkommen.«

»Ich fahr rüber und hol sie. Ich fahr einfach rüber und hol sie. Wenn sie mich erst mal sieht …«

»Wolf, es ist vorbei für dich. Hör auf, dir etwas vorzumachen! Außerdem hast du immer noch Goldie.«

»Nicht mehr lange. Ich geh einfach rüber nach Florida und hau ihn in die Schnauze.«

»Ich bitte dich, geh kein Risiko ein!«

»Ich hab gerade alles verloren, und du redest von Risiko.«

»Jetzt ist es auch schon egal, hier sieh dir das Foto an. Es stammt von unserer letzten gemeinsamen Ballonfahrt.«

»Du warst mit dabei. Du hast von Anfang an alles gewusst.«

»Ja. Natürlich.«

»Fleischervisage. Eine reine Fleischervisage. Aber Blazer, Krawatte und Flanellhose zur Ballonfahrt. Rundschädel und kaum Haare, igitt. Brutaler Typ. Schau dir diese Augen an! Er begafft sie so selbstzufrieden wie eine Neuerwerbung. Und sie lacht dazu!«

»Heinrich ist ein ziemlicher Machertyp. Er hat rasiermesserscharfe Ellenbogen. Das macht mir manchmal Sorgen, und Susan auch.«

»Schöner Ballon. Wann habt ihr es aufgenommen?«

»Vor zwei Wochen, als sie aus Florida zurückkamen.«

»To our friend Thea as a loving souvenir from Sue and Heinrich. Big hugs! Sue and Heinrich! Call me Sue! Oh Himmel, jetzt versteh ich es endlich!«

»Wovon redest du?«

»Egal. Was macht er denn für Geschäfte?«

»Ich hab's nie so ganz durchschaut. Irgendwelche internationalen Dinger im Millionen-Dollar-Rahmen. Das ist zu groß für uns beide, Wolf.«

»Ich mach ihn bei allen seinen Kunden unmöglich, diese Fleischersau! Sieh ihn dir an, er begafft sie wie ein neues Ferkel!«

»Sei nicht so unfair. Er liebt sie schließlich auch!«

»Ich mach ihn fertig, ich mach ihn fertig! Ich sorg dafür, dass er überall ...«

»Komm, hör auf. Versteh endlich, dass du verloren hast.«

»Kommt sie irgendwann nochmal vorbei?«

»Sie holt ihre restlichen Sachen ab. Den Stuhl und ihr Bett bringt sie noch auf den Müll. Dann geht sie zu ihm auf den Bauernhof, und in sechs bis acht Wochen gehen sie zurück nach Florida. Für immer.«

»Zurück?! Was heißt denn hier ›zurück‹? ... Wieso denn ›zurück‹?«

»Ich kann dich kaum verstehen, wenn du so flüsterst.«

»Was will sie in Florida?«

»Nun, er hat sein Haus dort und sein Büro. Und sie werden in den Staaten leben. Das mit ihrem Visum hat er schon geregelt.«

Als ich nach Hause fuhr brannte mein Inneres, als hätte jemand dort Benzin entzündet. Thea wollte schlafen und hatte mich gebeten zu gehen, denn sie hatte am nächsten Tag sechs Unterrichtsstunden vor sich. Der kalte Fahrtwind schien mich fortwährend ins Gesicht zu schlagen.

»Wir müssen uns über deine Wiederwahl unterhalten, Genosse«, sagte Uwe Samorski zu mir in der Woche darauf.

»Ihr könnt mich am Arsch lecken.«

»Kein sehr reflektierter Standpunkt, Genosse. Wir wollen das Emotionale doch bitte außen vor lassen! Du kandidierst doch wieder, oder?«

Ich stellte mir die ganzen Idioten vor: den bornierten Samorski, den versoffenen Schmuttermaier, die labergeilen Hauptschullehrer. Die endlosen Theorie-Diskussionen, die gegenseitigen Besudelungen und Diffamierungen als »rechte Genossen«, die ganze andere Kacke. Den riesenleeren Saal voller Leute, die mich nicht interessierten. Ich würde immer nur sitzen und mit den Augen die Stuhlreihen absuchen.

»Du bist doch der Akademiker«, sagte ich kühl. »Und im Übrigen sind wir seit jeher für die Ämterrotation.«

Es war das Ende meiner politischen Laufbahn.

Ich rannte herum wie einer, den sie in Peru ein paar Wochen lang im Sondergefängnis behandelt hatten. Es ging wochenlang so. Meine Gefühle schlugen wie Wellen gegen ein Felsenriff und wurden genauso davon zerrissen. Sie wechselten schlagartig zwischen grenzenloser Trauer, grenzenlosem Unglück und schäumender Wut. Ich versuchte, die Sache auf irgendeine Weise abzuschließen, aber die Wunde war zu frisch, und sie schwärte weiter. Als ich einen weiteren Abend bei Thea verbrachte, fiel mein Blick auf ein offenes Kuvert mit Sues Handschrift darauf. Diesmal bat ich sie um Tee, und während Thea ihn nebenan aufbrühte, schrieb ich mir eiligst den Absender ab: Es war eine Gutsadresse in der Nähe von Deggendorf, der Poststempel war zwei Tage alt. Als Thea zurückkam, tat ich, als sei nichts geschehen.

Wir redeten nochmals ausführlich über die Sache, doch nach einer Stunde gab es dazu nichts mehr zu sagen. Sues Abreise hatte sich verzögert, da ihr Typ noch ein paar Geschäfte abzuwickeln hatte. Und da Thea mal wieder danach war, gingen wir zusammen ins Bett. Es schien sie sonderbar aufzuheizen, dass sie mich jetzt wieder hatte, denn sie verhielt sich ganz anders als beim ersten Mal. Sie war unheimlich agil und überhaupt nicht mehr satt zu kriegen, und sie legte ihre Beine über meine Schultern und jodelte so laut vor sich hin, dass ich mich fragte, wann ihr Sohn ins Zimmer stürzen würde. Nichts dergleichen passierte. Ich zog mich wieder an, und wir rauchten noch eine. Sie setzte sich neben mich, nackt wie sie war, zündete sich auch eine an und führte erneut meine Hand zwischen ihre Schenkel, und ich spielte an ihr herum, und sie kriegte überhaupt nicht mehr genug davon, und dann zog ich mich wieder aus. Es war wieder einmal ziemlich spät, als ich nach Hause kam.

Doch es war längst kein Zuhause mehr, denn schon zehn Tage später setzten sie mich endgültig auf die Straße. Ich hatte kein Dach, nichts zu essen, nicht mehr viel Geld, aber wenigstens noch meine Großeltern, die mich in der zugigen Dachkammer unterbrachten, aus der mir einst meine Mamma entgegengekommen war. Dort schlief ich auf einer billigen Couch, die viel zu kurz war und jedes Mal nach vorne kippte und mich abwarf, wenn ich mich im Schlaf auf die Seite drehte. Ich hatte meinen vorläufigen Tiefpunkt erreicht.

Tage vorher allerdings brachte ich noch einen Schlag gegen den Feind an. Ich schrieb ein paar Zeilen an Susan, streng genommen tat ich es um meiner selbst willen, weil ich hoffte, auf diese Weise einen Schlussstrich zu ziehen. Ich schrieb ihr, dass ich sie sehr gemocht hätte – das Wort »Liebe« vermied ich bewusst, es schien mir nicht mehr angebracht –, dass ich sie furchtbar vermissen würde und dass ich ihr für ihr neues Leben von Herzen alles Gute wünschte. Sie sollte sich keine Gedanken mehr machen, ich hätte alles verstanden und akzeptiert und ich wüsste sehr wohl, dass ich mit ihrem neuen Partner nicht konkurrieren könne. So oder so würde ich sie als Erinnerung mein ganzes Leben lang bei mir behalten. Ich überlegte hin und her, wie ich das Kuvert adressieren sollte. Es sollte eine persönliche Note haben. Nach einigem Nachdenken kritzelte ich »An meine Susan, c/o Heinrich Edler und Ritter von und zu Trabenbach« auf die Vorderseite und begann bösartig zu grinsen. Es war, überlegte ich mir, meine letzte Chance, dem Hund eine auf die adeligen Eier zu geben.

Ich zerriss das Kuvert und schrieb ein neues:

»An meine/unsere Sue(san)
c/o Dero Hochwohlgeboren
resp. Ihro Durchlaucht

und Hochwohlgeboren
Heinrich the Peinlich
Edler und Ritter
von und zu Trabenbach
Hire a Titel and buy a Balloon GmbH«

Und setzte seine Adresse dazu.

Meinen Brief schob ich hinein und verklebte das Kuvert. Schwermütig, aber auch voller Rauflust, schrieb ich meinen Absender auf die Rückseite. Der Brief lag eine Viertelstunde auf meinem Schreibtisch herum, als mir eine weitere Idee kam: Im »Playboy« dieses Monats hatten sie eine Karikatur, über die ich Tränen gelacht hatte. Sie zeigte ein deutlich genervtes Ehepaar der amerikanischen Middle Class – sie mit breitem Hut, er mit Anzug, Krawatte und Kurzhaarschnitt –, das wegen seiner Eheprobleme geistlichen Beistand aufgesucht hatte. Sie saßen angespannt vor dem Schreibtisch eines gütig lächelnden alten Priesters, dessen entrückte Miene zeigte, dass er die Gegenwart längst nicht mehr verstand. Und der alte Seelsorger sagte voller Herzlichkeit zu ihr: »If he wants to play that sixty-nine, just play it, my dear! What's the harm in a little game?«

Vorsichtig schnitt ich den Textblock aus und klebte ihn unter meinen Absender. Grinsend stellte ich mir vor, wie der Typ senkrecht abhob und erst auf sechstausend Fuß bemerkte, dass er seinen Ballon nicht dabei hatte, ha!

Die Briefmarke klebte ich mit dem Kopf nach unten auf die Vorderseite. Hastig ging ich zu dem Postkasten in der Nähe unseres Hauses – bald würde es das meine nicht mehr sein – und warf meine Liebespost ein.

Zwei Tage später saß ich alleine beim Abendessen. Auf meinem Teller lag ein Rest von Leberkäs, den ich mir aus dem Kühlschrank geklaut hatte. In wenigen Tagen würde ich hier endgültig die Fliege machen. Ich grinste böse in mich hinein, aber ich hatte auch verdammte Angst, was nun aus mir werden sollte. Zwanzig, dachte ich mir. Zwanzig und kein Zuhause mehr und die Frau verloren. Entweder würde ich eine Art von Hobo werden oder mein Leben lang

Briefe sortieren. Oder ich würde es doch irgendwie schaffen. Irgendwie eben, so wie ich diese ganze beschissene Kindheit geschafft hatte. Ich stellte mir Sues Gesicht vor, meine Augen wurden feucht und mein Hals wurde dick. Es war einfach unmöglich sie zu vergessen. Ich liebte sie immer noch. Das Telefon klingelte. Ich hörte, wie mein Vater abhob und etwas brummte.

Die Küchentür flog auf, und er baute sich vor mir auf. Hochroter Kopf, schnaubend, die Brust schwer sich hebend und senkend. Unwillkürlich zog ich den Kopf zwischen die Schultern, wie ich es immer vor seiner Unberechenbarkeit getan hatte. Er stand und sagte nichts. Ich blickte ihn fragend an.

»Für dich!«, quetschte er kaum hörbar zwischen den Zähnen hervor. Es waren die letzten Worte, die wir für die kommenden acht Jahre miteinander sprechen sollten.

Ich rechnete damit, dass Goldie in der Leitung war, um mich wieder einmal sandzustrahlen. Unsere Beziehung hatte den Tiefpunkt erreicht, und ich hatte begonnen, mich ihr unter allen möglichen Vorwänden zu entziehen. Ich hoffte, auf diese Weise würde alles einschlafen. Ein, zwei Versuche, die Sache direkt zu beenden, waren in ihren Heul- und Schreiorgien untergegangen.

Es war Thea.

»Sag mal, musste das sein?«, fing sie ohne Umschweife an.

»Was musste sein?«

»Warum um Himmels willen hast du Susan diesen furchtbaren Brief geschrieben?«

»Ach so. Na ja, eben weil ... Wieso?«

»Sie hat vor einer Stunde angerufen und war völlig aufgelöst. Heinrich muss ihr eine Szene bis kurz vor dem Rauswurf gemacht haben.«

Ich schwieg lange. »Mein Gott, hätte ich das gewusst!«, sagte ich endlich. »Im Playboy gab's noch so viele Karikaturen!«

»Du kannst das nicht machen, Wolf! So was kannst du wirklich nicht machen! Es geht hier schließlich um Susans Leben!«

»Um meines auch, immerhin.«

»Aber du hast Susan sehr verletzt. Sie hat unheimlich geweint, warum du ihr das kaputtmachen willst.«

»Aber wieso denn? Ich hab ihr nichts Böses geschrieben! Der Alte soll sich doch nicht so haben. Man wird sich doch wenigstens noch verabschieden dürfen.«

Wenigstens von *ihr*. Mamma war damals einfach eines Morgens weg gewesen. Ich hatte nie vergessen können, wie ich damals tagelang durch das ganze Haus gerannt war und sie gesucht hatte. Noch Wochen später hatte mich jemand auf meinem Dreirad am anderen Ende der Stadt aufgelesen, weil ich sie endlich finden wollte.

»So kannst du das nicht machen!«, beharrte Thea hartnäckig. »Sue hat mich gebeten, dich anzurufen und dich zu bitten, dass du sie in Ruhe lässt. Sie möchte nichts mehr von dir hören.«

Ich schwieg ziemlich lange.

»Das hat sie wirklich gesagt?«

»Ja. Heinrich muss gerast haben vor Wut. Er wollte unbedingt etwas gegen dich unternehmen und hat sich sofort deine Adresse notiert. Susan hat ihn angefleht, dir nichts zu tun. Er hat sie zum ersten Mal in ihrer Partnerschaft angeschrien und sie gefragt, auf welcher Seite sie eigentlich steht.«

»Auf meiner Seite ist jede Menge Platz für sie.«

»Susan hat sich Riesensorgen um dich gemacht, sag mal, begreifst du das wirklich nicht? Wenn du noch einmal so ein Ding bringst, kann sie dich nicht mehr schützen, sagt sie.«

»Ich werd ihr schreiben, wann immer ich Lust hab. Dies ist ein freies Land. Außerdem liebe ich sie. Dieser blau-eierige Grafenarsch ist der Falsche für sie. Ich weiß nicht, welcher Teufel sie reitet, aber ich habe das Gefühl, dass ihre Rechnung nicht aufgehen wird.«

»Aber du hast nicht das Recht, es ihr kaputtzumachen! Du gefährdest dich und *sie* mit!«

»Ich hab keine Angst vor Durchlaucht. Lass ihn kommen! Hoffentlich kommt sie mit. Wenn ich sie seh, reiß ich sie ihm einfach weg!«

»Du kapierst es nicht und kapierst es nicht! Du kapierst es einfach nicht!«

»Lass uns doch erst mal sehen, was er unternimmt! Ich bin ohnehin am Ende, ich hab absolut nichts mehr zu verlieren.«

»Behalt wenigstens dein Leben!«, flüsterte sie verzweifelt.

»Hey, hey!«, sagte ich.

»Er arbeitet für die Mafia. Susan konnte ihn im letzten Moment davon abhalten, dass er dir jemanden schickt!«

Ich weiß nicht, wie lange ich den Atem anhielt. »Was?!«

»Ja«, sagte sie.

Ich schwieg. »Du hast sie nicht mehr alle.«

»Doch.«

»Du willst mir sagen, sie pennt mit einem Mafioso?«

»Ja.«

»Sag mal, spinnst du?«

»Nein.«

»Mafia?«

»Ja.«

»Mafia?!«

»Ja.«

»Wie, Mafia?! Mein Alter ist bei der Frankfurter Allianz, und Sues darling-baby ist bei der Mafia? Und ich bei den Jungsozialisten? Sag mir doch mal eben, welcher Film hier läuft!«

»Deswegen mach ich mir doch so Sorgen um sie! Heinrich erledigt Geschäfte für die Mafia. Wo glaubst du denn, hat er sein ganzes Geld her? Er fliegt hin und her zwischen Florida und München und erledigt seine Aufgaben für die. Zwar macht er selber nichts Schlimmes – glaub ich jedenfalls –, aber er legt das Geld für sie an. Er ist nicht im üblichen Sinne selbständig.«

»Würd ich teilen, diese Aussage.«

»Er steckt richtig tief drin.«

»Und das hast du gewusst? Und lässt sie gehen?«

»Ich hab sie angebetet, sich das alles noch mal zu überlegen. Aber sie sagte immer nur, dass sie sich nun mal entschieden hätte, das Leben mit dem Mann zu teilen. Und wenn sie sich für einen Mann entschieden hat, sagt sie, dann steht sie dazu.«

»Bitter«, sagte ich.

Vor der Glastür des Büros tauchte fordernd die Silhouette meines Vaters auf. Das Gespräch dauerte ihm zu lange, und er wollte zurück an seinen Schreibtisch. Zugleich sollte mir auch gezeigt werden, dass ich in diesem Haus absolut keine Rechte mehr hatte.

»Wir können sie nicht mehr aufhalten, was, Thea?«

»Es ist zu spät.«

»Hat sie sonst noch irgendwas für mich hinterlassen?«

Thea zögerte. »Du sollst sie nicht vergessen, und du möchtest ihr bitte, bitte nicht böse sein. Es täte ihr alles sehr leid.«

»Man muss wissen, wann es zu Ende ist, Thea«, sagte ich. »Ich wär ihm jederzeit an die Gurgel. Aber ich kann nicht gegen die gesamte amerikanische Mafia anstinken.«

In den folgenden Tagen transportierte ich in einem alten Rupfensack meine Habseligkeiten zu meinen Großeltern. Ich füllte einfach alles in den Sack, band ihn zu und befestigte ihn auf meiner Hummel. Dann knatterte ich mehrmals die Straße hinauf und schleppte das Zeug die engen Treppen zu ihrer kleinen Dachwohnung hoch. Notgedrungen stapelte ich alles auf dem Fußboden des kleinen, schrägen Trockenraums unter den rohen Dachplatten, wo ich bis auf weiteres hausen würde. Ich konnte nicht aufrecht stehen. Es war ein Abstellraum mit zwei gespannten Wäscheleinen und einem primitiven kleinen Klappfenster in der Dachschräge. Alles war unbeheizt und schon jetzt saukalt. Im Winter würde es hier nicht auszuhalten sein. Ich brauchte schnellstens eine neue Wohnung.

Als ich mein altes Zimmer leer geräumt hatte, blieben mir noch vier Tage bis zum gesetzten Auszugstermin. Hartnäckig blieb ich noch in meiner bisherigen Unterkunft, rein aus Prinzip. Am vorletzten Abend kam ich in den Raum und stellte fest, dass sie meinen Schreibtisch bereits hinausgetragen und entsorgt hatten. Es war eine Geste, die ich durchaus verstand, und ich schluckte ziemlich daran. Aber vor dem gesetzten Datum würden sie mich nicht hinauskriegen.

»Bis zum letzten Moment noch vom Vatter fressen, der saubere Herr, gell? Jetzt kannst dann schauen, wos d' deine Füß untern Tisch legen darfst! Vielleicht bei deine saubernen Parteigenossen, ha?«

Ich ließ sie einfach stehen. Auch sie würde bald Vergangenheit sein.

Am Tag meines Auszugs erwachte ich erst spät, denn ich war mittlerweile so überdreht, dass ich zum Einschlafen zwei Tabletten benötigt hatte. Sie verpassten mir einen ausgeprägten Tablettenkater, der sich unter anderem in einem deutlich erniedrigten Blutdruck äußerte. Mit fahrigen Händen rieb ich mir etwas Wasser über das Gesicht. Mein Handtuch hatten sie bereits weggenommen. Ich putzte meine Zähne und steckte die Zahnbürste in die Tasche meiner blauen Jeansjacke. Von meinem Schlüsselbund löste ich den Haustürschlüssel und ging langsam das dunkle Treppenhaus hinab. Mein Vater saß in seinem Büro. Ich sah seinen Umriss durch die Glasscheibe, und ich musste zugeben, dass er mir immer noch Angst machte. Nur einen Spaltbreit öffnete ich die Küchentür. Traudi wischte an der Spüle neben der Tür und blickte gespannt auf. Es war der Moment ihres Triumphes – jahrelang hatte sie hinter meinem Rücken darauf hingearbeitet.

»Hier ist dann der Schlüssel«, sagte ich tonlos, denn mir war schlecht und schwindlig, und ich legte ihn auf die Spüle. »Ich bin dann weg.«

In ihren Augen blitzte es kurz. »Magst nicht noch an Teller Suppen haben?«, fragte sie betont freundlich. »I hab noch a schöne Suppen g'macht!« In besseren Zeiten hatte sie sich immer gefreut, wenn ich ihre Suppen lobte.

»Mh, mh«, schüttelte ich den Kopf und wandte mich zum Gehen.

»Nimm halt noch an Teller Suppen!«, rief sie mir hinterher. »I hab extra noch a Suppen g'macht!«

»Schon okay«, sagte ich und schloss die Dielentür hinter mir. Ich verließ das Haus und trat in eine Zukunft, von der ich nicht im leisesten wusste, wie bald sie mir das Rückgrat brechen würde.

Die Sache mit Goldie explodierte endgültig drei Monate später, aber das ist eine eigene Geschichte. Es war eine Riesenerleichterung für mich, nahm einen aber auch mit, weil Goldie wie eine Wahnsinnige unter der Trennung litt und irren Terror machte. Die gesamte Familie, auf die nun die Flut ihrer verzweifelten Ausbrüche herabregnete, litt mit. Goldie zog später weg. Sie heiratete einen Mann, der sich unbedingt Kinder von ihr wünschte, aber es klappte einfach nicht zwischen den beiden. Nach fünf Jahren Ehe brannte sie ihm überraschend durch und zog zu einem neuen Partner, ließ sich scheiden, heiratete sofort den Neuen und bekam – plopp, plopp! – zwei Kinder von ihm. Dann aber machte der neue Ehemann die Fliege, und Goldie rief mich an. Wir hatten ein Jahrzehnt nichts voneinander gehört, und jetzt kotzte sie sich bei mir am Telefon aus. Ihre Einladung zu einem Besuch nahm ich dankend, aber ohne näheres Interesse an.

Mit Gine traf ich mich nach der Trennung von Goldie noch ein paar Mal. Sie war ein unheimlich nettes Mädchen, dessen frische, geradlinige Art mir gut tat. Aber außer einigen intensiven Unterhaltungen brachten wir nichts mehr zustande, ich war viel zu sehr damit beschäftigt zu überleben, und ich bereitete mich überdies vor, die Stadt endgültig zu verlassen. Ich sah sie Jahre später wieder, als sie zusammen mit Lindie und der inzwischen neunzehnjährigen Mambo bei mir in Bonn vorbeikam. Gine war seit zwei Jahren verheiratet und hatte ein kleines Mädchen. Lindie war seit zwei Jahren geschieden und bester Dinge. Mambo war grade mal wieder ohne Freund. Es war ein ungeheuer gut aufgelegter Mädchenhaufen, der vor meiner Wohnung aus dem Auto stieg, und wir fuhren alle zusammen in das Wochenendhaus meines Freundes Henry im Ahrtal, wo wir eine der gepfeffertsten Nächte verbrachten, an die ich mich überhaupt erinnere. Henry war Fotojournalist und arbeitete für eine ganze Reihe namhafter Blätter. Er war damals der erste westliche Journalist, der heimlich nach Afghanistan einreiste, um die Untaten der sowjetischen Besatzer zu dokumentieren. Er filmte sogar, wie er mit seiner kleinen Gruppe dem Raketenangriff eines sowjetischen Kampfhubschraubers entkam. Acht Jahre später, gerade vierzig Jahre alt, starb er elend an einem Gehirntumor. Regine nahmen sie mit achtunddreißig eine Brust ab.

Drei, vier Jahre vor dieser Begegnung hatte ich nochmals einen der immer seltener werdenden Anrufe von Thea. Nach der ganzen Geschichte mit Susan waren wir noch ein paarmal entspannt miteinander ins Bett gegangen, ohne voneinander mehr zu fordern, und unsere Beziehung war Stück für Stück in eine gute Freundschaft hinübergewachsen. Ich hatte ziemlich lange nichts von ihr gehört und war erfreut, als ich an einem Sonntagvormittag ihre heisere Stimme vernahm.

»Hey!«, sagte ich.

Sie kam ohne Umschweife zur Sache. »Susan ist zurück in Deutschland. Sie ist Hals über Kopf aus Florida abgehauen!«

»Keine fünf Jahre, alles zusammen«, rechnete ich. »Ich hab immer gesagt, der Typ ist ein Arsch. Hat sie ihn endlich satt bekommen?«

»Nein. Er ist nicht mehr da.«

»Wie, nicht mehr da?«

»Er ist vor zwei Wochen aus dem Haus gegangen und nicht mehr zurückgekommen.«

»Hat er eine andere, wahrscheinlich.« Ich bemühte mich um Coolness, aber etwas in mir drinnen tat immer noch höllisch weh.

»Nein«, sagte Thea gepresst. »Er ist weg.«

»Wie? Weg?«

»Weg. Weg für immer. Susan ist völlig aufgelöst.«

»Du meinst ...?«

»Ja«, brachte sie hervor. »Du weißt schon, seine Freunde.«

»Die?«, sagte ich und wollte es nicht glauben.

»Doch«, sagte sie. »Susan hat längst das FBI eingeschaltet. Es gibt keinen Zweifel mehr, die Mafia hat ihn verschwinden lassen. Er muss irgendetwas getan haben, was ihnen nicht passte.«

»Junge, Junge«, sagte ich.

»Susan sagt, er hätte vorher schon so seltsame Anrufe bekommen und hätte nur noch ausgesehen wie ein gehetztes Tier.«

»Oh boy«, sagte ich. »Ich schätze, er dekoriert jetzt einen Betonblock vor der Küste von Key Biscayne – von innen.«

»Das ist nicht zum Scherzen. Susan ist sich sicher, dass es tatsächlich so ist.«

»Greetings from Florida!«, sagte ich eisig. »Nicht schade um solche Typen.«

»Aber Susan!«, rief Thea. »Mensch, Susan ist halb verrückt vor Angst! Sie war dort drüben tagelang allein im Haus, und sie hatte furchtbare Angst, dass die sie auch holen würden. Du weißt doch, wie die sind.«

»Offen gesagt, nein«, entgegnete ich trocken. »Ich war nie mit einem Mafioso im Bett.«

»Du bist unmöglich.«

»Ja.«

»Sie ist nur noch ein nervliches Wrack, ehrlich. Du würdest erschrecken, wenn du sie sehen würdest.«

Ich sah sie schon während des ganzen Gesprächs vor mir: Das kluge und so heitere Brillenlachen, an das ich noch so lange voller Traurigkeit gedacht hatte. Die langen Haare, den Mohairpullover, die Jeans, die Boots, die Gitanes. Ich begann sie sogar schon wieder zu spüren. Komisch, genau besehen hatte ich sie in meinem ganzen Leben nur ein paarmal geküsst. Aber das Gefühl hatte sich auf Dauer eingebrannt. Auch die warme Freundlichkeit, die von ihrer Haut ausgegangen war. Eine solche Frau beschützte man und brachte sie nicht um.

»War sie denn auf irgendwelche Weise an seinen Geschäften beteiligt?«

»Nein. Sie sagt, sie hat sich immer vollständig rausgehalten. Sie lebte mit dem Mann, aber nicht mit seinen Geschäften.«

»Sweet sixty-eight! Woodstock in Reinkultur«, schüttelte ich den Kopf. »Na ja, Hauptsache, sie lebt.«

»Ich dachte einfach, es würde dich interessieren.«

»Klar«, sagte ich. »Klar interessiert es mich. Wo ist sie jetzt?«

»In einem kleinen Dorf in der Oberpfalz. Sie hat sich versteckt, weil sie hofft, dass sie sie dort nicht so leicht finden. Außer mir hat fast niemand ihre Telefonnummer. Sie jobbt stundenweise und versucht zurückzukommen in den Lehrerinnenjob. Im Augenblick lebt sie von der Hand in den Mund.«

»Wieso? Der Typ war Millionär, denke ich?«

»Den größten Teil seines Vermögens scheint die Mafia ihm schon vorher abgenommen zu haben. Und den Rest hat das FBI beschlagnahmt. Auch Susans Bankkonto drüben haben sie beschlagnahmt, weil das ganze Geld darauf ja von ihm stammte. Sie haben ihr lediglich das Geld für ein Flugticket nach München gelassen, auf einer dieser Billig-Airlines. Sie ist total verzweifelt, und sie hat immer noch wahnsinnige Angst. Selbst das FBI hat ihr gesagt, ihre einzige Überlebenschance sei, so schnell wie möglich aus den USA zu verschwinden und sich die nächsten Monate so klein wie möglich zu machen.«

»Der Ballonfahrer«, sagte ich nachdenklich. »Damals wollte er mir an den Hals, oder?«

»Ja«, sagte Thea heiser.

»Hat sie sich sonst denn verändert?«

»Mein Gott, äußerlich nicht. Aber sie ist sehr ernst geworden. Nicht mehr das Mädchen, das du damals kanntest.«

»Kann ich mir vorstellen«, sagte ich leise. »Sag ihr einen lieben Gruß.«

»Wolf?«

»Mhm?«

»Ich glaube, dass sie sich über einen Anruf freuen würde.«

»Von mir? Erinnert sie sich denn noch an mich?«

»Natürlich. Sie hat sofort nach dir gefragt.«

»Einen Anruf. Einen Anruf von mir ...«

»Ich glaube, es würde ihr sehr gut tun.«

»Hat sie das gesagt?«

»Nnnein. Ich denke es mir einfach. Sie hat nicht mehr viele Menschen hier.«

»Meine Sue«, sagte ich. »Meine treue kleine Sue.«

»Ich kann dir die Nummer geben. Willst du sie mitschreiben?«

»Aber klaro«, sagte ich. Ich schrieb mit und sagte zu, sie niemand anderem weiterzugeben.

Wir redeten noch eine Weile miteinander, bevor ich den Hörer auflegte. Ich setzte mich hin und genoss die Bilder, die in mir hochstiegen. Nicht mehr so leidenschaftlich wie damals, sondern langsamer, bedächtiger, unendlich intensiver. Ich sah mir alles noch einmal an. Susans kleines Gesicht, das so gut in meine Hände passte. Die Art, wie sie die Augen zusammenkniff, wenn sie ihre Brille abnahm. Die prallen Jeans und die frechen Brüste, selbst wie Susans unerreichbare Schönheit sich zwischen den Beinen ihrer Jeans abgedrückt hatte. Ihr glückliches Gesicht, als sie sich im Bademantel zu mir herunterließ. Die ganze verzweifelte Zärtlichkeit ihrer Abschiedsküsse und die Tränen in ihrem Gesicht, bevor sie in ihrem Wagen verschwunden war. Susan war eine Frau, die man niemals aufgab.

Vorsichtig nahm ich den Zettel mit ihrer Telefonnummer zwischen meine Finger und küsste ihn zärtlich, bevor ich ihn in viele kleine Teile zerriss.

7. DIENSTLICHE STELLUNGNAHME

(auszugsweise)

des Polizeimeisters Korbinian Wagelsrieder wohnh.: 82290
Landsberied, Strullerweg 22a (Rgb.)
zu den Ereignissen in der Kreisstadt Fürstenfeldbruck
im August 2001
erstellt auf Anordnung des Bayerischen Landesministers des
Innern – Herrn Dr. Gabriel Hürl –
versehen mit erläuternden Anmerkungen des Autors,
der sich für die freundliche Überlassung des Dokuments
beim Verfasser ausdrücklich bedankt.

Ich bin der Polizeimeister Korbinian Wagelsrieder von der Dienststelle Fürstenfeldbruck und möchte gleich vorab sagen, dass ich meine dienstliche Suspendierung für ungerecht halte und der Sache unangemessen. Dies wird auch durch die Stellungnahme meines Kollegen, des Polizeihauptkomissars Franz Dirrigl, unterstrichen, die ich an den entsprechenden Stellen auszugsweise beigeheftet habe.

Nach meinem persönlichen Gefühl wollen sich hier einige in Sicherheit bringen: der Herr Polizeidirektor Leitenthaler genauso wie der auf mein persönliches Verlangen damals frühzeitig angesprochene zuständige Referatsleiter im Bayerischen Innenministerium, Herr Dr. Dr. Frank Haseidl. Weitere Namen spare ich mir lieber gleich, weil diese Herren ja sowieso ständig Recht haben, auch wenn sie überhaupts keine Ahnung davon haben, welche Leistungen von uns einfachen Einsatzkräften vor Ort oft erbracht werden müssen. Ich muss zu den oben genannten Ereignissen gleich vorweg Folgendes nachtragen: Leider hatte ich bereits seinerzeit in meiner Personalakte zwei fehlerhafte Einträge, gegen die ich mich dummerweise nicht rechtzeitig gewehrt habe, und jetzt sind sie eben drin. Ich habe mich nicht gewehrt, weil verschiedene ältere Kollegen mir geraten haben nichts zu machen, weil man ja sowieso nichts machen kann, wenn etwas von oben herunterkommt. Das eine Mal ging es darum, dass ich einen Fürstenfeldbrucker Stadtrat bei einer Verkehrskontrolle beleidigt haben soll. In Wirklichkeit war es zwei Uhr morgens, und der Herr war trotzdem mit einer Fraktionskollegin im Auto unterwegs. Bei dieser Kontrolle, die ich wegen der Schlangenlinien des Herrn Stadtrats Adolf Leckthaler im Bereich der Landsberger Straße auf Höhe des Baumarkts Brandelhuber anlassgemäß durchgeführt habe, habe ich auf dem Boden des Beifahrerraums ein Kleidungsstück der besagten Fraktionskollegin entdeckt, das man sonst normalerweise im Auto anbehält. Nur deshalb und weil ich die Dame nicht in Verlegenheit bringen wollte, habe ich den Herrn Stadtrat damals aufgefordert, mich anzublasen, und er antwortete, er hätte heute Abend schon genug geblasen, und außerdem wolle er jetzt ins Bett. Bei dem anschließenden Wortwechsel stellte ich 1,8 Promille fest. Wie wenig Herr Stadtrat Leckthaler seinerzeit ansprechbar war, zeigt die Tatsache, dass er mir andauernd widersprach. Er ließ sich sinngemäß dahingehend ein, dass

1,8 Promille eindeutig zu wenig seien, weil seine Fraktion bei der letzten Wahl 2,2 Prozent zugelegt habe und jetzt bei über 9 Prozent liege. Er bestand darauf, dass ich ihm die Differenz ausgleichen sollte. Während dieser dienstlichen Auseinandersetzung versuchte die Frau Stadträtin mehrmals, das genannte Kleidungsstück unauffällig verschwinden zu lassen, woraufhin ich es erst einmal sicherstellte. Hierbei leistete der Stadtrat Leckthaler handgreiflichen Widerstand, wozu ich seine Wagentür öffnete und er aus dem Wagen fiel. Das Kleidungsstück der Frau Stadträtin Hedwig Gümperlein faltete ich ordnungsgemäß und verstaute es vorübergehend in der linken Jackentasche meiner Uniform, um es später ordnungsgemäß zu asservieren. Die Gümperlein verließ daraufhin ebenfalls den PKW des zu diesem Zeitpunkt noch am Boden liegenden Leckthaler und versuchte unter erheblichem Körpereinsatz, erneuten rechtswidrigen Gewahrsam an dem Kleidungsstück zu begründen, wobei sie mehrmals sehr laut betonte, dass sie die Angelegenheit im Fraktionsvorstand zur Sprache bringen würde. Ich hatte allerdings damals dienstliche Zweifel, dass sie dies tun würde und war auch ansonsten zur Sicherung dieses Beweismittels entschlossen, auch wenn mir nachträglich aus dem politischen Bereich verschiedenermaßen andere Motive wahrheitswidrig unterstellt worden sind. Ich weise auch nochmals dienstlich darauf hin, dass ich im Hinblick auf das genannte Asservat gegenüber der Frau Stadträtin Gümperlein zu keinem Zeitpunkt den Ausdruck »Arbeitsmittel« gebraucht habe, auch nicht den Ausdruck »politisches Arbeitsmittel« und schon gar nicht, wie Herr Stadtrat Leckthaler hinterher behauptete, den Ausdruck »Fraktionskasse«. Es gelang mir mit erheblicher Mühe und ohne Hinzuziehung von Verstärkung, sowohl den Führerschein des Leckthaler als auch das genannte weibliche Utensil dem dienstlichen Bearbeitungsverfahren zuzuführen. Ich war dann damit beschäftigt, den im Nasenbereich blutenden Leckthaler wieder aufzuheben und ins Auto zu setzen. Ich gebe auch zu, dass ich im Moment verwirrt war, weil die Gümperlein hysterisch schrie, sie werde auf keinen Fall blasen, während der Leckthaler mich fortwährend drängte, ich solle sie auf jeden Fall blasen lassen, denn das könne sie. Nachdem ich den Führerschein des Leckthaler sichergestellt hatte, erbot sich die Gümperlein, die Trunkenheitsfahrt in eigener Verantwortung fortzuführen. Den erfolgten dienstlichen Eintrag, der mir von Herrn PD Leitenthaler nach nur kurzer mündlicher Anhörung im Beisein der beiden nüchternen Stadträte erteilt wurde, halte ich für hinterhältig.

Der zweite Vorfall war letztlich ähnlich, sodass ich mir schon überlegt habe, ob einzelne Stadträte mir hier vielleicht eine Falle stellen wollten. Ich bin zwar nicht wichtig genug für so etwas, aber die meisten Stadträte in Fürstenfeldbruck sind ja auch nicht wichtig. Ich war außerdienstlich unterwegs auf dem Weg amperaufwärts zum Stausee, etwa hundertfünfzig Meter nach der Flussgabelung, an der immer die Mitglieder des Anglervereins sitzen, wo dann der Weg abbiegt in Richtung Klosterkirche, bei dem alten Wehr, als ich an dem kleinen Weiher kurz vor dem Wehr einen weiblichen Frauenkörper etwa mittleren Alters vorfand, nach meinem ersten Augenschein eine Person in den frühen Fünfzigern, die noch nicht in den Zersetzungszustand übergegangen war. Da ich mich nicht im Dienst befand und ein unverzüglicher Eingriffsanlass nicht bestand, sah ich von einer Personenkontrolle ab und trat auf die Dame zu, die mit geschlossenen Augen und schulterlangen Haaren eindeutig regungslos lag. Erst bei näherem Besehen erkannte ich, dass es sich um die mir aus der örtlichen Presse bekannte Sängerin Barbara Duchtl handelte, die häufig bei Festen der hiesigen Vereine unter dem Namen »Emmeringer Eingesang« auftritt und dazu bayerisches und afrikanisches Liedgut vorträgt. Wir sind im Rahmen früherer dienstlicher Einweisungen wiederholt vor ihr gewarnt worden. Die Duchtl, die nach meiner dienstlichen Beurteilung merkwürdig steif dalag, befand sich aber in einwandfreiem Bekleidungszustand, sodass Anhaltspunkte für eine Straftat nicht ersichtlich waren. Ich betone dies deshalb, weil man mir dies später zum Vorwurf gemacht hat. Sie hat später dann behauptet, sie hätte einen tetanischen Anfall gehabt und sei schon länger so gelegen. Warum sie dann auf einmal so kreuzlebendig wurde, als ich ihren Herzschlag überprüfen wollte, das sagt sie aber nicht. Über die Duchtl ist in der Hinsicht ja sowieso einiges bekannt.

Über den Wagelsrieder Korbi ja auch. An und für sich war es für uns schon seit jeher absehbar, dass er einmal Probleme kriegen würde.

Sein Vater Alfons – in etwa unser Jahrgang – hatte eine kleine Sattlerei und Seilerei in der Aicher Straße und wurde als Kind von uns immer »Donsä« genannt, weil er zu deppert war, das »F« von »Fonsä« auszusprechen. Er galt später dann als »guate Haut«, die man halt irgendwie mitlaufen ließ, also ein sozial umgänglicher, schlichter und damit bereits erschöpfend beschriebener Charakter, dem man intellektuell nicht allzu viel auferlegen durfte. Umso auffallender, dass der alte »Donsä« bis heute permanent zu Größenfantasien neigt, in denen er gravierende Probleme der Nachkriegsgesellschaft, wie etwa die Vergabe eigener Haustürschlüssel an die Bewohner von Asylantencontainern, recht rigoros abzuhandeln pflegt und meist auch recht schlicht. »Beim Hitler hättst du keinen Haustürschlüssel erst gar net braucht, weil da hättst du dei' Haustürl de ganze Nacht offen stehen lassen können, ohne dass *überhaupts* was passiert wär. Und wenn *ich* heut was zum Sagen hätt …« Er kehrte auf die Erde zurück, wo seinerzeit der Amerikaner eine Vielzahl unverschlossener Haustürln aufgebombt hatte, und seufzte resigniert: »Aber i hab nix zum Sagen, Gott sei Dank.« Der kleine Korbi mit seiner peinlich durchschnittlichen Hirnleistung war für den Donsä halt eine Manifestation seiner gescheiterten Omnipotenzfantasien. Wer solch ein Kind hervorbrachte, der konnte unmöglich außergewöhnlich sein und eignete sich damit gut zum Rechten. Kein Wunder, dass sein Sohn später den Polizeiberuf ergriff.

Ich hatte ganz anderes im Sinn, als ich dem Korbi an jenem schwülwarmen Freitagnachmittag begegnete. Immerhin war es vier Uhr vorbei und mir war dringend nach einem Kaffee und einem Käsekuchen im Café »Nachtmeier«.

»Du mit deiner Lebensg'schicht, vastehst, und mit deine ganzen Theaterstückeln und mit deine ganzen Eisbären und mit deim Roman über Bruck – hast mi' schon, gell? –, damit könnerten mir's dapacken, vastehst? Weil, der Hufnagel, net, da san mir uns ja einig, des is ja ein Depp.«

Mhm, hatte ich gesagt, Sepp, schon recht, aber ich mach euch trotzdem nicht den Bürgermeister.

Sepp Schmuttermaier hatte sich ein paar Brezenkrümel vom Ärmel seines Trachtenjankers geklopft, während die Bedienung in der Poststube ihn saugrantig musterte, da er als Roter und als trockener Alkoholiker bekannt war, eine Verbindung, bei der nach ihrer Meinung lediglich das »trocken« störte. Dass er jetzt schon seit zehn Jahren im Bayerischen Landtag saß, hatte alle meine Befürchtungen über den Werdegang der Partei bestätigt.

»Aber, vastehst, du mit deiner Weltläufigkeit und dann auf der anderen Seiten der Depp von de' Schwarzen, damit taaten mir s' ausräuchern.«

»Schon, Sepp. Aber lieber erschieß ich mich.«

»Was hättst nachert du da bittschön dagegen, dass mir dich in Bruck zum Bürgermeister macha, ha?«

Ich schaute ihn mir an und wusste, dass er es nicht verstehen würde. »Ich, Sepp« sagte ich. »Grad ich. Und um mich lauter Beamte. Nach drei Monaten bin ich so weit, dass ich entweder die erschieß oder mich selbst. Vastehst?«

»Mir hamma sonst niemanden in der Partei, der es machen kunnt«, drängte der Sepp. Er besaß die bittere Zuversicht, mit seiner Partei niemals Bayern regieren zu müssen, deshalb versuchte er jetzt, Unschuldige in die Verantwortung zu hetzen. Das Gespräch endete unbefriedigend für ihn. »Ich bin nicht unbedingt glücklich, Sepp«, hatte ich ihm mitgegeben. »Aber von allen Möglichkeiten, ans Saufen zu kommen, ist deine mir die umständlichste.«

»Jaaa no!« Er ließ mich zahlen und verließ die »Post«.

Während ich unmittelbar nach dem Gespräch die Hauptstraße hochschlenderte, blickte ich geradeaus auf meinen verhinderten Amtssitz, der die Fürstenfeldbrucker Prachtallee am oberen Ende abschloss. Ein wunderschöner Bau, von außen her betrachtet. Weiter unterhalb, aus der Einfahrt vom renovierten – das heißt ruinierten – »Jungbräu«, waren wir damals hinausgeschlichen, die Albertinumhühner im Arm, während Loser und seine Schläger auf der anderen Straßenseite gewartet hatten. Irgendwie schade, dass er so völlig verschwunden war. Ich hatte ihn immer gemocht.

Andererseits: Ohne meine verhinderte Kandidatur wäre ich niemals an die Akten über die besagten Vorfälle gekommen, viel weniger noch an die Stellungnahme des Wagelsrieder Korbi, die mir das Unverständliche an dieser Stadt endlich noch etwas unverständlicher machte. Trotzdem, sage ich mir, auch wenn sie es verdient hätten, den Bürgermeister mache ich ihnen nicht. Außerdem bin ich eh schon lang nicht mehr in der Partei.

»Das is ja nun wirklich völlig wurscht«, hatte der Sepp gegrantelt. »Wenn mir dich zum Bürgermeister macha, dann macha mir dich auch zum Parteivorsitzenden.«

»Ja freilich!«, hatte ich abgewinkt. »Könnt euch so passen!«

Der Herr Abgeordnete Sepp Schmuttermaier hatte es zum Schluss hin richtig persönlich genommen und war mit knappem Gruß davongehastet.

Zum Tatzeitpunkt hatte ich, der Polizeimeister Wagelsrieder von der Dienststelle Fürstenfeldbruck, meinen Dienst erst vor kurzem, um 16:00 Uhr, angetreten. Ich war schon wieder für die Spätschicht eingeteilt, obwohl ich diese Häufung als ungerecht empfand und deshalb bereits beim Sprecher des Personalrats vorstellig geworden war.

Meinen Streifendienst im Dienstfahrzeug FFB-2 trat ich alleine an, weil die als Streifenführerin eingeteilte PHM Susi Grünbaumerl sich kurz vor Dienstbeginns wegen einem Ischiasanfalls krank meldete, aber wahrscheinlich war sie nur wieder unpässlich. Mein erster Einsatz gegen 16:10 Uhr führte mich an die Einmündung Marthabräustraße /Augsburger Straße, wo der Zeitungsausfahrer Fritz Häuslhaber mit seinem Kleinkraftrad unter Missachtung der roten Signalanlage in die Augsburger Straße eingemündet war, um hiermit unverzüglich unter den Traktor des aus Nannhofen stadteinwärts kommenden Landwirts Hanns Germansberger zu geraten. Der Vorfall war nicht weiter aufregend, da Herr Häuslhaber dafür polizeilich bekannt ist, ständig unter ihm nicht gehörende Fahrzeuge zu geraten, was auf seine Gewohnheit zurückzuführen ist, Kreuzungen grundsätzlich nur bei Rot zu überqueren und sich bei Vorhalt der Rechtswidrigkeit seines Tuns hierzu wie folgt einzulassen: »Bei Rot fahren die wenigsten!« Wie praktisch regelmäßig, so blieb der Häuslhaber fast unverletzt und wurde von mir deshalb schriftlich verwarnt mit DM 20,00, die er sofort bezahlte.

Nach Bereinigung dieses Vorfalls, den ich weisungsgemäß effizient und bürgernah erledigte, begab ich mich zum Dienstfahrzeug und wurde über Funk aufgefordert, mich zum Café »Nachtmeier« auf der Hauptstraße zu begeben, um eine »nicht angemeldete Erektion« aufzulösen. Ich ging davon aus, dass es sich wieder einmal um einen Witz der Leitstelle handelte, die sich so etwas leider öfter mit mir erlaubte, und dass es sich in Wirklichkeit natürlich nicht um eine – in der Regel ja auch nicht anmeldepflichtige – Erektion handelte, sondern um eine Demonstration. Denn solche Ereignisse sind in Fürstenfeldbruck sehr selten, mir ist überhaupt kein derartiger Vorgang bisher bekannt.

Ich fuhr die kurze Strecke bis zum Café »Nachtmeier« ohne Blaulicht und akustische Signalgebung und hielt direkt vor dem Café an. Dort fiel mir eine Gruppe von Fußgängern verschiedensten Alters und Geschlechts auf, die vor dem Eingang standen und interessiert nach drinnen blickten. Als ich ausstieg, hörte ich erregtes, sehr lautes Stimmengewirr aus dem Café, aber auch Gelächter. Ich musste daher davon ausgehen, dass eine Auseinandersetzung mit unklaren Beteiligten im Gange war, möglicherweise unter Alkoholeinfluss.

Ich sehe den Korbi also gerade aus dem Auto steigen und denke mir: Auweh! Rein instinktiv. Mit ihm selber hatte ich seinerzeit nie was zu tun gehabt, außer dem üblichen »Dei-dei-dei, ja wo is er denn?«, mit dem man in Bruck Kleinkinder anspricht. Aber von seiner ganzen Körpersprache her hatte ich einen deprimierten Menschen vor mir, eine Art bewaffneter Schmerzpatient.

Die Hauptstraße war beflaggt und mit Lichtgirlanden dekoriert, was abends immer recht feierlich wirkte und das bevorstehende Sommernachtsfest des Heimatvereins »Ampergilde« ankündigte, eine Art kommunal geförderter Fruchtbarkeitsorgie: Die ganze Hauptstraße wurde dann gesperrt und mit Tischen gepflastert. Jeweils neun Monate nach dem Fest, am so genannten »Gilde-Peak«, hatten die Hebammen im Krankenhaus Urlaubssperre. Das Fest war seit den frühen Fünfzigern der gesamtgesellschaftliche Jahreshöhepunkt und einer der sanktionierten Exzesse, die jede Population benötigt, wenn sie ihr Rentenniveau sichern will. Die Abläufe vollzogen sich mit der üblichen Doppelbödigkeit. Erst wurde gefeiert, dann gesoffen, dann gezeugt. Anschließend geschieden, damit das Kind einen Vater hatte. Trotzdem: Die Stadt legte auch hierbei Wert auf das »Akk'ratte«, also auf die Überschaubarkeit des Ekstatischen. Wenn schon nicht im Moment der Ausschweifung selbst, so doch bei deren Vorbereitung. Ungeplante Exzesse brauchten hingegen einen äußeren Verantwortlichen, insofern war ich nicht überrascht, als sie mich hinterher fragten, ob ich »mit der ganzen Sach« etwas zu tun hätte. »G'wundert hätt's mich net, net. Aber wennst du sagst, du warst es nicht, nachert glaub i's dir halt. Oder warst es doch, ha?«

Der Korbi ist wie sein Vater ein eher Untersetzter, bei dem sofort auffällt, dass die Oberschenkel im Vergleich zu den Unterschenkeln zu kurz geraten sind. Ich wunderte mich, wie sie die Uniform für ihn hingekriegt hatten. »Hat er net lang g'nug g'arbeit, auf seiner Alten, der Donsä, ha? Zwoa, drei Minuten mehr Hingabe, net wahr, haha, und der Bub hätt a g'scheits Fahrg'stell, gell?« In Bruck hatte man seine Art, die Dinge zu erklären. Dass die Vorgänge des Lebens erklärbar blieben, war ihnen wichtig.

Ich fragte mich, was der Wagelsrieder Korbi von den Leuten beim Café »Nachtmeier« wollte und wieso er überhaupt vorgefahren war. Am Freitagnachmittag fanden sich dort eh nur die Rechtschaffenen und Gradrausigen ein, diejenigen, die unentwegt stolz darauf waren, ihre Welt so klein zu halten, dass sie die Übersichtlichkeit nicht verlor. Vielleicht irgendein Betrunkener, der ausgerastet war? Ich entschied mich, umzukehren und meinen Kuchen später zu essen. Die Sach da vorne ging mich nichts an, und ich wollte ohnehin noch ans Grab meiner Großeltern auf dem kleinen Friedhof in Jesenwang, wo sie schon über ein Jahrzehnt ruhten.

Opa war zum Schluss fast blind gewesen. Trotzdem ging er noch jeden Tag die kurze Strecke vom Jesenwanger Altersheim bis zum Ochsenwirt, indem er sich an den Zäunen entlanghangelte und dabei lange Pausen einlegte, um wieder Luft zu schöpfen, die seinem alten, kaputten Herzen fehlte. Es dauerte einen, mit anzusehen, wie der einst lustige, kraftberstende Treibauf sich jetzt um jedes bisschen Leben quälte. Graugesichtig, faltig, der Kopf schon wie ein Skelettschädel. »I brauch mei' Ansprach«, hatte er beharrt.

»'s Leben is Scheiße«, hatte Oma ihre achtzig Jahre mutlos zusammengefasst. Die meiste Zeit saß sie in ihrem kleinen Zweibettzimmer im Altersheim und las ihre Adelszeitschriften. *»Findet Caroline jetzt das große Glück?«* »Dene geht's auch net anders«, hatte sie zufrieden festgestellt.

Seit sie von Mamma zurückgekommen waren, hatten sie mit der Welt abgeschlossen. Kurz vor meinem Wegzug hatte Aglaster mir damals das Haus abgekauft, dann das Haus der verstorbenen Bächtles erworben und es abgerissen, um einen Neubau direkt an Omas Hauswand zu setzen. Oma, einst stolze junge Kleinhäuslerin und jetzt nur noch eine geduldete Alte, hatte verbittert mit angesehen, wie Aglaster ihr mit dem Neubau das Schlafzimmerfenster zugemauert hatte. Er hatte ihnen eine erbärmliche Luke ins Dach reißen lassen, von der die Dachpappe in Fetzen hing. Ich junger Arsch hatte es mit angesehen, ohne ihm an den Hals zu gehen. Die beiden hielten es nicht mehr in dem Loch aus, und als Mamma sie drängte, zu ihr an die Elbe zu ziehen, da hatten sie ihr bisschen Habe abgestoßen und waren, inzwischen über siebzigjährig, mit zwei Handkoffern in Lüneburg auf dem Bahnhof gestanden. Mamma holte sie in ihr Haus am Elbdeich. Opa arbeitete im Garten, Oma half im Haushalt. Zwei Jahre später – ihr Kapitän war krank geworden und gerade pensioniert, kriegte Mamma wieder ihren Rappel: Sie setzte sich unversehens in den Kopf, nach England zu ziehen, niemand verstand, warum. Der Kapitän, der sich ein Leben lang darauf gefreut hatte, an seinem Lebensabend aus dem Fenster auf die Elbe zu gucken, wunderte sich über das Verhalten seiner Frau und gab unter ihren Tränenströmen schließlich nach. Sie kauften sich ein Haus in Cornwall und setzten Oma und Opa wieder hinaus, die ohne Bargeld und Habe wieder in Fürstenfeldbruck strandeten, wo Omas Schwester Resi ihnen eine kleine Wohnung in der Holzstraße besorgte, einen Steinwurf von ihrem alten Haus entfernt.

Mamma war chronisch klamm. Die beiden Alten hatten damals ihr Erspartes mitgebracht, und das hatte ihr eine Weile aus der Patsche geholfen. Ihr Leben lang hatte sie ruhelos die Wohnsitze gewechselt, ein Haus nach dem anderen gekauft, verkauft, Verlust gemacht, neue Kredite aufgenommen, während ihr Alter nach wie vor zur See gefahren war. »Da siehgst, was des für eine is!«, hatte Papa genüsslich gegrunzt, denn informiert war er immer über sie. Je mehr man jemanden hasst, desto weniger lässt man ihn los.

Die beiden Alten verbrachten noch fast zwei Jahre in der Holzstraße. Erstmals eine richtige Wohnung mit Zentralheizung, Bad, Balkon, eigener Klingel – und Telefon!

Eines Tages klingelte es bei mir im Büro. Meine Sekretärin stellte verwirrt durch.

»Der Früchtl Sepp is dran!«, schrie Opa. »Mei, Bub, geht's mir schlecht!«

Oma war deppert geworden. Sie redete wirres Zeug und räumte Tag und Nacht in der Wohnung herum. Im Krankenhaus banden sie sie fest, weil sie jeden auf dem Flur anquasselte, um bei ihm neue Fensterrahmen zu bestellen. Anno 1942 hatte sie am Haus die Fensterstöcke erneuern lassen, während Opa an der Front so lange weitergesiegt hatte, bis der Russ ihn kassierte. Das Geld dafür hatte sie sich von ihren Näharbeiten zusammengespart.

Sie behielten sie ein paar Tage da, dann war sie wieder so ordentlich im Kopf wie vorher. Aber es war klar, dass die beiden aus der Wohnung herausmussten. Resi besorgte ihnen einen Platz im Jesenwanger Altersheim, damit sie wenigstens in der Nähe ihrer Verwandtschaft waren. »Die haben keine Mark im Sack g'habt, wie's wieder von ihr z'ruckkomma sind!«, berichtete sie mir zwanzig Jahre später über die Rückkehr der beiden Mittellosen von der Elbe.

Sofort wenn man das Heim betrat, stach einem der Geruch von vergorenem Urin und verfaulendem Leben in die Nase. Alte, gefältelte Weibergesichter mit lauernden Augen linsten um die Ecken der schmalen Korridore wie Gnomenwesen. Nur das Greisentum konnte einem Menschen diese Art von Unverhohlenheit schenken. Eine Spindeldürre stand hutzelig im Türrahmen und rieb die Fingerspitzen aneinander: »Diredare!«, hoffend, dass der Fremde ihr im Vorübergehen ein paar Münzen schenken würde. Eine Verwahrungsbatterie für billigen Menschenmüll. Zwischen Pflegerinnenkommandos, Einläufen, Dampfkost, Blasenkathetern, Heiligenbildln, gestammelten Erinnerungen, Stutenbissigkeiten um die letzten lüsternen Greise, Feindschaften um ausgeliehene Fernsehzeitschriften, gemurmelten Klagen über dürftige Abendportionen und dem dumpfen Rumpeln, wenn die Särge bis zum Treppenabsatz geschoben wurden. Die Bewohner wechselten, der Uringestank blieb.

Ich verschloss den Dienstwagen vorschriftsgemäß, begab mich unter Wahrung der vorgeschriebenen Eigensicherung zum Eingangsnahbereich des beschuldigten Cafés und stellte mich als Polizeimeister Wagelsrieder vor, wobei ich feststellte, dass die Zuschauer Bemerkungen ausstießen, deren Zweck es offensichtlich war, mein dienstliches Ansehen in der Öffentlichkeit herabzusetzen. Da ich jedoch eine Feststellung des einsatzauslösenden Primärdeliktes für vorrangig hielt, behielt ich mir die ordnungsrechtliche Behandlung dieser rechtswidrigen Aussagen für einen späteren Zeitpunkt vor und bahnte mir unter einzelnem Gelächter einen Weg in den direkten Eingangskorridor des Anwesens, das – wie ich später erfuhr – selbst um polizeiliche Hilfe ersucht hatte. Nachdem ich den Gastraum betreten hatte, stellte ich fest, dass sich in diesem vermutlich zweiundzwanzig Personen mittleren Alters befanden, von denen zwei auf einem der längeren Nischentische des Restaurationsbetriebes miteinander den Straftatbestand der Erregung öffentlichen Ärgernisses gemäß § 183a StGB in gemeinsamem Tatvorsatz vollzogen. Da die beiden Täter sich meiner Ansprache gegenüber verstockt zeigten und ich die Anwendung polizeilicher Zwangsmittel noch nicht für angemessen hielt, beschloss ich, den Tatvorgang vorläufig genau zu beobachten und die Personalien der übrigen Anwesenden zu ermitteln.

Dabei stellte sich heraus, dass es sich um eine Tagung des Heimatvereins »Ampergilde« handelte, die sich laut schriftlicher Tagesordnung mit der Verabschiedung des aufgrund kurzfristigen Ausschlusses der bekannten Sängerin Barbara Duchtl geänderten Unterhaltungsprogramms für das bevorstehende Sommernachtsfest hätte beschäftigen sollen. Ich habe dann ein Exemplar der Tagesordnung sichergestellt und anhand dieser festgestellt, dass vom Vorliegen eines tagesordnungsgemäßen Versammlungsverlaufs nicht mehr auszugehen war, weshalb ich es als Erstes unternahm, den Versammlungsleiter zu ermitteln, um ihn auf seine rechtlichen Pflichten hinzuweisen. Man muss hierzu sagen, dass dies infolge des Erregungszustandes der Beteiligten keine einfache Aufgabe war. Nachdem ich zur Durchsetzung des Ermittlungszieles mit der Auflösung der Versammlung gedroht hatte, wiesen die Anwesenden – mit Ausnahme der beiden Haupttäter, die meine zweimalige Aufforderung hierzu ignorierten – sich aus. Es handelte sich hierbei um die Eheleute Franz und Zillie Blattmeier; den Serviergehilfen Klaus Aglaster; die technische Angestellte Helene Obendank; den Kraftfahrer Eberhard Dickgießer; die minderjährige Gymnasiastin Nora Zymolka; die geschiedene Hausfrau Gundula Gschwandtenrieder; die Eheleute Manfred und Erna Haslbeck; den Vermessungsbeamten Kurt Raab; den entmündigten Altenpfleger Reinhard Maria Zengerle; die bereits wegen eines Verkehrsdelikts vorbestrafte Rektorin der Marthashofener Gehörlosenschule, Frau Sieglinde Dirscherl und ihren Lebensgefährten Abraham Goldbrom; die Bankkauffrau Philomena Baureiter; den Arbeitslosen Matthias Geitner; den Rechtsanwalt Dr. Walter Höflmaier; die Haut- und Geschlechtsärztin Conchita Abele; den Stadtrat Adolf Leckthaler; die Theologiestudentin Zillie Zakosek; die Fotografin Emily Zakosek; den Hauptfeldwebel Harald Hallbauer; den Tanzlehrer Sigurd Viehstetter; die Kunstmalerin Geli Blaumeisl; den Dachdeckergehilfen Friedrich Schallhofer; sowie seine Verlobte, die Rechtspflegerin Gabriele Tuxelmann. Sämtliche Anwesende führten gültige Bundespersonalausweise mit sich, die sie auf meine Aufforderung hin vorzeigten. Währenddessen allerdings setzten die beiden Haupttäter ihre Tat mit unverminderter Schärfe fort. Vereinzelt erhoben sich von den umstehenden Personen Anfeuerungsrufe, die ich allerdings nicht mehr einzeln zuordnen kann.

Die beiden Haupttäter nahmen im Verlauf meiner Ermittlungen erheblich an Lautstärke zu, als die Rechtspflegerin Gabriele Tuxelmann aus der Mitte der Umstehenden sehr unverblümt zur Tatbeteiligung aufgefordert wurde, und dies mit der Begründung, sie habe als Neumitglied bisher noch wenig zur Gestaltung des Vereinslebens beigetragen. Zu meinem Erstaunen entledigte sie sich daraufhin völlig unbeschwert und unter Gelächter und Applaus der Umstehenden eines erheblichen Bekleidungsteils und mischte sich zwischen die beiden Haupttäter, wo sie praktisch einfach verschwand. Ich habe dienstlich bisher mehrere Fälle der Erregung des öffentlichen Ärgernisses behandeln dürfen, aber dieses Vorgehen war mir neu.

Es hatten sich zwischenzeitlich auch noch zwei Bedienungskräfte eingefunden, die schon sehr lange im Café beschäftigt sind, ohne dass es bisher zu solchen Vorkommnissen kam. Als die beiden Serviererinnen, mir von Person bekannt als Gusti Gandl und Dorothea Hammerl, mich bedrängten, in der Angelegenheit unverzüglich verschärft tätig zu werden, tat ich dies, indem ich mich bei den jetzt drei Haupttätern ausdrücklich namentlich vorstellte und die sofortige Einstellung verlangte. Es kam dann zu Protesten der Umstehenden, die mir erklärten, so schön sei es im Café »Nachtmeier« noch nie gewesen und außerdem tue es der Stadt ganz gut, wenn sie einmal richtig durchgerührt werde. Mir war bis dahin nicht bekannt gewesen, dass Vertreter der politischen Linken auch die »Ampergilde« unterwandert hatten.

Fast gleichzeitig schlossen sich die restlichen Gäste dem von mir unverändert beanstandeten Erregungsvorgang in bedrückender Weise an, woraufhin ich begann, mir zahlenmäßig unterlegen vorzukommen, und über Funk Verstärkung anforderte. Diese wurde mir allerdings verweigert, und ich wurde behandelt, als wollte man mein dienstliches Vorbringen nicht ernst nehmen.

Da die Angelegenheit zu entgleisen drohte, zückte ich meinen Schlagstock und drohte die Durchsetzung der öffentlichen Ordnung unter Einsatz polizeilicher Gewalt an. Daraufhin formten die Beteiligten ein nur noch als unordentlich zu bezeichnendes Knäuel, wobei zwei Mitteltische umfielen und mehrere noch halb volle Portionen Kaffee beschädigt wurden.

Das muss ungefähr der Zeitpunkt gewesen sein, an dem ich umkehrte und mich wieder auf den Weg zur »Post« machte. Letztlich dachte ich mir, was geht es mich an, wenn sie sich beim »Nachtmeier« eine draufhauen? Ich schlenderte gemächlich dahin, weil die auf dem Friedhof ja nicht mehr drängeln und quengeln, bis man sie endlich wieder besucht. Auch der Geruch ist jetzt weniger scharf, erdiger und durchsetzt mit nassem Laub und nicht mehr so hoffnungslos brunzig wie die letzten paar Jahre, die Oma vereinsamt und depressiv ihrem Tod entgegengewartet hatte, nachdem wir den Sepp in seinem billigen Fichtensarg ins Jesenwanger Erdreich gesenkt hatten. Ich hing so zärtlich an ihr wie eh und je und besuchte sie, wann immer mein Weg mich nach Hause führte. Streng und doch liebevoll kommandierend wies sie mich dann jedes Mal an, sie im Auto spazieren zu fahren, um die Restbestände ihrer ebenfalls kranken Verwandtschaft zu besuchen. Unübersehbar schlauchte es das alte Weiberl zu sehen, wie die anderen ihre Zeit auf den kleinen Bauernanwesen in der Großfamilie zubrachten, in deren Schoß sie wie sinkende Sonnen ihrem Lebenshorizont entgegentrieben. Brachte ich Oma dann wieder zurück, dann barmte ihr verpfuschtes Leben sie nur noch mehr. Bisweilen entfuhren ihr bittere Stoßseufzer über meinen Vater, dem sie und ihr Sepp sich nie gewachsen gefühlt hatten, und den Oma ohne Zorn, aber mit viel Verzweiflung für ihren Niedergang verantwortlich machte. Mamma, die die eigene Ruhelosigkeit inzwischen von England nach Teneriffa getrieben hatte, meldete sich alle zwei Wochen telefonisch bei ihr. Der Kontakt zu mir hingegen, der niemals richtig funktioniert hatte, war seit über zehn Jahren abgebrochen.

Zumeist saß Oma alleine in ihrem Zimmer und studierte vor sich hin. Es war unübersehbar, dass sie sich aus ihrer eigenen Zeit herausgelebt hatte und dass es in der restlichen Zeit für sie nichts mehr zu holen gab außer dem Abmarschbefehl in die Ewigkeit.

Mamma hatte es nicht lange ausgehalten in Cornwall, wo sie sich mit ihrem Kapitän ein Haus bei Bristol gekauft hatte, von dem aus er auf das Meer hinabsehen konnte. Die Jahrzehnte auf See hatten ihn an Land hilflos gemacht, und so wie er die festländischen Angelegenheiten ein Leben lang seiner Frau überlassen hatte, hatte er sich ihren erneuten Eskapaden nach kurzem Aufbäumen gefügt und war mit ihr nach Teneriffa gezogen. Zuvor noch hatte sie ihre jüngste Tochter Betsy, gerade sechzehnjährig, mit einem englischen Multimillionär verlobt. Für sie schien es *der* Lebenstriumph schlechthin zu sein: »Schau nicht auf dein Herz, schau auf die Brieftasche!«, hatte sie der Kleinen mitgegeben. »Das Gefühl verschwindet irgendwann. Die Brieftasche bleibt, wenn du es schlau machst.« Betsy hatte mir schaudernd davon erzählt, als wir uns nach

Mammas Tod das einzige Mal getroffen hatten und die Geschichte längst vorbei war.

Später sprach man in der Stadt einfach von dem Tag, »wo die Nackerten über Bruck komma san!« Und der städtische Kulturreferent Udo Stimpfle hatte auch Wochen danach noch Schwierigkeiten, die Ereignisse in sein kommunalpolitisches Konzept einzuordnen. In diesem Augenblick, als ich eben nach dem Messingtürknauf der »Post« greifen wollte, hörte ich einen furchtbaren Radau hinter mir.

Vor dem »Nachtmeier« hatte sich eine Menschentraube gebildet. Es gab ein Kreischen, Johlen und Quietschen, und unversehens tänzelte eine blonde Frau aus dem Knäuel hervor. Mitte bis Ende dreißig, vielleicht. Schulterlanges Haar. Ziemlich schlank. Nackt. Sie hüpfte quietschend und winkend zum Straßenrand und schüttelte dazu ihren Granatenhintern mit den ausladenden Bewegungen einer Cheerleaderin, während hinter ihr eine Prozession weiterer Nackerter aus dem Café herauswurlte, ein bizarres Gemisch aus hüpfenden Dreiecken, rasierten Dreiecksstreifen, umherjuckelnden Männerschwingeln, rachitischen Rippengestellen und wabbelnden Bierblasen, eben ein repräsentativer Fürstenfeldbrucker Bevölkerungsverschnitt. Die zwei Taxifahrer am Stand ließen verstört ihre »Bildzeitung« sinken. Andere Autofahrer begannen aufgebracht zu hupen. Erst empört, dann begeistert, man hörte es an der Länge der Huptöne. Auf der gegenüberliegenden Straßenseite kamen die ersten Neugierigen aus den Geschäften, dann tauchte der Inhaber vom »Café Huber« vis-à-vis auf, äugte verwirrt zur Konkurrenz hinüber und rannte zurück in sein eigenes Café – offensichtlich, um zu prüfen, ob sich da auch schon etwas tat. Gleich darauf kam er wieder herausgehechtet, aber da war die quietschfidele Gruppe schon an der weißen Mittellinie angelangt, wo sie sich erst sitzend, dann liegend mitten auf der Hauptstraße der Kreisstadt Fürstenfeldbruck niederließen.

Gut, dass wir August haben, denke ich mir, während ich eine weitere Kehrtwendung mache und nun doch wieder in Richtung des hundert Meter entfernten »Nachtmeier« gehe. Im Dezember würden sie's nicht so leicht bringen, und der Asphalt ist jetzt ja auch schön warm. Aber wenn um fünf der Berufsverkehr einsetzt, müssen sie wieder weg sein, überlege ich und wandere, auf jenen Granatenarsch spähend, straßenaufwärts, während die noch bekleideten Normalbrucker aus dem »Jungbräu«, aus dem »Martha-Bräu«, dem Hotel »Bettinger«, dem Drogeriemarkt, dem Kosmetikladen, der Radiologischen Gemeinschaftspraxis Drs. Reichardt/Hainzinger, dem Kurzwarenmarkt Leitl, dem Modekaufhaus Wirtsbaum, der Hypo-Bank, »Andys Western Shop/Inh. Kurt Matusowicz« und aus Veras Ballettstudio herausperlen und interessiert dreinschauen. Der Brucker schaut immer erst interessiert drein, wenn etwas vor sich geht. Verwickelt sein möchte er nicht gleich. Betroffen sein noch viel weniger.

»Ja, da schau her, san de nackert?«, vernahm ich eine ungläubige Stimme neben mir.

Ich muss hier einräumen, dass der Vorfall mir unvorhersehbar schnell außer Kontrolle gelaufen ist, aber es stimmt keinesfalls, dass ich nur zögerlich eingeschritten bin, weil ich erneute Schwierigkeiten mit Herrn Stadtrat Leckthaler vermeiden wollte, der innerhalb der Störergruppe aktiv war. Durch polizeiliche Befragung der Zeuginnen Gandl und Hammerl hatte ich zwischenzeitlich ermittelt, dass es sich bei den beiden Haupttätern um den Gastwirt Dieter Schullerer handelte und um die mit ihm bis zum Tatzeitpunkt nicht näher verbundene Dekorateurin Hermine alias »Girlie« Tausendschön. Natürlich habe auch ich in meiner Ausbildung gelernt, dass Störer frühzeitig zu isolieren sind, bevor sie um sich greifen. Aber das ist manchmal einfacher gesagt als getan. Außerdem haben die Störer auch gar nicht um sich gegriffen, vielmehr griffen die anderen, bisher ungestörten oben angeführten Verdachtspersonen von sich aus in die Tatausführung ein in der Weise, dass sie sich ebenfalls ihrer Bekleidung entledigten und sich am Geschehen beteiligten.[1] Zu diesem Zeitpunkt schüttete dann

[1] Erst im Rahmen einer späteren privaten Begegnung erklärte mir der inzwischen ja verurteilte Abraham Goldbrom, es wäre höchste Zeit gewesen, dass die Stadt sich endlich einmal befreit. Dass das so aussieht und ich mir das dann auch noch von einem praktisch ja nicht ganz Hundertprozentigen sagen lassen muss, daran verdaue ich noch.

die Bedienung Gandl einen Eimer kaltes Wasser über das Knäuel der gemeinschaftlich Tatbeteiligten und forderte sie unter sehr kurzer zeitlicher Fristsetzung zum Verlassen des Lokals auf, wobei sie allerdings auch meine Uniformhose vernässte. Die Versammelten erhoben sich sodann und verließen geschlossen das Lokal unter Zurücklassung ihrer Tagungsunterlagen und der abgelegten Bekleidung.

Der hat tatsächlich den gleichen Gang drauf wie der alte Donsä, dachte ich mir, als ich den Korbi wieder aus dem »Nachtmeier« kommen sah, nur irgendwie eingeschüchterter, verlegener. Korbi trug das kurzärmelige hellgrüne Diensthemd mit offenem Kragen, das zu den Außentemperaturen vorgeschrieben war, einen irgendwie suchend erhobenen Schlagstock und ziemlich nasse Hosen, die eine Lache um ihn herum bildeten, auch nicht grade vertrauensbildend. Von der Dachauer und der Augsburger Straße her begann sich der Verkehr zu stauen, während sich im Bereich der Mittellinie eine völlig neue Darreichungsform des oft als unzumutbar stark beschriebenen Brucker Durchgangsverkehrs entwickelte. Ich war inzwischen auf der Höhe des Café »Nachtmeier« und des verstört mit seinem Stock herumdrohenden Korbi Wagelsrieder angelangt. Die Blonde hatte sich rücklings breitbeinig auf den Asphalt gelegt und war praktisch umgehend unter zwei herangeeilten Herren unsichtbar geworden. Lediglich wühlende Frauenfinger und -füße mit stark abwärts gekrümmten Zehen blinkten zwischendrin rot lackiert aus dem Knäuel heraus. Wieder einmal fiel mir auf, dass Männerärsche im Grunde genommen kein schöner Anblick sind. Zwei weitere Damen aus dem engeren Führungskreis der »Ampergilde« schoben sich kreischend in das Knäuel hinein. Eine war vielleicht Ende zwanzig, sehr stattlich, breithüftig, mächtige, blau geäderte Oberschenkel, Riesenbrüste, stark überhängende Bauchdecke und ein gewaltiger Hintern. Ich mag keine Frauen mit solchen Riesenärschen. Bedrückt mich irgendwie, wenn man die eigenen Hände drauf immer erst suchen muss. Schau, denke ich mir, die Tochter vom Obendank: Er und seine Frau damals zwei so kleine Wuzerln und jetzt sie auf einmal so ein Riesengerät! Aber es ist seinerzeit ja öfter geredet worden, dass er sich viel zu viel mit der »Ampergilde« beschäftigt hat und der fette Hendlbrater sich derweil mit seiner Frau. Die andere Dame erkannte ich erst beim zweiten Hinsehen, weil ich sie so natürlich nicht erwartet hatte: eine attraktive Frau in den Mittvierzigern, gertenschlanke, sportliche Figur mit heller, sanfter Haut und einem braunen Fleck auf der Rückseite ihres rechten Oberschenkels. Von der Geburt ihrer beiden Söhne her noch leichte Dehnungsmarken auf dem Bauch. Ansonsten tadellos, wie schon zu unserer Zeit. Tiefschwarze Kurzhaarfrisur. Ein Dreieck, so dünn wie hingehaucht, deutlich heller als das gefärbte Kopfhaar, schon eher aschblond. Sonst aber kreuzlebendig, nach meiner Erinnerung.

»Jessas, die Frau Dirscherl!«, explodierte eine fassungslose Frauenstimme neben mir.

»Des is de... des is de... des is de Rektorin von de' Depperten...?«, antwortete eine genauso verdatterte Männerstimme.

»Von de' Taubstummen!«

»Ja, de in Marthashofen, de wo zdeppert san zum Reden!«

»*Hören* tun's nix!«, verbesserte die Alte ihn.

»Wia hörn nachert de, was de ihnen sagt in der Schul, ha?«

Da war es wieder, das Brucker »Ha?!«, genauso forsch wie seinerzeit.

»Depp«, konstatierte die Alte knapp. »Wenn's des schon könnten, nachert bräucherten s' ja nicht in die Gehörlosenschule, net.«

»Ah so. Und wenn sie s' da rauslassen, nachert könna s' hören...?«, sagte der Alte zufrieden, denn er glaubte das System endlich begriffen zu haben. Der Brucker liebt die einfachen Lösungen. Realitäten, die sich mit seiner Abbildung der Welt als inkompatibel erweisen, kränken ihn schwer.

»Ohren ham s' aber trotzdem dran!«, beharrte er nach einer längeren Denkpause.

Auf dem Asphalt wogte und juckelte ein ständig anwachsendes Leibermeer, aus dem zirpende Geräuschfontänen hervorschäumten wie hüpfende Fischschwärme im Indischen Ozean.

»De ham *freilich* Ohren dran!«, keifte seine Frau. »Bloß weil de nackert sind, braucha s' ja trotzdem nicht gleich keine Ohren haben. Depp, vastehst?«

»Nachert san des da vorn jetzt gar net de Gehörlosen, ha?!«

Bisweilen tut der Brucker sich wirklich schwer, seine Umwelt so wahrzunehmen, wie sie ist.

»Geh!«, schnappte die Alte genervt.

Der Brucker ist zwar angepasst, er hat sich aber innerhalb dieses Zustandes seinen Zorn bewahrt. Deshalb fügt er sich dem herrschenden Trend erst einmal stur ein. Passiert jedoch etwas, was seine Anpassungsleistung ihrer Rechtfertigung beraubt, dann fühlt der Brucker sich betrogen: »1936, da samma alle g'standen, net, ham s' uns zur Stadt erhoben, net wahr, mit am Haufa Fackeln und Fahnen und Blasmusik – vastehst trara! –, und danach ham s' uns in 'n Krieg einig'schickt und in d' G'fangenschaft. Ja, von *der* Feier hab *ich* fei sauber was g'habt!«

Die heutige Feier hingegen – in gewisser Weise ebenfalls eine Erhebung mitten in der Stadt – führte zu keinen Fackelparaden, sondern zu einem unangemeldeten Verkehrsstau. Die verantwortlichen Kraftfahrzeugführer waren der Ansicht, dass ihnen die Durchfahrt zustehe, weil sie dies immer so gehalten hatten und weil heute im Übrigen ja auch noch gar nicht Sommernachtsfest sei. Die Ersten stiegen aus und äußerten sich abfällig über die örtliche Polizei, da diese sich nicht rechtzeitig vorher um Absperrungen gekümmert hatte. »A so a Stau, net wahr, der kommt ja nicht einfach a so daher, vastehst. Den müssen de von vornherein verhindern, net?! Sonst hindern s' einen ja auch an allem. Oder? Hab i Recht?« Nachdem die Fahrer ausgestiegen waren, stiegen auch die Beifahrer aus, vereinzelt auch die Gattinnen oder solche, die Gattin zu werden hofften, oder solche, die es längst satt waren, aber immer noch Gattin waren.

Ich rief erneut über mein Handfunkgerät die Leitstelle an, wobei ich mich ordnungsgemäß als PM Wagelsrieder meldete, und bat um Verstärkung und eine frische Hose, denn das Geschehen drohte nicht mehr beherrschbar zu werden. Ich wurde aber vertröstet wegen eines Massenunfalls auf der B 471 bei Schöngeising. Mehrere Kraftfahrzeugführer verließen trotz der gut sichtbaren absoluten Halteverbotsschilder ihre PKWs, woraufhin ich mehrere von ihnen gebührenpflichtig verwarnte. Darauf sagte einer von ihnen zu mir wörtlich:

»Wenn mir schon zahlen, dann wollen mir auch was davon haben!«, entledigte sich seiner Lederhose und schloss sich dem Treiben der von mir aufgelösten »Ampergilde«-Hauptversammlung an. Ich sprach ihm darauf einen Platzverweis aus, den er aber ignorierte. Zwei weitere Kraftfahrzeugführer wollten von mir wissen, warum diese Veranstaltung nicht in den örtlichen Medien angekündigt geworden wäre. Auf meine Aufforderung, die Örtlichkeiten umgehend zu verlassen, erwiderten sie, sie hätten bisher noch an jeder Veranstaltung der »Ampergilde« teilgenommen, und weigerten sich. Stattdessen entkleideten sie sich umgehend, legten allerdings ihre Kleidung sorgfältig geordnet auf die Kühlerhaube und schlossen sich der Gruppe der Straftäter an. Aus einem zwischen mehreren Fahrzeugen verklemmten Wohnmobil kam dann ein Paar auf mich zu, das mir von Ansehen her bekannt war, da es vor drei Jahren als »Faschingsprinz Jürgen I. und Prinzessin Giulietta die Feuerfeste« gewirkt hatte. Sie widersetzten sich meinen Anordnungen mit der Begründung, als ehemaliges Prinzenpaar seien sie Ehrenmitglieder der »Ampergilde« und hätten kostenlosen Zutritt zu jeder ihrer Veranstaltungen. Meinen Hinweis auf den rechtswidrigen Charakter dieser angeblichen Veranstaltung übergingen sie arrogant.

Es war dann so, dass ich versuchsweise den Schlagstock einsetzte. Darauf erhob sich vor dem Café »Nachtmeier« ein Sprechchor: »Wir sind die Gilde! Keine Gewalt!« Dann erhob sich ein zweiter Chor: »Freiheit! Aufbruch! Heimat!« Die inzwischen auf mehrere Hundert Personen angewachsene Gruppe marschierte dann aus allen Richtungen geschlossen an und zog sich praktisch genauso geschlossen aus. Seltsamerweise war der Erste, der ohnmächtig wurde, ein Frauenarzt. Der von mir herbeigerufene Rettungswagen brauchte mehr als zwanzig Minuten für die etwa achtzig Meter von der Ampel Augsburger Straße bis zu dem Bewusstlosen. Das beschreibt, wie die Angelegenheit sich inzwischen entwickelt hatte.

Es war dann so, dass ich ab da praktisch den Überblick verlor, außerdem entwendeten mir zwei auf mich zustürzende unbekleidete Paare mein Funkgerät und zogen mich in die Menge hinein. Ich wurde dann mehrfach vergewaltigt, Gott sei Dank nur von weiblichen Straftätern.

Kaum zu glauben, wie schnell sie schon wieder mitmachen, denke ich mir. Es braucht nur einen kleinen Funken und dazu das Missverständnis, dass es heute erlaubt ist. Und eine kritische Masse. Eigenartigerweise ziehen sie sich gegenseitig so lange an, bis die kritische Masse sich von selbst gebildet hat. Da wo sie jetzt liegen und vögeln, haben sich im April 1945 die Gefangenen vorbeigeschleppt. Seit ihrem Aufbruch im Lager Kaufering waren sie ständig weniger geworden. Ein Teil krepiert, ein Teil erschlagen. »Mei, war das ein Elend!«, hatte Oma Topfmacher empört ausgerufen und die Hände vors Gesicht geschlagen. »I hab sofort d' Vorhäng zug'macht! Jessgus naa, ja so ein Elend. Naa, naa, naa!«

Das Wegschauen half erst dann nichts mehr, als der Amerikaner seine Tiefflieger schickte. Onkel Gusti, einer von Traudis unzähligen Cousins, erzählte immer wieder von seinem Nachbarn, »a hundertfuchz'gprozentiger, vastehst! Dumm wia d' Nacht und genauso braun, vastehst? Stellt der sich mitm Maschinag'wehr in sein Garten eini und schiaßt auf de Tiefflieger, ha?! Rattatattatattatt, vastehst! ›Ja du Depp, sag i, ja du *ganz* damischer Depp! De merken sich doch dei' Haus, oder?‹ Ja, und freilich ham s' ihn nachert abg'holt, net?! Und weg war er, haha!« Die Tiefflieger feuerten eine Garbe durch die Schöngeisinger Straße, die den Badermeister Anton Weilheimer in die ewigen Seifengründe sandte. Aber viel schlimmer noch: Ein Geschoss durchschlug den Rahmen von Omas Wohnzimmerfenster »und dann ham s' mir die schöne Teepuppen aufm Vertiko daschossen! Hab i die Teepuppen seit meiner Heirat g'habt, und dann kommt der Amerikaner daherg'flogen und daschiaßt s' mir! Ja, die war nicht mehr zum Reparieren, glaubst es?!«

Jetzt steht eine Skulptur an der Ecke Dachauer/Augsburger, wo sie damals den Pickart vorbeigefahren haben auf dem Weg in die Dachauer Straße. Sie stellt eine Gruppe Gefangener dar, gebeugte Gestalten in Kleinkindgröße, in Lumpen und ohne Gesicht. Eine Art sozialverträglicher Leidens-Bonsai. »Waren *mir auch* acht Jahr in der G'fangenschaft, net! Ja, meinertst du vielleicht, der Russ hätt *uns* a Denkmal hing'stellt, ha?! Was braucherten die *andern* nachert a Denkmal, wenn sie's eh nimmer gibt, ha?« Schon ausg'schamt, der

Jud': Erst stirbt er, damit er uns ein schlechts G'wissen macht, und nachert verlangt er a Denkmal.«

Es sah nicht so aus, als würde ich heute noch zu Oma auf den Friedhof kommen. Vom Marktplatz aus standen die Autos jetzt bis zum Stadtrand. Einzelne Brucker, die ihren bekleideten Zustand als eine Art Hoheitszeichen verstanden, begannen den Verkehr zu regeln. Vermutlich über Handy alarmiert, hatten sich hastig weitere Mitglieder der »Ampergilde« eingefunden, die zur Übernahme von Ehrenämtern stets bereit waren und auch über die erforderliche Organisationserfahrung verfügten. Sie hatten eilends zwei Tische aufgestellt und Armbinden mit der Aufschrift »Ordner« übergestreift. Das beschleunigte die weiteren Ereignisse nicht unerheblich, weil sie damit einen quasi-offiziellen Anstrich erhielten und den natürlichen Wunsch des Bruckers nach Teilhabe aktivierten. Weitere Ordner der »Ampergilde« tauchten auf und legten verschiedene Zonen für die Kleiderablage fest – je nach Mitgliedern oder Nichtmitgliedern –, von denen pro Kleidungsstück eine Mark zugunsten der Gildekasse erhoben wurde. Vereinzelt erhob sich dagegen Protest von Seiten der Kriegsheimkehrer und Schwerbehinderten, dem traditionsgemäß mit heimatlicher Großzügigkeit begegnet wurde.

Himmel noch mal, wenn Paps das sehen könnte, dachte ich mir und ließ meinen Blick über das hell wogende Leibermeer schweifen, das inzwischen den Asphalt glatt wienerte. Er wäre wieder einmal stolz gewesen auf seine Heimatstadt.

Aber er lag schon seit fünf Jahren neben Traudi. Und Traudi war neun Jahre vor ihm gestorben. Nach einer missglückten Halswirbeloperation war sie über Nacht zum Pflegefall geworden und hatte noch zwölf Jahre in einem Heim vegetiert. Sie war zusehends verwirrter geworden, hatte anfangs noch fern jeder Realität auf ihre Wiederherstellung gehofft und war dann elendig verfallen. Ein verzweifeltes Packerl Mensch mit Krallenhänden, ohne jedes Gefühl in den Armen. Sie konnte sich mit dem Küchenmesser den halben Daumen amputieren, ohne etwas zu merken. Manchmal, wenn sie wieder einmal versucht hatte, aus dem Rollstuhl aufzustehen, war sie vornübergefallen und liegen geblieben, bis jemand sie fand. Man musste sie anziehen und füttern, die letzten Jahre hin. Ihre Augen hatten einen gespenstisch starren Ausdruck angenommen, und die ganze Frau war zu einem gebrechlichen, hilflosen Hutzelweiberl verkommen, das bitterlich weinte, wenn wir nach unseren Besuchen das Pflegeheim verließen.

Es war dieser seltsam dringliche Tag gewesen. Dieser Tag, den es nach der Statistik nicht hätte geben dürfen und nach dem ich nicht mehr derselbe war: Papa hatten sie kurz vor diesem mathematisch nicht errechenbaren Tag mit seiner zweiten Lungenembolie eingeliefert. Längere Zeit stand es kritisch um ihn. So war ich mit der nächstbesten Maschine nach Hause gehetzt und tags darauf wieder zurück. Keine Woche später, kaum dass Papa die Intensivstation verlassen hatte, klingelte das Telefon, und meine Schwester Sonja informierte mich mit bedrückter Stimme, dass Traudi im Koma liege. Ich überlegte hin und her, wie ich mich verhalten sollte. Nach all den verkorksten Jahren waren meine Gefühle für sie restlos erloschen. Ihre flehenden Zuneigungsgesten, die stets etwas Krallendes hatten, hatten mich in der ganzen Zeit nur noch mehr vereisen lassen. Dennoch erschrak ich, wie sehr die Nachricht mich erschreckte. Am frühen Abend meldete Omas Schwester Resi sich. Ihre Anrufe waren selten, und ich freute mich. Aufgewühlter als ich zugeben wollte, berichtete ich ihr von Traudis Todeskampf und von meiner Ratlosigkeit vor dem Sterben einer längst Gestorbenen. Resi hörte lange zu und blieb so bäuerisch trocken wie eh und je: »Aber, du: Wennscht *dei' Oma* noch amal sehen willst, nachert kommscht *jetzt*. Weil, die liegt ja *auch* grad im Sterben.« Ich soff eine Flasche schweren roten Burgunder, um einschlafen zu können.

Als ich beim Frühstück in meiner kleinen Essnische immer noch grübelte, wo mein verkaterter Kopf stand, läutete es erneut. Während des Morgenmahls, so hatte ich es mir zur Gewohnheit gemacht, nahm ich keine Anrufe entgegen, heute schon zweimal nicht. Ich vertiefte mich stur in meine Kaffeetasse und hörte vom Arbeitszimmer her die schluchzende Stimme meiner Halbschwester Micki aus dem Anrufbeantworter: »Wir haben Mamma mit dem Rettungsflieger von Teneriffa zurückholen müssen. Sie hat einen

Gehirntumor. Sie liegt im Sterben! Er ist durch sie hindurchgewachsen bis zu ihrer Leber. Sie ist so hilflos. So völlig hilflos. Es ist alles so schrecklich! Bitte ruf mich an!« Vor Entsetzen außer mir, hetzte ich nach nebenan und riss den Hörer an mich. Mamma, von der ich über ein Jahrzehnt nichts mehr gehört hatte!

Die drei Frauen, die zu Lebzeiten nicht miteinander zurechtgekommen waren und sich dennoch so schicksalhaft in mein Leben verwoben hatten, sie hatten sich wie in geheimer Absprache auf einen gemeinsamen Marsch aus meinem Leben hinaus begeben.

Aber ich musste nach Southampton, und ich hatte das Hauptreferat zu halten. Manchmal sind Pflichten die Legitimation für persönliche Feigheit. Als ich nach zwei Tagen spätabends zurückkehrte nach Bonn, hatte ich Resis nüchterne Stimme mit der Nachricht von Omas Ableben auf dem Anrufbeantworter. Am Tag von Omas Beerdigung hatte ich in München eine Veranstaltung mit achthundert Gästen zu organisieren. Vertretung war nicht möglich, der Kunde hätte mich gevierteilt. Ich kann nicht kommen, Resi, sage ich. Ich pack es nicht mehr. Wenn ich morgens auf der Beerdigung steh und abends meine Veranstaltung in den Sand setze, dann kann ich meine junge Firma zumachen. »Kimmscht halt am nächschten Tag«, hatte Resi gütig entgegnet.

Es war ein voller Erfolg. Achthundert zufriedene Apotheker beim Wurstbuffet im »Holiday Inn«. Anerkennung für die hervorragende Veranstaltungsorganisation. Die üblichen Witze, das übliche Gelächter der standespolitischen Funktionsträger und der zugehörigen Wasserträger. Die üblichen Selbstgefälligkeiten der Bedeutungslosen. Am Morgen danach stand ich am Grab und heulte.

Als wir Traudi nach wochenlangem Todeskampf begruben, legten wir sie über ihre Mutter. Jedenfalls so weit von Topfmacher Oma noch etwas übrig war, doch der Totengräber behauptete hartnäckig, ihr Sarg sei nach wie vor in erfreulich gesundem Zustand. Der Brucker leistet gescheite Arbeit, egal was ihm aufgetragen wird, und Oma Topfmachers zähes Beharrungsvermögen war ja ebenfalls bekannt gewesen. Papa, der sich Traudi längst entfremdet hatte, stand bleich und nach Atem ringend an ihrem Grab. Sie hatten ihm seine Thromboseoperation verpfuscht, und das ging ihm unheimlich aufs Herz. Mit bewundernswerter Haltung, die immer wieder die Kehrseite seiner Sturheit gewesen war, vollzog er seinen Abschied von ihr. Manche Trauergäste verweigerten mir den Handschlag am Grab, denn sie wussten, dass die Beziehung zwischen Traudi und mir schon lange zerbrochen war, und nahmen mir übel, dass ich mich all die Wochen von ihrem Sterbelager fern gehalten hatte.

»Mamma ist gestern gestorben.« Mickis Weinkrämpfe in der Leitung, nur Tage später. »Es war das Entsetzlichste, was ich in meinem Leben gesehen habe.«

»Klar«, sagte ich tonlos.

»Sie ist bis zum Schluss auf meiner Couch gelegen. Weißt du, wie grausam sie gestorben ist?« Sie schüttete sich am Hörer aus. Papa hatten sie gerade ein zweites Mal operiert, er würde zum Wochenende auf Station kommen.

»Kommst du wenigstens zu ihrer Beerdigung?«

»Rechne nicht damit.«

»Sie hat immer wieder nach dir gefragt.«

»Nein, das bringt jetzt auch nichts mehr. Die Geschichte ist gelaufen.«

Mamma hatte den Kontakt mit mir vor Ewigkeiten abgebrochen, kein Anruf mehr, nichts. Eine der Unstetigkeiten, mit denen sie durch ihre sechzig Jahre Leben gehetzt war. Einige Zeit noch hatte ich nach ihr gesucht und mich dann getrollt. Mein Stolz ließ nichts anderes zu.

»Gib dir wenigstens jetzt einen Ruck!«

»Zu spät, Micki«, sagte ich.

»Nein!«

»Was nicht funktioniert hat, das funktioniert auch jetzt nicht mehr.«

Zwei Jahre zuvor, als Mamma noch in England gewesen war, hatte ich Oma mit fünfundsiebzig ihren ersten Flug spendiert. Sie hatte Todesangst davor gehabt: »Wenn er abhebt, nachert, sagen s', druckt's dich z'samm!«

»Dann müsserten in England ja lauter Tote aussteigen, Oma!«, hatte ich sanft gemahnt.

»Ah so«, hatte sie gegrübelt. »Weiß des der Engländer auch?«

Oma hatte mich angerufen, gleich nach ihrer Ankunft bei Mamma. »Da hast jetz doch Recht g'habt. Ein sehr schöner Flug. Ganz ohne Komplexe!« Dann hatte sie ohne Ankündigung den Hörer weitergegeben.

»Guten Tag, Herr Sohn.«

»Mhm.«

»Du bist jetzt ja ein großer Mann geworden und auf der Leiter ganz oben ...!«

»Brauchst du Geld?«, fragte ich eisig. Sie stockte. Mühte sich um Kontaktaufnahme. Mir war nicht mehr danach.

»Geht es dir wenigstens gut?«, fragte sie zögernd.

»Ich bin fünfunddreißig, Mamma.«, sagte ich. »Mir scheint, du kommst etwas spät.«

Ich hörte sie tief einatmen, bevor ich auflegte.

Micky's Stimme bekam etwas Drängendes. »Willst du nicht wenigstens wissen, wo sie liegen wird?«

»Ich hab da nichts verloren.« Mamma war eben gegangen.

Ich, der Polizeihauptkommissar Max Dirrigl, und mein Kollege, der POM Ernst Feistenhammer, erhielten gegen 16:55 Uhr von der Funkleitstelle Fürstenfeldbruck den Befehl, unverzüglich die Hauptstraße anzufahren, nachdem der junge Kollege PM Wagelsrieder über Funk um Verstärkung gerufen hatte und dann abgebrochen war. Alles, was wir zu der Zeit wussten, war, dass er einige Zeit nach seinem Abbruch noch einmal kurz zu hören gewesen war, aber nur laut gestöhnt hatte. Der Kollege Wagelsrieder war in der PD Fürstenfeldbruck als manchmal eher ungeschickt und nicht gerade durchsetzungsfähig bekannt. Aber er war natürlich Kollege.

Ich verfasse diesen Bericht auf Bitten des Kollegen Wagelsrieder. Ich werde mich allerdings hierzu nicht dienstlich äußern, sondern wahrheitsgemäß berichten.

Zum Zeitpunkt des Einsatzbefehls befanden wir uns in der

Weidenstraße im Ortsteil Buchenau, wo wir wieder einmal die praktisch wöchentliche gewalttätige eheliche Auseinandersetzung im Haus des Steuerberaters Dr. Haasmüller geschlichtet hatten. Wir fuhren dann mit Blaulicht zur Schöngeisinger Straße, die allerdings bereits auf Höhe der Puchermühlstraße gestaut war. Teilweise bemerkten wir, dass die Fahrzeuge leer waren und die Fahrer sie anscheinend eiligst verlassen hatten. Wir fuhren dann linksab über die Puchermühlstraße zur Pucher Straße hinauf, da fanden wir aber den gleichen Stau. Auf beiden Straßen beobachteten wir außerdem erhebliche Menschenmengen, die sich aufgeregt in Richtung Marktplatz bewegten. Einige trugen Luftmatratzen. Das erstaunte uns, da der Brucker sich zum Feierabend hin eher stadtauswärts bewegt und außerdem auch keine Veranstaltung angemeldet war. Eine Rückfrage bei der Leitstelle Fürstenfeldbruck bestätigte, dass der Tag veranstaltungsfrei war.

Als wir uns langsamer noch als im Schritt über die Fußgängerwege mit fortwährenden Lautsprecherdurchsagen vorkämpften, bemerkten wir erstaunt, dass überall die Fahrer ihre PKWs einfach mitten auf der Straße stehen ließen. Auch fiel uns auf, dass Kinder, die sich neugierig näherten, von den Erwachsenen sofort mit lautem Schimpfen und drohenden Gesten weggejagt wurden. Wegen des völlig verstopften Zugangs ließen wir unseren Einsatzwagen in der Pucher Straße auf Höhe der Firma Sport-Zitzel stehen.

Beim Verlassen des Wagens fiel uns ein eigenartiges Summen in der Luft auf, das wir erst nicht einordnen konnten. Mich persönlich erinnerte es an das Aufraunen der Zuschauer im Olympia-Stadion, wenn ein Schuss nur knapp am Kasten vorbeistreicht.

Der Kollege Feistenhammer und ich begaben uns dann zu Fuß und unter Beachtung der vorgeschriebenen Eigensicherung in den Mündungsbereich der Hauptstraße, wo wir eine unbeschreibliche Lage vorfanden: Praktisch über die gesamte Hauptstraße bis hinunter zur Leonhardi-Kirche befanden sich – nach unserer dienstlichen Schätzung – etwa 2.000 bis 2.500 Personen unterschiedlichen Alters dicht gedrängt auf der Hauptstraße, praktisch sämtlich unbekleidet. Im oberen Straßenbereich fanden sich mehrere mehr als mannshohe Berge mit menschlicher Bekleidung. Besonders erschreckend fiel mir ein Berg mit Schuhen auf. Ich geniere mich fast zu berichten, dass überall um uns herum der eheliche Verkehr vollzogen wurde. Ich war von 1994 bis 1998 im Einsatz bei der Autobahnpolizei und habe dort das Geschrei der Verletzten bei vielen Massenunfällen gesehen. Aber das war nichts im Vergleich zu dem Lärm auf der Brucker Hauptstraße. Auch der Geruch der nackten Menschenhaufen war erschreckend. Es war komisch. Die Menschen wirkten auf mich irgendwie richtig ausgehungert und fielen übereinander her, ohne an die normalen Anstandsregeln überhaupt nur zu denken, so als hätten sie etwas aufgestaut. Wir hörten dann auf einmal laute Musik und stellten fest, dass sowohl von der Dachauer Straße her als auch von drunterwärts von der Leonhardi-Kirche her Blaskapellen aufmarschierten, was uns damals völlig unverständlich war. Aber es stellte sich später heraus, dass die Vorstände der beiden Brucker Trachtenvereine »D' Wildmoosler« und »Brucker Heimat- und Trachtenkapelle von 1939 e.V.« über Mobilfunk alarmiert worden waren. Man muss dazu wissen, dass diese Vereine sich praktisch ständig bekämpfen und sich deshalb gegenseitig jeden Auftritt missgönnen. Den Spielmannszug vom unteren Bereich der Hauptstraße her hörten wir als Ersten, gesehen haben wir nichts, wegen der dicht gedrängten Menschen. Als dann hinter uns der Marsch »Alte Kameraden« einsetzte, sahen wir die »Brucker Heimat- und Trachtenkapelle von 1939 e. V.« in geschlossener Formation in die nackte Menge hineinmarschieren, wobei wir bald nur noch den Fahnenbaum mit der Vereinsfahne und den Ehrenschärpen erkennen konnten. Uns war jedenfalls schon zum damaligen Zeitpunkt klar, dass an eine Rettung des Kollegen PM Wagelsrieder nicht mehr zu denken war.

Es war dann so, dass schon nach kurzer Zeit die Musik irgendwie holperiger wurde, dann immer weniger, dann ertönte ein einzelner lang gezogener Trompetenstoß, und dann sahen wir nur noch, wie der Fahnenbaum sich senkte und unten blieb. Dies ließ uns das Schlimmste befürchten. Der anderen Kapelle muss es ähnlich gegangen sein, denn von ihr war nichts mehr zu hören.

Auch keine Fahne war mehr zu sehen. Es war für den Kollegen Feistenhammer und mich eine ungeheuer bestürzende Erfahrung, praktisch zwei komplette Trachtenzüge in dieser Menge untergehen zu sehen, ohne etwas machen zu können.

Wir informierten per Funk die Leitstelle und wurden gefragt, wie viel Verstärkung wir benötigen würden. Ich hielt das für sinnlos, aber ich regte an, einen Hubschrauber einzusetzen, um wenigstens den Kollegen PM Wagelsrieder aus der Luft ausfindig zu machen. Allerdings wurden wir selber immer mehr von den unbekleideten Personen eingekeilt und aufgefordert, unsere Dienstkleidung abzulegen, was wir jedoch verweigerten. Wir suchten dann Deckung, indem wir uns auf Höhe der Firma Küchen-Eberl mit dem Rücken zum Schaufenster stellten. Es war ein ungeheures Bild, und aus den Seitenstraßen strömten immer noch weitere Menschen herein. Wir konnten sehen, wie die Kleiderberge immer höher wurden. Der Berg mit Schuhen war inzwischen so hoch geworden, dass zwei Personen aus dem ersten Stock des Café »Huber« hineinsprangen und sich johlend den Berg herunterrollen ließen. Uns fiel in der Menge ein Herr auf, der völlig normal gekleidet war und zwischen den kopulierenden Paaren und Gruppen – es wurden zusehends weniger Paare und immer mehr Gruppen – hindurchlief, als ginge ihn alles nichts an. Als ich ihn zur Rede stellte, erklärte er mir, er habe sich so etwas schon immer gedacht. Daraufhin fragten wir ihn, ob er etwa damit sagen wollte, dass dies ein von langer Hand vorbereitetes Ereignis sei. Er sagte sinngemäß: nicht vorbereitet, aber absehbar. Er fragte uns dann, ob wir wüssten, dass der Hauptplatz einmal Adolf-Hitler-Platz geheißen habe. Ich erklärte ihm, zu meiner Dienstzeit sei dies nicht der Fall gewesen, im übrigen wäre für solche Fragen das Verkehrsreferat der Stadtverwaltung Fürstenfeldbruck zuständig. Der Herr stellte sich nun als Autor vor und meinte, ob wir wüssten, dass hier ein gewisser Pickart durchgefahren sei. Zu diesem Zeitpunkt war es völlig ausgeschlossen, dass jemand durchgefahren wäre. Wir beschlossen deshalb, den Herrn vorsorglich weiter zu beobachten.

Wir beobachteten dann, dass sich aus dem Rathaus eine Abordnung der Stadtverwaltung durch die jetzt bereits sehr laute Menge kämpfte. Sie erreichten einen der Ordnertische und wurden umsonst durchgelassen. Anschließend erschienen noch die Vorsitzenden der Stadtratsfraktionen und der Erste Bürgermeister Hansi Hufnagel sowie mehrere Stadträte, die ebenfalls aus dem Rathaus kamen und regelrecht in die Menge der Nackten hineingesaugt wurden.

Es stellte sich dann jemand über Lautsprecher als Vorsitzender der »Ampergilde« vor und erklärte sinngemäß, er sei stolz auf seine Heimatstadt, und er freue sich ganz besonders und möchte jeden Einzelnen der Gäste auf das Allerherzlichste begrüßen. Wir kamen uns hier, offen gesagt, ziemlich verarscht vor. Wie soll jemand als Einzelner die Rechtsordnung verteidigen, wenn alle anderen überhaupt nicht mitmachen wollen? Die Rede wurde dann stockender und brach schließlich aus uns nicht näher bekannten Gründen ab. Wenig später fanden wir die zerrissene Uniformhose unseres Kollegen Wagelsrieder, und ich muss schon sagen, dass es da einem jeden von uns anders wird, wenn er so etwas sieht. Wir entschlossen uns bei dieser Lage, die Suche aufzugeben und wenigstens unsere eigene Haut zu retten. Allerdings kamen wir nicht sehr weit, und ich kann nur feststellen, dass die nachträgliche Äußerung des Kollegen Feistenhammer, es seien praktisch die schönsten Stunden in seinem Leben gewesen, mich schon sehr befremdet hat. So kann man die Sache nicht sehen, wenn man eine Aufgabe übernommen hat.

Was der Pickart sich denken würde, wenn er das Aufbäumen in der Stadt sahe, das fragte ich mich schon die ganze Zeit. Die Geschichte mit ihm hatte mir keine Ruhe mehr gelassen, aber ich war auch jedes Mal gegen eine Wand gelaufen. »Geh, jetzt hör amal auf! Irgendwann muss ja auch amal a Ruh sein, mit dene' alten G'schichten, vastehst. Oder meinertst du, dass des den heut noch interessiert, ha? Geh was, der is *längst* g'storben, vastehst! Ja mei, der Mensch stirbt, das änderst du auch net, und wennst dich da noch a so ärgerst!«

Nachdenklich blickte ich auf die brodelnde Hauptstraße. Lustig war er immer gewesen, der Brucker, und gesellig. Aber allmählich musste ich mir überlegen, wie ich aus dieser Brühe herauskommen wollte, wenn ich nicht unfreiwillig die halbe »Ampergilde« vögeln wollte. Das Café »Nachtmeier« war praktisch leer, und so gelangte ich ohne Schwierigkeiten in den alten Gastraum im ersten Stock, wo die Witwe des verstorbenen Caféhausbesitzers Julius Nachtmeier säuerlich auf die halbvollen Eiscafés, Radler-Halbe, Spezis und Kaffeeportionderln blickte. Beim überstürzten Massenaufbruch waren sie vermutlich ebenso wenig bezahlt worden wie die halb gegessenen Obstkuchen, Erdbeerschnitten, Käsesahnetorten, Apfelstrudel und Schwarzwälder Kirsch.

Es war das älteste Café in der Stadt und gehörte einer der traditionsreichsten Familien. Praktisch jeder kannte das »Nachtmeier«. Der Kapitän war damals dort gewesen, zusammen mit Mamma und Papa, und er hatte eine Rauferei angefangen, die sich für ihn so ungünstig entwickelte, dass er sie beendete, indem er aus einem der drei Fenster im ersten Stock sprang.

An einem dieser Fenster standen jetzt die zwei alten Bedienungen aus dem Erdgeschoss, die praktisch seit jeher zum lebenden Inventar gehörten, neben der Witwe Nachtmeier. Ihre Haltung wirkte starr, richtiggehend versteinert. Man sah der alten Dame an, dass sie mit den neuen Zeiten nicht mehr zurechtkam. Die drei Frauen starrten hinab auf die Straße, die als solche nicht mehr zu erkennen war. Erstaunlich viele Brucker haben schneeweiße Ärsche, dachte ich mir. Gegenüber, vor dem Modekaufhaus Wirtsbaum, lagen einige Nackte neben einer Posaune und wirkten ziemlich fertig.

Seit damals auf der Stadterhebungsfeier, als der Kreisleiter Emmer der Stadt die Grüße unseres geliebten Führers überbrachte, dürften nicht mehr so viele Leute auf der Hauptstraße gewesen sein. Irgendwie, mit der ganzen weißen Haut, die sich nun schlängelnd und zuckend über den Asphalt schob, kam es mir vor wie der Blick in eine riesige überfüllte Madenbüchse.

Die alte Anni Nachtmeier und ihre Bedienungen starrten auf das Trottoir unter ihnen, wo eine resche Fünfzigerin ihren Kopf auf eine Handtrommel gebettet hatte und mit weit gespreizten Beinen inmitten verschiedenster Trachtenutensilien von mehreren Herren nacheinander bestiegen wurde. Sie schrie aus Leibeskräften, es schien ihr gut zu tun.

»Jetzt so was …«, sagte die Anni und klang müde, »… das is doch die Schwester Gertraud aus der Intensivstation. Mei, hat die sich nett um mein Mann kümmert, wie's mit ihm z' End gangen is!« Irgendwo vom Hauptplatz her sah ich ein schwankendes Schild »Associazione dei Lavoratori Italiani« in der Menge untergehen. Von der Schöngeisinger Straße her ertönten mehrere Martinshörner und verstummten. Wie man mir später berichtete, wurden sechs Polizeiwagen umgeworfen und die Insassen – darunter zwei blutjunge, völlig unerfahrene Beamtinnen – von der rasenden Menge ausgezogen.

Na ja, den Pickart auf seinem Lastwagen wenigstens, den hatten sie seinerzeit problemlos durchgelassen.

»Sowas is typisch für 'n Jud', dass er dich andauernd irr macht, wenn er's nur irgendwie kann, vastehst! Im Verstellen, der Jud', im Verstellen, vastehst, da is er *ganz* groß!« Hatte ich doch immer wieder gefragt, was ist denn nun geworden aus dem Matusowicz, diesem Viehhändler da aus dem »Pullacher Hof«, und warum will keiner darüber reden, ha?

»Naa«, hatte Oma Früchtl mir einmal gesagt, »Matusowicz hat der net g'heißen. Matusowicz, das war ja nachm Krieg der Hosenhändler, mit Vieh hat der im Leben nicht g'handelt.«

»Ja, Himmelsakrament, er muss doch einen Namen gehabt haben!«

»Seinerzeit, da ham mir in Bruck bloß zwei Viehhändler g'habt. Der eine, der hat Fröhlich g'heißen, des weiß i noch.«

»Und der andere, der ausm ›Pullacher Hof‹?«

»Des weiß i jetzt nimmer, des is z'lang her …«

Erst als ich Tim wiedertraf, einen alten Schulkameraden, stellte sich heraus, dass ich über vierzig Jahre lang nach dem Falschen gesucht hatte. Es ergab sich mehr zufällig.

»Sag mal, wie viele Juden hatten sie damals überhaupt in der Stadt?«

Tim rümpfte die Nase. Er war Wissenschaftler geworden und hatte das Thema mit historischer Gründlichkeit recherchiert. »Im ganzen Landkreis habe ich nur achtzehn gefunden. In Fürstenfeldbruck 1933 waren es wohl nur drei, höchstens fünf.«

»Mhm«, sage ich. »Eine Stadt voller Antisemiten, aber praktisch ohne Juden. Keine Synagoge, nichts.«

»Es gab einen russischen Kriegsgefangenen aus dem Ersten Weltkrieg, der einfach hier geblieben war. Sie nannten ihn den Russen-Jackel. Jakob Prebisch mit richtigem Namen. Jüdischer Schuster, handelte mit gebrauchten Kleidern. Er lebte in der Maisacher Straße 44.«

»Und weiter?«

»Dann gab es noch die beiden Viehhändler. Der eine hieß Fröhlich.«

»Wo hat er gewohnt?«

»Die Unterlagen sind nicht vollständig. Ich weiß nur, dass es ihn einmal gab.«

»Da muss es noch einen gegeben haben. Meine Stiefgroßmutter redete mal von einem Viehhändler, quasi der Nachbar schräg gegenüber im Hinterhaus vom ›Pullacher Hof‹.«

»Pickart«, nickte Tim nüchtern.

»Wie? Nicht Matusowicz?«

»Matusowicz kam erst nach dem Krieg. Er hatte einen Hosenladen an der …«

»Mein Gott, jaaaa«, sage ich.

»Der da drüben hieß Pickart. Soviel ich weiß, gab es nur zwei Viehhändler damals, beides Juden. Bisher allerdings wusste ich nicht, dass er im ›Pullacher Hof‹ gewohnt hat.«

»Pickart«, sage ich. »Da bist du dir sicher?«

»Kommt niemand sonst in Frage.«

Der Kollege Feistenhammer und ich erhielten dann einen Funkspruch, dass die Verstärkung für den Kollegen Wagelsrieder nicht durchgekommen war und der Funkkontakt zu ihnen abgerissen war. Das ließ uns für die neu eingetroffenen Kollegen das Schlimmste befürchten. Inzwischen kreiste ein Polizeihubschrauber über der Stadt, der uns informierte, dass der Aufruhr um sich gegriffen hatte und dass praktisch im gesamten Stadtinnern die Menschen wie besinnungslos aus ihren Häusern stürmten und dass weitere Vereine und Musikkapellen im Anmarsch waren. Der Hubschrauberpilot, der den Ernst der Lage wohl überhaupt nicht erkannt hatte, meinte noch, von oben mit den ganzen Fahnen sähe es aus wie die Olympischen Weltfestspiele der Nudistenbewegung. Zu diesem Zeitpunkt war es so, dass bekleidete Personen durch die Straßen gejagt wurden, bis man sie hatte. Dann wurden sie zwangsentkleidet, ohne Ansehen von Alter, Geschlecht und Religion, und ihre Kleider und Schuhe auf jeweils einen Haufen geworfen. Ich habe dann, unmittelbar bevor sie auch über uns herfielen, noch per Handfunk darum gebeten, das Bayerische Innenministerium in München als obersten Dienstherrn zu alarmieren. Wir selbst, also der Kollege Feistenhammer und ich, wurden dann ebenfalls überwältigt und verloren uns aus den Augen. Was mir dann widerfahren ist, möchte ich hier keinesfalls beschreiben. Ich kann nur sagen, dass es mir unerklärlich ist, wieso eine derartige Entwicklung sich ausgerechnet in einer sonst so ruhigen Stadt wie Fürstenfeldbruck ergeben konnte. Ich habe lange überlegt, ob vielleicht Gas im Spiel war.

Es hat bisher wenig gebracht, dass das Innenministerium die großräumige Sperrung der Zufahrtsstraßen nach Fürstenfeldbruck – beispielsweise die B 471 – angeordnet hat. Erstens trägt man damit die Verkehrsprobleme nur in die Nachbargemeinden, zweitens können wir es rein personell gar nicht durchhalten, und drittens hat ja praktisch erst diese Maßnahme dazu geführt, dass die Leute von außerhalb jetzt unbedingt nach Bruck wollen. Und wenn einer fahren will, dann fährt er auch. Was die vom Herrn Innenminister geäußerte Befürchtung angeht, dass die Gegend sonst unregierbar würde, das ist sie ja praktisch schon. Ich persönlich hoffe darauf, dass die sinkenden Herbsttemperaturen den Aufenthalt im Freien weniger angenehm werden lassen. Auch steht zu hoffen, dass der vom Landesinnenministerium kommissarisch eingesetzte neue Vorstand der »Ampergilde« demnächst seine Arbeit aufnehmen und die Herrschaft über Fürstenfeldbruck zurückgewinnen kann.

Es ist nicht einmal sicher, dass der Pickart das Café »Nachtmeier« gesehen hat, als er vorbeifuhr. Eigentlich ist es eher unwahrscheinlich und der Fürsorge des Kohlenhändlers Martin Dirrigl zuzuschreiben. Der Mensch hat seinen Ehrgeiz, und ein jeder will etwas werden im Leben. Der Dirrigl wurde SA-Mann, denn er hatte frühzeitig begriffen, dass er zu etwas anderem nicht taugte. Zeitzeugen beschrieben ihn als Primitivling, dumm, gewalttätig, brutal. Aber so dumm wiederum kann er nicht gewesen sein, denn er stellte ein Schild in die Einfahrt seiner Kohlenhandlung: »*Für Juden verboten!*«, und er scheint damit im Hinblick auf seine Karriereplanung einen gewissen Weitblick gezeigt zu haben. Ob die drei Juden der Stadt vorher jemals bei ihm Kohlen gekauft haben, bleibt im Dunkeln. Der Dirrigl jedenfalls brachte es mit seiner Aktion zu etwas, denn er wurde zum SA-Hauptsturmführer befördert. Sicherlich ein viel interessanterer Beruf, als den ganzen Tag das schwarze Zeugs in die Rupfensäcke zu füllen, und vom äußeren Auftreten her konnte man sich auch ganz anderes erlauben. Der Pickart handelte mit Vieh und der Dirrigl mit Kohlen. Als der März 1933 gekommen war, da kam der Dirrigl zum Pickart. Es muss ein schönes Gefühl gewesen sein für den Dirrigl: Sieben Mann hoch im Gleichschritt in die Einfahrt hinein und die Treppe vom Rückgebäude hoch, ganz ohne Anklopfen, heute nicht mit Kohlensäcken und Staub, sondern mit Gewehren und Uniform, ein kurzer Moment der Bedeutung für einen Armseligen. Und der jüdische Viehhändler Pickart, der sich sonst vorwiegend in Ställen bewegte, lernte gegen Mittag dieses Tages schon nach kurzem gemeinsamen Fußmarsch das Kohlenlager der Firma Dirrigl in der Fürstenfeldbrucker Ludwigstraße kennen, nur hundert Meter Luftlinie von seiner Wohnung entfernt und auf einmal halt doch schon ein ganzes Leben weit weg. Ein Zeuge berichtete, es könne ihm dort unmöglich gefallen haben, denn man hätte ihn schreien hören. Es habe der Pickart von etwa dreizehn Uhr bis achtzehn Uhr geschrien, anfangs laut und klar, später immer leiser und unverständlicher. Und es habe andererseits bei seinen sieben uniformierten Gastgebern eine großartige Stimmung geherrscht, die sich letztlich nur damit erklären lasse, dass es genau genommen überhaupt nicht einfach sei, eine Stadt judenrein zu kriegen, die praktisch keinen Juden habe, da freut einen schon jeder kleinste Erfolg. Zwei Viehhändler und ein liegen gebliebener russischer Kriegsgefangener, was macht so was schon groß her, wenn einer der Parteileitung imponieren will? Es muss bitter gewesen sein für den Dirrigl, dass sein Schild in der Einfahrt hing und quasi keiner in der Stadt, der wirklich was davon hat.

Gegen achtzehn Uhr warfen sie den Pickart oder was die deutsche Ehre aus ihm gemacht hatte auf Dirrigls Lastwagen. Sie fuhren ihn die Ludwigstraße entlang, bogen links ab in die Kapuzinerstraße, vorbei am Café »Kellnberger« und dann geradeaus auf Oma Topfmachers kleines Beamtenhäuserl zu, wo die Kapuzinerstraße noch immer in die Schöngeisinger Straße mündet. Dort sollte ich ihm über zwanzig Jahre später anlässlich eines Hosenkaufs wieder begegnen, einem Gespenst, das keinen richtigen Namen mehr hatte.

Der Pickart lag als blutiger, verschwollener Klumpen auf der Ladefläche, gut bewacht von zwei SA-Leuten mit Gewehren, damit er die an seiner Rasse so oft beschworene Gefährlichkeit nicht mehr ausleben konnte. Sie fuhren ihn bis zum Hauptplatz, bogen am Hotel »Post« links ab und knatterten dann die Hauptstraße hinauf. Vorbei an all den wunderschönen Wirtschaften, die es damals dort noch gab und deren Verschwinden das Gesicht der Stadt leider, wie viele meinen, so viel weniger menschlich werden ließ. Am »Nachtmeier« rollte er wahrscheinlich schon mit geschlossenen Augen vorbei, bevor sie rechts abbogen in die Dachauer Straße. Dort befand sich damals das Brucker Amtsgerichtsgefängnis, von den Einheimischen liebevoll bezeichnet als »Hotel Dachauer Hof«. Dass der Pickart dort ärztliche Behandlung erhielt, ist nach dem Eintrag des Dienst habenden Beamten auszuschließen. Am nächsten Tag folgte er der Dachauer Straße weiter und landete in Dachau, wo sich seine Spur verliert. Dirrigls Spur verliert sich im Russlandfeldzug.

»Was haben sie mit dem Fröhlich gemacht?«

»Das Gleiche.«

»Und mit dem Russen-Jackel?«

»Es wird erzählt, sie hätten ihn abgeholt. Mehr Unterlagen habe ich zu ihm nicht.«

»Die anderen beiden?«

»Welche meinst du?«

»Du sagtest, es waren vielleicht fünf…?«

»Drei habe ich gesichert. Die beiden anderen sind vorerst nur eine Vermutung.«

Ich war praktisch gefangen. Obgleich ich ein paar gute Frauen in der Menge entdeckte und obgleich alle sonstigen Umgangsregeln restlos aufgehoben schienen – mir war nicht so richtig danach mitzumachen. Andererseits, würde ich jetzt auf die Straße gehen, dann war sicher, dass sie mich als Angezogenen jagen würden. Anni Nachtmeier hatte inzwischen ein kleines Transistorradio gebracht und es auf »Fürsty Radio« eingestellt. Eine junge Reporterin, die es irgendwie auf die Kirchturmspitze der Sankt Magdalenenkirche geschafft hatte, berichtete atemlos, dass »diese eigenartige Mischung aus einer zutiefst bayrischen Lebensfreude und einer einfach unglaublichen Zügellosigkeit« sich immer weiter und schneller ausbreite wie bei einem Weltrekordversuch mit fallenden Dominosteinen. Ich blickte aus dem Fenster und sah, wie der Installateurmeister Bertl Irlinger, ein eher derber Sechziger, sein Gesicht genüsslich zwischen die Schenkel einer auf ihm sitzenden jungen Friseuse schob, während sich drunterwärts die geschiedene Frau des Apothekers Dr. Enggruber über ihn hermachte. Es war auch schon zu sehen, dass man die ersten Toten in die Einfahrt des »Jungbräu« trug, ohne dass dies der allgemeinen Lebensfreude irgendeinen Abbruch getan hätte. Zur Sicherheit hatte eine der Bedienungen unseren Gastraum verschlossen und einen Tisch vor die Tür gerückt.

Die junge Reporterin des Stadtradios war losgezogen, um ein paar Live-Interviews mit Beteiligten zu führen und galt kurz danach als verschollen. Später wurde im Rundfunk durchgegeben, das Fest hätte auf die Nachbargemeinden Emmering, Puch, Neulindach, Gelbenholzen und erste Randgebiete von Eichenau übergegriffen, sodass die Bayerische Staatsregierung sich entschlossen habe, das Stadtgebiet mit Hilfe des Bundesgrenzschutzes hermetisch abzuriegeln und jeden Nackten außerhalb des Stadtgebiets festzunehmen. Etwa sechs- bis achthundert außerstädtische Nackerte wurden auf diese Weise ins Sammellager Eismerszell verbracht, wo sie es quietschvergnügt weitertrieben. Journalisten und Fernsehteams wurde unter Hinweis auf das hohe Gefahrenpotenzial der Zugang zur Stadt mit Gewalt verweigert.

Letztlich hat mich dann gar nicht mehr gewundert, wie schnell die ansässige Gastronomie reagierte. Es war der Wirt vom Café »Huber«, der als Erster ein Fass auf die Straße stellte und für die Maß zwölf Mark nahm. Die anderen zogen sofort mit. Allerdings schlug die Situation nach kurzer Zeit um, und die Nackten drangen in die Gaststätten ein und bedienten sich selbst. Es trafen dann insgesamt vier Schützenvereine ein, die das Geschehen um ganze Garben von Salutschüssen in den Himmel bereicherten, wobei zwei junge Mitglieder der »Ampergilde« ihr Leben einbüßten, die sich auf irgendeine Weise in den Lichtergirlanden über der Hauptstraße verfangen hatten. Es war aber nicht weiter schlimm, und man legte sie zu den anderen Verstorbenen in die »Jungbräu«-Einfahrt, wo sich zwei Ordner um sie kümmerten und sie nummerierten.

Anni Nachtmeier zeigte mir den Weg, und ich schaffte es schließlich, einige rückwärtige Gartenmauern zu überklettern und mich über diverse Balkone hinweg keuchend und zerschrammt vorzuarbeiten zum Hintereingang des Hotels »Post«. Das schwere hölzerne Einfahrtstor zum Posthof, wo einstmals der Obendank Michi nach seinem Gebiss gehechelt hatte, war verriegelt und hatte auch dieses Mal standgehalten. Dass jemand durch den Haupteingang hereinkam, war eher unwahrscheinlich: In die »Post« ging man nur ordentlich gekleidet, das wusste schließlich jeder in der Stadt. Ich fuhr mit dem kleinen Aufzug in den zweiten Stock, verschloss mein Zimmer und duschte erst einmal. Der Lärm und das Gestöhne von der Straße her übertönten selbst das Rauschen des Wassers. Ich hatte das Gefühl, in einem Bierzelt zu baden.

In manchen Momenten seit Papas Tod befiel mich diese schwer erklärliche, schmerzliche Wahrnehmung von Heimatlosigkeit. In den letzten zwanzig Jahren seines Lebens waren wir auf eine verquere Art zu Freunden geworden. Nicht, dass wir es geschafft hätten, wirklich miteinander zu reden. Dafür gab es zu viel, über das er lieber schwieg. Aber wir hatten in der Art eines lautlosen Rituals gelernt, einander zu respektieren, und uns oft gesehen, wenngleich ich mich dabei jedes Mal über seine Schrullen grün und blau geärgert hatte. Oft noch dachte ich an das dürre, abgemagerte Männchen in seinem blauen Schlafanzug mit dem faltigen, gelben Gesicht und dem unter die Nase geklebten Sauerstoffschlauch. Mit den blau angelaufenen Kortisonhänden und dem japsenden Atem. Seit zehn Wochen schon war er an den Schläuchen gehangen, und nach der Achtlosigkeit, mit der das Klinikpersonal ihn behandelte, ließen seine Überlebenschancen sich unschwer beurteilen. Ich hatte ihn über das Wochenende in der Klinik besucht. Er hatte mir, grantig wie immer, aufgetragen, ihm beim Sortieren seiner Ausgabenbelege zu helfen, und wir hatten uns gegenseitig Normalität vorgespielt. Ich zeigte ihm einen neuen Zaubertrick, und für einen Sekundenbruchteil huschte jenes spitzbübisch-breite Grinsen über sein Gesicht, das mich seit meiner Kindheit immer wieder hatte zu ihm aufblicken lassen, bevor es zu einer kranken Grimasse zusammenstürzte.

»Jetzt haust dann ab«, sagte er rauh nach nicht einmal zwanzig Minuten. »Jetzt schleichst di', damit i schlafen kann!«

Ich nickte still. Kein Mensch bringt einem bei, wie man Abschied nimmt.

»Okay«, sagte ich und umarmte ihn linkisch. »Wir sehen uns in einer Woche.«

»Nachert seh i di' nimmer?«, fragte er, und die plötzliche Angst in seiner Stimme ließ mich zusammenzucken.

»Ich flieg am Wochenende wieder runter«, antwortete ich beschwichtigend. »Ich ruf dich jeden Tag an.«

Als ich sein Zimmer verließ, blickte ich ein letztes Mal durch den Türspalt zurück auf meinen Vater und sah ihn weinen wie ein Kind.

Seit Sonja und ich das leer gewordene Haus in der Schöngeisinger Straße verkauft hatten, hatte ich keinen richtigen Platz mehr in der Stadt. Ich schlief im Hotel »Post«, wenn ich in der Gegend zu tun hatte, und das war oft.

Wie immer, wenn über den Tag hin zu viele im Hotel geduscht hatten, kam völlig unangekündigt ein eisiger Wasserschwall aus der

Kopfbrause. Jedesmal wieder fluchte ich mich halb um meinen Verstand.

Eigenartig, dachte ich mir, wenn ich mich jetzt nackt auf den Balkon stelle und hinunterwinke, dann gucken sie nicht einmal. Draußen erklang das Geräusch von splitterndem Holz. Ein Fahnenmast war gebrochen und erschlug eine Unterabteilungsleiterin aus dem Gesundheitsamt. Ich schlüpfte in frische Jeans und linste durch die Vorhänge.

Tim hob zu Hause nicht ab, als ich ihn anwählte, ich erreichte ihn auf seinem Handy.

»Es ist zum Kotzen«, sagte er. »Ich war auf einer wissenschaftlichen Tagung in Kaufering über Zwangsarbeiterschicksale im Landkreis, und jetzt lassen sie mich nicht mehr nach Hause und ich habe kein frisches Hemd dabei.«

»Du schaffst es nur ohne Hemd«, sagte ich. »Als Nackerter kommst du hier immer irgendwie rein.«

»Ich habe einen wissenschaftlichen Ruf zu verlieren ...«

»... nur, ob du es mit dem bis nach Hause schaffst, wage ich zu bezweifeln ...«

»Ich müsste wenigstens meine Brille aufbehalten«, überlegte er, »sonst sehe ich keinen halben Meter weit.«

»Just follow your dick«, sagte ich trocken.

»Übrigens«, fragte er. »Wie bist du auf die Idee gekommen, er habe Matusowicz geheißen statt Pickart?«

Ich erzählte ihm von Oma Topfmachers Bemerkung, damals, als wir ihr vor über vierzig Jahren meine neue Hose vorführten. »Sie war unbeirrbar: der Viehhändler im ›Pullacher Hof‹ hätte Matusowicz geheißen. Ich habe sie später noch x-mal deutlich danach gefragt.«

»Wie kommt sie darauf?«, sinnierte er. »Das sind zwei völlig unterschiedliche Namen?«

»Ich habe öfter bei ihr nachgebohrt, um noch mehr über diesen Viehhändler herauszukriegen, aber immer wenn es um Einzelheiten ging, hat sie sich völlig ahnungslos gegeben. Kaum zu glauben, der Mann war schließlich ihr Nachbar, und damals kannte jeder jeden in dieser kleinen, gemütlichen Stadt.«

»Matusowicz. Pickart«, überlegte Tim. »Hast du irgendeine Ahnung?«

»Deckerinnerung«, sagte ich. »Kannst du nachlesen bei Siegmund Freud.«

»Wie?«

»Du erinnerst dich an A, um dich an B nicht erinnern zu müssen. Weil das eine zu unangenehm ist, verdrängst du es. Dann ziehst du eine zweite Erinnerung wie eine Schutzfolie drüber.«

Draußen wälzten sich schreiende Menschenknäuel. Jede Menge 69er-Positionen.

»Reiner Zufall, dass ich dahinter gekommen bin«, erklärte ich ihm. »Ich habe mich irgendwann ganz dumm gestellt und sie einfach noch mal gefragt, wie er eigentlich geheißen hat.«

»Pickart.«

»So schlau bin ich jetzt auch«, sagte ich.

»Und? Was hat sie gesagt?«

»Eigentlich hätte sie ja wieder Matusowicz sagen müssen …«

»Stimmt, irgendwie …«

»Aber sie war inzwischen hoch in den Siebzigern, und sie sagte: Naphtaly. ›Naphtaly hat er g'heißen‹, hat sie mir zerstreut geantwortet und sich schnell wieder auf ihre Lupe und ihr Gebetbuch konzentriert. Ich dachte damals erst, das sei der Vorname des Viehhändlers gewesen.«

»Pickart hieß nicht Naphtaly«, sagte Tim entschieden. »Ich habe seine Akten jetzt nicht da, aber Naphtaly war es definitv nicht. Wie kommt sie auf Naphtaly …?«, überlegte er.

»Tja«, sagte ich zufrieden. »Schau ins Einwohnerbuch …!«

»Komm, jetzt mach's nicht so spannend!«

»Ich hab's gerade erst selbst herausgefunden.«

»Wie denn das?«

»Ich habe an diesem Kapitel hier geschrieben und in einem alten Einwohnerbuch von 1959 geblättert, einfach so. Ich habe einfach aus Neugier nachgelesen, wer damals alles in der Landsberger Straße wohnte. Ich habe sie alle gefunden. Alle, die hier vorkommen.«

Tim wurde sauer. »Keine Sau wird schlau aus dem, was du hier erzählst.«

»Gegenüber vom ›Bräu-Roserl‹ beginnt die Holzstraße, wo später meine Großeltern für kurze Zeit lebten, bevor sie nach Jesenwang ins Altersheim mussten. Ich war einfach neugierig, wer damals nach dem Krieg dort in den frisch gebauten Wohnblock gezogen war.«

»Matusowicz, der Jud' …?«, fragte Tim ungläubig.

»Bingo«, sagte ich. »Fast.«

»Du kannst mich langsam am Arsch lecken. Ich versteh hier überhaupt nichts mehr.«

»Jakubowicz«, sagte ich trocken.

Tim schwieg. Ich konnte ihm nicht verübeln, dass er nicht mehr mitkam.

»Jakubowicz, Abram, Viehhändler, Holzstraße 3«, zitierte ich das Buch aus dem Gedächtnis.

Draußen krachte eine weitere Schützensalve. Ein Geschoss durchschlug mein Zimmerfenster, pfitschte kreuz und quer und zerhaute ein Glas voll Mineralwasser auf meinem Nachttisch. Das schönste Zimmer im Hotel, Eckzimmer mit Blick auf den Adolf-Hitler-Platz, jetzt wieder Hauptplatz, und auf die Schöngeisinger Straße. Durch das zersplitterte Fenster drang das aufgepeitschte Heulen von Menschenmassen. »Da steig drauf!«, hörte ich eine gefährlich gut aufgelegte Stimme. Das Klirren zersplitternder Biergläser. »Dirrigl, da geh her!« Warum auch nicht, denke ich mir, Pickarts Mörder ist tot, warum soll sein Enkel nicht feiern?

»Also.« Tim hatte sich wieder gefangen. »Warum Abram … Warum nicht Naphtaly …«

»Jakubowitz, Naphtaly, Viehhändler, Holzstraße 3, erster Stock rechts. Deine beiden fehlenden Juden.«

Er schwieg ziemlich lange. Dann brach die Leitung zusammen. Scheiß-D-Netz.

Ich wählte ihn neu an.

»Soll das heißen, es sind zwei?«, fragte er ungläubig.

»Abram Jakubowicz und Naphtaly Jakubowitz«, sagte ich ungerührt. »Beides jüdische Viehhändler. Beide wohnhaft Holzstraße 3.« Nachdem Mamma sie rausgeschmissen hatte, waren Oma und Opa in die Holzstraße 3 gezogen, eine Etage tiefer. »Der eine mit -cz am Ende, der andere mit -tz. Frag mich jetzt bloß nicht, warum.«

»Jakubowicz. Matusowicz.«, überlegte Tim.

»Genau«, sagte ich. »In solchen Fehlleistungen steckt der Wunsch, das Geschehene ungeschehen zu machen. Es funktioniert halt nur nicht auf Dauer.«

»Ich glaub, ich versteh«, sagte Tim. »Als dein Oma Topfmacher alt war, kam sie durcheinander und gab ihm einfach einen anderen Namen, den eines weiteren Überlebenden: Jakubowitz. Das Prinzip ist dasselbe. Und der Name beinahe auch.«

»Eine Art von Facelifting«, antwortete ich unbeirrt. »Du beweist dir einfach selber, dass nie etwas geschehen ist. Mit dieser Technik hat eine ganze Generation überlebt.«

»Ich verstehe nichts von so was«, sagte Tim nachdenklich, »ich bin nur Historiker.«

»Sie haben uns alle belogen, Tim«, sagte ich. »Wir waren noch gar nicht richtig mit dem Kopf im Geburtskanal, da haben sie uns schon belogen.«

Er räusperte sich.

»Weißt du, was eigenartig ist?«, fragte ich ihn. »Immer wenn ich als Kind durch die Ludwigstraße ging und an Dirrigls Kohlenhandlung vorbeikam, habe ich mich unwohl gefühlt. Ich habe immer gemacht, dass ich schnell vorbeikam.«

Wann genau es dann passiert ist, muss in dem ganzen Trubel untergegangen sein. Jedenfalls waren am nächsten Morgen die Gefangenen nicht mehr da. Der Denkmalsockel an der Ecke Augsburger Straße / Dachauer Straße stand noch immer so am Straßenrand, wie sie ihn einbetoniert hatten. Nur die paar hageldürren Gefangenen, die sich eng aneinander geschmiegt und ohne Gesichter die Dachauer Straße entlanggeschleppt hatten, standen nicht mehr. Es waren auch keine Spuren von Gewaltanwendung erkennbar, und als der Tiefkühlkostausfahrer Bülent Abaci behauptete, er habe gesehen, wie sie gegen drei Uhr morgens kopfschüttelnd ihren Sockel verlassen und sich schweigend in Richtung Dachauer Straße davongeschleppt hätten, bekam er jede Menge Ärger mit dem zufällig dabeistehenden Vorsitzenden der »Vereinigung Vaterland und Liedgut« und sagte von da ab gar nichts mehr. Man hielt es erst einmal für eine Geschmacklosigkeit des national-bürgerlichen Lagers der Stadt, der man unter der Hand ein gewisses Verständnis zollte. »I mein, i sag jetzt amal a so: Des is *freilich* nicht richtig, dass sie's kaputtg'macht haben, weil ma' so was nicht macht. Aber jetzt wo's amal *passiert* is, wär's g'scheiter, sie nehmerten den Sockel auch noch weg. Dann wär endlich wieder a Frieden. Oder bist du vielleicht *gegen* an Frieden, ha?«

Letztlich fiel es in dem ganzen ausgelassenen Chaos, das sich der Stadt bemächtigt hatte, niemanden auf. Es war dann aber so, dass die pensionierte Postzustellerin Elfie Anthofer sich zehn Tage nach dem Einsetzen jener Massenerhebung aus ihrem Haus in der Gartenstraße traute, um sich Haarshampoo und einen Hornhauthobel für ihre Hammerzehe zu besorgen, und dabei, wie sie verstört berichtete, ein Weinen aus dem Unterholz am Emmeringer Hölzl hörte, ein ganz wunderbares Auengebiet mit herrlichen kleinen Amperarmen, ein regelrechtes Paradies, direkt rechts von der Dachauer Straße. Sie sei dann dem Geräusch gefolgt und habe schließlich unterhalb eines im besten Fruchtstand stehenden Haselnussstrauches eine der Gefangenenskulpturen gefunden: auf dem Rücken liegend, mit im Schoß verschränkten Fingern, den eingefallenen Mund halb geöffnet, mit allen Zeichen der Totenstarre. Aus einigen Spuren im Gras habe sie »mit absoluter Sicherheit« entnehmen können, dass die Figur sich – wider alle Vorstellung von der Natur der Dinge an sich – noch bis zu dem Nussstrauch geschleppt habe, wo sie dann offenbar endgültig der Lebenswille verlassen habe. Sie könne aber wirklich nicht sagen, woher das Weinen gekommen sei. Andererseits, »ja meinerten jetzt Sie, ich renn in meim Alter einfach zum Spaß ins Holz nei, wenn ich da niemanden weinen hör, ha?« Das wirklich Beunruhigende waren nicht Elfie Anthofers Erzählungen, sondern die Tatsache, dass der von ihr eilends herbeigerufene Vermieter und dessen Lebensgefährtin bei ihrer Ankunft zwar das Weinen gehört hatten, jedoch die verstorbene Skulptur nicht mehr fanden. Stattdessen fanden sie Schleifspuren im umliegenden Gras, so als hätten mehrere andere den Toten mit sich geschleppt. »Aber mir persönlich kann's wurscht sein, weil d' Leut sterben eh jeden Tag. Soll i mi fei da jetzt auch noch aufregen?«

* * *

Ich saß einige Wochen danach in der »Post« vor einem Glas mit dieser wunderbar aromatischen Williams-Christ-Birne, die sie jedes Jahr selber brennen. Die Fassaden an der Hauptstraße sahen immer noch mitgenommen aus. Die Schaufenster waren zwar wieder verglast, aber die schwarzen Brandspuren an den Mauern waren nicht zu übersehen. Seltsamerweise, mit Ausnahme meines zerschossenen Zimmerfensters hatte die »Post« nichts abgekriegt. Es war, wie zu erwarten, alles in der Stadt hochgekocht und dann wie Schaum in sich zusammengefallen, und die Nackerten hatten sich zurückgezogen wie eine riesige Brandungswelle, die über die Kaimauer schlägt, einen Zeitungskiosk zerschmettert, ein paar Unschuldige in den Strudel hineinzieht und schließlich als kicherndes Rinnsal zu ihrem Ursprung zurückkehrt. Die Herren- und Damenausstatter der Stadt, die es anfangs blindwütig mitgetrieben hatten, hatten angesichts zehntausender Nackter plötzlich Angst um ihre geschäftliche Zukunft bekommen und sich mit dem jähen Einsetzen dieser Erkenntnis aus dem Treiben zurückgezogen. Kurz danach verlor das Ganze an Schwung, und dann war es auch schon vorbei – von den üblichen politischen Händeln hinterher mal abgesehen.

Korbinian Wagelsrieder saß mir gegenüber und war immer noch ein Haufen Elend. Er hatte geredet und geredet. Ich hatte mir jede Menge Notizen gemacht.

»Vastehst?«, endete er schließlich, »das is jetzt halt mein Problem.«

»Mhm«, sagte ich.

»Und i kann mi' net wehren, quasi … weil s' dann sagen, ich hätt nie existiert.«

Ich nickte. »Ging mehreren so in dieser Stadt, Korbi.«

»Ja, schon«, nickte er betrübt, »aber ausg'rechnet *mich* erfindst.« Er sah mich vorwurfsvoll an. »Alle andern lasst echt. Bloß mich dafindst. Jetzt versetz dich amal in meine Lage, net.«

»Ja, mei«, sagte ich. »Grad weil du erfunden bist, bist vielleicht der Echteste von ihnen.«

Das tröstete ihn nicht. »Erst wirst verheizt. Dann wirst suspendiert. Um am Schluss hätt's dich überhaupt nicht 'geben. Bloß beim Dirrigl, ausgerechnet den lassertst am Leben!«

»Einer glaubt halt immer dran«, nickte ich. »Und die Dirrigls laufen noch rum.«

»Am End werden s' sagen, dass das andere auch bloß alles erfunden is.« In seiner Zivilkleidung sah er zerrupft aus, keine Spur von Autorität.

»Das sagen s' doch schon die ganze Zeit, Korbi!«

»Schad«, sagte er mutlos. »Deinetwegen steh ich als einziger da wie der Depp.«

Seine Finger spielten nervös mit seinem Weißbierglas.

»Wenn ich behaupt, du wärst echt und das wär alles wirklich passiert, nachert lassen s' mich nicht mehr in die Stadt«, entgegnete ich sanft. »Hast dir schon überlegt, was d' machst, wenn der Roman hier aus is?«, fragte ich mitfühlend. Seine Geschichte hatte mich nicht unberührt gelassen.

Sein Blick irrte unruhig in die Ferne. »I weiß no' net«, sagte er. »Eigentlich möcht i wieder gern in einen helfenden Beruf.«

Ich lehnte mich behaglich in meinem Stuhl zurück, unter der wunderschönen Holzdecke eines Hauses, das die Geschichte der Stadt so opulent verkörpert. An der Wand mir gegenüber hing ein großes Kruzifix, vielleicht so hoch wie die ausgewanderten Skulpturen, mit einem Christus, der das Erbarmen der Christenheit mit sich selbst aufs Glaubhafteste verkörperte. Links und rechts von ihm hingen historische Abbildungen der Heiligen Margaretha und der Heiligen Elisabeth. Unter ihm ein herrlicher alter Stich aus der historischen Landeshauptstadt.

Das alte Ehepaar am Nebentisch erhielt gerade zwei dampfende Teller vorgesetzt. Es war »König-Ludwig-Woche«, und es gab Brucker Schlachtplatte mit Blut- und Leberwurst, Wammerl, Leberknödel und Sauerkraut zu DM 18,50 die Portion. Ich hielt die liebevoll verzierte Speisekarte in meiner Rechten und überlegte, ob ich ebenfalls zuschlagen sollte.

»So würzig kriegst es sonst nirgends!«, sagte der alte Mann, der seine Gabel in die Blutwurst bohrte.

»Ja«, sagte sie schmatzend, »wunderbar!« Während sie sprach, schob sich das Sauerkraut noch mal aus ihrem Mund hervor. Korbi schob sich eine Brezen zwischen die Zähne. Er sah unscheinbar aus in seiner Zivilkleidung. »Passt scho'!« sagte er mit gezwungenem Optimismus.

Der Mensch, sag ich immer, der braucht eine Ordnung, dann sind auch die Dinge selber in Ordnung. Weil die Ordnung selbst, net wahr, die liegt an sich ja quasi in der Natur der Dinge. Es besteht also objektiv überhaupts keine Gefahr um die Stadt. Denn der Brucker versteht sich als Teil der Natur und damit als Teil der Ordnung, die in den Dingen und mithin auch in ihm selber wohnt. Und was auch immer passiert ist oder grad passiert oder passieren wird, man muss nur warten können, dann kehrt der Mensch zur Ordnung zurück, egal welche. Sei er nun aus Bruck oder versehentlich nicht.

Als Moderator des *heute journal* zählt Wolf von Lojewski zu den bekanntesten und beliebtesten Fernsehgesichtern Deutschlands. In seinen Erinnerungen blickt er nicht nur auf die turbulenten Stationen seines Journalistenlebens, sondern auch auf die Höhen und Tiefen seines privaten Daseins zurück. Er tut dies mit viel trockenem Humor und der gesunden Skepsis eines Mannes, der die Welt bereist und ihre Zusammenhänge analysiert hat. Er gehört zu einer Generation, die den Krieg noch erlebte, in einer geteilten Welt aufwuchs und auch nach dem Fall der Mauer mehr Fragen als Antworten vor sich sieht.

ISBN 3-404-61513-1

BASTEI LÜBBE

»Ein Buch voller Wärme, Sketche und köstlicher Verwechslungskomödien.«

Hamburger Abendblatt

»Ich glaube, dass sich das Leben oftmals wie ein Clown benimmt. Tragisches erzählt das Leben gern mit einem Grinsen im Gesicht. Ein andermal aber, wenn wir im Zelt vor Lachen brüllen, lässt der Clown Tränen über seine weiße Schminke fließen.«

Der beliebte Schauspieler und Erzähler verwandelt die heitersten Begebenheiten seines Lebens in spannende Geschichten. Ein herrliches Lesevergnügen, das zuweilen auch nachdenklich stimmt.

ISBN 3-404-61533-6

BASTEI
LÜBBE